Die Lieb.
Die Gedult
Der Tod
Hūger.
Kranckheit
Das alter
eisch vnd blut.
Das Christlich lebt

DR. GERTRUD SCHERF

Die geheimnisvolle Welt der Zauberpflanzen und Hexenkräuter

Mythos und Magie heimischer Wild- und Kulturpflanzen

blv

Einführung 7

Pflanzen-zauber 47

Der Glaube an die Zauberkraft der Pflanzen 7
Zaubern: Außergewöhnliches bewirken durch geheime Mittel 8
Die Pflanzenkräfte nutzen 8

Schriftliche Überlieferungen 9
Altertum 10
Mittelalter 11
Die Kräuterbücher des 16. Jahrhunderts 11
Die folgenden Jahrhunderte 12

Pflanzenzauberer 13
Göttinnen und Götter 13
Dämonen in Menschengestalt 14
Tiergestaltige Geister 15
Zauberische Menschen 16

Pflanzenzauber-Rituale 18
Amulette aus Pflanzen 18
Pflanzenbeschwörung 18
Magische Zahlen 19
Übertragen 20
Räuchern 21

Pflanzenzauber im Jahreslauf 21
Frühlingsblumen 21
Walpurgisnacht 22
Johanni 23
Mariä Himmelfahrt 23
Aussaat- und Erntebräuche 24

Pflanzenzauber im Leben des Einzelnen und der Gemeinschaft 24
Lebensstationen 24
Notzeiten 25

Zauber- und Hexen-pflanzen 27

Natürliche Merkmale und Eigenschaften 27
Von Soma bis zur blauen Blume – botanisch unbestimme Zauberpflanzen 27
Die Zeichen der Kraft 29
Pharmakologische Hintergründe: Wirkstoffgruppen in Pflanzen 30
Pflanzensymbolik 30

Den Pflanzengeist günstig stimmen 32
»Du edles Kraut!« 32
Pflanzengeister, Götterpflanzen 33

Die Zauberpflanzen und ihre Funktionen 34
Glückspflanzen 34
Liebeszauber-Pflanzen 35
Pflanzen der Sympathiemedizin 36
Schützende und Zauber abwehrende Pflanzen (apotropäische Pflanzen) 37
Orakelpflanzen 38

Hexen- und Teufelspflanzen 39
Kräuterfrau, Schadenzauberin, Teufelsbuhle 40
Vorsicht Gift! 41
Die Reise zum Hexensabbat 42
Die Hexensalbe 43

Pflanzen-Porträts 46

Glücks-pflanzen 47

Gewöhnlicher Wurmfarn *(Dryopteris filix-mas)* 47
Christophskraut *(Actaea spicata)* 51
Sonnentau *(Drosera)* 53
Gewöhnlicher Frauenmantel *(Alchemilla vulgaris)* 56
Wiesenklee *(Trifolium pratense)* 58
Erbse *(Pisum sativum)* 61
Echter Lein, Flachs *(Linum usitatissimum 64)*
Duftende und Hohe Schlüsselblume *(Primula veris* und *Primula elatior)* 68
Mandragora *(Mandragora officinarum)* 72
Große Eberwurz *(Carlina acaulis)* 76
Wegwarte *(Cichorium intybus)* 79
Wohlriechende Weißwurz *(Polygonatum odoratum)* 82

Liebeszauber-Pflanzen 84

Weiße Seerose *(Nymphaea alba)* 84
Raute *(Ruta graveolens)* 86

Gefleckter Schierling
(Conium maculatum) 89
Liebstöckel
(Levisticum officinale) 91
Rote Zaunrübe
(Bryonia dioica) 94
Echter Baldrian
(Valeriana officinalis) 97
Eisenkraut
(Verbena officinalis) 100
Echter Salbei
(Salvia officinalis) 102
Ringelblume
(Calendula officinalis) 105
Geflecktes Knabenkraut
(Dactylorhiza maculata) 107

Pflanzen der Sympathiemedizin 110

Schöllkraut
(Chelidonium majus) 110
Große Brennnessel
(Urtica dioica) 112
Kleine Bibernelle
(Pimpinella saxifraga) 116
Echtes Tausengüldenkraut
(Centaurium erythraea) 119
Großblütige Königskerze
(Verbascum denisflorum) 121
Breitwegerich
(Plantago major) 124
Gewöhnliche Schafgarbe
(Achillea millefolium) 127
Gewöhnlicher Beifuß
(Artemisia vulgaris) 130
Roggen
(Secale cereale) 133

Schützende und Zauber abwehrende Pflanzen 136

Gewöhnliches Widertonmoos
(Polytrichum commune) 136
Keulenbärlapp
(Lycopodium clavatum) 138
Echte Hauswurz
(Sempervivum tectorum) 141
Echter Kümmel
(Carum carvi) 143
Mistel
(Viscum album) 146
Pfingstrose
(Paeonia officinalis) 149
Echtes Johanniskraut
(Hypericum perforatum) 151
Echtes Labkraut
(Galium verum) 154
Gundermann
(Glechoma hederacea) 156
Dost
(Origanum vulgare) 159
Quendel
(Thymus serpyllum) 161
Alant
(Inula helenium) 164
Arnika
(Arnica montana) 166
Allermannsharnisch
(Allium victorialis) 168
Bärlauch
(Allium ursinum) 170
Knoblauch
(Allium sativum) 172

Orakelpflanzen 174

Klatschmohn
(Papaver rhoeas) 174
Gänseblümchen
(Bellis perennis) 176
Gewöhnlicher Löwenzahn
(Taraxacum officinale) 179
Herbstzeitlose
(Colchicum autumnale) 182
Küchenzwiebel
(Allium cepa) 184
Maiglöckchen
(Convallaria majalis) 186
Aronstab
(Arum maculatum) 188

Hexen- und Teufelspflanzen 190

Fliegenpilz
(Amantia muscaria) 190
Blauer Eisenhut
(Aconitum napellus) 193
Schwarze Nieswurz
(Helleborus niger) 195
Schlafmohn
(Papaver somniferum) 198
Gartenpetersilie
(Petroselinum crispum) 201
Tollkirsche
(Atropa bella-donna) 204
Schwarzes Bilsenkraut
(Hyoscyamus niger) 207
Bittersüßer Nachtschatten
(Solanum dulcamara) 211
Stechapfel
(Datura stramonium) 213

Anhang 216

Weiterführende Literatur 216
Register 217
Quellenverzeichnis 222

Pflanzen-zauber

Der Glaube an die Zauberkraft der Pflanzen

Ich weiß einen Berg, da wächst eine Wurzel, wer die im Munde hat, der wird von aller Krankheit und allen Wunden geheilt.

Kinder- und Hausmärchen der Brüder Grimm: Die zwei Brüder

Wunderbare Heilung von Krankheit und Verwundung, gar Wiedererweckung zum Leben, wie sie der zauberkundige Hase des Märchens mit Hilfe einer Wurzel bewirkt, gehören zu den uralten Menschheitsträumen. Diese Träume betreffen Grundbedürfnisse und Wünsche, die sich über die Epochen der Menschheitsgeschichte nicht sehr verändert haben: gesund und frei von Schmerzen sein, keinen Hunger leiden müssen, lieben und geliebt werden, ein langes und glückliches Leben führen – und manchmal auch aus der Alltagswelt in andere, unter- oder überirdische Welten gelangen.

In Märchen und Sagen werden deshalb unerträgliche Schmerzen weggezaubert, in tiefer Armut lebende Menschen finden verborgene Schätze oder einen Baum, der immer Früchte trägt, unerwiderte Liebe wandelt sich in Gegenliebe, ein lang gehegter Wunsch nach einem Kind wird erfüllt, die Zukunft enthüllt sich, Jenseitiges wird sicht- und erlebbar und es gibt ein Mittel, das Jugend und Schönheit erhält. Aber auch von Menschheitsängsten berichten diese alten Geschichten – von Verzauberung und Verhexung durch böse Geister und die dadurch entstehenden Leiden und Qualen für Mensch und Tier, dazu immer auch vom Gegenzauber, mit dem man den bösen Bann lösen oder von vornherein fernhalten kann.

Auch und gerade Pflanzen sind es, mit deren Hilfe solche Wunder vollbracht werden. In den alten Mythen der Griechen und Germanen kommen Zauberpflanzen vor, und bis in die Gegenwart konnten einige von ihnen die alte Funktion als Zaubermittel bewahren. Es scheint sogar, als würde nicht nur allgemein der Glaube an Zauber- und Hexenkräfte wieder an Bedeutung gewinnen, sondern auch die Rolle, die dabei Pflanzen zugewiesen wird. In den neuen Praxisbüchern über Hexenrituale, Hexengärten, weiße Magie oder das Geheimwissen der Druiden spielen Wild- und Kulturpflanzen eine wichtige Rolle. Anders als in früheren Zeiten kennen allerdings nur noch wenige Menschen heimische Wildpflanzen, und deshalb mag sich häufig auch der Zauberglaube eher auf Gartenpflanzen wie die Ringelblume und auf exotische Zauber- und Hexenpflanzen wie die Alraune oder die giftigen Engelstrompeten beschränken.

Zaubern: Außergewöhnliches bewirken durch geheime Mittel

Aus heidnisch-germanischer Zeit sind als eines der wenigen schriftlichen Zeugnisse für die magischen Vorstellungen unserer Vorfahren die Merseburger Zaubersprüche erhalten. Sie wurden um 950 n. Chr. aufgezeichnet, sind sprachlich älter, von Sinn und Absicht her uralt, bis in die indoeuropäische Frühzeit zurückreichend:

Fol und Wodan zum Walde ritten,
Da ward dem Fohlen Balders sein Fuß verrenkt.
Da besprach ihn Sinthgunt, der Sunna Schwester,
Da besprach ihn Frija, der Volla Schwester,
Da besprach ihn Wodan, wie er's wohl konnte:
»Wie die Beinrenke, so die Blutrenke,
So die Gliedrenke:
Bein zu Beine, Blut zu Blute,
Glied zu Gliede, als sei'n sie geleimt!«

Dieser Heilspruch wurde bei Beinverletzungen eingesetzt. Durch Nacherzählen eines Ereignisses, das sich einst in göttlichen Kreisen zugetragen hatte und durch die Wiederholung von Wodans Zauberspruch sollte eine Heilung auch bei den Menschen in gerade akuten Fällen stattfinden. Man wollte einen ähnlichen (analogen) Vorgang auslösen – es handelte sich um Analogiezauber. In der erzählten Geschichte bewirkt Gott Wodan eine Art Wunderheilung und nur er schafft diese, nachdem sich zuvor zwei Göttinnen vergeblich versucht hatten. Wodan (im nordischen Mythos Odin genannt) ist nämlich ein großer Zauberer, ein Schamane, dem sich, als er in einem Selbstopfer 9 Tage am Weltenbaum hing, das Geheimnis der Zauberrunen enthüllte.

An diesem Beispiel des 2. Merseburger Zauberspruchs zeigen sich wichtige Merkmale des Zauberglaubens: Beim Zaubern bewirkt eine eingeweihte Person oder Gestalt etwas Außergewöhnliches, über das Normale Hinausgehendes. Sie benötigt dazu ein Mittel (im oben genannten Fall den Spruch) und das Wissen, wie mit diesem Mittel umzugehen ist. Oft wird Analogiezauber angewendet.

Entstehen und fortbestehen kann der Zauberglaube nur innerhalb eines magischen Weltbildes. In ihm ist alles – die unbelebte Natur, die Pflanzen, die Tiere, der Mensch, Diesseits und Jenseits – durch geheime Beziehungen miteinander verbunden. Diese geheime Verbindung alles Seienden wird Sympathie genannt. Die einzelnen Teile der Gesamtheit machen nicht selten durch Zeichen ihre Zusammengehörigkeit deutlich. Beispielsweise zeigen Pflanzen mit gelben Blüten die Farbe des Blitzes und tun so kund, dass sie, wenn man sie ins Haus bringt, den Blitz abwehren (oder auch anziehen) können.

Die Sympathie macht es dem Menschen möglich, sich nicht nur passiv den Mächten auszuliefern, sondern aktiv in das Geschehen einzugreifen.

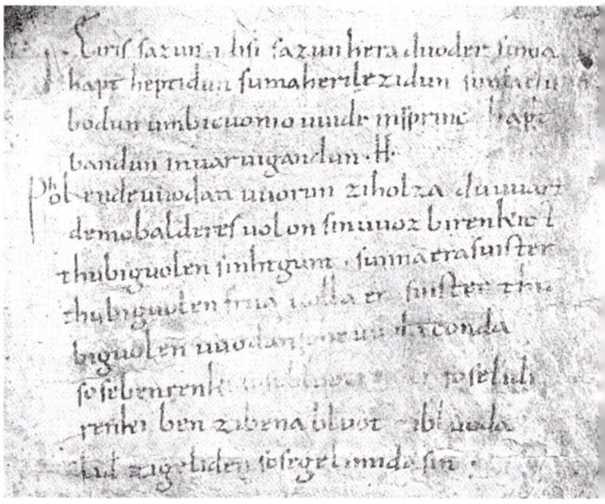

Die Merseburger Zaubersprüche, eher zufällig auf dem Vorsatzblatt einer Handschrift in der Dombibliothek des Merseburger Domkapitels gefunden, zeugen von einem magischen Weltbild. Faksimile der Aufzeichnung (10. Jahrhundert n. Chr.).

Dazu müssen die Zeichen richtig gedeutet und das Handeln einem Geschehen in analoger Weise angepasst werden, beispielsweise wenn man eine Krankheit von sich weg in einen Gegenstand oder eine Pflanze einbringt und diese(n) in fließendes Wasser wirft, damit es auch die Krankheit mit sich fortschwemmt.

Die Pflanzenkräfte nutzen

Für die im Merseburger Zauberspruch geschilderte Zauberhandlung genügte es, dass Wodan den richtigen Zauberspruch hersagte; der Spruch war das Zaubermittel. Vielfach werden für eine magische Handlung aber gegenständliche Mittel benötigt, etwa bestimmte Steine, Tiere oder ihre Teile, menschliche Ausscheidungen, besonders häufig Pflanzen.

Seit ältesten Zeiten sind Mensch (und Tier) auf Pflanzen angewiesen. Da waren in erster Linie die Nahrungspflanzen, die der Mensch in der bisher längsten Phase seines Menschseins, in der Altsteinzeit und der mittleren Steinzeit, sammelnd genommen und genutzt hat. Während sich die Männer vor allem mit der

Jagd beschäftigten, fiel den Frauen die Tätigkeit des Pflanzensammelns zu. Sie lernten durch Erfahrungen, welche Pflanzen besonders gut als Nahrung geeignet waren, gut schmeckten und bekamen, und die Frauen gaben dieses erworbene Wissen an Töchter und Enkelinnen weiter.

Auch welche Pflanzen Schmerzen lindern und Krankheiten bessern oder heilen können, war von größter Wichtigkeit, ebenso das Wissen um Pflanzen, die je nach Bedarf die Empfängnis verhüteten, die Leibesfrucht abtrieben oder die Fruchtbarkeit förderten. Auch psychoaktiv wirkende Pflanzen, die beruhigen oder anregen, den Sexualtrieb fördern oder dämpfen, die Halluzinationen hervorrufen und in Ekstase geraten lassen, wurden gefunden und verwendet. Dass der Umgang gerade mit Pflanzen der letztgenannten Gruppe und anderen Giftpflanzen gefährlich sein kann und entsprechende Vorsicht walten muss – auch das gelangte von einer Generation auf die nächste.

In der Jungsteinzeit begannen die Menschen Pflanzen für ihren Bedarf anzubauen und konnten so sesshaft werden. Diese Kulturpflanzen haben zusammen mit den nach wie vor gesammelten Wildpflanzen noch weitere Bedürfnisse gestillt: Kleidung aus Pflanzenfasern, Würze und Düfte, Brennholz, Bauholz und Material für die Herstellung verschiedener Geräte.

Die Menschen beobachteten das teilweise merkwürdige Leben ihrer pflanzlichen Helfer: Obwohl im Herbst viele von ihnen offenbar starben, kehrte im Frühjahr erneut das Leben in sie zurück; sie belaubten sich oder stiegen aus der Erde empor. Manche Bäume waren schon vor des beobachtenden Menschen Eintritt ins Leben da und bestanden noch immer, wenn er es wieder verließ. Man sah das Werden aus einem winzigen Samenkorn, das Wachsen ohne sichtbare Nahrungsaufnahme, das wunderbare Entstehen von Blüten und Früchten.

Alle diese Erscheinungen legten nahe, dass in den Pflanzen – den Bäumen, Sträuchern und Kräutern – eine ganz besondere Kraft verborgen sein müsse, die man sich durch bestimmte Handlungen im Sinne der Sympathie nutzbar machen kann. Gerade den heilkräftigen, auch den narkotisierenden, psychoaktiven und den giftigen Pflanzen traute man über ihre vordergründige Wirkung hinaus noch größere Kräfte zu – eben Zauberkräfte.

Schriftliche Überlieferungen

Diesem allen ungeachtet / so haben sich doch viele hohe und vortrefflich gelehrte Leute gefunden / welche weder Arbeit noch Kosten gesparet / sondern auch weite und Lebensgefährliche Reisen auf sich genommen / die Geheimnisse der Natur Wunder zu ergründen / auch vieles erfahren / und uns / ihren Nachkommen / hinterlassen.

Valentinus Kräutermann: Der Curieuse und vernünfftige Zauber-Arzt (1725)

Nachdem sich gegen Ende des 18. Jahrhunderts und im 19. Jahrhundert die Volkskunde als Forschungsrichtung etabliert hatte, befassten sich Volkskundler auch mit den Vorstellungen und Bräuchen im Hinblick auf Pflanzen. Diese Volksbotaniker oder – mit einem heute ge-

Nicht nur als Nahrungsspender, sondern auch für die Versorgung mit Heilmitteln, Baumaterialien, Kleidung und Geräten waren Wild- und später auch Kulturpflanzen für den Menschen von überragender Bedeutung. Holzschnitt (15. Jahrhundert).

bräuchlicheren Ausdruck – Ethnobotaniker stellten bei ihren Forschungen bald fest, dass sich vieles aus teilweise sehr alten schriftlichen Quellen ins Volk verbreitet hat und dass andererseits diese Quellen viele Hinweise nicht nur über die medizinische Anwendung der Pflanzen, sondern auch über Zauberglauben und -brauch im Volk enthalten. Wenn der Arzt und Volksbotaniker Max Höfler in einem seiner Bücher schreibt, dass jede Kulturperiode und jedes ärztliche Schulsystem in der Volksmedizin ihre Spuren hinterlassen haben, so gilt diese Aussage in ähnlicher Weise für den Zauberglauben.

Der folgende geschichtliche Überblick soll helfen, die im Buch zitierten Autoren zeitlich einzuordnen und ihr Wirken zu bewerten

Altertum

Aus Tontafelfragmenten geht hervor, dass sich der Hethiterkönig Hattusili II. in mehreren Briefen an den ägyptischen König Ramses II. (1290–1224 v. Chr.) mit der Bitte um medizinische Hilfe wandte. Hattusili litt an einer von bösen Dämonen verursachten Krankheit, außerdem war seine bereits über 50 Jahre alte Schwester Matanazi auch in ihrer zweiten Ehe kinderlos geblieben. Ramses versprach Hattusili, für beide Fälle gute Arzneien, einen Beschwörungspriester und einen kräuterkundigen Arzt zu schicken. Auch wollte Ramses den Beistand der Götter für den Hethiterkönig erflehen.

Diese Verbindung zwischen Heilpflanzenwissen und Pflanzenmagie zeigt sich auch in den medizinisch-botanischen Schriften der Griechen und Römer der Antike.

Die ältesten heilkundlichen Schriften Griechenlands stammen von *Hippokrates* (460–370 v. Chr.) und seinen Schülern. Diese hippokratische Schriftensammlung »Corpus hippocraticum« enthält auch die Beschreibung von mehr als 200 Heilpflanzen, die jedoch botanisch nicht näher erläutert sind. *Theophrast* (370–285 v. Chr.), ein Schüler des Aristoteles, bringt in seiner »Pflanzengeschichte« teilweise bereits Beschreibungen, die ein Erkennen der Pflanze ermöglichen. Daneben berichtet er auch über magische Praktiken, die im Volk üblich waren.

Unter der Leitidee des rechten Maßes in allen Dingen befasst sich die hl. Hildegard in ihren heil- und naturkundlichen Schriften mit der geordneten Lebensführung des Menschen und seiner Beziehung zu Pflanzen, Tieren, Elementen, Steinen und Metallen. Holzschnitt (16. Jahrhundert).

Das bedeutendste pflanzenheilkundliche Werk der Antike ist die Arzneimittellehre des griechischen Arztes *Pedanios Dioskurides* (1. Jh. n. Chr.) aus der kleinasiatischen Provinz Kilikien. Er beschreibt etwa 600 vor allem in seiner Heimat wachsende Heilpflanzen. Mittelalterliche Botaniker bemühten sich um Identifizierung dieser Pflanzen in der mitteleuropäischen Flora, was häufig misslang, da es viele der von Dioskurides beschriebenen und in manchen der alten Handschriften auch abgebildeten Pflanzen hier zu Lande gar nicht gibt. Die Arzneimittellehre des Dioskurides genoss jahrhundertelang und bis in die Neuzeit hinein so hohes Ansehen, dass immer wieder neue Ausgaben und Neubearbeitungen erschienen.

Bei den Römern verdienen die Autoren landwirtschaftlicher Werke Erwähnung, die jeweils auch Heilpflanzen behandelten: *Marcus Porcius Cato* (234–149 v. Chr.), *Junius Moderatus Columella* (1. Jh. n. Chr.) sowie *Palladius* (5. Jh. n. Chr.), dessen Werk auch noch mittelalterliche Autoren beeinflusste. Von besonderer Bedeutung war die in 37 Bänden niedergeschriebene Naturgeschichte (»Naturalis historia«) des *Caius Plinius Secundus* (23–79 n. Chr.), der beim Ausbruch des Vesuvs ums Leben kam. Er behandelt etwa 1000 Arzneipflanzen, die jedoch nicht in allen Fällen den gleichnamigen Pflanzen der heutigen Systematik entsprechen.

Von Plinius stammen auch wichtige Schilderungen über Pflanzenheilkunde und Pflanzenzauber bei den Kelten. Selbstverständlich kannten die Germanen ebenfalls den Umgang mit Heilpflanzen und Pflanzenmagie, wie wir aus Sagen und Sprüchen, etwa der Edda, oder aus anderen der wenigen erhaltenen Quellen entnehmen können.

Mittelalter

Die Heilpflanzenkunde des frühen Mittelalters spiegelt sich – wenigstens teilweise – in zwei Dokumenten wider. Die Reichsverordnung »Capitulare de villis« soll 812 von *Kaiser Karl dem Großen* erlassen worden sein. Ein Kapitel enthält die Aufzählung von etwa 90 Pflanzen, unter ihnen auch viele Heilpflanzen, die in den kaiserlichen Hofgütern gepflanzt werden sollten. Die Pflanzenliste beeinflusste Pflanzenauswahl und Gestaltung der Klostergärten. *Walahfried Strabo* wurde 847 Abt des Klosters auf der Insel Reichenau im Bodensee. Er hat ein lateinisches Lehrgedicht in Hexametern über den Gartenbau geschrieben, in dem er auch eine Reihe von Heilpflanzen behandelt, den »Liber de cultura hortorum«, meist »Hortulus« genannt. Die Klostermedizin des Mittelalters, die vor allem von den Benediktinern getragen war, gründete auf antiken Überlieferungen, arabischen Erkenntnissen und germanisch-keltischem Heilwissen. Die Benediktinernonne und -äbtissin *Hildegard von Bingen* (1098–1179) vereinigte in ihren teils in lateinischer, teils in deutscher Sprache geschriebenen heil- und naturkundlichen Abhandlungen (»Causae et curae« und »Physica«) schriftliche Traditionen, Volksüberlieferung sowie eigene Beobachtungen und Erfahrungen.

Der Dominikanermönch und Bischof von Regensburg *Albertus Magnus* (1193–1280) schrieb 7 Bücher über Pflanzen und Pflanzenheilkunde. Er stand im Ruf großer Gelehrsamkeit und der Befähigung zu allerlei Zauberkünsten. Noch Jahrhunderte nach seinem Tod waren Zauberbücher in Umlauf, die sich mit seinem Namen schmückten und immer wieder gedruckt wurden, wie beispielsweise »Albertus Magnus bewährte und approbirte sympathetische und natürliche egyptische Geheimnisse für Menschen und Vieh«. Die erste Naturgeschichte in deutscher Sprache, das »Buch der Natur« verfasste der Regensburger Domherr *Konrad von Megenberg* (gest. 1374). Ihm dienten verschiedene ältere Werke, aber auch eigene Beobachtungen als Quellen. In dem Teil »Von den Kräutern« schreibt er über verschiedene Heilpflanzen.

An der Schwelle zur Neuzeit steht der Arzt, Naturforscher und Alchemist *Theophrastus Bombastus von Hohenheim*, genannt *Paracelsus* (1493–1541). Er widmete sich besonders der Signaturenlehre (siehe S. 37), kombinierte pflanzliche und metallische sowie mineralische Heilmittel und betonte die Bedeutung der Seele für das Krankheitsgeschehen. In seinen zahlreichen Schriften stützt er sich auf die Bibel und die antiken Autoren, aber auch auf Volkswissen und -glauben. Seine Vorstellungen und Rezepte sind ihrerseits in starkem Maße in Volksmedizin und Volksglauben eingegangen.

Die Kräuterbücher des 16. Jahrhunderts

Mit der Erfindung des Buchdrucks und des Holzschnitts wurde es möglich, Bücher samt den darin enthaltenen Abbildungen relativ leicht herzustellen und zu vervielfältigen. Die nun

Bildnis des Hieronymus Bock (»Kreutterbuch«, Ausgabe 1577).

entstehenden Kräuterbücher verbanden das aus der Antike tradierte Bücherwissen mit botanischen Beobachtungen der heimischen Natur und brachten Rezepte der Volksmagie und Volksmedizin. Im Folgenden sollen aus der Vielzahl der Kräuterbücher einige angeführt werden.

Als eine Art Vorläufer erschienen bei Peter Schöffer in Mainz 1484 der in lateinischer Sprache verfasste »Herbarius« eines unbekannten Verfassers und 1485 der »Gart der Gesundheit« des Frankfurter Stadtarztes *Johann von Cube*. Beide Bücher wurde im In- und Ausland vielfach nachgedruckt.

Berühmt und als »Väter der deutschen Botanik« verehrt wurden wegen ihrer in der 1. Hälfte des 16. Jahrhunderts entstandenen und jahrhundertelang nachgedruckten und verwendeten Kräuterbücher drei Autoren: Otto Brunfels, Hieronymus

Bildnis des Adamus Lonicerus (»Kreuterbuch«, Ausgabe 1679).

Bock und Leonhart Fuchs. Das »Contrafayt Kreüterbuch« des *Otto Brunfels* (1489–1543), Stadtarzt in Bern, enthält teilweise sehr naturgetreue Pflanzenabbildungen. *Hieronymus Bock*, genannt *Tragus* (1498–1554) war protestantischer Pfarrer und Botaniker. Sein »Kreutterbuch« ist mit über 500 Bildern besonders reich ausgestattet. Bock hat die beschriebenen Pflanzen in der Natur wohl selbst gesehen, er beschreibt nicht selten ihre Standorte. Bemerkenswert ist auch, dass er sich bemüht, die Pflanzen nach ihrer natürlichen Verwandtschaft anzuordnen. Über Pflanzenzauberei macht er sich an vielen Stellen seines Werks lustig. Das »New Kreütterbuch« des in Ingolstadt und Tübingen als Professor der Medizin tätigen *Leonhart Fuchs* (1501–1566) ist insbesondere wegen seiner hervorragenden und naturgetreuen Abbildungen berühmt.

In der Folgezeit kamen weitere bedeutsame Kräuterbücher heraus, so etwa ein Werk des Arztes *Pietro A. Mattioli* (1501–1577), der sich latinisiert auch Petrus A. Matthiolus nannte. Es handelte sich um einen Kommentar zu den Schriften des Dioskurides, der sehr berühmt wurde und als »Kreutterbuch« auch in deutscher Sprache erschien. Das »Kreuterbuch« des Frankfurter Stadtarztes *Adam Lonitzer* (Adamus Lonicerus oder Lonicer, 1528–1586) erlebte viele Neuauflagen, ebenso das »New vollkommen Kraeuter-Buch« des Arztes *Jakob Theodor Tabernaemontanus* (gest. 1590), das zunächst nur wenig beachtet worden war. Vom ursprünglich auf 10 Bände angelegten Werk »Historia sive plantarum omnium« des Arztes, Astrologen und Alchemisten *Leonhard Thurneysser zum Thurn* (1531–1596) existieren nur 156 mit 36 Holzschnitten illustrierte Seiten, in denen die Pflanzen in astrologischen und mystischen Beziehungen dargestellt sind.

Die folgenden Jahrhunderte

Die Traditionen der Pflanzenmagie lebten in den folgenden Jahrhunderten fort, auch wenn die Trennung zwischen rational begründeter Pflanzenheilkunde und sympathetischer Medizin beziehungsweise Pflanzenmagie voranschritt. Während sich die Schulmedizin zunehmend mit den durch die Wirkstoffe in den Pflanzen bedingten Wirkungen befasste und ab dem 19. Jahrhundert verstärkt auf synthetische Medikamente und die Chirurgie setzte, blieben im Volk bis weit ins 20. Jahrhundert hinein die auf Erfahrung beruhende Volksmedizin einerseits und die Pflanzenzauberei andererseits lebendig. Zauberbücher wie die dem Albertus Magnus zugeschriebenen hatten hohe Auflagen und wurden immer wieder nachgedruckt und vertrieben. In dem Werk »Der Curieuse und vernünfftige Zauber-Artzt« (1725) von *Valentinus Kräutermann* (der eigentlich Christoph von Hellwig hieß) finden sich sowohl auf Erfahrung beruhende Ratschläge als auch solche, die allein dem Zauberglauben entstammen.

Die Sammlung und Erforschung des Volksglaubens auch im Hinblick auf die heimische Pflanzenwelt haben die *Brüder Grimm* begründet. In ihrer Nachfolge entstand eine umfangreiche Literatur, die jedoch in weiten Teilen nicht wirklichen Volksglauben oder Volksbrauch beschreibt, son-

Magische Vorstellungen, Erfahrungswissen und in immer stärkerem Maße naturwissenschaftliche Erkenntnisse begründeten die Heilkunde der Neuzeit. Apotheke (Faksimile eines Holzschnitts aus dem frühen 16. Jahrhundert).

dern lediglich wiedergibt, was sich in alten Quellen wie den Kräuterbüchern oder den antiken Schriftstellern dazu fand beziehungsweise auf Spekulationen beruht. Trotzdem ist die Arbeit vieler Volksbotaniker hervorzuheben, ohne deren Tätigkeit heute, da die Traditionen in Familien und anderen Gemeinschaften abgebrochen sind, fast sämtliches Wissen über den Volksglauben früherer Zeiten vergessen wäre. Kaum hoch genug einzuschätzen sind die sorgfältig recherchierten volksbotanischen Arbeiten *Heinrich Marzells* (1885–1970), dem auch das vorliegende Buch sehr viele Informationen verdankt.

Die moderne Ethnobotanik, die Wissenschaft, die sich auch vergleichend mit den botanischen Volksüberlieferungen verschiedener Kulturkreise befasst, trägt heute ebenfalls zum besseren Verständnis der Vorstellungen unserer Vorfahren über die Zauberkraft der Pflanzen bei.

PFLANZENZAUBERER

Ich stieg den Berg hinauf am Ausgange der Stadt – es war die Tag- und Nachtgleiche des Frühlings, und draußen lag die alte Fee, die Erde, und kochte ihre mitternächtlichen Zauberkräuter, um am Morgen nach abgeworfenem Silberhaare und ausgeglätteten Runzeln, schön umlockt und bekränzt als eine junge Nymphe aufzustehen, und ihre neugeborenen Kinder an ihrem schwellenden Busen zu tragen.

ERNST AUGUST FRIEDRICH KLINGEMANN (1777–1831): DIE NACHTWACHEN DES BONAVENTURA (DREIZEHNTE NACHTWACHE)

Seit ältesten Zeiten war in den Vorstellungen der Menschen die Beherrschung der Heilkunst mit Zauberei, insbesondere Pflanzenzauberei, verbunden. Berühmte Heiler – einerlei ob es sich um geschichtliche Personen, Götter und andere mythische Gestalten oder um bestimmte Personengruppen handelte – galten fast stets auch als zauberkundig.

Göttinnen und Götter

Die altägyptische Göttin *Isis*, Mutter des Gottes Horus, die den Beinamen »die Zauberreiche« trug, galt als große Zauberin und Erfinderin heilsamer Arzneimittel. Als Gottesmutter oblag es ihr insbesondere, für Fruchtbarkeit zu sorgen. Eine botanisch noch nicht bestimmte Pflanze hieß »Schutz der Isis«. Die Teile ihres zerstückelten Bruders Osiris setzte Isis zusammen und erweckte ihn wieder zum Leben.

Die griechische Göttin *Artemis*, Herrin der freien Natur sowie Schutzgöttin der Jagd, der Geburt und der Hebammen, hatte als Zauberpflanzen den Beifuß und weitere auf die Gebärmutter wirkende Kräuter (»Mutterkräuter«). Noch im Mittelalter behaupteten manche kirchliche Autoren, die heidnische Göttin Artemis *(Diana* mit ihrem römischen Namen) gelte den Hexen als Anführerin bei ihrem Hexenflug.

Von *Hekate* heißt es, dass sie von Zeus hoch geehrt wurde und er ihr Anteil an Himmel, Erde und Meer gab. Hekate wurde manchmal auch mit Artemis und der Unterweltgöttin Persephone gleichgesetzt. Oft erscheint sie dreiköpfig: mit einem Hunde-, einem Pferde- und einem Menschenkopf. In späterer, klassischer Zeit galten Hekate und die Priesterinnen ihres Heiligtums in Kolchis als Hexen, die Menschenfleisch aßen und sich durch diesen Genuss – so berichtet Platon – in Wölfe verwandeln konnten sowie die Kunst beherrschten, Zauber- und Liebestränke zu brauen. Im Garten der Hekate in Kolchis wuchsen viele Pflanzen, die als Heil- und Zauberkräuter dienten, darunter auch Schlafmohn und Mandragora. Mit einem »Kraut der Hekate« genannten Zaubermittel verwandelte Pallas Athene die Sterbliche Arachne in eine Spinne, weil sie sich erkühnt hatte, die Göttin zum Wettbewerb in der Kunst des Spinnens herauszufordern.

In der Odysee beschreibt Homer, wie Odysseus mit seinen Gefährten zu der göttlichen Zauberin *Kirke*

Odysseus weist die angebotenen Speisen und Getränke zurück, solange Kirke sich weigert, seine Gefährten vom Zauber zu erlösen. Zeichnung von John Flaxman, 1910.

Die von Jason verlassene Medea braut aus Rache den tödlichen Giftsaft, mit dem sie die Geschenke für Jasons neue Gemahlin Glauke tränken wird. Gemälde von Frederick Sandys (1829–1904).

kommt, wie diese die Gefährten in Schweine verwandelt, wie Odysseus sich mit dem im Garten der Kirke wachsenden Zauberkraut Moly, das Hermes ihm gezeigt hat, schützt und Kirke zur Rückverwandlung der Gefährten zwingt. Kirke war eine Tochter des Sonnengottes Helios und eine Schwester der Hekate.

Odin bzw. *Wodan* der Germanen tritt in den Merseburger Zaubersprüchen und im angelsächsischen Neunkräutersegen (siehe S. 19) als Zauberer auf. Manche volkstümliche deutsche Pflanzennamen wie etwa Odinskopf für den Alant weisen auf den Gott hin, der Merkmale eines Schamanen zeigt: Erlebnis des eigenen Todes und Wiederauferstehen, Seelenreisen in Trance, Tierverwandlung, Ekstasetechniken (die auch die Angehörigen der ihm verbundenen Tiermaskenkrieger beherrschen), Befähigung zum Heilzauber.

Auch *Frija (Frigg)* wird in den Merseburger Zaubersprüchen als Zauberin erwähnt. Sie ist eine Göttin aus dem alten Geschlecht der Vanen, die zusammen mit ihrem Vater Njörd und ihrem Bruder Freyr, mit dem sie auch verheiratet war, nach der Aussöhnung zwischen dem jüngeren Göttergeschlecht der Asen und den Vanen bei den Asen lebte. Dort trennte sie sich von Freyr und wurde Gemahlin Odins. An ihre Stelle trat später *Freyja*, die wie zuvor schon Frija Schutzgöttin der Liebenden, der Ehe und der Fruchtbarkeit, Helferin und Beschützerin der Frauen, insbesondere auch bei der Geburt, ist. Viele Pflanzen waren Frija/Freyja heilig.

Nach der Christianisierung gingen wichtige Funktionen der alten Götter auf Jesus, insbesondere aber auf verschiedene Heilige wie Petrus, Johannes und andere über. Besonders deutlich ist die Übertragung der Funktionen der Liebes- und Fruchtbarkeitsgöttin, ob sie nun Artemis, Aphrodite oder Frija/Freyja hieß, auf die Gottesmutter Maria.

Dämonen in Menschengestalt

Medea, die Tochter des Königs Aietes in Kolchis, kannte sich in der Heilkunst und im Schadenzauber aus. Immerhin war sie eine Nichte der Kirke. Ihrem Ehemann Jason verhalf Medea zum Goldenen Vlies. Als Jason sie wegen Glauke verstieß, tötete Medea die Nebenbuhlerin. In Medeas Garten wuchsen allerlei Zauberpflanzen, darunter auch Giftpflanzen wie der Eisenhut. In ihrem Kessel braute sie aus Fleisch von Schlangen und anderem Getier sowie aus verschiedenen Pflanzen Zaubertränke. Medea hat bereits die alten Dichter wie Euripides und Ovid bewegt und immer wieder hat sich die abendländische Kunst dieses zwiespältigen Urbilds der schönen, verführerischen, geheimnisvollen, wohltätigen, heilenden, gefährlichen und Verderben bringenden Hexe angenommen – eines alten Bildes, das sich Männer von Frauen machten und das erst ab der frühen Neuzeit gänzlich seiner positiven Züge beraubt wurde.

Auch im germanischen Bereich gab es die Vorstellung zauberkundiger Frauen. Der Bischof Burchard von Worms (965–1025), der in seinem Werk »Decretorum libri viginti« den noch stark vom Heidentum geprägten Volksglauben seiner Zeit beschreibt, geht darin auch auf das Wesen der Zauberinnen ein. Die Bezeichnung *Hexe* für diese Frauen leitet sich vom althochdeutschen Wort »hagazussa« ab. »Hag« bedeutet Zaun, wobei wohl der lebende Zaun, die Hecke, gemeint ist und »zussa« leitet sich vom germanischen »tusio« ab, womit ein Dämon bezeichnet wird. Hagazussa wäre demnach ein weiblicher Heckengeist. Dämonen waren im vorchristlichen Glauben fast stets zwiespältig im Wesen: einerseits hilfreich, freundlich, Segen bringend, andererseits auch rachsüchtig, gefährlich, schadend. Auch den heilkundigen Frauen der Germanen wurden Zauberkräfte zugesprochen, die sie als dämonische Wesen erscheinen ließen. Erst mit dem Erstarken des Christentums im Hoch- und Spätmittelalter erscheint die »böse« Hexe: ein Geist oder eine vom Teufel verführte und von ihm mit schädlicher Zauberkraft begabte Frau (siehe auch

S. 40f.). Wenn in unseren Sagen und Märchen eine Hexe auftritt, so ist sie fast stets ein böses dämonisches Wesen, das Schadenzauber ausübt.

Verwandte der Hagazussa sind die *Moos-, Wald-, Holzfräulein.* Mitteleuropäische Sagen zeigen sie als heil- und zauberkundig. So riefen etwa die Moosfräulein in Pestzeiten den Menschen zu: »Esst Bibernell und Baldrian, so geht die Pest euch nichts an!« Auch Dietrich von Bern wurde der Sage nach samt seinem Pferd durch ein Waldfräulein mit Hilfe des Wegerichs geheilt. Die Waldfräulein standen auch den gebärenden Frauen bei, wenn sie diesen zur Linderung der Schmerzen die Blume »Nimmerweh« (deren Identität nicht geklärt ist) in die Hand gaben. Manchmal sind es auch *Zwerge*, die verzweifelten Menschen die Verwendung eines bestimmten Krautes empfehlen.

Ähnlich wie in die Gestalt der Hexe sind auch in die des Teufels unterschiedliche Vorstellungen aus der Antike, der germanischen Mythologie und den christlichen Traditionen eingegangen. Anders als die Hexenvorstellung, die man zur Vernichtung von Frauen benutzte, wurde die Teufelsvorstellung nicht auch an konkreten Menschen festgemacht. Der Teufel der Volkssagen ist ein dämonisches, menschengestaltiges Wesen mit verschiedenen Tierattributen (Flügel, Schwanz, Bocks- oder Pferdefuß, Hörner), das fast jede Menschen- und Tiergestalt annehmen kann. Als Gottes Widersacher ist es sein Ziel, menschliche Seelen in seine Gewalt zu bringen. Menschen, die sich ihm verschreiben, verleiht er Zauberkräfte, mit denen sie, wie etwa der Doktor Faust, sogar die Naturgesetze überwinden können. Der Teufel ist persönlich am Pflanzenzauber nicht so besonders interessiert, er lehrt ihn aber Menschen, die sich ihm verschrieben haben.

Bereits der Kirchenschriftsteller Tertullian (160–225 n. Chr.) vermutete, dass Luzifer, der gefallene Engel und eines der Vorbilder unseres Teufels, den Frauen als Liebeslohn das Wissen um die Kraft der Kräuter gegeben habe. Der Teufel unserer Volkssagen schafft etwa seinen Schülern den zauberkräftigen Farnsamen herbei. In der Sage vom Teufelsabbiss *(Succisa pratensis)* unterweist der Teufel einen jungen Mann, der ihm seine Seele verschrieben hat, in der Heil- und Zauberkunst und macht ihn so zu einem berühmten Arzt. Doch als dieser zum Wohltäter für leidende Menschen wird, missfällt das dem Teufel. Er lässt den jungen Arzt erblinden, aber der weiß sich dank seiner Zauberkunst zu helfen. Er hängt sich ein Büschel einer bestimmten Pflanze auf den Rücken und erlangt seine Sehkraft wieder. Da der Teufel selbst den Vertrag gebrochen hat, ist der Arzt erlöst und kann weiterhin segensreich wirken. Der wütende Teufel aber beißt die mittlere Wurzel der Pflanze ab, die seither den Namen Teufelsabbiss trägt.

Tiergestaltige Geister

Der weise heil- und zauberkundige *Chiron* der griechischen Mythologie war ein Kentaur. Diese in den Gebirgen Thessaliens und auf dem Peloponnes lebenden Mischwesen zwischen Mensch und Tier hatten einen Pferdeleib und waren von der Taille aufwärts menschengestaltig. Chiron war der Erzieher Jasons, des Gemahls der Medea, und des Herakles. Er heilte die Wunde Achills und seine eigene mit Kräutern.

Anders als der weise und kräuterkundige Chiron waren viele Kentauren wild und kampfesfreudig wie dieser mit Baum und Felsbrocken bewaffnete Pferdemensch auf einer attischen Schale (ca. 520 v. Chr.).

Nicht nur der *Hase*, etwa im Grimmschen Märchen »Die zwei Brüder«, kennt sich mit Pflanzenzauber aus, sondern auch andere Tiere. In verschiedenen Volkssagen gibt es seltsam aussehende oder auch nicht näher beschriebene *Vögel*, die in Pestzeiten den Menschen entweder im Traum erscheinen oder bei Tag aus dem Wald fliegen und die Verwendung bestimmter Kräuter wie Bibernelle oder Tausendgüldenkraut empfehlen, die dann auch der Pestnot prompt ein Ende machen. Der *Specht* kennt die Springwurzel (meist ist damit das Salomonssiegel gemeint) und beherrscht ihren Gebrauch. Die *Schwalben* wissen, was zu tun ist, wenn ihre Jungen blind sind und holen

Schöllkraut. Plinius schreibt, dass das Habichtskraut *(Hieracium)* so heiße, weil die *Habichte* (griechisch »hierax«) bei Sehschwäche ihre Augen mit dem Saft der Pflanze benetzen würden.

Eine *Taube* half der kleinen Aspasia, die später eine wegen ihrer Schönheit und Klugheit berühmte griechische Hetäre und noch später die Frau des Perikles (5. Jh. v. Chr.) wurde. Das Kind litt sehr unter einer entstellenden Gesichtsgeschwulst und die Eltern konnten sich die teure ärztliche Behandlung nicht leisten. Als Aspasia einmal wieder wegen ihrer Entstellung Tränen vergossen hatte und darüber eingeschlafen war, kam im Traum eine schöne Taube zu ihr, die sich in eine wunderbare Frau verwandelte. Diese empfahl dem Mädchen, den vertrockneten Rosenschmuck der Aphroditestatue des Hauses zu pulverisieren und auf die Geschwulst zu legen. Aspasia befolgte den Rat und wurde geheilt.

Zauberische Menschen

Auch Menschen können, durch eine Verbindung zu Göttern oder Geistern, Zauberkräfte erlangen.

Schamanen, magische Mittler zwischen den Menschen und dem Jenseits, gibt es in der Gegenwart noch in verschiedenen Kulturkreisen, insbesondere in Sibirien und Zentralasien, auch in Afrika und Amerika. Die Berufung zum Schamanen kündigt sich häufig mit einer langen und schweren Krankheit an, in der körperliche und psychische Beschwerden, Halluzinationen und Visionen auftreten können. Wenn sich der künftige Schamane oder die künftige Schamanin schließlich nicht mehr gegen die Berufung wehrt, kommt es zur Initiation, bei der es darum geht, durch Fasten, Einsamkeit, Einnahme von psychoaktiven Pflanzen, Musik, Tanz »außer sich« zu geraten. Die Seele verlässt den Körper und begibt sich auf eine weite und gefährliche Reise, auf der Kämpfe mit Geistern zu bestehen sind und die schließlich ins Totenreich, ins Jenseits führt.

So lernt der Schamane, die Geister zu beherrschen, die Grenzen des eigenen Daseins zu überschreiten, den Tod und die Welt der Toten nicht zu fürchten. Er ist deshalb auch in der Lage, Verstorbene ins Jenseits zu geleiten, die Seelen Ungeborener von dort ins Diesseits zu holen, Kranke zu heilen und seine Gestalt zu wechseln. Schamanistische Vorstellungen – das zeigt auch die Gestalt Wodans/Odins – gab und gibt es auch in unserem Kulturkreis. Die heidnischen Priester und Priesterinnen sowie die Weisen Frauen der Kelten und Germanen, die Gestalt Jesu und auch manche christliche Heilige zeigen schamanische Züge.

Die Vorstellung der *Weisen Frauen* führt in die bereits erwähnte Frühzeit der Menschheitsgeschichte zurück, in der Frauen das Sammeln essbarer und heilkräftiger Pflanzen und Pflanzenteile oblag. Seit frühesten Zeiten bestand so eine enge Verbindung zwischen Frauen und Pflanzen, und Frauen hatten die Rolle der Heilerin, Seherin, Zauberin in einer Gemeinschaft. Während offenbar in der klassischen Antike und Spätantike das Ansehen der Frauen in dieser Rolle zurückging und bei verschiedenen Zaubergöttinnen die negativ gedachten Eigenschaften stärker in den Vordergrund traten, stand in den keltischen und germanischen Kulturkreisen die Frau als Weise Frau noch lange in hohem Ansehen. Über diese Rolle berichtet auch – etwas erstaunt – Tacitus in seinem Werk »Germania«. Da die Weisen Frauen ihr Wissen aber auch negativ einsetzen und Schadenzauber ausüben konnten, wurden sie gleichzeitig mit einer gewissen Scheu betrachtet.

Manch absolutistischer Fürst hielt sich einen alchemistischen Goldmacher und stellte ihm ein gut eingerichtetes Labor zur Verfügung. Aus: »Etwas für Alle« von Abraham a Santa Clara (Würzburg 1711).

Die Repräsentanten der neuen Religion, des Christentums, bemühten sich, die heidnischen Kulte auszulöschen und verboten vielerlei, was damit in Zusammenhang stand. So wurden in den Poenitential- oder Bußbüchern auch Strafen für Weissagen, Liebestränke und Kräuterzauber angedroht, wurden Hebammen verpflichtet, dem Zaubertum abzuschwören. Trotzdem war die Weise Frau innerhalb der Dorfgemeinschaft weiterhin geachtet, half sie doch bei Geburten und Krankheiten, förderte

Fruchtbarkeit und Potenz, wusste Mittel für die unentbehrlichen Maßnahmen von Verhütung und Abtreibung und manchmal auch für Glück und Wohlstand. Noch Paracelsus bekannte, dass er sein ganzes Wissen den Weisen Frauen verdanke. Bereits während der Lebenszeit des Paracelsus, an der Schwelle zur Neuzeit, begann man aber kirchlicher- und staatlicherseits mit der Vernichtung der Weisen Frauen, die nun als böse Hexen galten (siehe S. 40f.).

Unser Wissen über die *Alchemisten* beschränkt sich häufig darauf, dass sie versuchten, Gold zu machen. Es steckt aber mehr hinter der Alchemie. Diese Lehre hatte ihren Ursprung im hellenistischen Ägypten des 3. Jh. n. Chr. Dort hatte sich griechisches Gedankengut mit den Mysterien der ägyptischen Priesterschulen verbunden, die ihre Weisheit vom ibisköpfigen Gott Thot ableiteten. Insbesondere über die Araber kam die Lehre auch ins Abendland, wo sie gegen Ende des Mittelalters und insbesondere in der Renaissance einen Aufschwung nahm. Während ein Teil der Alchemisten die Erkenntnis der Naturkräfte und ihre Beherrschung, Selbsterkenntnis und -läuterung sowie das friedliche Zusammenleben der Menschen auf Erden als ihre hohen Ziele verfolgten, ging es anderen in erster Linie darum, ewige Jugend, Gesundheit und Reichtum zu gewinnen. Selbstverständlich gab es in dieser zweiten Gruppe auch Betrüger, die reich zu werden hofften oder es sogar für eine gewisse Zeit wurden.

Ein Ziel der Alchemisten war tatsächlich die Herstellung von Gold und eines Allheilmittels (»Panazee«) gegen alle Gebrechen sowie zur Gewinnung und Erhaltung ewiger Jugend. Dafür wollte man den »Stein der Weisen« finden oder herstellen, mit dem es möglich sein sollte, die Stoffe in einen Zustand der Urmaterie und aus dieser in den gewünschten Stoff zu verwandeln. Diese so genannte Transmutation hoffte man mit Gebet, Läuterung des Geistes, Beschwörung und Beachtung astrologischer Konstellationen zu erreichen. Auch verschiedene Pflanzen wurden eingesetzt. Es hieß, dass nur Menschen, die tugendhaft und frei von Habsucht und Neid ein sittliches Leben führten, als Auserwählte den »Stein der Weisen« würden herstellen können. Es ging die Rede, dass Albertus Magnus Alchemie betrieben, den »Stein der Weisen« besessen und sogar Gold hergestellt habe. Schließlich munkelte man gar, er bastle an einem künstlichen Menschen und habe einen Pakt mit dem Teufel geschlossen. Auch die beiden höchst kreativen, aber auch schillernden Ärzte und Naturwissenschaftler Paracelsus und Leonhard Thurneysser beschäftigten sich mit Alchemie.

Den ab 1400 nach Mitteleuropa einwandernden Gruppen fremdartiger dunkelhäutiger Menschen, die man als *Zigeuner* bezeichnete, traute man im Volk allerlei Heil- und Zauberkünste zu. Bei diesem aus Indien stammenden Volk, deren Angehörige sich selbst »Roma« (»Rom« für »Mensch«) oder als mitteleuropäische Gruppen »Sinti« nennen, hatten die Frauen traditionell weiterhin die Rolle der Zauberin und Heilerin, und so mögen sich manche Rezepte länger als bei anderen mitteleuropäischen Bevölkerungsgruppen in einer Familie oder Gemeinschaft bewahrt haben. Viele der heute in Büchern über »Zigeunermedizin« oder »Zigeunermagie« zu lesenden Rezepte unterscheiden sich jedoch kaum oder gar

Mitleid und Bewunderung für das fremd und etwas unheimlich erscheinende »Fahrende Volk« sprechen aus diesem Holzschnitt mit dem Titel »Weihnachten der Heimatlosen« (19. Jahrhundert).

nicht von den bekannten Rezepten mitteleuropäischer Volksmedizin und -magie. So ist anzunehmen, dass ein Grossteil der exklusiv Zigeunern zugeschriebenen magischen Vorstellungen und Praktiken entweder der durch die Exotik der Volksgruppe angeregten Phantasie Außenstehender entsprangen oder im Grunde nicht anderes als altes indoeuropäisches Gut waren.

Schließlich sei auch erwähnt, dass manche Menschen mit bestimmten Eigenschaften oder Tätigkeiten für besonders zauberbegabt galten, etwa *Jungfrauen, Henker* oder *Sonntagskinder*.

Pflanzenzauber-Rituale

Du mußt verstehn!
Aus Eins mach Zehn,
Und Zwei laß gehn,
Und Drei mach gleich,
So bist du reich.
Verlier die Vier!
Aus Fünf und Sechs –
So sagt die Hex –
Mach Sieben und Acht,
So ists vollbracht:
Und Neun ist Eins,
Und Zehn ist keins,
Das ist das Hexen-Einmaleins!

Johann Wolfgang von Goethe (1749–1832): Faust, 1. Teil

Nicht nur Götter, Geister oder besondere Menschen konnten sich die Heil- und Zauberkraft von Pflanzen nutzbar machen, sondern auch gewöhnliche Personen des Alltags, die ihrer bedurften. Sie mussten dazu bestimmte Formen und Rituale beachten, die selbstverständlich die Hexen mit großer Souveränität beherrschten.

Amulette aus Pflanzen

Ein Amulett ist ein am Körper getragener Gegenstand, der Glück, Reichtum, Liebe verschaffen oder – häufiger – Böses, Unheil, Krankheiten fernhalten soll. Der Glaube an Amulette ist uralt und reicht, wie auch Ausgrabungsfunde zeigen, in die Frühzeit der Menschheit zurück. Es gibt Amulette etwa aus Metall, Stein, Holz, aus Teilen von Tieren (insbesonder Hörner, Zähne, Knochen) und auch Amulette aus Pflanzen. Hierbei handelt es sich meistens um getrocknete Pflanzen oder Pflanzenteile, insbesondere Wurzeln (beispielsweise des Eisenkrauts) und große Früchte oder Samen (wie bei der Pfingstrose).

Gerade solche für die Herstellung eines Amuletts vorgesehenen Pflanzen mussten unter strenger Beachtung von Regeln gewonnen werden, denn nur so konnten Gefahren, die dem Wurzelgräber drohten, abgewendet und die Zauberkraft der Pflanze nutzbar gemacht werden. Aber auch nach dem Sammeln oder Graben waren Regeln zu beachten. So konnte man beispielsweise mit einem Eisenkrautwurzel-Amulett Hornhautflecken der Augen (»Mouches volantes«) beseitigen. Dazu musste man – so hieß es in der Gegend von Donauwörth – die Wurzel in rotem Wachs trocknen, sie in ein leinenes Läppchen einnähen und dieses bei Vollmond so umhängen, dass es auf den Halswirbeln aufliegt. Bei Neumond war dann das Amulett wieder abzunehmen und unter dem Herbeten von drei Vaterunsern in ein fließendes Wasser zu werfen.

Pflanzenbeschwörung

Nicht nur als Amulette, sondern auch in anderer Weise für Heil- und Zauberzwecke geeignete Pflanzen mussten häufig beim Ausgraben und/oder später bei der Verwendung angesprochen, beschworen werden. So berichtet schon Plinius, dass die Bewohner der umbrischen Stadt Ariminum, wenn sie eitrige Geschwüre hatten, eine »Reseda« genannte Heilpflanze aufsuchten und zu ihr sprachen: »Reseda, heile die Krankheiten; weißt du nicht, welcher Dämon hier Wurzeln getrieben hat? Nicht Kopf noch Füße möge er haben.« Diese Anrede musste dreimal wiederholt und dabei ausgespuckt werden.

Nicht selten wurden auch Götter angerufen, in spätantiken Beschwörungen etwa Isis, Artemis und Hekate. Das spätantike Kräuterbuch des Pseudo-Apuleius erläutert, dass,

Nicht am Körper getragene, sondern im Haus aufbewahrte Glück bringende Gegenstände wie diese als Männlein und Weiblein gestalteten Alraune werden ebenfalls als Amulette, häufiger als Talismane bezeichnet.

wer mit dem Vogel-Knöterich Augenkrankheiten heilen wolle, vor Sonnenaufgang mit einem goldenen Ring einen Kreis um die Pflanze ziehen und ihr vor dem Ausgraben sagen müsse, wofür sie gebraucht werde. Eine Beschwörung des Bilsenkrauts gegen Gicht hat ein Arzt im 6. Jahrhundert n. Chr. aufgezeichnet.

Krankheitsbeschwörungen – mit und ohne Pflanzen – gab es, wie die Merseburger Zaubersprüche zeigen, auch bei den Germanen. Von den Kräuterbeschwörungen, den so genannten »Kräutersegen« sind nur solche aus der Zeit nach der Bekehrung überliefert, deren heidnischer Grundgehalt durch christliche Elemente verbrämt wurde. So beschwört ein altenglischer Kräutersegen des 11. Jahrhunderts den Alant, damit er von Dämonen angezauberte Beschwerden und Krankheiten wie Hexenschuss und verschiedene psychische Probleme heile. Bei diesem Kräutersegen waren zudem das Benedicte und das Paternoster zu singen. Auch der ebenfalls altenglische so genannte »Neunkräutersegen« ist ein Gemisch aus germanisch-heidnischen, antiken und christlichen Traditionen. In der deutschen Übersetzung von Johann Hoops (1889) heißt es da zu Beginn über Beifuß und Wegerich:

Erinnere du dich, B e i f u ß, was du verkündetest,
was du anordnetest in feierlicher Kundgebung.
Una heißest du, das älteste der Kräuter;
du hast Macht gegen 3 und gegen 30,
du hast Macht gegen Gift und gegen Ansteckung,
du hast Macht gegen das Übel,
das über das Land dahinfährt.

Und du W e g e r i c h, Mutter der Pflanzen,
offen nach Osten, mächtig im Innern:
über dich knarrten Wagen, über dich ritten Frauen,
über dich schrieen Bräute, über dich schnaubten Farren [junger Stier];
allen widerstandest du und setztest dich entgegen:
so widerstehe du auch dem Gift und der Ansteckung
und dem Übel, das über das Land dahinfährt.

Es folgen Beschwörungen weiterer teils auch nicht identifizierbarer Pflanzen. Dann heißt es:

Diese 9 mögen gehen gegen neun Gifte.
Eine Schlange kam gekrochen, sie zerriß einen Menschen:
Da nahm Wodan 9 Wunderzweige,
Erschlug da die Schlange, daß sie in 9 Stücke zerfloh.
Da vollbrachte der A p f e l und sein Gift,
Daß sie nie mehr zu einem Hause kommen wollte.

K e r b e l und F e n c h e l, zwei gar mächtige,
die Kräuter erschuf der weise Herr,
der heilige im Himmel, als er (am Kreuze) hing:
er setzte und sandte sie in die 7 Welten,
den Armen und den Reichen allen zur Hilfe.
Sie widersteht der Krankheit, sie widersetzt sich dem Gift,
sie hat Macht gegen 3 und gegen 30,
gegen des Feindes Hand ....
gegen die Hexerei kleiner Wichte.

Nun haben diese 9 Kräuter Macht gegen neun böse Geister,
Gegen 9 Gifte und gegen neun ansteckende Krankheiten: ...

Wodan, aber auch der weise Christengott werden als Zauberer genannt.

Die Praxis der Pflanzenbeschwörung hat sich, wie auch in vielen der nachfolgenden Pflanzenporträts gezeigt wird, über die Jahrhunderte erhalten. Insbesondere im 17. und 18. Jahrhundert wurden zahlreiche Beschwörungsbücher gedruckt, die noch bis ins 20. Jahrhundert in bäuerlichen Haushalten zu finden waren, etwa »Romanusbüchlein«, »Geistlicher Schild« und »Egyptische Geheimnisse«.

Magische Zahlen

9 Pflanzen sind es, die im Neunkräutersegen genannt werden, auch 9 Gifte, 9 Wunderzweige, die Wodan nahm und mit denen er die Schlange in 9 Stücke zerschlug. Diese Zahl beruht nicht auf Zufall: Die Dreizahl ist seit alten Zeiten und bei vielen Völkern, insbesondere den indoeuropäischen, heilig. So heißt es auch, dass Zaubersprüche oder Gebete dreimal zu sprechen sind. 3 Fragen werden in Märchen und Sagen gestellt, 3 Wünsche hat man frei. Bei den Frühlingsblumen sind es nicht selten die ersten 3 im Jahr, die man verschlucken soll, um das ganze Jahr gegen Fieber und

andere Störungen gefeit zu sein. Die Zahl 9 ist eine verstärkte 3. 9 Kräuter gehören in das Gründonnerstagsgemüse, eine alte Kultspeise, an die noch mit dem Ausruf »Ach, du grüne Neune« erinnert wird. Auch das Sonnwendbüschel sollte häufig 9 Kräuter enthalten und das Wurzbüschel zu Mariä Himmelfahrt manchmal sogar 99 (verschiedene) Pflanzen.

Die in der jüdisch-christlichen Tradition heilige Zahl 7 spielt im Volksglauben ebenfalls eine Rolle: Der Mensch tritt alle 7 Jahre in einen neuen Lebensabschnitt, es gibt im Märchen 7 Zwerge und 7 Raben, 2 x 7 sind die 14 Nothelfer, 7 Kräuter gehören in die Frankfurter Grüne Soße und 7, 70 oder 77 Pflanzen in den Weihbuschen.

Übertragen

In der Gegend von Höchstadt a. d. Aisch gab es ein Rezept gegen »Gichter« (Krampfzustände): Man zähle 77 Erbsen in einen Topf, uriniere darauf und lasse dann den Topf durch einen Familienangehörigen, der dabei nicht angesprochen werden darf, in einem Ameisenhaufen vergraben. So wie die Erbsen verrotten, werden auch die Gichter verschwinden. Neben dem Zahlenzauber findet im Ritual eine andere alte Vorstellung Beachtung: Krankheiten, Verzauberungen, aber auch Segen, Kraft, Fruchtbarkeit können durch Körpersäfte (Blut, Speichel, Urin), durch erneuerbare Teile des Körpers (Haare, Finger- und Zehennägel) oder durch Berühren, Anhängen, Eingravieren von einem Lebewesen auf ein anderes übertragen werden, da ja alle Elemente der belebten und unbelebten Natur im Sympathieglauben auf geheime Weise miteinander verbunden sind. Auch die Vorstellung, dass die von einem Amulett aufgesogene Krankheit zusammen mit dem Amulett von fließendem Wasser mitgenommen oder von Feuer verbrannt werden kann, beruht auf dieser Vorstellung von der Übertragung.

Besonders häufig waren es Bäume und Sträucher – etwa Eiche, Hasel, Holunder, Obstbäume, Wacholder, Weiden –, in die man, fast stets unter ehrfurchtsvollen Anreden und Beschwörungen, Krankheiten übertrug. Unter den krautigen Pflanzen eigneten sich insbesondere Klette und Brennnessel. War die Pflanze kräftig, konnte sie das auf sie übertragene Leiden überwinden, war die Krankheit zu stark für sie, so musste die Pflanze sterben und mit ihr die Krankheit. In beiden Fällen wurde der Mensch durch die Maßnahmen wieder gesund.

Beim Herausziehenlassen der Mandragorawurzel durch einen schwarzen Hund übertrug man auf diesen die Negativwirkung der Wurzel: Der mit der Mandragora verbundene Hund fiel durch den Schrei der Pflanze tot um, er starb gewissermaßen stellvertretend, während der Wurzelgräber selbst die positiven Wirkungen der Zauberwurzel für sich behielt. Auch erwünschte Eigenschaften, die der Mensch bei Pflanzen sah oder in sie hineininterpretierte, etwa Fruchtbarkeit, Stärke, konnte er durch Zauberhandlungen oder einfaches Einnehmen auf sich selbst übertragen.

Nach altem Glauben konnten auf jahrhundertealte, starke Eichen sowie auf andere Bäume und – seltener – auf krautige Pflanzen mit Hilfe von Zaubersprüchen und -handlungen Krankheiten übertragen werden. Hier die St.-Wolfgangs-Eiche bei Schloss Haus (Bayern).

Räuchern

Räuchern mit stark duftenden Hölzern und Kräutern spielte bereits im Altertum, etwa bei den Ägyptern und im alten Orient, bei kultischen Handlungen eine wichtige Rolle, und auch heute noch wird bei katholischen Gottesdiensten mit Weihrauch, aus der Rinde der Weihrauchbäume (*Boswellia*-Arten) gewonnenem Harz, geräuchert. Solche Räucherungen sollten als Rauchopfer wie im israelistischen Tempelkult insbesondere eine Verbindung zu den göttlichen Mächten herstellen.

Eine reinigende Wirkung in direkter und übertragener Bedeutung ergab sich aus der verzehrenden Macht des Feuers und der abwehrenden Kraft von Rauch und ätherischem Duft. Sowohl bei Heilbehandlungen als auch bei Wahrsagerei, wie beispielsweise dem Orakel von Delphi, und bei Nekromantie (Totenbeschwörung) wurden Räucherungen eingesetzt.

Wichtig waren Räucherungen in der indianischen Magie und Heilkunde, aus der zahlreiche Anwendungen überliefert sind, während ihre Stellung im Volksglauben Mitteleuropas begrenzt ist. In den Raunächten oder Rauchnächten wurde und wird insbesondere im Alpenraum geräuchert. An Johanni warf man heilkräftige Kräuter ins Johannisfeuer und der an Mariä Himmelfahrt geweihte Kräuterbuschen wurde stückweise bei Gewitter im Herdfeuer verbrannt.

Der Volkskundler Rudolf Kriß erzählt in seinem Buch »Sitte und Brauch im Berchtesgadener Land« von den Geheimnissen und magischen Praktiken eines ihm bekannten Heilers seiner Berchtesgadener Heimat, der – um die Mitte des 20. Jahrhunderts – durch Verhexung hervorgerufene Krankheiten unter anderem auch mit Räuchern anging und dessen »Raucheinrichtung« aus 9 Pflanzen bestand, nämlich Wohlmut, Beifuß, Benediktenkraut, Baldrian, Tausendguldenkraut, Meisterwurz, Asank, Balmus und Segenbaum, dazu einem Stückchen Osterbrot, einer geweihten Kerze und etwas Ameisengeist.

Bei den Sinti soll bei drohender oder schon eingetretener Krankheit ebenfalls häufig geräuchert worden sein, um die Krankheitsdämonen zu vertreiben und zugleich den Geist des Kranken zu besänftigen: Eine Mischung aus 9 wohlriechenden Kräutern wie beispielsweise Majoran, Brombeerblätter, Königskerze, Rosmarin, Melisse, Pfefferminze, Lavendel, Thymian, Veilchen wurde dazu nach und nach im offenen Feuer verbrannt.

Pflanzenzauber im Jahreslauf

Mailied

Ave Maria!
Die Wiese trägt den Rittersporn.
Die Distel blüht im hohen Korn.
Das heilige Tausendguldenkraut
liegt an den Wegen schon angebaut.
Es grünet der sanfte Spitzwegerich.
Schafgarbe duftet. Das Veilchen verblich.
Mohnrose, die purpurne Ackerdirn,
hob auf den Blutschweiß der Bauernstirn.
Im Monde singen die Grillen.
Jungähren die Körnelein stillen.
Ave Maria!

Richard Billinger (1893–1965)

Pflanzen als Glücksbringer, Schutz- und Heilmittel begleiteten die Menschen auch durchs Jahr und spielten eine wichtige Rolle bei manchen Jahreszeitenfesten. An Heiligengedenktagen und an den verschiedenen Festen des Kirchenjahres gab es Bräuche, in denen Pflanzenzauber eine Rolle spielte. So waren etwa der Thomastag (21. 12.), die Christnacht und die Neujahrsnacht Orakeltermine, am Karfreitag galt es bestimmte Glückspflanzen wie das Eisenkraut zu graben, und für die Aussaat verschiedener Kulturpflanzen gab es bestimmte Tage. Auch an Ostern, am Fronleichnamsfest, an Pfingsten, zu Christi Himmelfahrt und Mariä Himmelfahrt spielten und spielen teilweise noch immer die alten Zauberpflanzen eine Rolle.

Frühlingsblumen

Bis in die jüngere Vergangenheit war der Winter eine Zeit der Dunkelheit, der Kälte und nicht selten auch des Hungerns. Wenn sich dann an seinem Ende endlich die ersten Blüten zeigten und das Wiedererwachen der Natur verkündeten, freuten sich die Menschen noch mehr als wir Heutigen und begrüßten die Boten der warmen Jahreszeit.

Solche Frühlingsblumen hielt man für ganz besonders heilkräftig. Schon Plinius berichtet, dass die Magier den Anemonen (Buschwindröschen) geheimnisvolle Heilkräfte zuschreiben und empfehlen, die ersten, die man im Frühjahr sieht, zu pflücken, in ein rotes Tuch zu binden, an einem schattigen Ort aufzubewahren und bei Bedarf später einem am drei- oder viertägigen Fieber Erkrankten aufzulegen. Hier zu Lande hieß es von

Das März-Veilchen (Viola odorata) *kam im frühen Mittelalter in mitteleuropäische Gärten und von dort in die Natur. Als attraktive und gleichzeitig bescheiden wirkende Pflanze hatte es hohen Symbolwert und wurde in Gedichten und Liedern gewürdigt.*

verschiedenen Frühlingsblumen, insbesondere Buschwindröschen, Veilchen, Schlüsselblumen, Gänseblümchen, auch von Sträuchern wie Schlehdorn oder Seidelbast, man solle die ersten drei Blüten, die man findet, verschlucken. Dann würde man das ganze Jahr vor Fieber, Zahnschmerzen und anderen Beschwerden verschont bleiben. Am Wiener Hof war es in der Zeit Leopolds IV., des Glorreichen (1198–1230) üblich, in den Donauauen nach dem ersten Veilchen zu suchen. Der Finder benachrichtigte den Herzog und dieser zog mit seinem ganzen Hofstaat hinaus, um das Veilchen zu begrüßen und von einer Jungfrau pflücken zu lassen.

Die Frühlingsblumen konnten allerdings auch gefährlich sein. Von einigen wie etwa dem Frühlingsenzian *(Gentiana verna)*, dem Kriechenden Günsel *(Ajuga reptans)*, dem Hundsveilchen *(Viola canina, V. hirta)* oder dem Blaustern *(Scilla bifolia)* hieß es, man dürfe sie nicht berühren oder an ihnen riechen, sonst bekäme man Sommersprossen. Ebenfalls blau blühen verschiedene Ehrenpreis-Arten *(Veronica)*, die noch bis in die jüngere Vergangenheit bei den Kindern Regen- oder Gewitterblümchen hießen: Wenn man sie abpflückt, kommt Regen oder gar ein Gewitter. Ebenso galt es als Unheil bringend, manche dieser Frühlingspflanzen ins Haus zu holen. Ihr zwiespältiges Wesen verdanken die Frühlingspflanzen einem sie bewohnenden Pflanzengeist.

Walpurgisnacht

Im mittleren und nördlichen Europa war die ersehnte Zeit des Sommers eher kurz und wurde mit Feiern begrüßt und begleitet: Sommerbeginn mit dem 1. Mai und der vorausgehenden Walpurgisnacht, Mittsommer und Sommersonnenwende um Johanni (24. 6.) und das Sommerende zu Mariä Himmelfahrt (15. 8.).

Die Walpurgisnacht ist benannt nach der Benediktineräbtissin Walpurga (gest. 25. 2. 779). Das Fest des Sommeranfangs wurde bei Kelten und Germanen in dieser Nacht gefeiert, in der Segen spendende Naturgeister und Götter durch Wald und Feld streifen. Im Christentum wurden daraus Hexen und böse Geister, die in dieser Nacht ihr Unwesen treiben. Der Volksglauben vermischte auch in diesem Fall heidnische und christliche Vorstellungen, und so wurde Walpurga die Beschützerin vor Zauberei, die als weiße Frau von Bösen Verfolgte, aber auch die Anführerin und Herrin der Hexen und Dämonen. In der Walpurgisnacht sind die sonst gebannten Hexen und Dämonen los, sie streifen – so wie früher die wohltätigen Naturgeister – durch Wälder und Fluren und nehmen etwa dem Bärlauch die Heilkraft. Sie versammeln sich auch zu Feiern auf Bergen wie dem Brocken im Harz. Mit bestimmten Kräutern kann man sich gegen das schädliche Tun der Hexen schützen. Manche in der Walpurgisnacht gesammelte Pflanzen wie etwa der

In der Walpurgisnacht streifen Naturgeister Segen spendend und Unheil stiftend durch Wald und Feld. Holzschnitt von Ludwig Richter (1803–1884).

Gundermann ermöglichen, dass man die sonst meist nicht als solche identifizierbaren Hexen erkennen kann. Gegen Mitternacht verwandelt sich alles Wasser der Bäche und Brunnen in Wein, aber nur der, welcher den Farnsamen hat, kann ihn schöpfen.

Johanni

Shakespeare hat in seinem »Mittsommernachtstraum« den Zauber der heidnischen Mittsommernacht mit allerlei Naturdämonen sowie Verwandlungen in Tiergestalt beschworen. Nach der Bekehrung haben die Vertreter der Kirche zunächst einen erfolglosen Kampf gegen das Brauchtum der Sommersonnenwende geführt, mussten aber bald einsehen, dass es sich nicht würde ausrotten lassen. Sie legten das Fest Johannes' des Täufers in die Mittsommerzeit (24. Juni). Johannes war dafür gut geeignet, da er mit Feuer (»Leuchte der Menschheit«) und als Täufer mit Wasser in Verbindung stand, die beide in heidnischer Vorstellung für diesen Tag bedeutsam waren. So geschieht an Johanni, bei Tag oder Nacht, weiterhin Wunderbares: Pferde können reden, das Farnkraut blüht, an den Beifußwurzeln glühen Kohlen, Nixen und Elfen zeigen sich den Menschen, aus Bergen ertönt Musik, Geisterzüge werden sichtbar, Zukünftiges enthüllt sich, Pflanzen haben besondere Kräfte, Hexen brauen Zaubertränke und auf einem schwarzen Bock reitet der Bilwis über die Felder.

In dieser Hauptblütezeit in der Natur wurden auch Kräuter, die so genannten Johanniskräuter, gesammelt. Der Volkskundler Rudolf Kriß berichtet noch um die Mitte des 20. Jahrhunderts, an manchen Orten des Berchtesgadener Landes » ... hat sich auch der Brauch erhalten, gewisse Kräuter zu sammeln, nämlich Margeriten, auch Johannisblumen genannt, sowie Johanniskraut und Klee; von diesen drei Kräutern wurde ein kleiner Kranz gewunden und unter das Kopfkissen gelegt als Heilmittel gegen allerlei Krankheiten. Auch wurde am Johannisabend in den Ringschrauben der Fensterstöcke, wo man die Fensterläden einhängt, ein Sträußchen aus diesen drei Kräutern befestigt, zu Ehren des hl. Johannes, um der Gefahr des Blitzschlages dadurch vorzubeugen.«

Andernorts waren es andere Kräuter, die zu einem Kranz, einem Büschel oder einem Gürtel, dem Johannisgürtel, gebunden wurden. Wenn man am Johannistag neunerlei Kräuter sammelt, sieht man seinen Zukünftigen in derselben Stunde. Siebenerlei Kräuter, in der Johannisnacht unter das Kopfkissen gelegt, verschaffen einen Traum, der Zukünftiges enthüllt. »Johanniskräuter« waren neben Johanniskraut und Margerite auch Arnika, Bärlapp, Beifuß, Eisenkraut, Holunder, Kamille, Klette, Quendel, Ringelblume. »Johannishändchen« waren fingerförmig gestaltete Orchideen-Wurzelknollen (etwa von *Dactylorhiza maculata* und *D. majalis*). Sie wurden vor allem in Oberfranken am Johannistag zwischen 11 und 12 Uhr mittags gegraben und als Amulett im Geldbeutel getragen, um das Geld nicht ausgehen zu lassen.

Das Konzil von Ferrara (1612) verurteilte das Sammeln von Kräutern in der Johannisnacht, und heute ist dieser Brauch längst vergessen.

Mariä Himmelfahrt

Dieses in katholischen Gegenden am 15. August begangene Fest, das an die Aufnahme der Gottesmutter in den Himmel erinnert, liegt am Ende des Sommers und der Erntezeit. Es setzt die Tradition heidnischer Erntefeiern fort, zu denen auch bereits Kräuterweihen gehörten. In der Synode von Liftinae (743 n. Chr.) versuchten die christlichen Bekehrer den Brauch der Kräuterweihe zu bannen. Die Frauen ließen sich durch die Erlasse jedoch nicht vom Kräutersammeln abbringen, und so legte die Kirche ein Marienfest in diese Zeit und weihte auch die gesammelten Kräuter, von denen es nun hieß, sie erinnerten daran, dass nach dem Tode Mariens im Grab nicht ihr Leichnam, sondern duftende Kräuter gefunden worden seien. So lebte der uralte Brauch über die Jahrhunderte fort. Die geweihten oder gesegneten Kräuterbüschel galten als heilkräftig, sie wurden in Haus und Stall aufgehängt, um Krankheiten, Blitz und alles Übel fern zu halten. Teile davon wurden bei Gewitter im Herdfeuer verbrannt, bei Krankheit gegessen oder als Aufguss getrunken und dem Vieh unter das Futter gemischt.

Unterschiedlich war die Anzahl verschiedener Arten, die in einem Büschel vorhanden sein mussten: 7, 9, 70, 77 oder gar 99. Vor allem alte Heilpflanzen und Pflanzen mit Zauberkraft sowie abwehrende Pflanzen waren es, die ins Wurzbüschel kamen. Auch wenn es große regionale Unterschiede gab, waren fast stets Beifuß, Dost, Eisenkraut, Johanniskraut und Schafgarbe dabei. Oft kamen Feldpflanzen wie Hafer, Roggen, Weizen, Gerste und Gewürzkräuter wie Salbei, Kümmel und Raute hinzu. In den vergangenen Jahren ist der alte Brauch in vielen Pfarreien wieder belebt worden.

Durch die Klimaerwärmung verfrühen sich in jüngerer Zeit die Blühtermine der Pflanzen, sodass um die Zeit des Festes etliche der als Wurzbüschelpflanzen überlieferten Arten schon weitgehend verblüht sind.

Aussaat- und Erntebräuche

Die schier unübersehbare Fülle an Regeln und Ritualen, die Aussaat, Pflege und Ernte verschiedener Kulturpflanzen begleiteten, berührt die Thematik der Zauberpflanzen nur am Rande. Mit dem Einsatz von Zauberpflanzen wollte der Mensch Ziele erreichen, die außerhalb der Zauberpflanze liegen, während beim Aussaat- und Erntezauber die jeweilige Kulturpflanze selbst positiv beeinflusst werden sollte. Häufig wird dabei Analogiezauber bemüht: Beim Rübenbauen soll man einen breitkrempigen Hut aufsetzen, damit auch die Rüben groß und dick werden. Die wilden Triebe des Hopfens soll man nicht im Zeichen des Krebses schneiden, weil die Pflanze dann nicht mehr weiterwächst (Krebs geht rückwärts). Eine große Rolle spielen generell Mondstand und Sternbilder. Neumond und abnehmender Mond sind meist ungünstig für Saat und Anbau.

Bei der Ernte war es häufig üblich, einen kleinen Teil auf dem Feld zu lassen, etwa für die Moosfräulein, den hl. Oswald oder für Tiere. Im Berchtesgadener Land, so berichtet Kriß, wurde ein kleines Fleckchen Getreide für die Vögel stehen gelassen. Dies galt als Zeichen für die Freigebigkeit des Bauern und sollte Segen bringen. Solche und ähnliche Bräuche beruhen wohl auf ursprünglichen Opfergaben, mit denen man den Vegetationsgeistern Dank abstatten und sie günstig fürs nächste Jahr stimmen wollte.

Pflanzenzauber im Leben des Einzelnen und der Gemeinschaft

Und willst und willst du mich
nicht lieben,
O Maienzeit, o Süßigkeit,
Das soll und soll mich nicht
betrüben,
O Maienzeit, o Bitterkeit;
Ich weiß das edle Kräutlein blühn,
Habmichlieb, das Kräutlein grün,
Kräutlein grün, Blümlein rot
Hilft bei Liebesnot.

Hermann Löns (1866–1914): Aus dem Volkslied »Liebeszauber«

An wichtigen Stationen des so bedrohten menschlichen Lebens musste der Einfluss böser Mächte fern gehalten und Glück und Segen herbeigezwungen werden. Traumatische Ereignisse, ob sie über das Individuum oder über die gesamte Gemeinschaft hereinbrachen – Seuchen, vor allem die Pest, Kriegszeiten, Missernten und Hungersnöte – ließen die Menschen ihre Hoffnungen auch auf den magischen Umgang mit Pflanzen setzen.

Lebensstationen

Glück und Gesundheit wünschte sich der Mensch als Begleiter fürs Leben, und an dessen Ende sollte ein guter Tod den Übergang in die andere Welt ermöglichen.

Um die Geburt zu erleichtern wurde schon in heidnischen Zeiten geräuchert, häufig mit 9 verschiedenen duftenden, beruhigenden und entkrampfenden Kräutern, darunter Beifuß, Echtes Labkraut, Johanniskraut. Diese so genannten Bettstrohkräuter, die böse Geister vertreiben sollten, wurden der Gebärenden auch aufs Lager gelegt. Mancherorts wurde auch das Neugeborene in einem Kräuterabsud gebadet.

Gewissheit über die Person des oder der Zukünftigen, über die treue Liebe des oder der Geliebten, über den Termin der Hochzeit und verschiedene andere mit der Thematik zusammenhängende Fragen suchte man im Liebesorakel zu erhalten, für das verschiedene Pflanzen geeignet waren. Eine Reihe anderer Pflanzen hatte die Kraft, den Besitzer oder die Besitzerin für eine bestimmte Person oder gar für alle Menschen liebens- und begehrenswert zu machen. Ganz besonders waren stets Brautleute von bösen und neidischen Geistern bedroht und deshalb war vieles zu deren Abwehr zu unternehmen. Insbesondere stark duftende Pflanzen wie Dill, Raute, Rosmarin galten als hilfreich, weil sie den Geistern unangenehm sind.

Manche Pflanzen kündigten durch ihr Blühen oder andere Veränderungen wie das Entstehen weißer Flecken oder Verdorren den Tod ihres Besitzers an. Verstorbene wurden mit Blumen geschmückt und Blumen wurden und werden mit ins Grab gegeben. Dieser Brauch mit häufig stark duftenden Pflanzen sollte böse Geister abhalten, die den Toten in ihre Gewalt bringen wollen, ferner den (gefährlichen) Toten besänftigen und erfreuen und schließlich auch die Verwesung verlangsamen sowie Verwesungsgerüche übertönen. Als Grabblumen und als Bäume auf Gräbern sind bis heute immergrüne Pflanzen wie Immergrün, Raute, Efeu, Kiefer, Zwergmispel, Wacholder beliebt. Grabpflanzen waren früher etwa auch Ringelblume, Bärlapp und Seifenkraut. Mit einem Tabu waren diese Grabblumen behaftet: Wer an ihnen roch, verlor den Geruchssinn, und wer es wagte sie abzupflücken, dem streckte der Tote die Hand aus dem Grab entgegen oder erschien ihm im Traum.

Notzeiten

Insbesondere ab dem Spätmittelalter wurden die Menschen immer häufiger in ihrem eigenen Leben und im Leben der Gemeinschaft von Notzeiten bedrängt. Nicht umsonst stammen aus dieser Zeit ergreifende Darstellungen der in Offenbarung 6,1 genannten 4 apokalyptischen Reiter, etwa die Holzschnitte Albrecht Dürers und Hans Burgkmairs. Die Gründe für diese 4 Plagen – Krieg, Hunger, Pest und (als Folge) Tod – lagen in erster Linie in Übervölkerung sowie Unterdrückung und Ausbeutung der Masse durch Wenige, die Erhaltung und Mehrung von Macht und Reichtum zum Ziel hatten. Hinzu kamen Witterungseinflüsse und Klimaschwankungen, von denen man in früheren Jahrhunderten auch hier zu Lande viel direkter als heute betroffen war.

Landsknechte und Soldaten versuchten sich im Krieg mit Hilfe bestimmter Pflanzenamulette, insbesondere aus Allermannsharnisch, Siegwurz und Mandragora, unverwundbar zu machen.

Auch in Pestzeiten konnten Pflanzen hilfreich sein. Aus der Oberpfalz stammt die Sage über das »Pestkraut« (Einbeere, *Paris quadrifolia*): Irgendwo in Ungarn ritt während einer Pestzeit ein Mann, der die Pflanze auf dem Hut trug, am Fenster eines Pestkranken vorbei. Der sah, wie ein großer Fliegenschwarm den Reiter umkreiste, aber keines der Tiere an ihn herankam. Der Kranke fragte den Fremden nach der Ursache der Erscheinung und dieser erklärte, dass ihm das Pestkraut auf seinem Hut die Pestfliegen vom Hals halte. Nachdem der Kranke eine sehr hohe Summe geboten hatte, verkaufte ihm der Fremde das Kraut und stieg ohne sein Schutzmittel aufs Pferd. Bereits nach wenigen Augenblicken fiel er tot zu Boden.

In Kriegszeiten, wie etwa im 30-jährigen Krieg, setzten raubende, plündernde und mordende Soldaten der Bevölkerung meist stark zu. Nach einem Kupferstich von R. Meyer (1605–1638).

Zauber- und Hexen- pflanzen

Natürliche Merkmale und Eigenschaften

Er sah nichts als die blaue Blume, und betrachtete sie lange mit unnennbarer Zärtlichkeit. Endlich wollte er sich ihr nähern, als sie auf ein Mal sich zu bewegen und verändern anfing; die Blätter wurden glänzender und schmiegten sich an den wachsenden Stengel, die Blume neigte sich nach ihm zu, und die Blüthenblätter zeigten einen blauen ausgebreiteten Kragen, in welchem ein zartes Gesicht schwebte.

Novalis (d. i. Friedrich v. Hardenberg, 1772–1801): Heinrich von Ofterdingen

Aus der großen Fülle krautiger Pflanzen sind nur verhältnismäßig wenige in den Ruf einer zauberkräftigen Pflanze – eines Zauber- oder Hexenkrauts – gekommen. Die Vorstellung, dass manche Pflanzen mit zauberischen Kräften ausgestattet sind, ist jedoch sehr alt. So werden in den heiligen Büchern der Inder, den Veden, die ungefähr um 1500 v. Chr. entstanden sind, oder auch in der Bibel vielfach solche Bäume und Kräuter genannt.

Aus offenkundigen oder verborgenen, realen oder auch nur unterstellten Merkmalen und Eigenschaften von Pflanzen hat der Mensch seit Urzeiten auf Wirkungen auf sich selbst – auf seinen Körper, seine Seele und seinen Geist – geschlossen. Auch der ebenfalls uralten Verwendung von Pflanzen als Symbole liegt die Vorstellung einer Verwandtschaft von Mensch und Pflanze zugrunde.

Von Soma bis zur blauen Blume – botanisch unbestimmte Zauberpflanzen

In den altindischen vedischen Schriften wird die heilige Pflanze »Soma« gepriesen: Sie wuchs auf einem hohen Berg und war Pflanze und Gott zugleich. Ein Falke trug sie zu Manu, dem ersten Menschen, der dem Schöpfergott Indra opferte, indem er aus der Pflanze einen Trank bereitete und zu sich nahm. Indra war nun aufgrund des Somaopfers in der Lage, seine Schöpfung zu vollenden. Die alten Inder erinnerten durch ihr Somaritual immer wieder an diese durch die heilige Somapflanze ermöglichte

Schöpfung. Soma war eine berauschende, euphorisierende und aphrodisierende Pflanze, aber das Wissen um ihre botanische Identität ist verloren gegangen. Forscher vermuteten die Steppenraute *(Peganum harmala)*, den Fliegenpilz *(Amanitha muscaria)* oder andere psychoaktive Pilze und verschiedene weitere Pflanzen als Somapflanze.

Eine berühmte Zauberpflanze der Antike war das »Moly«. Der Götterbote Hermes gab es dem Odysseus, damit er sich damit vor den Zaubereien der Kirke, die seine Gefährten in Schweine verwandelt hatte, schützen konnte. Schon die antiken Schriftsteller rätselten, welche Pflanze wohl mit Moly gemeint war. Es wurde als psychoaktiv, giftig und aphrodisierend angesehen. Bei Odysseus wirkte es allerdings als ein Gegenmittel, als Gegenzauber. Moly wurde als Mandragora gedeutet, als Lauchart, Schwarze Nieswurz und als verschiedene andere Pflanzen. Möglicherweise war es aber gar keine bestimmte Pflanze, sondern ein in der Vorstellung der Menschen entstandenes Symbol.

»Nepenthes« (»ohne Leid«), die nichts mit der tropischen Kannenpflanze gleichen Namens zu tun hat, ist eine andere Zauberpflanze der Odyssee. Helena hatte das Mittel von der Ägypterin Polydama erhalten und sie gab es dem Telemachos, dem Sohn des Odysseus, und seinen Gefährten in den Wein. Es war ein Mittel, das Kummer und die Erinnerung an Leiden zu tilgen imstande war. Möglicherweise verbirgt sich ein Rauschgift wie Opium oder Haschisch hinter diesem Namen.

Auch in der Gudrunsage der Edda wird ein Trank des Vergessens erwähnt. Ihn bringt Grimhild der um ihren ermordeten Gemahl Sigurd trauernden Tochter Gudrun:

Da trug Grimhild
den Trank herbei,
herb und kühl,
daß ich den Harm vergäße.

»Ephemeron« war eines der Zauberkräuter der bereits erwähnten Zauberin Medea. Die Pflanze wurde nach der Heimat Medeas auch »Kolchikon«, das kolchische Kraut, genannt. Der Botaniker Linné übernahm die Benennung für die Gattung *Colchicum* (Herbstzeitlose), die aber mit hoher Wahrscheinlichkeit nicht mit Ephemeron gleichzusetzen ist.

Die in vielen mitteleuropäischen Sagen und auch in manchen Kräuterbüchern erwähnte Springwurzel hat eine sehr alte Tradition. Sie kommt in den altindischen Veden schon als »Pata« vor und erscheint auch wiederholt in den antiken Zauberbüchern. Häufig wird sie mit dem Salomonssiegel gleichgesetzt, aber auch mit dem Springkraut *(Impatiens)*, der Kreuzblättrigen Wolfsmilch *(Euphorbia lathyris)*, der Wegwarte, dem Farn. So schreibt noch der Heimatschriftsteller Paul Friedl in seiner Sammlung von Haus- und Sympathiemitteln aus Bayern (1976): »Ein schmerzender Zahn fällt von selbst aus, wenn man ihn mit einem Teig aus Mehl und Springwurz (Euphorbia lathyris) einreibt. Man tue das öfter.«

Die wichtigste Zauberpflanze in der Antike und im alten Orient, im Mittelalter und der Neuzeit und teilweise sogar bis herauf in die Gegenwart ist die Alraune. Die »echte« Alraune ist die Wurzel der Mandragora. Als Ersatz dienten in Mitteleuropa häufig Zaunrübe und Allermannsharnisch, ferner auch Siegwurz, Schwertlilie, Tormentill *(Potentilla erecta)*,und Enzian.

Der Dorant erscheint in Sagen und Sprüchen verschiedener Gegenden als Zauber brechendes Mittel. Oft wird Dorant zusammen mit Dost in Sagen alliterierend genannt, indem sich böse Geister über die Verwendung von »Dorant und Dosten« beschweren. Viele Pflanzen könnten dieser sagenhafte Dorant sein, insbesondere Großes Löwenmaul *(Antirrhinum majus)*, Leinkraut *(Linaria vulgaris)*, Waldhyazinthe *(Platanthera bifolia)*, Andorn *(Marrubium vulgare)*. Als Weißer Dorant wurde auch die Sumpf-Schafgarbe *(Achillea ptarmica)* bezeichnet, als Blauer Dorant der Lungenenzian *(Gentiana pneumonanthe)*.

Der Dorant hält aber nicht nur Wohltaten für die Menschen bereit, denn wenn man ihn versehentlich berührt oder auf ihn tritt, kann es geschehen, dass man den Weg verliert und sich sogar in vertrauter Umgebung plötzlich nicht zurechtfindet: Der Dorant kann also auch die Irrwurz sein. Darauf weist auch der Spruch hin: »Stoß mir nicht an den Dorant, sonst kommen wir nicht mehr ins Vaterland.« Noch häufiger gelten allerdings Farnkräuter, insbesondere der Wurmfarn, als Irrwurzel. Die Irrwurz ist keine richtige Zauberpflanze, da sich der Mensch ihrer nicht bedient, um etwas für sich zu erreichen, sondern – ungewollt – ihr Opfer werden kann.

Der Widerton hat zauberwidrige, aber auch verjüngende, lebensverlängernde (wider den Tod!) und Liebe erzeugende Kraft. Häufig gilt das Widertonmoos *(Polytrichum commune)* als der Widerton, genannt werden aber auch manche Farne wie Venushaar *(Adiantum capillus-veneris)*, Mauerraute *(Asplenium ruta-muraria)*, Brauner Streifenfarn *(Asplenium trichomanes)*, außerdem der Sonnentau *(Drosera)*.

Auch eine nicht näher bestimmte schöne »Blume« kann als Zauberpflanze auftreten. Dazu führt Marzell (1964) eine Sage aus Hessen an:

Es gibt eine wundersame Blume, die man vorher noch nie gesehen hat und die auch kein Botaniker kennt. Das erfuhr einmal eine Frau aus Wildemann (bei Clausthal), die nach Zellerfeld ging, um für ihr krankes Kind eine Arznei zu holen. Wie sie an die »Bettelmannswiese« kam, sah sie da eine große schöne Blume stehen. Die Frau wollte sie abpflücken. Wie sie aber zugriff, sprang die Blume vom Fleck weg, wohl zwanzig Meter weit. Die Frau läuft ihr nach. Aber die Blume springt wieder weg. Und das geschieht dreimal. Der Frau scheint das nicht geheuer. Sie läßt die Blume sein und geht nach Zellerfeld. Wie sie wieder zurückkommt, steht die Blume wieder am Weg. »Will's doch einmal versuchen, ob ich sie pflücken kann«, denkt die Frau. Diesmal ist die Blume nicht weggesprungen. Die Frau hat davon ihrem Kinde einen Tee gekocht. Da ist es gesund geworden. Danach haben viele Leute auf der »Bettelmannswiese« nach der Blume gesucht, aber niemand hat sie gefunden.

Solche unbekannte und unbenannte Wunderblumen kommen in vielen deutschen Volkssagen vor, etwa auch

Das Große Löwenmaul (Antirrhinum majus) *wird seit dem 15. Jahrhundert hier zu Lande in Gärten kultiviert. Es galt wegen seiner an Gesichter gemahnenden Blüten als Zauber brechend und war vielleicht sogar der sagenhafte Dorant.*

dieser: Eine arme Taglöhnerin wurde auf freiem Felde von den Wehen überrascht und litt große Schmerzen. Da erschien ein Waldfräulein und reichte der Frau eine schöne blaue Blume. Sogleich verschwanden die Schmerzen, und die Geburt ging gut vonstatten. Die Taglöhnerin konnte nun mit dieser Blume vielen anderen Frauen helfen und wurde reich. Ihr gieriger Ehemann aber befürchtete, das Waldfräulein würde auch anderen Frauen das Geheimnis der blauen Blume anvertrauen. Deshalb fing er den hilfreichen Geist und erschlug ihn. Mit dem Tod des Waldfräuleins verschwand aber auch die Wunderkraft der Pflanze. Die »blaue Blume«, von der Novalis in seinem Roman »Heinrich von Ofterdingen« schreibt, wurde zum Sinnbild der Sehnsucht schlechthin sowie der deutschen Romantik.

Die Zeichen der Kraft

Die botanisch unbestimmten Zauberpflanzen zeigen schon durch ihr besonderes Aussehen ihre Zauberkraft an. Das Moly hat eine weiße Blüte und eine schwarze Wurzel, es ist zudem psychoaktiv ebenso wie Nepenthes und Ephemeron. Die als Springwurzel in Frage kommenden Pflanzen haben etwa eine auffällige Wurzel wie das Salomonssiegel, auffallende Früchte wie das Springkraut oder giftigen Milchsaft wie die Kreuzblättrige Wolfsmilch. Die Alraune besteht aus der merkwürdig an einen menschlichen Körper gemahnenden Wurzel (bei den Ersatz-Alraunen wird künstlich nachgeholfen). Als Dorant bezeichnete Arten – Gemeines Leinkraut, Großes Löwenmaul, Waldhyazinthe, Lungenenzian, Andorn – haben Blüten, die an menschliche, tierische oder dämonische Gesichter erinnern, und von der Wunderblume heißt es, sie sei groß, schön und manchmal blau.

Weitere Kriterien, mit denen sich bestimmte Pflanzen den Menschen als Zauberpflanzen empfehlen, sind etwa starker Duft, außergewöhnliche Blütezeit, besonderer Wuchsort, auffällige Anhangsgebilde wie Haare oder Stacheln. Es leuchtet ein, dass man auch gerade aufgrund ihrer Inhaltsstoffe lindernd oder heilend wirkenden Pflanzen, den Heilpflanzen, noch weitere, eben zauberische, Möglichkeiten zutraute.

Eine Besonderheit stellen die psychoaktiv, narkotisierend, aphrodisierend wirkenden oder anderweitig die Befindlichkeiten des Menschen beeinflussenden Giftpflanzen – also die »Hexenpflanzen« im engeren Sinn – dar: Ihre bewusstseinsverändernde Wirksamkeit wird nicht aufgrund der Ähnlichkeit lediglich aus Zeichen geschlossen, sondern sie ist Realität, auch wenn zusätzlich noch andere zauberische Wirkungen unterstellt werden.

Pharmakologische Hintergründe: Wirkstoffgruppen in Pflanzen

Nicht nur die Giftpflanzen, auch viele als Heilpflanzen genutzte Kräuter haben aufgrund ihrer Inhaltsstoffe Auswirkungen in psychischer und/oder körperlicher Hinsicht auf den Menschen, wenn er sie innerlich – gegebenenfalls auch äußerlich – anwendet. Besonders wichtig sind in diesem Zusammenhang weniger die dem Primärstoffwechsel der Pflanze entstammenden Stoffe (Proteine, Fette, Kohlenhydrate, Vitamine, Mineralstoffe, Spurenelemente), sondern die sekundären Pflanzenstoffe. Einige wichtige Wirkstoffgruppen:

Alkaloide sind stickstoffhaltige organische Verbindungen mit teilweise sehr starker Giftwirkung, die merkliche körperliche und psychische Effekte hervorrufen können. Gerade die »Hexenpflanzen« sind häufig Alkaloidpflanzen (siehe S. 42).

Ätherische Öle sind im Gegensatz zu fetten Ölen leicht flüchtig. Fast alle riechen intensiv und angenehm. Pflanzen mit hohem Gehalt an ätherischen Ölen sind deshalb häufig auch Küchen- und Gewürzkräuter wie etwa Kümmel, Raute, Salbei. Ätherische Öle fördern die Durchblutung, sind keimtötend und beeinflussen vor allem das vegetative Nervensystem und die von ihm gesteuerten Organe. Je nach Zusammensetzung wirken sie anregend, entkrampfend, stimmungsaufhellend, angstlösend oder kräftigend.

Flavonoide umfassen bestimmte gelbe, rote, violette und blaue Farbstoffe mit harntreibender, blutgefäßabdichtender und krampflösender Wirkung. Flavonoide sind etwa in Arnikablüten und Mistelkraut enthalten.

Saponine – enthalten etwa in Schlüsselblumen-Wurzel – bilden beim Schütteln in Wasser einen seifenartigen Schaum. Sie wirken schleimlösend, entzündungshemmend, harntreibend, immunstärkend und cholesterinsenkend. In Überdosierung sind sie giftig.

Gerbstoffe – enthalten beispielsweise im Frauenmantelkraut – binden Proteine und machen sie unlöslich. Sie wirken keimwidrig und können in höherer Dosierung Magen und Darm reizen.

Bitterstoffe, wie sie etwa in der Enzianwurzel oder im Tausendgüldenkraut reichlich vorkommen, sind unterschiedlich zusammengesetzte Wirkstoffe, die durch ihren bitteren Geschmack ausgezeichnet sind. Sie bringen vor allem die Verdauungssäfte zum Fließen. Je nach Zusammensetzung haben sie zudem keimtötende, harntreibende, beruhigende oder auch allgemein kräftigende Wirkung.

Zur Gruppe der *Polysaccharide* gehören Schleimstoffe, verschiedene Stärkearten, Pektine und Inulin. Schleimstoffe wirken reizlindernd, was man sich bei der Behandlung von Erkältungskrankheiten und Reizungen im Magen-Darm-Trakt zunutze macht. Schleimhaltig sind etwa die Königskerzenblüten. Inulin – beispielsweise in Eberwurz oder Wegwarte – ist ein Reservekohlenhydrat mancher Korbblütler, das süßlich schmeckt, den Blutzuckerspiegel jedoch nicht erhöht und sich günstig auf die Darmflora auswirkt.

Sulfide (Lauchöle) wirken keimtötend. Außerdem senken sie den Cholesteringehalt im Blut und stärken das Immunsystem, indem sie den Organismus vor einem Übermaß schädlicher freier Radikale schützen. Reichlich enthalten sind Sulfide in Knoblauch, Bärlauch und Küchenzwiebel.

Pflanzensymbolik

Viele Zauberpflanzen sind wegen auffälliger natürlicher Merkmale gleichzeitig Symbolpflanzen. Diese müssen nicht unbedingt gleichzeitig Zauberpflanzen sein, ihre bewusste Verwendung soll jedoch dem Adressaten etwas mitteilen oder in ihm bewirken. Solche Pflanzen werden in Sprache (Dichtung, Volkserzählung,

Volkslied), Malerei oder im Alltag benutzt, um über ihre Wirklichkeit hinaus Gehendes auszudrücken. Beispielsweise ist Immergrün – wie andere immergrüne Pflanzen – ein Symbol des ewigen Lebens und deshalb noch heute ein beliebter Grabschmuck.

Die Verwendung von Symbolen ist uralt und im menschlichen Bewusstsein und im Unbewussten angelegt, wie uns auch die Traumsymbole zeigen. Bereits im Hohen Lied der Bibel werden Blumen als Sinnbild menschlicher Schönheit verwendet: »Ich bin eine Blume zu Saron und eine Rose im Tal.« (Hohes Lied 2,1)

In der Volksdichtung, in Märchen, Sagen und im Volkslied, geht es recht symbolisch zu. Sexualität, Liebe, Abschied, Treue und Tod werden auch mit Bildern aus der Pflanzenwelt thematisiert. Offenbar hatten die Menschen früher einen selbstverständlichen Zugang zu dieser Symbolik. So heißt es etwa in einem von Hermann Löns aufgeschriebenen Volkslied:

Die allerletzten gelben Blumen,
Die Ringelblumen, pflück ich mir;
Sie blühen auf dem Grab der
Liebe,
Denn heute muß ich fort von dir.

Die Redensart »jemandem einen Korb geben« soll daher kommen, dass früher einem nicht erwünschten Verehrer ein zugedeckter Korb mit so genannten Schabab-Kräutern übergeben oder zugesandt wurde.

Besondere Bedeutung hatte die Pflanzensymbolik in der christlichen Malerei und der Mariendichtung des Mittelalters. So preist der Dichter Konrad von Würzburg (etwa 1230–1287) in seiner Dichtung »Goldene Schmiede« die Gottesmutter Maria, indem er sie in einer Fülle von Bildern, darunter auch viele Pflanzen wie etwa Pfingstrose, Veilchen, Lilie, anspricht. Meist sind es Heilpflanzen, die als Symbole für das ewige Heil angesprochen und dargestellt sind. An die alte Vorstellung einer Totenwiese, wie sie in Sagen und Märchen – etwa auch in dem von Frau Holle – auftaucht, erinnern die Symbolpflanzen der »Himmelswiese« im Chorgewölbe von St. Johannis in Saalfeld und des »Himmelsgartens« an der Decke von St. Michael in Bamberg.

Im 18. Jahrhundert entwickelte sich, angeregt auch durch die in der orientalischen Dichtung beliebte Pflanzensymbolik, eine Blumensprache, bei der insbesondere die Blütenfarben Symbolkraft hatten und die in höfischen Kreisen und später in den bürgerlichen Salons zu einer Art Gesellschaftsspiel wurde. Die Romantik entdeckte erneut die Volksdichtung und die mittelalterliche Malerei mit ihrer Natursymbolik und entwickelte sie weiter. Eine neue Bedeutung erlangte die Natur im Jugendstil, wo die Pflanze zum Symbol eines freien, auch sexuell befreiten Lebens fern der Zivilisation wurde, in dem die Grenzen zwischen Tier, Mensch und Pflanze aufgehoben sind.

Im »Paradiesgärtlein«, dem berühmten Tafelbild eines namentlich nicht bekannten oberrheinischen Meisters (um 1420) blühen Symbolpflanzen wie Pfingstrose, Maiglöckchen, Erdbeere, Madonnenlilie und Iris.

Den Pflanzengeist günstig stimmen

Anmutig und schalkhaft sind
Nixen und Elfen;
Nicht so die Erdgeister, sie
dienen und helfen
Treuherzig den Menschen. Ich
liebte zumeist
Die, welche man Wichtel-
männchen heißt.

Heinrich Heine (1797–1856): Aus dem Gedicht »Waldeinsamkeit«

Nicht nur bei der Zauberhandlung selbst, sondern bereits beim Pflücken oder Ausgraben der Zauberpflanzen waren meist Regeln zu beachten, wenn nicht alle anschließend aufgewendeten Zauberrituale vergeblich, schlimmstenfalls gar Leib und Leben bedroht sein sollten. Über solche Regeln berichten schon antike Autoren wie Theophrast und Plinius. Die Pflanze oder der in ihr wohnende Dämon musste versöhnt und günstig gestimmt werden.

»Du edles Kraut!«

In einer in der Wiener Hofbibliothek aufbewahrten Handschrift aus dem 14. Jahrhundert heißt es über das Graben des Eisenkrauts:

Sver diese wure graben wil der sol desselben tages gen, da die wure stet und sal sie becrize mit golde und mit silber und sal ob ir sprechen ein pater noster und credo domini und sprechen: Ich gebite dir edele wure Verbena in nomine Patris, et filii et spiritus sancti…

Solches Anreden war bei verschiedenen Heil- und Zauberpflanzen üblich, ganz besonders bei Bäumen und Sträuchern (etwa »Frau Hasel«, »Herr Fichten«, »du mein lieber Hollerbaum«), aber auch bei manchen »edlen Kräutern«, etwa dem Widerton oder der Wegwarte. Oftmals wird auf Gott, Christus, die Muttergottes oder andere Heilige verwiesen.

In der zitierten Anleitung zum Graben des Eisenkrauts heißt es auch, der Wurzelgräber solle die Pflanze mit Gold und Silber begrüßen, was bedeutet, dass er Geld neben das auszugrabende Kraut legen soll. Diese Gegengabe wird in verschiedenen Ausgrabungsvorschriften genannt. Plinius schreibt, dass man eine bestimmte Iris schon 3 Monate vor dem Grabetermin mit Met gießen solle und Marzell (1964) bezieht sich auf den zeitgenössischen Bericht eines amerikanischen Ethnologen, der mitteilt, dass die Menomini-Indianer am Michigansee ein Heilkraut unter Anrufung der Großen Mutter Erde ausgraben und als Gegengabe ein Portion Tabak hinlegen.

Manche Pflanzen wollen, dass sie der Sammelnde oder Grabende im Zustand der Nacktheit einholt, etwa das Bilsenkraut, falls es für Regenzauber verwendet werden soll, oder mancherorts Eisenkraut, Eberraute, Johanniskraut oder der Farnsamen.

Auch das Instrument war von Bedeutung. So musste der Alant häufig mit einem Messer aus Elfenbein oder Knochen gegraben oder geschnitten werden. Der Alchemist Thurneysser empfiehlt, das Eisenkraut nicht mit einem eisernen, sondern einem goldenen Werkzeug zu graben. Schon Plinius schreibt für das Graben verschiedener Pflanzen »sine ferro«, also »ohne Eisen«, vor. Auch das Anfassen der Pflanzen mit der bloßen Hand muss häufig vermieden werden – etwa bei der Mistel oder der Goldwurz (Zwiebel der Türkenbundlilie). Bei anderen Pflanzen wiederum war keineswegs gleichgültig, mit welcher Hand die Pflanze aus dem Boden gezogen wird. Bei der Wegwarte beispielsweise ist dafür die linke Hand zu benutzen.

Für die Wegwarte und mehrere andere Pflanzen galt, dass das Ausgraben unter Stillschweigen zu geschehen hatte und dass auch auf dem gesamten Weg zum Wuchsort der Pflanze nicht gesprochen und man von niemandem angesprochen werden durfte.

Die Wegwarte war am günstigsten an Mariä Himmelfahrt vor Sonnenaufgang zu graben. Auch bei vielen anderen Zauberkräutern spielten Datum und Tageszeit eine Rolle. So blüht beispielsweise der Farn nur in der Christnacht oder der Johannisnacht, die Zwiebel der Herbstzeitlose muss als besonders wirksame Theklazwiebel am 23. September gegraben werden, die Beifußkohlen findet man nur am Johannistag um 12 Uhr mittags und der Bärlauch muss unbedingt vor der Walpurgisnacht gepflückt werden.

Auch der Stand von Mond und Sternen spielte eine wichtige Rolle. Häufig hieß es, dass Heilkräuter bei Neumond oder auch bei Vollmond gesammelt werden müssten. Wurzeln sollten bei Vollmond oder abnehmendem Mond ausgegraben, Blätter bei zunehmendem, Blüten bei zunehmendem Mond oder Vollmond gesammelt werden. Die Herbalastrologie ordnet die Pflanzen jeweils bestimmten Planeten zu und geht davon aus, dass jede Pflanze ihre höchste Kraft und Wirkung dann hat, wenn das Gestirn in seine planetarische Stunde eintritt. So wurden dem Saturn beispielsweise Kümmel, Flachs, Nachtschatten und Bilsenkraut, der Venus Knabenkraut, Petersilie, Seerose oder dem Merkur Gänseblümchen und Bibernelle zugeordnet. Hildegard von Bingen empfiehlt in ihrem Buch »Ursachen und Heilung der Krankheiten«, Kräuter, die medizinisch verwendet werden sollen, bei zunehmendem Mond zu sammeln.

Es gab Pflanzen, bei denen es günstig war, sie an einem bestimmten Wochentag zu graben oder zu sammeln, bespielsweise den Alant am Donnerstag (althochdeutsch Donarestag), der Zeus/Jupiter und Donar geweiht war, oder die Türkenbundlilie am Freitag (althochdeutsch frijetag), dem Tag der Frija oder Freyja (beziehungsweise Aphrodite/Venus).

Pflanzengeister, Götterpflanzen

In einer alten Bewusstseinsschicht hat die Pflanze eine eigene Seele, die Pflanzenseele. Daneben oder danach gab es auch die Vorstellung, dass eine menschliche Seele in einer Pflanze Wohnung nehmen kann, so etwa wenn im Märchen vom Aschenputtel sich die Seele der Mutter im Haselstrauch verkörpert oder wenn Soldaten des 1. Weltkrieges in den vielen Mohnblumen auf den Schlachtfeldern Blut und Seele von Gefallenen sahen. Die Seelen Ungeborener können sich in Pflanzen aufhalten und von dort in eine Frau übergehen und es gibt Verwandlungen von Menschen in Pflanzen wie etwa bei der Wegwarte.

In der Pflanze können auch, ständig oder zeitweise, Naturdämonen wohnen. Das sind etwa in den Alpen die Fänggen, die als Riesengestalten in Bäumen, als zwergenhafte Männlein oder Weiblein in Kräutern leben können. Ähnliche Gestalten sind die Moos- oder Waldweiblein, verschiedene Zwerge, Elben oder Elfen. Alle diese Dämonen haben ein zwiespältiges Wesen: Sie zeigen sich den Menschen gegenüber oft freundlich und hilfsbereit, sind aber auch rasch beleidigt und rächen sich dann. Wenn sie von vornherein nur bösartig und verschlagen auftreten, sind sie stark christianisiert.

Frau Holle ist ein Wetter- und Vegetationsgeist mit zwiespältigem Wesen: jung und alt, helfend und bestrafend.

Auch die Vegetationsdämonen oder Korngeister können in Pflanzen oder in ihrer Nähe, im Getreidefeld oder im Flachsfeld wohnen. Sie haben Menschen- oder Tiergestalt, sind männlichen oder weiblichen Geschlechts und wie die Naturdämonen teils positive, fruchtbringende, teils schädigende und bösartige Gestalten. Der rätselhafte Bilwis oder Bilmesschneider, der in manchen Gegenden Mitteleuropas um die Sommersonnenwende auf einem schwarzen Bock durch die Felder reitet, war wohl ursprünglich ein Segen spendender Dämon, der im Lauf der Zeit zur Schreckgestalt wurde, die im Korn durch Umlegen der Halme Verwüstungen anrichtet. Roggenmuhme und Kornwolf sind weitere Beispiele für Korngeister.

Manche Volkskundler vermuteten, dass sich sowohl die Naturgeister als auch die Korndämonen wenigstens teilweis auf heidnische Gottheiten zurückführen lassen, auch wenn eine exakte Zuordnung nicht belegt werden kann. Jedenfalls gab es Pflanzen, die in einer engen Beziehung zu einem bestimmten Gott oder einer bestimmten Göttin gedacht waren wie beispielsweise der Schlafmohn zu Demeter oder Persephone/Proserpina oder die Hauswurz zu Donar/Jupiter. Hinter den schwer fassbaren Gestalten der Frau Holle, die Burchard von Worms (965–1025) als Holda der Diana gleichsetzt, und der im altbayerisch-österreichischen Raum häufigeren Frau Bercht verbergen sich möglicherweise heidnische Natur- und Muttergottheiten wie Artemis/Diana oder Frija/Freyja.

Pflanzen, die diesen heidnischen Göttinnen geweiht waren, wurden in christlicher Zeit nicht selten zu Pflanzen der Gottesmutter Maria, so etwa der Frauenmantel, das Echte Labkraut (»Unser Lieben Frauen Bettstroh«), das Gefleckte Knabenkraut, der Quendel. Im Volksglauben wurden Maria die positiven Funktionen der heidnischen Muttergottheiten übertragen: Sie gibt den Pflanzen ihre Heilkraft, sie schenkt Fruchtbarkeit für Menschen, Vieh und Feld. So ist in der mittelalterlichen Malerei die Gottesmutter häufig von Heilpflanzen umgeben oder sie trägt ein Ährenkleid. Die furchterregenden, strafenden Seiten der heidnischen Göttinnen haben Frau Holle und die Bercht (Frau Berta) und verschiedene andere dämonische Gestalten »geerbt«, obwohl auch sie noch freundliche Züge tragen können.

Die Zauberpflanzen und ihre Funktionen

Grundbedürfnisse und Wünsche, insbesondere aber Ängste und Beschwernisse des menschlichen Lebens sollten im Pflanzenzauber erfüllt beziehungsweise gelindert oder beseitigt werden. Dabei waren den einzelnen Pflanzen unterschiedliche Aufgaben zugewiesen, die sich von ihrem Aussehen, ihren Wuchsorten und ihren Wirkungen herleiteten. Während manche Kräuter etwas bescheidenere Rollen spielten und nur eine Funktion hatten, so wie etwa der Bärlauch als zauberwidrige (apotropäische) Pflanze, gab es mächtigere Zauberpflanzen wie etwa die Wegwarte oder das Eisenkraut, die sowohl Erwünschtes herbeizaubern als auch Übel fernhalten oder vertreiben konnten.

Glückspflanzen

Und so zog ich Kreis' um Kreise,
Stellte wunderbare Flammen,
Kraut und Knochenwerk
zusammen:
Die Beschwörung war vollbracht.
Und auf die gelernte Weise
Grub ich nach dem alten Schatze
Auf dem angezeigten Platze:
Schwarz und stürmisch war
die Nacht.

Johann Wolfgang von Goethe (1749–1832): Aus dem Gedicht »Der Schatzgräber«

Uralt ist der Wunsch reich zu werden – oder wenigstens Hunger und Not zu entgehen. Ihn zu erfüllen können Pflanzen helfen, die verborgene Schätze finden lassen wie etwa die Schlüsselblume. Die Pflanze Lampedonia in einer neugriechischen Sage verwandelt alles, was man mit ihr berührt, in Gold. Auch die Alchemisten hielten manche Pflanzen für nützlich bei der Goldherstellung wie etwa die Goldwurz (Türkenbundlilie) oder das Schöllkraut. In Sagen wird berichtet, dass arme Menschen zufällig Pflanzen finden und mitnehmen, die sich dann in Gold, Silber oder Geld verwandeln. So fand etwa ein Bauer am Untersberg bei Berchtesgaden Schneeglöckchen, die er an seinen Hut steckte. Dort verwandelten sich die Blumen in Kronentaler.

Das karge Leben gegen ein besseres umtauschen konnte auch, wer in den Besitz von Freikugeln kam. Die Kugeln trafen stets sicher das gejagte Wild, waren jedoch oftmals nur mit Hilfe des Teufels zu erlangen oder herzustellen. Farnsamen war wichtiger Bestandteil mancher Freikugelrezepte. Auch verschiedene Pflanzenamulette konnten anstelle von Freikugeln jederzeit zu einem sicheren Schuss verhelfen.

Pflanzen, die es ermöglichen, Ketten zu sprengen und Schlösser zu öffnen wie die Springwurz oder das Eisenkraut waren nützlich, falls man etwa gefangen war oder sich zu einem Raum, aus welchen Gründen auch immer, Zugang verschaffen wollte.

Wenn die Kräfte von Mensch oder Tier gering oder zu rasch erschöpft sind, kommen leistungssteigernde Zauberpflanzen wie die Eberwurz gerade recht, die erlauben, schneller zu laufen, mehr zu arbeiten und schwere Lasten zu tragen.

Unsichtbar sein ist bei nicht wenigen Vorhaben, ehrbaren und insbesondere weniger ehrbaren, von Vorteil und dabei waren beispielsweise Farnsamen, Wegwarte und Erbsen hilfreich.

Unverwundbarkeit in Kampf, Krieg und Streit ist insbesondere bei Soldaten eine höchst wünschenswerte Eigenschaft. Im 30-jährigen Krieg versuchten viele Söldner sie mit Hilfe der so genannten Passauerkunst – Schutzzettel, die man bei sich tragen musste – zu erlangen. Eine andere Möglichkeit boten Pflanzenamulette wie etwa die Zwiebel des Allermannsharnischs oder die Wurzel der Mandragora.

Der Traum des Menschen von ewiger Jugend oder gar Unsterblichkeit wird mit Verjüngungstränken erfüllt. Berühmt auf diesem Gebiet war Medea. Mit einem Zaubertrank verjüngte sie Aison, den Vater ihres Gemahls Jason und auch Jason selbst. Hinterhältig demonstrierte Medea ihre Verjüngungskunst an einem Widder, weil

Unverwundbarkeit im Kampf, die sie auch mit Hilfe von Pflanzenamuletten zu erlangen trachteten, war für die stets vom Tod bedrohten Landsknechte eine höchst wünschenswerte Eigenschaft. Faksimile eines Holzschnitts von Hans Burgkmair (1472–1531).

sie König Pelias dazu bringen wollte, sich ebenfalls ihrer Kur hinzugeben. Nachdem ihm Medea versprochen hatte, dass er verjüngt wieder erwachen würde, legte sich Pelias hin und ließ sich von der Zauberin in Schlaf senken. Seine Töchter wies Medea an, den Vater in Stücke zu hacken, denn nur so könne die Verjüngung vollzogen werden. Die leichtgläubigen Mädchen taten das und machten damit ungewollt den Weg für Jason und seine Argonauten frei.

Als universelles Gegengift sowie als lebensverlängerndes und verjüngendes Mittel galt von der Antike bis in die Neuzeit der Theriak. Es gab für dieses Elixier sehr unterschiedliche Rezepte, fast stets waren jedoch Schlangenfleisch und Opium enthalten. Im Laufe der Zeit enthielt der Theriak immer mehr Bestandteile; in einem Arzneibuch von 1737 sollen 388 Zutaten aufgeführt sein. Wegen teilweise seltener und kostbarer Zutaten war das Präparat teuer und wurde häufig gefälscht. Deshalb musste der Theriak mancherorts öffentlich zubereitet werden, das letzte Mal fand in Deutschland die öffentliche Zubereitung 1754 in Nürnberg statt.

Mit der Beeinflussung des Wetters kann man Trockenzeiten oder übermäßige Niederschläge beenden. Bilsenkraut, Kunigundenkraut *(Eupatorium cannabinum)* und verschiedene andere Kräuter taugten dazu.

Die Glückspflanzen mit ihrer Macht, Erwünschtes aktiv herbeizubringen, entstammen einer frühen Bewusstseinstufe des Menschen.

Liebeszauber-Pflanzen

Doch während er und sein Geleit
Sich fertig machten und bereit,
Braute Frau Isot indes
In einem kleinen Glasgefäß
Einen Trank der Minne,
Den sie mit weisem Sinne,
Mit feiner Wissenschaft erdacht
Und dann mit Zauberkunst
vollbracht:
Es mußten, die ihn tranken,
In Herzen und Gedanken
Sich lieben wider Willen
In Sehnsucht nicht zu stillen,
Eins fortan in Glück und Not,
Eins im Leben und im Tod.

Gottfried von Strassburg: Tristan und Isolde (um 1210)

Hinterhältig demonstrierte Medea ihre Verjüngungskunst zunächst an einem Widder. Den auf ihr Geheiß durch seine eigenen gutgläubigen Töchter ebenfalls zerstückelten Pelias erweckte die Zauberin allerdings nicht mehr zum Leben. Griechisches Vasenbild.

Versehentlich trinken Tristan und Isolde in dem auf keltischen Überlieferungen beruhenden Roman (um 1210) des Gottfried von Straßburg den für König Marke und Isolde bestimmten Liebestrank. Strichätzung »Isolde« von Aubrey Vincent Beardsley (1899).

Ebenfalls Glückspflanzen sind Pflanzen, die Liebe erwecken sollen. Den Liebestrank, der die nicht einmal durch den Tod zu lösende Verbindung schafft, trinken Tristan und Isolde aus Versehen, was jedoch die Wirkung nicht schmälert. Allerdings genügte es bei den Liebeszauber-Pflanzen häufig, sie als Amulette bei sich zu tragen, sie jemandem unbemerkt zuzustecken oder ihn oder sie mit der Pflanze zu berühren. Namen wie »Nachlaufkraut«, mit dem man verschiedene Pflanzen bezeichnete, erzählen von dieser Fähigkeit mancher Zauberpflanzen.

Auch der Schlag mit der so genannten Lebensrute war eine zauberische Berührung, meist mit dem Zweig eines Baumes oder Strauches (beispielsweise Birke, Hasel, Rosmarin, Wacholder, Weide), seltener auch mit krautigen Pflanzen wie Beifuß und Liebstöckel. Solche Berührung soll nicht nur Lust und Liebe erwecken, sondern insbesondere auch die Fruchtbarkeit fördern, weshalb man auch vielerorts das Vieh beim ersten Austrieb mit einer Lebensrute berührte.

Manchen Pflanzen traute man aphrodisierende Wirkung zu. Im Gegensatz zu den teilweise tatsächlich aphrodisierend wirkenden Hexenpflanzen sind in der Gruppe der Liebeszauber-Pflanzen solche Kräuter gemeint, bei denen der Glaube an die lust- und potenzsteigernde Wirkung eher auf Sympathieglauben und Analogie beruht wie etwa beim Liebstöckel (wegen der »Liebe« im Namen) oder den Knabenkräutern (wegen der hodenförmigen Wurzelknolle).

Nicht immer sind Lust und Liebe erwünscht. Deshalb waren neben Pflanzen, denen eine anaphrodisierende Wirkung zugeschrieben wurde, bisweilen auch solche begehrt, die fähig sein sollten, von angezauberter Liebe zu befreien.

Pflanzen der Sympathiemedizin

Er nahm ein getrocknetes Kraut von der Wand und legte ihr die Blätter auf die Hand, so daß sie ruhiger wurde und verständliche Worte in langsam ziehenden, durchschneidenden Tönen summte.

GEORG BÜCHNER (1813–1837): LENZ

Manche Pflanzennamen zeigen die Verwendung der Pflanze als Heilpflanze an: im zweiten Teil des wissenschaftlichen Artnamens oft mit »officinalis« (beispielsweise *Valeriana officinalis* für den Arznei-Baldrian), aber auch manche deutsche Pflanzennamen wie Beinwell, Fieberklee oder Wurmfarn. Erst recht erklären uns Volksnamen, wofür manche Pflanzen zu helfen versprachen: Bauchwehkraut (Schafgarbe), Fieberkraut (Johanniskraut, Tausendgüldenkraut) oder gar Heil aller Schaden (Mistel, Sanikel).

Manche der vielen in der Volksmedizin als Heilkräuter gebrauchten Pflanzen wirken lindernd oder heilend aufgrund einzelner oder auch des Zusammenwirkens mehrerer Inhaltsstoffe. Anderen Pflanzen wurde Heilwirkung aufgrund ihrer zauberischen Kräfte zuerkannt. Bei diesen sympathetisch wirkenden Pflanzen genügte es folgerichtig oftmals schon, sie als Amulett bei sich zu tragen, nachdem man ihre Kräfte mit allerlei Ritualen gestärkt hatte.

Der Sympathiemedizin lag das schon eingangs erwähnte magische Weltbild zugrunde, in dem Alles mit Allem verbunden ist. Auch zwischen dem kranken Menschen und der die Gesundheit herbeiführenden oder

Bei einem Beinbruch war auch im späten Mittelalter nicht nur die sympathetische, sondern auch die chirurgische Medizin gefragt. Faksimile eines Holzschnitts.

fördernden Pflanze besteht deshalb eine Beziehung. Man konzentrierte sich insbesondere auf das Finden und Herbeiführen von Ähnlichkeiten: Gelb blühende Pflanzen sind gut gegen Gelbsucht und Pflanzen mit herzförmigen Blättern sind nützlich für das schwache oder kranke Herz. Diese schon bei antiken Schriftstellern wie etwa Plinius verbreitete Vorstellung wurde im späten Mittelalter und der frühen Neuzeit von Ärzten wie Paracelsus und Giambattista Della-Porta zu einem System, der so genannten Signaturenlehre ausgebaut. Noch die Hahnemannsche Homöopathie mit ihren unbestreitbaren Heilerfolgen steht mit ihrem Grundsatz »Ähnliches wird durch Ähnliches geheilt« (»similia similibus curantur«) jedenfalls teilweise in dieser Tradition.

Interessant ist, dass einige der früher aufgrund ihrer Signatur für bestimmte Leiden als heilkräftig geltende Pflanzen sich in neuerer Zeit tatsächlich aufgrund ihrer Inhaltsstoffe als wirksam erwiesen haben. So wurde das gelb blühende und von gelbem Milchsaft erfüllte Schöllkraut der Leber und Galle zugeordnet, und in jüngerer Zeit fand man in ihm gallewirksame Stoffe, sodass auch die Schulmedizin die Pflanze bei krampfartigen Beschwerden im Bereich der Gallenwege einsetzt.

Die von Paracelsus geäußerte Auffassung: »Wo die Krankheit ist, entsteht auch die Arznei« (»ubi malum, ibi remedium«) geht ebenfalls vom Elementargedanken der Sympathie aus. Noch Erna M. Zimmerer schreibt in ihrem »Kräutersegen« (1896), dass das Johanniskraut »besonders aber auch da wächst, wo der Mensch einsam und sich selbst überlassen ist.«

Schützende und Zauber abwehrende Pflanzen (apotropäische Pflanzen)

Es sei ihr angetan worden. Irgendein Zauber – ob sie einer Drude begegnet oder ein giftiges Kraut verschluckt oder aus einem schädlichen Quell getrunken – habe die Ärmste der Vernunft beraubt.

Conrad Ferdinand Meyer (1825–1898): Die Richterin

Eine körperliche oder seelische Krankheit galt häufig als »angetan«, das heißt von bösen Geistern, Hexen, Teufeln, Druden, Elben oder übel wollenden zauberischen Menschen angezaubert. Zu einem wirksamen Abwehrzauber oder Gegenzauber gehören oft apotropäische Pflanzen. Sie können Dämonen verjagen oder verhindern, dass diese ihr schädliches Tun beginnen. Die Zahl apotropäischer Pflanzen ist besonders hoch. Vielen – nicht allen – dürfte erst nach der Christianisierung diese abwehrende Funktion zugeordnet worden sein, als alte Götter, Natur- und Vegetationsdämonen immer stärker zu bedrohlichen Gestalten wurden und Hexenglaube und Hexenfurcht, auch geschürt durch entsprechende offizielle Verlautbarungen, zunahmen.

Druden sind Druckgeister meist weiblichen Geschlechts, die vor allem den Schläfer drücken. Es gibt auch die Vorstellung, dass manche Frauen vom Schicksal zur Drude bestimmt sind, dass ihre Seele nachts den Körper verlassen und als Drude Menschen, Tiere oder auch Bäume drücken muss. Diese Frauen sind über ihr Los unglücklich und wollen (und können manchmal) erlöst werden. Auch die Alben oder Elben sind solche Druckgeister, die Albträume verursachen können. In älteren Vorstellungen, insbesondere in keltischen und nordischen Überlieferungen, waren die Alben freundliche Elfen. Sogar Zwerge waren nicht selten bösartige Dämonen, die mit dem ihnen unangenehmen Kümmel vertrieben werden mussten. Einige Pflanzen lassen schon mit ihrem volkstümlichen Namen erkennen, wogegen sie eingesetzt wurden: Alfkräutig oder Drudenfuß (Bärlapp), Alpranken (Bittersüßer Nachtschatten), Jageteufel (Tüpfeljohanniskraut).

Nicht nur das nächtliche Drücken musste abgewehrt werden, es gab eine Fülle anderer Bedrohungen. Ein großes Problem war das Verhexen des Viehs im Stall, das dann keine oder nur mehr schlechte Milch gab. Insbesondere Hexen betätigten sich hier schädigend. Ständig musste man auf

Mutter und Kind galten während und nach der Entbindung als besonders dem Einfluss böser Geister ausgesetzt. »Kinderstube« nach Hans Burgkmair (1473–1531).

der Hut vor den Annäherungen und Verführungskünsten des Teufels sein. Der Bilwis oder andere Dämonen verursachten Schäden auf dem Feld. Solche Schäden konnten auch durch Unwetter, Gewitter, Hagelschläge verursacht sein, die von Hexen zusammengebraut und geschickt waren. Der »böse Blick« entsteht insbesondere aus Missgunst und Neid, er ist aber auch manchen Menschen schicksalhaft angeboren, die dann ohne zu wollen schädigend wirken. Das »Nestelknüpfen« ein Knotenzauber, der Impotenz eines Ehemannes zum Ziel hatte, war ebenfalls eine beliebte Beschäftigung der Hexen.

Eine Gruppe zauberwidriger Pflanzen sind die Beruf- oder Beschreikräuter. Sie schützen vor Verhexung, können sogar – insbesondere als Absud dem Badewasser zugegeben – bereits berufene oder beschrieene Menschen oder Tiere heilen. Das Echte Berufkraut *(Erigeron acris)*, das auch Beschreikraut oder Blaue Dürrwurz genannt wird, hat einer ganzen Korbblütlergattung den botanischen Namen gegeben. Zu ihr zählt auch das im 17. Jahrhundert als Zierpflanze eingeführte Einjährige Berufkraut und das erst im 18. Jahrhundert aus Nordamerika eingeschleppte Kanadische Berufkraut. Andere Berufkräuter sind etwa das Gemeine Leinkraut *(Linaria vulgaris)*, die Sumpfschafgarbe *(Achillea ptarmica)*, der Aufrechte Ziest *(Stachys recta)* und der Rainfarn *(Tanacetum vulgare)*.

Bösen Zauber fern halten sollten auch die Bettstrohkräuter. Während und nach der Entbindung drohten nach heidnischem Glauben und auch noch im christlichen Volksglauben der Mutter und dem Kind besondere Gefahren durch neidische und böswillige Dämonen. Zum Schutz vor solchen übel wollenden Geistern streute man duftende Kräuter aufs Lager, die zudem der körperlichen und seelischen Entspannung dienten. Neben dem Echten Labkraut (»Unser Lieben Frauen Bettstroh«) waren solche Bettstrohkräuter etwa Johanniskraut, das ebenfalls »Unser Lieben Frauen Bettstroh« genannt wurde, Leinkraut (»Bettstroh«) oder Quendel (»Marikenbettstroh«).

Da Schädlinge wie Mäuse, Ratten, Raupen, Wühlmäuse als elbische Tiere oder als von einem übel meinenden Geist oder Menschen angezaubert galten, konnte auch gegen sie mit Hilfe von Pflanzen vorgegangen werden. Marzell bringt dafür einige Beispiele: In Niederbayern sollte die im Keller oder auf dem Speicher aufbewahrte Königskerze die Mäuse vertreiben. Ebenfalls als mäuseverscheuchend galt in der Gegend von Waidhaus in der Oberpfalz der am Johannistag ins Haus geholte Blaue Hans (Natternkopf, *Echium vulgare)* und in der Gegend von Schrobenhausen der am Ulrichstag (4. Juli) gepflückte ebenfalls blau blühende Wiesensalbei *(Salvia pratensis)*.

Orakelpflanzen

Mich hat ein Halm gemachet froh:
Er sagt, ich sollte Gnade finden.
Ich maß ein kleines Stückchen Stroh,
Wie ich zuvor es sah bei Kindern.
Nun höret zu und merket auf,
ob sie es tu':
Sie tut, tut's nicht, sie tut, tut's
nicht, sie tut.
Wie oft ich messen mocht', stets war
das Ende gut.
Das tröstet mich; doch Glaub'
gehöret auch dazu.

Walther von der Vogelweide
(um 1170–um 1230)

Beim Orakel – ob mit oder ohne Pflanzen – geht es nicht um Abwehr und schon gar nicht um aktiven Zauber, sondern der Mensch beschränkt sich darauf, Zukünftiges oder auch gegenwärtig Verborgenes zu erfahren – um dann falls nötig und möglich doch aktiv korrigierend in den Lauf der Dinge eingreifen zu können. Während manche Pflanzen mit Hilfe bestimmter Zeichen gewissermaßen von sich aus Auskunft geben, müssen andere in mehr oder weniger aufwendigen Zauberhandlungen »befragt« werden.

Noch bis in die jüngste Vergangenheit gebräuchlich waren Liebesorakel. Die Margerite war für diesen Zweck besonders geschätzt und hatte deshalb auch den volkstümlichen Namen »Orakelblume«. Auch mit Hilfe von Gänseblümchen, Johanniskraut oder – wie es Walther von der Vogelweide entsprechend den Gepflogenheiten seiner Zeit tut – Gras- und Getreidehalmen konnten vor allem junge Mädchen, aber auch Männer, erfahren, ob ihre Liebe erwidert wird. Andere Liebesorakel beziehen sich auf die Person des zukünftigen Ehepartners. So war es bei den Mädchen vieler Gegenden üblich, an bestimmten Tagen, etwa in der Johannisnacht oder an Tagen in der Weihnachtszeit (vor allem am Thomastag, 21. Dezember) Kräuter unters Kopfkissen zu legen, um den Bräutigam im Traum zu sehen.

Auch Schicksalsorakel wurden mit Vorliebe um die Weihnachtszeit und in der Zeit der Jahreswende befragt. Weit verbreitet war der Glaube, dass weiße oder weiß gefleckte Blätter an verschiedenen Kulturpflanzen tod- oder unglücksverkündend sind, dass der Tod eines Hausbewohners bevorsteht, wenn die Hauswurz auf dem Dach zum Blühen kommt, und auch dass im Falle des Nichtaufgehens gesäter Petersilie bald die Person sterben muss, die gesät hat.

Die in der kommenden Jahreszeit zu erwartende Witterung ließ sich mit Hilfe verschiedener Pflanzen erfahren. So gibt die Königskerze Auskunft, wann im Winter mit Schneefall zu rechnen ist oder das Zwiebelorakel, wie sich die Niederschläge auf die Monate des kommenden Jahres verteilen werden.

Die Bauern deuteten viele Zeichen in der Pflanzenwelt im Hinblick auf das zu erwartende Gedeihen oder Nichtgedeihen der Feldfrüchte und ihrer Ernte. Einige dieser Bauernregeln kann man bisweilen heute noch hören. Hinter manchen steht die Erfahrung von Jahrhunderten, andere beruhen allein auf sympathetischen Vorstellungen: Wenn die Schlüsselblumen oder die Küchenschelle lange Stängel haben, dann wird auch die Gerste schön und lang, trägt der Kümmel viele Früchte, dann gibt es auch eine reiche Getreideernte, und findet man im Frühjahr viele Frühlingsfingerkräuter, so kann man überhaupt auf ein fruchtbares Jahr hoffen. Schlechte Ernteaussichten hatte man dagegen im Bayerischen Wald, wenn es viele Pilze gab (»Viel Schwamma, viel Jamma«); vermutlich weil sie ein Zeichen (zu) feuchter Witterung sind. Blühen an Medardi (8. Juni) noch Veilchen, so werden Roggen und Gerste den Brand bekommen und die zweite Heuernte einen nur dürftigen Ertrag bringen.

Auch Wahrsagen im Sinne des Aufdeckens von verborgenem Gegenwärtigem wurde mit Pflanzen geübt. So gab es etwa beim Salbei die Methode, den Namen der Person und der Angelegenheit, über die man etwa erfahren wollte, auf Salbeiblätter zu schreiben, die Blätter zu befeuchten und aus dem schnellen oder langsamen Trocknen wahrzusagen.

Hellsichtig machen etwa auch der Gundermann, der an einem bestimmten Zeichen die Hexen erkennen lässt, und der Wiesenklee, der die hinter Lug und Trug versteckte Wahrheit sichtbar macht.

Hexen- und Teufelspflanzen

Zwar – man spricht von einer
Waldfrau,
Irgendwo, – im blauen Grunde,
Einer Heidin; sondrer Dinge
Hat sie sonderbare Kunde.

Wohlvertraut mit allen Rätseln
Aller Kräuter und Gewächse,
Weiß sie Heiltrank zu bereiten
Und man nennt sie – eine Hexe.

Friedrich Wilhelm Weber (1813–1894): Dreizehnlinden

Besonders in der Weihnachtszeit befragte man Orakel, um Aufschluss über wichtige Ereignisse im kommenden Jahr zu erhalten. »In der Christnacht«, Holzschnitt (19. Jahrhundert).

Auch mit den Pflanzen dieser Gruppe wird Erwünschtes aktiv herbeigezaubert. Die Wirkung beruht jedoch zunächst weniger auf magischen Vorstellungen, sondern auf bestimmten Inhaltsstoffen der Pflanzen, die nach dem Verzehr, dem Einreiben in die Haut oder bei Räucherung ihre physiologische Wirkung entfalten und den Menschen in körperlicher und geistig-psychischer Hinsicht beeinflussen. Dass dann gerade solche Pflanzen auch im magischen Weltbild einen besonderen Platz einnehmen und zu zauberischen Praktiken auffordern, kann nicht verwundern.

Kräuterfrau, Schadenzauberin, Teufelsbuhle

Das Phänomen der europäischen Hexe wurde durch eine Mischung aus antiken, orientalischen, keltisch-germanischen und jüdisch-christlichen Traditionen und Vorstellungen begründet. In der frühen Neuzeit bedienten sich kirchliche und weltliche Politik für verschiedene Zwecke dieses Phänomens, das auf den fast 300 Jahre lang – vom späten 15. bis zum späten 18. Jahrhundert – brennenden Scheiterhaufen weitgehend ausgelöscht worden ist.

Die Hexe als »Weise Frau« oder »Herbaria« (Kräuterfrau), wie sie bisweilen in mittelalterlichen Aufzeichnungen genannt wird, ist nur ein Aspekt der Hexengestalt, allerdings ein besonders wichtiger.

Im Volksglauben nahm die Weise Frau vielfach auch mythische Züge an. Sie, die offenbar eine Verbindung zur jenseitigen Welt hatte und manches hörte, sah und wusste, manches, was anderen verborgen blieb, wurde auch in die Verwandtschaft der Schicksalsfrauen (Nornen), Frau Holle oder Frau Berchta gerückt. Die beiden letzteren sind dämonische Frauengestalten mit teils Furcht erregenden, teils Segen bringenden Zügen. Während Frau Holle ein Schnee-, Wind-, Nebel- und Vegetationsgeist ist, dominieren bei Berchta stärker die sozialen Bezüge, wenn sie faule Spinnerinnen bestraft und fleißige belohnt und als Schreckgestalt für nicht folgsame Kinder auftritt.

Hexen galten auch als Wettermacherinnen wie etwa diese jungen und verführerischen »Wetterhexen« des Hans Baldung Grien (1523).

Ab dem späten Mittelalter wurden den heilkundigen Frauen, die auch als Hebammen fungierten, von staatlichen und kirchlichen Repräsentanten immer stärker Schadenzauber und Teufelsbuhlschaft unterstellt. Sie wurden zu »Malificae« (Schadenzauberinnen). Den eigentlichen Beginn der rund 300 Jahre währenden Hexenverfolgungen markiert das Erscheinen des »Hexenhammers« (»Malleus maleficarum«, 1487). Dessen Verfasser, die Dominikanermönche und Inquisitoren Jacob Sprenger und Heinrich Institoris, führen darin den durch die Hexen geübten Zauber an: Sie schließen mit dem Teufel einen Pakt, sie vereinigen sich sexuell mit ihm und anderen Dämonen, sie nehmen Tiergestalt an, sie bewirken Unwetter sowie Krankheiten, Impotenz und Unfruchtbarkeit bei Mensch und Vieh. Die beiden Verfasser schreiben auch, dass die Hexen mit dem Tode bestraft werden müssen und wie bei Anklage, Prozess, Folter und Hinrichtung vorzugehen ist.

Durch die bald nach dem Erscheinen des Buchs beginnenden Hexenanklagen und -prozesse wurde im Volk die Hexenangst geschürt und viele Menschen machten für ihr Elend, in dem damals breiteste Kreise leben mussten, nicht die sozialen Verhältnisse, sondern die Hexen verantwortlich. So wurden im Laufe der Zeit viele Frauen und das ihnen zur Verfügung stehende Wissen in großem Umfang ausgeschaltet – und das vor allem aus wirtschaftlichem und machtpolitischem Interesse.

Nicht nur Heilerinnen und Hebammen wurden verfolgt, sondern auch Frauen, die wegen ihrer verführerischen Schönheit – wie schon Medea und Kirke – als gefährlich galten. So hieß es von einem als Hexe verbranntem Opfer sogar in den Akten, es sei die schönste Jungfrau von Würzburg gewesen.

Der in den Hexenprozessen immer wieder genannte, die Hexen verführende, sie sexuell dominierende und ihnen ihre Macht verleihende Teufel verdankt sein Bild, so wie es in der frühen Neuzeit erscheint, ebenfalls antiken, keltisch-germanischen und jüdisch-christlichen Traditionen. Der griechische Halbgott Pan, der Walddämon und Schutzherr der Hirten, und die sich im Gefolge des Wein- und Ekstasegottes Dionysios tummelnden lüsternen Satyrn haben Bocksfüße, Hörner und den Bocksschwanz geliefert. Keltische Vorstellungen über den Unterweltsgott Cernunnos, das Bild des germanischen Donnergottes Thor/Donar mit seinem Ziegenbockwagen, die Gestalt des dunklen germanischen Gottes Loki und die Riesen der Vorzeit sind ebenso eingegangen wie Satan, der gestürzte Engel der Bibel.

In der Volkssage ist der Teufel als Wilder Jäger auch Anführer des um die Mittwinterzeit daherbrausenden Toten- und Dämonenheers. Als Baumeister hilft der Teufel beim Kirchen-, Brücken- oder Wasserbau und verlangt für seine Dienste als Lohn die Seele des ersten Wesens, das zum neuen Bauwerk kommt. Als geprellter Teufel, der seinerseits den Vertragspart gewissenhaft erfüllt hat, muss er dann oft mit Tieren wie Hahn, Hirsch, Hund oder Wolf vorlieb nehmen. Dieser Volkssagenteufel, der auch gern am Kammerfenster um ein schönes Mädchen wirbt und durch verschiedene Kräuter leicht vertrieben werden kann, ist eine insgesamt eher harmlose Gestalt. Erst im Zusammenhang mit den Hexenverfolgungen wurde aus dem Teufel das eindeutig bösartige und höchst bedrohliche Wesen, dessen Abartigkeiten sich in den Orgien des Hexensabbats zeigen.

Vorsicht Gift!

Eine Fülle von Pflanzen zeigen ihre Beziehung zu Hexen oder häufiger dem Teufel mit ihren offiziellen oder insbesondere ihrem volkstümlichen Namen an. Oft handelt es sich dabei um Pflanzen mit insgesamt auffälligem Aussehen oder mit eigenartigen Teilen. Beispiele sind etwa die wie abgebissen erscheinende Wurzel des Teufelsabbisses *(Succisa pratensis)*, die in ihrer Wuchsform merkwürdig aussehende und deshalb mit einem volkstümlichen Namen als »Hexennest« bezeichnete Mistel, die »Hexenmehl« genannten Sporen des Bärlapps, der Milchsaft der Wolfsmilchgewächse (»Hexenmilch«) oder die im Kreis wachsenden Fruchtkörper verschiedener Pilze (»Hexenring«).

Es gibt auch Teufelsnamen, die sich auf eine zauberwidrige und dämonenvertreibende Wirkung der jeweiligen Pflanze beziehen. So trägt das Echte Johanniskraut auch die Volksnamen »Hexenkraut«, »Teufelsflucht« oder »Jageteufel« und der Dill wird mancherorts als »Hexenkraut« bezeichnet.

Besonders häufig jedoch verdanken Pflanzen ihren Hexen- oder Teufelsnamen giftigen Inhaltsstoffen. »Teufelskraut« nannte das Volk etwa das Schöllkraut, verschiedene Wolfsmilcharten, Tollkirsche, Bilsenkraut. »Teufelsauge« heißt nicht nur mit offiziellem Namen die Gattung *Adonis*, sondern mit einem Volksnamen auch das Bilsenkraut. »Teufelskirschen« oder »-beeren« werden die Früchte von Tollkirsche, Roter Heckenkirsche, Christophskraut, Einbeere, Liguster und Roter Zaunrübe genannt. Blauer oder Gelber Eisenhut werden mit einem Volksnamen auch als »Teufelswurz« bezeichnet.

Etliche dieser giftigen Pflanzen gehören der Familie der Nachtschattengewächse (Solanaceae) an, der wir eine Reihe wichtiger Kultur- und Nahrungspflanzen wie Kartoffel, Paprika, Tomate und Aubergine verdanken, die aus der Neuen Welt nach Europa kamen. Auch unter den Vertretern der heimischen Flora finden sich neben den Alteinwohnern Tollkirsche und Bittersüßer Nachtschatten die Alteinwanderer Bilsenkraut und Schwarzer Nachtschatten sowie etliche Neueinwanderer, insbesondere Weißer Stechapfel und Gemeiner Bocksdorn (*Lycium barbarum*).

Der hl. Wolfgang lieferte der Legende nach statt einer menschlichen Seele einen Wolf, der als erster Pilger zur neu erbauten Kirche am Abersee kam, an den wenig erfreuten Teufel aus. Relieftafel (um 1520) in der Pfarrkirche St. Michael in Reisbach (Niederbayern).

Die giftigen Inhaltsstoffe der Nachtschattengewächse sind in erster Linie die so genannten Tropan-Alkaloide (Atropin, Hyoscyamin und Scopolamin). Hyoscyamin und Atropin wirken gleichartig. Die glatte Muskulatur wird entspannt, Drüsentätigkeit und Sekretion gehemmt, die Herztätigkeit beschleunigt. In höheren Dosen wirken sie erregend auf das Zentralnervensystem, schließlich kommt es zu narkoseartiger Lähmung, Koma und Atemlähmung. Scopolamin hat dagegen zentraldämpfende Eigenschaften. Symptome einer Vergiftung mit den Tropan-Alkaloiden sind Unruhe, Erregung, Rededrang, Euphorie, Halluzinationen, Schwindel, Übelkeit, Vertiefung und Beschleunigung der Atmung. Der Tod kann durch Atemlähmung eintreten.

Im Nachtschatten wirken auch Pseudoalkaloide mit Saponineigenschaften, insbesondere Solanin. Dieser Stoff wirkt reizend auf die Haut und die Schleimhäute, verursacht bei Einnahme zunächst Erregung, dann Lähmung des Zentralnervensystems mit Atemlähmung sowie Nierenschädigung. Vergiftungssymptome sind Hautschäden, Durchfälle, Zittern, Krämpfe, Erbrechen, Blutharnen. Abnahme der Atemfrequenz.

Ebenfalls ein Alkaloid ist das Aconitin des Eisenhuts. Es wirkt zunächst erregend, dann lähmend auf sensible Nervenenden und auf die Übertragung der Nervenimpulse auf die Muskulatur. Vergiftungssymptome: Schweißausbrüche, Übelkeit, Senkung der Körpertemperatur, Herzstolpern, zunächst beschleunigte, dann verlangsamte Atmung. Der Tod tritt meist infolge von Atemlähmung ein.

Die im eingetrockneten Milchsaft des Schlafmohns, dem Opium, enthaltenen Opiumalkaloide bestehen aus Morphin, Codein und anderen Alkaloiden. Sie wirken lähmend auf das Zentralnervensystem, insbesondere auf das Atemzentrum. Vergiftungssymptome: Euphorie, eingeschränkte geistige Leistungsfähigkeit, Krämpfe, verlangsamte Atmung, Atemlähmung. Die Opiumsucht – Opium hat ein sehr hohes Suchtpotential – entspricht einer chronischen Opiumvergiftung.

Beim Weißen Germer (Weiße Nieswurz) sind als Hauptwirkstoffe insbesondere die Alkaloide Protoveratrin A und B zu nennen. Sie wirken stark blutdrucksenkend. Durch Lähmung von Kreislauf und Atmung kann es zum Tod kommen.

Beim Coniin, dem Hauptgift des Gemeinen Schierlings, der auch eine Hexenpflanze ist, wird der Tod durch zentrale Atemlähmung verursacht. Vergiftungssymptome sind unter anderem Speichelfluss, Übelkeit, Herzrhythmusstörungen, Lähmungen.

Ein Gemisch von Steroid-Saponinen ist das in den unterirdischen Teilen der Schwarzen Nieswurz enthaltene Helleborin. Symptome einer Vergiftung sind unter anderem Gefäßkrämpfe, erweiterte Pupillen, Herzrhythmusstörungen, geistige Verwirrtheit, Sinnestäuschungen. Infolge von Atemlähmung kann der Tod eintreten. Saponine sind Glykoside, die in Wasser seifenartige Lösungen bilden und die als schleimlösende und harntreibende Wirkstoffe mancher Heilpflanzen geschätzt sind. Steroid-Saponine wirken stark giftig auf das Blut.

Die Giftigkeit des Fliegenpilzes *(Amanita muscaria)* beruht auf mehreren Giftstoffen. Hauptgiftstoff ist nicht wie früher angenommen das Muscarin, sondern die Ibotensäure. Vergiftungssymptome: Halluzinationen, Lähmungserscheinungen, Schwindel, Atemnot. In sehr schweren Fällen kann es zu tödlichem Ausgang kommen.

Gerade die giftigen Hexenpflanzen spielen als homöopathische Arzneimittel eine besondere Rolle.

Keine Hexenpflanze mit halluzinatorischer und euphorisierender Wirkung, aber eine Pflanze, die im Volksglauben mit dem Teufel in Verbindung gebracht wurde, ist die Petersilie. Das vor allem in den Früchten enthaltene ätherische Öl Apiol bewirkt eine verstärkte Kontraktion der glatten Muskulatur von Darm, Blase und insbesondere Gebärmutter. Deshalb wurde die Petersilie auch als gefährliches und ungeeignetes Abtreibungsmittel verwendet. Durch zu hohe Apioldosen können Schleimhautblutungen, Zersetzung roter Blutkörperchen, Leber- und Nierenschäden verursacht werden.

Die Reise zum Hexensabbat

In den Hexenprozessen erscheint die Schadenzauberin Hexe mit der in der Walpurgisnacht oder Georgsnacht durch die Lüfte zum Hexensabbat auf dem Blocksberg fliegenden nachtfahrenden Frau vereinigt.

Die Vorstellung von weiblichen Nachtgespenstern gab es bereits im griechischen Volksglauben. Solche Lamien waren schöne dämonische Frauen, die Männer und Kinder anlocken und ihnen das Blut aussaugen. Die Striga der antiken Römer zeigte sich als Kinder raubender vogelgestaltiger Geist. Diese Dämonen gehören auch in den Kreis der Hekate oder der Diana, die nachts mit ihren Anhängerinnen und Dienerinnen umherschweifen. Im germanischen Kulturkreis ziehen die Walküren auch in Schwanengestalt durch die Lüfte. Die Wilde Jagd oder das Wilde Heer, das in vielen Volkssagen daherbraust, ist eine nächtlich über der Erde reisende Gesellschaft von Dämonen und Totengeistern. Der nächtliche Flug fand auf Tieren oder in Tiergestalt statt, insbesondere auch auf Stecken und Besen. So steckt auch im Begriff der Hagazussa (Zaunreiterin) die Reiterin auf dem Zaunstecken, und in der nordischen Sage gibt es einen der Göttin Freyja geweihten Besen.

Tierverwandlung mit Hilfe von Zaubertränken oder Berührung mit Pflanzen beherrschten etwa die Göttin und Zauberin Kirke oder die Hexen des Märchens. Dies geschah im allgemeinen gegen den Willen der Betroffenen. Etwas anderes ist es, wenn man sich selbst in ein Tier verwandelt, was manche Hexen mit der Zaubersalbe glaubten erreichen zu können. Schon der römische Dichter Vergil erzählt in einem seiner »Hirtenlieder« von einem an der kleinasiatischen Schwarzmeerküste wachsenden Kraut, mit dem sich der zauberkundige Hirte Moeris in einen Wolf verwandeln konnte. Der römische Schriftsteller Apuleius (2. Jh. n. Chr.) berichtet von einer Zaubersalbe, mit der sich Frauen in Tiere verwandeln. Für dieses Gefühl, dass aus dem Körper ein Haar- oder Federkleid wächst, könnte insbesondere das Alkaloid Aconitin des Eisenhuts verantwortlich sein, das die sensiblen Nervenenden in der Haut reizt.

Bei der Feier des Hexensabbats auf dem Blocksberg oder anderen Berggipfeln sollen die Hexen den Teufel in Gestalt eines Ziegenbocks in schändlichen Ritualen verehrt haben. Illustration aus »Blockes-Berges Verrichtung« von Johannes Praetorius (1669).

Die Vorstellung einer Fahrt zum »Hexensabbat«, einer alljährlich meist im Frühjahr stattfindenden nächtlichen Versammlung an abgelegenen Orten, hängt teilweise mit den nachts und mit Vorliebe auf Berggipfeln gefeierten heidnischen Vegetations- und Fruchtbarkeitsfesten zusammen. Da gab es Essen und Trinken, Tänze und symbolhafte Vereinigungen zwischen Gottheit und Menschen, um Fruchtbarkeit fürs Jahr zu sichern. Das Christentum wertete diese Feste zu ethisch bedenklichen Ritualen ab, und im Spätmittelalter wurden sie schließlich zum berüchtigten Hexensabbat, bei dem angeblich der Teufel in Gestalt eines Bockes verehrt und Schwarze Messen gefeiert wurden, Hexentanz, Hexenmahl und geschlechtliche Vereinigung mit dem Teufel stattfanden. Solche »Hexentanzplätze«, die sicher häufig alten heidnischen Kultstätten entsprachen, waren – so hieß es – etwa auf dem Brocken im Harz, dem Hörselberg bei Eisenach, dem Peißenberg bei Peiting, dem Auerberg bei Marktoberdorf und vielen anderen Gipfeln in Europa.

Die Hexensalbe

Zaubersalben schafften schon bei den thessalischen Zauberinnen, deren prominente Vertreterin Medea ist, die

Am Ende eines Hexenprozesses, in dem beliebige Geständnisse der Angeklagten erfoltert werden konnten, stand meist der Tod auf dem Scheiterhaufen. Dieses Bild aus einer Handschrift zeigt eine Hexenverbrennung in Baden (Schweiz) am 5. Juni 1574.

Verwandlung in Vogelgestalt. Hera, die Gattin des Zeus, soll sich mit Ambrosia gesalbt haben und dadurch mit großer Geschwindigkeit zu Zeus auf den Berg Ida gefahren sein.

In manchen Hexenprozess-Akten, häufiger aber in Schriften von Gelehrten, Apothekern und Ärzten der frühen Neuzeit taucht immer wieder die Hexen- oder Flugsalbe auf, mit der sowohl die Tierverwandlung als auch der Flug bewerkstelligt wurden. Noch Kräutermann (1725) bringt Hexensalben-Rezepte, »aus Curiosität«, wie er schreibt:

Nehmet ein gewisses Fleisch, lasset solches in einem Kessel mit Wasser kochen, und das obenschwimmende Fett nehmet ab, das andere lasset starck einsieden, und behaltet es. Hernach vermischet diese Materie mit Eppich, Wolffs-Wurtzel, Pappel-Zweigen und Weyrauch. Oder, man soll auch nehmen Wassermerck, Acker-Wurtzel, Fünffinger-Kraut, Fledermaus-Blut, Nachtschatten und Oel, und eine Salbe daraus machen. Wenn sich nun die Hexen damit schmieren, und die Glieder wohl reiben, daß sie roth, und das Fleisch lucker, die Schweiß Löcher aber offen werden, thun sie Fett und Oel drüber her, daß die Säffte hinein dringen, und die Würckung desto stärcker werde. Daher bedünckt sie denn, daß sie beym Mondenschein in der Nach ümfahren, Schlemmen, Saitenspiel hören, tantzen, und bey schönen Junggesellen sind, die sie lieb haben …«

Der Dominikanermönch Johann Nider schrieb am Ende des 14. Jahrhunderts, also noch vor dem Beginn der allgemeinen Hexenverfolgung, über einen skeptischen Geistlichen, der von einer alten Frau eingeladen worden war, Zeuge ihrer Hexenfahrt zu sein. Sie setzte sich in einen Backtrog, salbte sich mit einer Schmiere und schlief bald darauf ein. Im Schlaf bewegte sie sich sehr lebhaft. Nachdem sie wieder erwacht war, fragte sie den Geistlichen, ob er nun endlich ihren Erzählungen glaube, nachdem er sie mit eigenen Augen habe fortfliegen und wiederkehren gesehen. Der Geistliche schilderte der Frau, was er gesehen, dass sie nämlich die ganze Zeit schlafend und offenbar wild träumend dagelegen habe. Die Frau wurde so von ihrem Wahn geheilt und der Geistliche war froh über die Bestätigung seiner Überzeugung, dass die Hexenfahrt nicht wirklich, sondern nur in Traum und Phantasie stattfinde. Solche Aufklärung hat, wie wir wissen, leider nichts genützt und die bald danach wütenden Hexenverfolgungen nicht verhindert.

Der Ethnobotaniker Christian Rätsch bringt mit den Hexensalben die schmerzstillend und beruhigend wirkenden Pappelsalben in Verbindung, die sich in fast allen Kräuter- und Arzneibüchern vom 15. bis herauf zum Beginn des 20. Jahrhunderts finden lassen und in der frühen Neuzeit sicher in vielen Haushalten vorrätig waren. Inhaltsstoffe waren neben den Salicylsäure enthaltenden Pappelknospen unter anderem Schlafmohn und verschiedene Nachtschattengewächse.

Es sind etliche, allerdings ziemlich ungenaue Hexensalben-Rezepte überliefert. Eines verlangte zum Beispiel folgende 9 Pflanzen: Mondkraut (Rippenfarn *Osmunda)*, Isenkraut (Eisenkraut *Verbena)*, Wodanskraut (Bingelkraut *Mercurialis)*, Wodansbart (Hauswurz *Sempervivum)*, Liebfrauenhaar (Venushaar, *Adiantum capillus-veneris)*, Sonnenwende *(Heliotropium)*, Bilsenkraut *(Hyoscyamus)*, Tollkirsche *(Atropa)*, Eisenhut *(Aconitum)*. Paracelsus führt eine Salbe an, die aus Kinderfett, Mohn, Nachtschatten, Cichorie und Schierling besteht. Stets werden verschiedene Pflanzen, darunter immer auch eine oder mehrere der genannten Giftpflanzen, mit nichtpflanzlichen Substanzen wie Fledermausblut, Kinderfett, Wolfsfett oder verschiedenen Sekreten vermischt. Insbesondere aphrodisierende oder als aphrodisierend geltende Pflanzen waren Bestandteile der Flugsalben. Neben den verschiedenen giftigen Nachtschattengewächsen waren etwa auch Hanf, Opium, Nieswurz, Wolfsmilch, Schierling und Wasserschierling, Petersilie, Brunnenkresse und Schwertlilie mögliche Ingredienzien. Die äußerliche Anwendung – gesalbt wurden vor allem Achselhöhlen, Schläfen, Armbeugen, Kniekehlen, Hand- und Fußflächen, bisweilen auch Enddarm und Scheide – verringerte die Gefahr einer schwerwiegenden Vergiftung.

Im 19. und 20. Jahrhundert erprobten Neugierige und Okkultisten, insbesondere aber auch Volkskundler, verschiedene Rezepte, wobei sie die Mengen und das Mischungsverhältnis wegen der Ungenauigkeit der Angaben selbst bestimmen mussten. Karl Kiesewetter (1854–1895), der mit bewusstseinsverändernden Pflanzen herumexperimentierte und bei einem dieser Experimente starb, berichtet auch über einen Selbstversuch mit einer »Hexensalbe«. Er stellte sie aufgrund eines von Cardanus überlieferten Rezepts aus Eppichsaft, Eisenhut, Fünffingerkraut, Ruß und Kinderfett (Kiesewetter nahm dafür Schweinefett) eine Salbe her, deren Verwendung ihm tiefen Schlaf und teils angenehme, teils schreckliche Träume bescherte.

Der angesehene Volkskundler Will-Erich Peuckert (1895–1969) probierte ein Salbenrezept aus dem 1568 erschienenen Buch »Magia naturalis« des Giambattista DellaPorta. Peuckert und sein Freund bestrichen sich Stirn und Achselhöhlen mit der Salbe, worauf beide bald einschliefen. Nach dem Erwachen fühlten sich die Männer wie nach einem ausgeprägten Alkoholexzess. Sie hatten einen ausgetrockneten Mund und schlimme Kopfschmerzen. Beide berichteten über ähnliche Träume: zunächst grauenhaft verzerrrte Gesichter, die sie umschwebten, dann das Gefühl zu fliegen, wobei der Flug immer wieder durch tiefe Stürze unterbrochen wurde und »schließlich das Bild eines orgiastischen Festes mit grotesken sinnlichen Ausschweifungen.«

In der Zeitschrift »Kosmos« (Bd. 50, 1954) berichtete der Leser Siegbert Ferckel von einem Selbstversuch mit einer Hexensalbe, deren Zusammensetzung er nicht preisgab, um nicht zur Nachahmung des gefährlichen Tuns anzuregen. Nachdem er die Brust mit der Salbe eingerieben hatte, stellten sich Herzrasen, Pupillenvergrößerung und Schwindel ein. Gestalten umringten ihn und bewegten sich mit ihm in die Höhe. Schließlich hatte er das Gefühl über der Stadt zu schweben und dabei von einer großen Zahl von Reigen tanzenden Gestalten umgeben zu sein.

In den Prozessakten finden sich »Geständnisse« von angeklagten Frauen, in denen sie Ähnliches berichten: vom Fliegen, von der Verwandlung in Tiergestalt, vom Hexensabbat, auf dem Blocksberg oder anderswo, mit allerlei sexuellen Erlebnissen. Manche der Frauen gaben zu Protokoll, dass sie mit Hilfe der Salbe und der dadurch ermöglichten Teilnahme am Hexensabbat ein unbeschreibliches Freudenparadies erlebt hätten. Zumindest, so können wir annehmen, entkamen sie zeitweise ihrem in den meisten Fällen höchst unerquicklichen Alltag. Die Hexenrichter selbst sollen die Salben verwendet haben, um die Angeklagten zu Geständnissen zu bewegen.

Auch Zaubertränke brauten die Hexen. Sie enthielten im allgemeinen harmlosere Kräuter. So berichtete die als Hexe angeklagte Anneke Engefers laut einem Rostocker Gerichtsprotokoll am 2. 10. 1582, dass sie aus neunerlei Kräutern ein Zauberwasser hergestellt habe: Wermüde (Wermut), Poppel (Pappel oder Malve), Unvortreden (Vogelknöterich), Mater (Mutterkraut), Adermonie (Odermennig), Glatthe Hinrich (Guter Heinrich), Spiknarden (Lavendel), Euerruth (Eberraute), Negenkraft (Pestwurz). In den Hexenprozessen wurde den angeklagten Frauen häufig unterstellt, mit »Philtren« genannten Liebestränken den Menschen übermäßige Wollust oder Liebe wider Willen angehext zu haben.

Zusammen mit den »Hexen« wurden im Lauf der Zeit auch die narkotisierenden und euphorisierenden Pflanzen dämonisiert und verboten. Die bisweilen in den Medien erscheinenden Vergiftungsfälle aufgrund des Experimentierens etwa mit Engelstrompeten oder manchen Pilzen zeigen deutlich die Gefahren eines kenntnislosen und leichtfertigen Umgangs auf. Die Tradition des ritualisierten Einsatzes psychoaktiver Pflanzen ist hier zu Lande, im Gegensatz zu Regionen mit anderer kultureller Entwicklung in Afrika, bei den Indianern Nord- und vor allem Südamerikas oder in Indien, verloren gegangen. Trotzdem ist in der westlichen Welt Drogenmissbrauch mit der Folge schwerer Süchte, die auch die legalen Drogen Alkohol, Nikotin und verschiedene Medikamente betreffen, weit verbreitet.

Pflanzen-Porträts

Vorgestellt werden **krautige Pflanzen**. Diese sind durch unverholzte oberirdische Sprossteile gekennzeichnet. Einjährige Pflanzen überdauern den Winter mit ihren Samen und keimen, wachsen, blühen, fruchten und sterben in einem Jahr. Zweijährige überdauern – häufig mit einer im ersten Jahr gebildeten Blattrosette – und blühen, fruchten, sterben im zweiten Jahr. Stauden leben mehrere bis viele Jahre und überdauern mit Hilfe unterirdischer Organe oder mit dicht der Erde anliegenden oberirdischen Erneuerungsknospen. Bei den Halbsträuchern sterben die oberen krautigen Teile alljährlich ab, während der untere Teil des Stängels verholzt und ausdauernd ist.

Anordnung der Pflanzen: Die Pflanzen sind nach ihren im vorherigen Kapitel beschriebenen Funktionen in Gruppen zusammengefasst: Glückspflanzen, Liebeszauberpflanzen, Pflanzen der Sympathiemedizin, Schützende und Zauber abwehrende Pflanzen, Orakelpflanzen, Hexen- und Teufelspflanzen. Bei mächtigeren Zauberpflanzen war häufig eine Zuordnungsentscheidung nach der Hauptfunktion nötig. Innerhalb der Gruppen sind die Pflanzen jeweils nach ihrer botanischen Zusammengehörigkeit angeordnet.

Botanischer Steckbrief: Neben Volksnamen und der Pflanzenfamilie sind wichtige Merkmale, insbesondere der Blätter und Blüten, angegeben. Unter »Vorkommen« sind wichtige Standorte der Pflanze in Mitteleuropa vermerkt sowie ein zerstreutes (das Verbreitungsgebiet hat größere Lücken) oder seltenes (nur an wenigen Orten des Verbreitungsgebiets) Vorkommen. Über die natürliche Verbreitung beziehungsweise die Kultivierung in verschiedenen Regionen der Erde kann man sich unter »Verbreitung« informieren. »Wissenswertes« weist auf Besonderheiten hin. Zu diesen gehört gegebenenfalls die Giftigkeit einer Pflanze, die der Fachliteratur folgend als »giftig«, »stark giftig« (es drohen schwere Vergiftungserscheinungen) und »sehr stark giftig« (in geringen Mengen bereits lebensbedrohend) angegeben ist. Der Schutzstatus wurde der »Liste der in Deutschland besonders und streng geschützten Tier- und Pflanzenarten« des Bundesamtes für Naturschutz entnommen. Für »streng geschützte« Arten gelten noch weiter reichende Schutzvorschriften als für »besonders geschützte« Arten. In beiden Fällen dürfen die Pflanzen oder ihre Teile nicht beschädigt werden.

Verwendung als Heilpflanze: Die knappen Ausführungen im Kasten sind nicht als Behandlungshinweise gedacht, sondern wollen auf einen auch in kulturgeschichtlicher Hinsicht interessanten Aspekt der Pflanze hinweisen. Wenn nicht anderes angegeben sind stets die getrockneten Pflanzenteile (Drogen) gemeint. Die wichtigsten Inhaltsstoffe werden als Wirkstoffgruppen genannt. Unter »Phytotherapie« sind wichtige Anwendungsgebiete der modernen naturwissenschaftlich orientierten Medizin angeführt. Diese setzt Heilpflanzen als Drogen (getrocknete Pflanzenteile) oder in anderen Zubereitungen ein, wenn Wirkung und Wirksamkeit mit experimentellen Methoden erwiesen sind oder sich durch wiederholte und langjährige Beobachtung an kranken Menschen gezeigt haben. Unter »Volksmedizin« wurden weitgehend nur durch lange Erfahrung bewährte und noch aktuelle oder besonders bemerkenswerte Anwendungen aufgenommen.

Die Angaben unter »Homöopathie« beschränken sich auf den Pflanzenteil, aus dem das jeweilige Homöotherapeutikum hergestellt wird, und auf einige wichtige Anwendungsgebiete. Nicht genannt werden die typischen Symptome (»Arzneimittelbild«), die dem Mittel spezifisch zugeordnet sind und aufgrund derer in der Homöopathie die Arzneimittelfindung erfolgt. Diese Symptome ähneln denen, die das Mittel beziehungsweise die ihm zugrundeliegende Substanz bei gesunden Personen auslöst – entsprechend dem Grundprinzip der Homöopathie: »Similia similibus curantur« (Ähnliches wird durch Ähnliches geheilt). Ebenfalls verzichtet wurde auf Angaben über die zu verwendenden Potenzen, da diese vom Homöopathen dem jeweiligen Fall anzupassen sind.

Falls die jeweilige Pflanze in der Küche als Gewürz- oder Gemüsepflanze verwendet werden kann, ist ebenfalls darauf hingewiesen. Besonders gekennzeichnet (»Achtung!«) sind schließlich Warnungen hinsichtlich der Verwendung der Pflanze.

Gewöhnlicher

Wurmfarn

Dryopteris filix-mas

Wo farn mit zungen redet,
die wog gen klippen rauscht,
der falk das feld befehdet,
der druid dem vogel lauscht.

inmitt von ros und dornen,
von efeu, rank und moos,
ein schloß der sieben nornen,
die spinnen mir mein los.

H. C. Artmann (1921–2000): Aus meiner Botanisiertrommel

Das Wort Farn kommt schon im Althochdeutschen vor und leitet sich wohl vom indoeuropäischen »petor« (Flügel) ab – eine Verbindung, die angesichts der großen Farnwedel entstanden sein mag. Während die antiken Autoren von der wurmvertreibenden Kraft des Farns berichten, schrieb ihm Hildegard von Bingen die Fähigkeit zu, den Teufel, böse Geister und auch Blitz und Hagel zu vertreiben. In den Kräuterbüchern der frühen Neuzeit wird der Farn sowohl als Wurm- als auch als Zaubermittel beschrieben. In der Volksmedizin früherer Zeiten wurde die Pflanze auch als Verhütungs- und Abtreibungsmittel benutzt.

Irrwurztreten – ein unfreiwilliger Zauber

Die sagenhafte Irrwurz, die, sollte man versehentlich auf sie treten, schlagartig desorientiert macht, hielt man häufig für einen Farn. Aus verschiedenen Gegenden sind solche Irrwurz-Sagen überliefert. So berichtet beispielsweise eine Sage aus dem Bayerischen Wald:

Eine Frau aus Weißenregen machte sich um 8 Uhr früh auf den Weg zu einer Beerdigung nach Wettzell. Von Weißenregen bis Wettzell geht man etwa 1 Stunde. Unterwegs trat die Frau auf eine Irrwurzel und ging dann immer weiter auf Wegen, die ihr völlig unbekannt waren. Um 1 Uhr mittags schließlich kam sie erschöpft wieder in Weißenregen an. Sie kannte sich immer noch nicht aus und fragte eine ihr bekannte Frau, wo sie denn jetzt sei. Die Bekannte lachte, fragte die Frau, ob sie etwa dem Leichentrunk zu kräftig zugesprochen habe und zeigte der Verwirrten ihr Haus. Da erst fiel es dieser wie Schuppen von den Augen. Sie lag dann einige Tage krank im Bett.

Auch dem Dichter Friedrich Rückert (1788–1816) war die Irrwurz-Sage bekannt:

Gänger oder Reiter
Weibes- oder Mannesfuß
Tritt er Irrekräuter
Augenblicks verirren muß.

Manchmal half es dem oder der durch die Irrwurz Verwirrten, die Schuhe zu wechseln oder die Schürze ab- und verkehrt vorzubinden, um den Weg wieder zu finden.

Die jungen, spiralig aufgerollten Wurmfarnblätter sind von braunen Spreuschuppen bedeckt. Sie werden wegen ihrer Form auch Bischofsstäbe genannt.

BOTANISCHER STECKBRIEF

Volksnamen: Bandwurmwurzel, Flöhwurz, Hirschzehen, Irrwurz, Johanniskraut.
Familie: Schildfarngewächse (Aspidiaceae).
Merkmale: Die im Frühjahr dem Wurzelstock entsprießenden Blätter sind anfangs eingerollt (»Bischofsstabstadium«). Ausgewachsen erreichen die dunkelgrünen, doppelt gefiederten Wedel eine Höhe von 25–100 cm. Der Rand der Fiederblättchen ist gekerbt. Die Wedel besitzen starke Stiele, die mit braunen Spreublättchen besetzt sind. Ab Juni erscheinen auf der Unterseite der inneren Wedel die winzigen, von einem Häutchen überdeckten Sporenkapsel-Gruppen (Sori) als braune, rundliche Flecke.
Lebensdauer: Ausdauernd (Wurzelstock).
Vorkommen: Wälder, Gebüsche, Mauern.
Verbreitung: Europa, Nordasien, Nordamerika.
Wissenswertes: Giftig!
Die Farne sind wie die Moose und die Bärlappgewächse keine Blütenpflanzen, sondern Sporenpflanzen. Anders als bei den Moosen entspricht die Farnpflanze der ungeschlechtlichen Generation. Aus der Spore entsteht der kleine grüne so genannte Vorkeim, der männliche und weibliche Organe trägt und der geschlechtlichen Generation entspricht. Aus der befruchteten Eizelle entsteht die neue Farnpflanze.
Im Volksglauben spielten neben dem Wurmfarn noch andere Farne ein Rolle, insbesondere Engelsüß *(Polypodium vulgare)*, Adlerfarn *(Pteridium aquilinum)*, Frauenfarn *(Athyrium filix-femina)* sowie kleinere Farne wie Mauerraute *(Asplenium ruta-muraria)* und Mondraute *(Botrychium lunaria)*.

VOM GLÜCK, DEN FARNSAMEN ZU BESITZEN

Die auffallenden und im geheimnisvollen Walddunkel lebenden Pflanzen, an denen keine Blüten zu sehen sind, erweckten die Phantasie der Menschen. So hieß es, der Farn blühe in der Christnacht oder der Johannisnacht für kurze Augenblicke und lasse unmittelbar danach seinen Samen fallen. Der Glaube an den zauberkräftigen Farnsamen war in ganz Europa verbreitet und es hieß etwa von Paracelsus, dass er den Farnsamen besessen habe. Die Bemühungen dieses großartige Zaubermittel zu erwerben, waren so groß, dass das Konzil von Ferrara (1612) sogar ein Verbot für das Sammeln von Farn oder Farnsamen in der Johannisnacht erließ. Auch Herzog Maximilian I. von Bayern drohte in seinem »Landgebot wider den Aberglauben« Strafen für das Holen des Farnsamens an.

Die Kostbarkeit dieses Zaubermittels wird verständlich, wenn man sich vor Augen hält, was der glückliche Besitzer alles bewirken und erwerben konnte: Der Farnsamen schützt nicht nur vor Hexereien und Zaubereien, er hält nicht nur Blitz und Unwetter ab, sondern er macht auch hieb- und stichfest, hilft beim Finden und Ausgraben von Schätzen, bringt Glück im Spiel und allen Unternehmungen und ist nötig zum Gießen der nie ihr Ziel verfehlenden Freikugeln. Wenn sich in der Walpurgisnacht (30. April) um 12 Uhr alles Wasser der Brunnen und Flüsse in Wein verwandelt, kann nur derjenige ihn schöpfen, der Farnblüten oder -samen bei sich trägt.

Besonders begehrt war der Farnsamen aber deshalb, weil er seinen Träger mit einer Tarnkappe bedecken, ihn also unsichtbar machen konnte. (Vielleicht kommt diese Vorstellung

Den Sporenkapsel-Häufchen auf der Blattunterseite verdankt die Vorstellung vom geheimnisvollen Farnsamen ihre Entstehung.

vom Indusium, dem Häutchen, das die Sporenkapsel-Gruppen bedeckt?) Von dieser wunderbaren Eigenschaft berichten Sagen, die in verschiedenen Gegenden mit kleineren oder größeren Abwandlungen erzählt wurden. Eine bayerische Sage: In der Johannisnacht suchte ein Mann nach seinem verlorenen Fohlen. Beim Gang durch den Wald fiel dem Bauern, von ihm unbemerkt, Farnsamen in die Schuhe. Daheim trat er in die Wohnstube, in der Familie und Gesinde noch beisammen saßen, und sagte: »Ich habe das Fohlen nicht gefunden!« Alle erschraken heftig, weil sie die Stimme des Bauern hörten, ihn selbst aber nicht sahen. Erst als er seine Schuhe ausgezogen hatte, wurde er wieder sichtbar.

Wer den Farnsamen besaß, konnte auch die steilsten Steigungen hinauf- und hinunterfahren, so wie ein Bursche, der bei einem Bauern als Knecht arbeitete. Als eines Tages gerade niemand in der Scheune war, um den vollen Erntewagen abzuladen, fuhr dieser Farnsamenträger mit dem hoch aufgeladenen Wagen samt den Pferden einfach die Leiter zum Scheunenboden hinauf und warf dort das Getreide ab. Der hinzukommende Bauer hielt den Mund, denn er wusste, würde er nur ein Wort sagen, so müssten Pferde, Kutscher und Wagen hinunter in die Tiefe stürzen.

Nach einer Erzählung der Wenden des Spreewaldes fiel einem Hirten, der nachts die Gänse hütete, von ihm unbemerkt Farnsamen in die Schuhe. Da konnte er die Sprache der Gänse verstehen. Am Morgen erzählte er im Dorf, worüber sich die Gänse unterhalten hatten. Auch sein Arbeitgeber hörte die wundersame Geschichte, wurde neugierig und ließ den Hirten rufen. Dieser entledigte sich seiner schmutzigen Kleidung samt der Schuhe mit dem Farnsamen und zog sich sauber an. Als er vor seinem Arbeitgeber stand, konnte er ihm nichts mehr über die Unterhaltung der Gänse berichten und wurde von ihm und den Leuten im Dorf als Prahlhans verspottet.

Verborgen im Dunkel des Waldes bewohnen unheimliche Gestalten das Farnkraut.

Gefahrvoller Erwerb des Farnsamens

Selbstverständlich war der Erwerb eines solchen Wundermittels mit Mühsal und Gefahr verbunden. Faulere Leute verschrieben ihre Seele dem Teufel, der dann für sie den Farnsamen besorgte. Eine etwas umständlichere Variante war folgende: Während der gesamten Adventszeit durfte man weder in die Kirche gehen noch beten und musste sich ständig mit teuflischen Gedanken beschäftigen. In der Christnacht dann hatte man sich zwischen 11 und 12 Uhr auf einen Kreuzweg zu stellen, über den schon Leichen zum Friedhof getragen worden waren. Da erschienen eine große Anzahl Verstorbener, bekannte und unbekannte, und versuchten einen vom Vorhaben abzubringen. Man durfte sich aber weder regen, noch eine Miene verziehen oder gar sprechen, sonst wurde man vom Teufel zerrissen. Bestand man die Probe, so erschien Schlag 12 der Gottseibeiuns und überreichte eine Tüte mit Farnsamen.

In einer anderen Geschichte durfte ein junger Mann einen ihm bekannten Kutscher, der sich mit diesen Dingen auskannte, in der Christnacht bei der Gewinnung des Farnsamens begleiten. Die Männer stellten sich um 11 Uhr auf den Kreuzweg, der Führer zog um sie beide herum einen Kreis, befahl dem Burschen tiefstes Schweigen und las aus einem Buch merkwürdiges Zeug vor. Zunächst brauste das Wilde Heer über die beiden hinweg, dann hing drohend an einem dünnen Faden ein großer Mühlstein über ihnen. Anschließend kam ein vierspänniger Wagen, dessen Fuhrmann nach dem nächsten Ort fragte. Die Farnsammler ließen sich nicht aus der Ruhe bringen. Erst als eine große Holzschüssel sich von oben herabsenkte und fragte, ob sie dem Wagen nachlaufen könne, fand das der junge Mann so komisch, dass er laut lachen musste. Damit war die Sache mit dem Farnsamen gelaufen, und der Kutscher gab dem Burschen aus Zorn über die vergebliche Mühe eine kräftige Ohrfeige. Der Teufel aber hat die beiden glücklicherweise nicht geholt.

Manchmal gelingt das Farnholen auch ohne Teufel. Auf jeden Fall muss man dann darauf achten, dass man ein kohlrabenschwarzes Bocksfell – andere sagen ein Hemd, eine Windel, das Tuch, das über den Messkelch gebreitet ist – unter die Pflanze legt, um den Samen darin aufzufangen. Die Kraft nämlich, mit welcher der Samen dem Boden zustrebt und dabei plötzlich wie Gold aufleuchtet, durchschlägt alle anderen Auffanggeräte, selbst einen metallenen Mörser. Paracelsus allerdings soll die Blätter der Königskerze zum Auffangen benutzt haben.

Verwendung als Heilpflanze

Wichtige Inhaltsstoffe: Butanonphloroglucide.
Phytotherapie: Nicht mehr verwendet. Bis in die jüngere Vergangenheit wurde Wurmfarnextrakt als Mittel gegen Bandwurmbefall eingesetzt. Inzwischen gibt es synthetische Präparate, die nicht die Nachteile des Wurmfarns (Gefahr der Leberschädigung) haben.
Volksmedizin: Nicht mehr verwendet.
Homöopathie: »Filix« aus dem Wurzelstock bei Lymphknotenentzündungen.

Hieronymus Bock (Kräuterbuch, 1551) über die Sporenbildung: »... das geschicht umb Johannis / fallen sie ab wie ein mäl oder staub / denselbigen sameln etliche alte weiber / schreien das auß für Farensamen / ich geschweig was sie sonst mit treiben.«

Christophskraut

Actaea spicata

Der wüthige Kaiser genannt Dezius,
An Riesenblut wollte nur haben ein' Lust;
All G'fahren der Sünden und Höll-Feuersbrunst,
O heil'ger Christophori, wend' doch ab von uns!

Aus einem alten Wallfahrerlied von Vierzehnheiligen (Oberfranken)

Den wissenschaftlichen Namen erhielt die Pflanze nach dem Jäger Aktaeon, einer Gestalt aus der griechischen Mythologie. Aktaeon beobachtete Artemis mit ihren Nymphen beim Baden. Als die Göttin den heimlichen Bewunderer entdeckte, verwandelte sie ihn voller Zorn in einen Hirsch und gab den Jagdhunden Aktaeons Christophskraut zu fressen. Durch dessen Genuss wurden die Hunde rasend, griffen Aktaeon an und zerrissen ihn.

Der deutsche Name bezieht sich auf den hl. Christophorus, der um 249 n. Chr. den Märtyrertod erlitten haben soll und über dessen Leben wenig bekannt ist. Eine von mehreren Legenden erzählt, dass Christophorus ein Riese namens Reprobus war und seinen Unterhalt damit verdiente, Menschen über einen reißenden Fluss zu tragen. Eines Tages kam ein kleines Kind zu ihm. Reprobus nahm es auf seine Schultern und stieg mit der leichten Last in den Fluss. Das Kind wurde jedoch immer schwerer und schwerer, sodass der starke Mann schließlich erschöpft ins Wasser tauchte. Es war Christus, der Herr der Welt, den Reprobus auf seinen Schultern getragen hatte und von ihm wurde er auf den Namen Christophorus (Christusträger) getauft. Christophorus gehört zu den 14 Nothelfern.

»Christoffeln«

Christophorus wurde als Helfer zum Erlangen von Reichtümern, beim Schatzgraben und beim Bleigießen angerufen. »Christoffeln« hießen die Tätigkeiten des Zauberns und Schatzgrabens mit Unterstützung des Heiligen, der im Volksglauben der Herr und Meister aller Dämonen – der guten und der bösen – war. Mit Christophsspruch und Christophsgebet wurden die Geister beschworen, welche die verborgenen Schätze bewachen. Auch das Christophskraut war beim »Christoffeln« hilfreich: Wenn man mit der Pflanze die Stelle berührt, an der unterirdische Schätze ruhen, dann muss der die Schätze bewachende Geist weichen, und der Zugang wird frei.

Noch zu Beginn der 60er-Jahre des 20. Jahrhunderts sollen im Fränkischen die Mädchen beim Silvesterbleigießen den hl. Christophorus angerufen haben.

Auf der Orgelempore der Wallfahrtskirche Maria Ettenberg (Landkreis Berchtesgadener Land) steht diese 4,30 m hohe, aus Holz geschnitzte Kolossalfigur des hl. Christophorus aus dem 17. Jahrhundert.

BOTANISCHER STECKBRIEF

Volksnamen: Berufkraut, Feuerkraut, Johanneskraut, Wolfsbeeren, Wolfswurzen.
Familie: Hahnenfußgewächse (Ranunculaceae).
Merkmale: Dem Wurzelstock entsprießen mehrere 30–60 cm hohe Stängel. Die 3-zähligen Blätter haben gefiederte und am Rand gesägte Teilblätter. Den zerriebenen Blättern entströmt ein unangenehmer Geruch. Die weißen Blüten mit den zahlreichen hervorstehenden Staubblättern stehen in einer Traube. Blütezeit: Mai–Juli. Die im Juli und August erscheinenden Früchte sind auffallende, etwa erbsengroße, schwarz glänzende Beeren.
Lebensdauer: Ausdauernd (Wurzelstock).
Vorkommen: Schattige Bergwälder der Alpen und Mittelgebirge. Zerstreut in schattigen Wäldern des Tieflandes. Fehlt in der Norddeutschen Tiefebene.
Verbreitung: Europa, Asien.
Wissenswertes: Beeren und Samen sind giftig!

FÜR UND GEGEN SCHNELLEN TOD UND ANDERE ÜBEL

Es gab sowohl den Glauben, der Verzehr der Pflanze könne einen schnellen Tod herbeiführen, als auch den, man könne diesen damit abwenden. Christophorus war Pestpatron und fähig, den Tod zu bannen. Die großen Christophorusbilder am Äußeren oder im Inneren von Kirchen sollten den Anblick des Heiligen schon am Morgen ermöglichen, denn es hieß, wer den Heiligen geschaut hatte, würde den Tag über vor dem Tod bewahrt bleiben, zumindest vor einem schnellen, überraschenden Tod. Dieser galt als ein böser Tod, denn es konnte geschehen, dass man im Zustand der Sünde starb und so der Verdammnis anheimfiel. Auch sollte der starke Christophorus dem Betrachter Kraft verleihen.

Legt man jemandem Christophskraut ins Bett, so kann man dem Betreffenden damit sowohl etwas Böses anhexen als auch ihn von einer Krankheit befreien.

Wenn man einer Hexe nachts das Christophskraut vor die Schlafzimmertür legt, so ist es ihr am Morgen nicht möglich, die Kammer zu verlassen.

VERWENDUNG ALS HEILPFLANZE

Wichtige Inhaltsstoffe: Alkaloid Magnoflorin.
Phytotherapie: Keine Verwendung.
Volksmedizin: Nicht mehr verwendet. In früheren Zeiten Wundmittel.
Homöopathie: »Actaea« aus dem frischen, vor der Blüte gesammelten Wurzelstock gegen Rheumatismus der kleinen Gelenke.
Achtung! Wegen der Giftigkeit der Pflanze keine Selbstbehandlung.

Sonnentau

Drosera

Rundblättriger Sonnentau

Dem ganzen Tage hing der frühe Tauglanz an – der Abend fand den Morgen noch im Schimmer und der Mond spiegelte sich im Sonnentau – die Sterne zogen in das Herz herab und erleuchteten die schönsten Nachtstücke darin – und was wollen wir Menschen denn weiter?

Jean Paul (1763–1825): Dr. Katzenbergers Badereise

Die von den Drüsenhaaren abgesonderten Flüssigkeitströpfchen verschafften am Niederrhein dem Sonnentau den Namen »Frickatau« in Erinnerung an die Tränen, die Freyja (die auch mit Frigg gleichgesetzt wurde) ihrem zu fremden Völkern gezogenen Gemahl Od (oder auch Odin) nachgeweint haben soll. In christlicher Zeit entstand der Name »Marienträne«.

Bei den antiken Schriftstellern wird der Sonnentau nicht erwähnt, wohl aber in den Kräuterbüchern der frühen Neuzeit. Im »Hortus Sanitatis« (15. Jahrhundert) etwa wurde empfohlen, bei Epilepsie morgens nüchtern Sonnentausaft zu trinken. Lonicerus warnt in seinem »Kräuter-Buch« vor der brennenden und trocknenden Qualität des Sonnentaus, durch die manche Krankheiten verschlimmert würden.

Der Name »Gideonswurz« erinnert an Gideon aus dem Buch Richter im Alten Testament, der über Nacht ein Fell auf die Tenne legte und Gott um ein Zeichen bat: Würde am Morgen nur das Fell betaut sein und die ganze Erde umher trocken, so sollte dies bedeuten, dass Gott Israel durch Gideons Hand erlösen wolle. Gott schickte Gideon das Zeichen – und auch beim Sonnentau ist der vermeintliche Tau noch auf den Blättern, wenn ringsumher alles trocken ist.

Für einen sicheren Schuss

Wenn ein Jäger Sonnentau bei sich trägt, so hat er immer einen sicheren Schuss – als wenn er eine Freikugel geladen hätte. Die Sache funktioniert aber nur, solange der Jäger keinem Nichtjäger das Geheimnis anvertraut.

Wenn jemand beim Schießen stets sicher trifft, so ist nicht selten teuflischer Zauber im Spiel.

Der Mittlere Sonnentau (Drosera intermedia) *lebt in Schlenken (Mulden) von Hochmooren. Er ist ebenso wie die beiden anderen heimischen Sonnentau-Arten gefährdet.*

BOTANISCHER STECKBRIEF

Volksnamen: Bullenkraut, Gideonswurz, Löffelkraut, Sinnau, Sintau, Edler Widerton, Goldener Widerton.
Familie: Sonnentaugewächse (Droseraceae). Alle drei heimischen Arten, Rundblättriger, Langblättriger, Mittlerer Sonnentau *(Drosera rotundifolia, anglica, intermedia)*, hatten im Zauberglauben Bedeutung.
Merkmale: Der unbeblätterte Blütenstängel wird bis zu 30 cm, beim Mittleren Sonnentau nur bis ca. 15 cm hoch. Die in grundständiger Rosette angeordneten, lang gestielten Blätter sind am Rand mit rötlichen Drüsenhaaren besetzt, die an ihrer Spitze ein rundes Köpfchen tragen. Im Sonnenschein glänzen die Köpfchen wie Tautropfen. Beim Rundblättrigen Sonnentau ist die Blattspreite kreisrund, beim Langblättrigen Sonnentau 4–8-mal, beim Mittleren 2–4-mal so lang wie breit. Kleine weiße Blüten stehen in einem ährenförmigen Blütenstand. Blütezeit: Juni–August.
Lebensdauer: Ausdauernd.
Vorkommen: Zerstreut oder selten in Flach- und Hochmooren. Die Pflanzen benötigen basen- und stickstoffarme Standorte.
Verbreitung: Europa, Nordasien, gemäßigte und arktische Gebiete Nordamerikas.
Wissenswertes: Setzen sich Spinnen, Fliegen oder Mücken auf die Blätter, so werden sie durch eine von den Haaren ausgeschiedene klebrige Flüssigkeit festgehalten. Die längeren äußeren Drüsenhaare krümmen sich nach innen, die Blattspreite rollt sich ein und das Tier stirbt in der Flüssigkeit. Diese enthält Eiweiß abbauende Enzyme, die das Tier bis auf seine Chitinteile verflüssigen, sodass es von den Blättern aufgenommen werden kann. An ihrem stickstoffarmen Standort deckt die »Fleisch fressende« Pflanze auf diese Weise ihren Stickstoffbedarf. Besonders geschützt.

Im Mittelalter hieß es auch, wenn man Sonnentau bei sich trage, dann könne einem niemand durch Zauberei schaden, ja selbst die Feinde würden gezwungen, dem Amuletträger Freundschaftsdienste zu erweisen.

Auch vor Gift sollte Sonnentau schützen. In einem alten Destillierbuch heißt es: »Legst du dasselbige Kraut in ein Glas mit Wein, da ein Gift vermischt ist, alsbald soll das Glas zerbrechen. Ist aber das Gefäß steinern oder aus Alabaster oder dergleichen, so wird der Wein also stark siedend, als wäre ein gewaltig Feuer darunter, daß auch der Wein herausspringt.«

MIT »ROSOGLIO« GEGEN ALLE KRANKHEITEN

Die Alchemisten des Mittelalters wurden von den geheimnisvollen Tautröpfchen, die auch in der Sonne nicht verdunsteten, angezogen. Sie verwendeten die Pflanze für die Bereitung der Goldtinktur und des Lebenselixiers. Einer von ihnen war Arnoldus Villanovanus (1235–1312), der als Professor in Barcelona lebte und arbeitete. Er war einer der bedeutendsten Ärzte und Alchimisten des Mittelalters und gilt als Verfasser eines Hauptwerks der Alchimie, des »Rosarius philosophorum«. Als ihm vorgeworfen wurde, mit dem Teufel im Bunde zu sein, musste er vor der Inquisition fliehen. In Italien destillierte er aus dem Sonnentau sein berühmtes Goldwasser, das gegen alle Krankheiten wirken sollte. Als wohl schmeckender Kräuterlikör mit dem Namen »Rosoglio« (»ros solis« = Sonnentau) wurde es in Italien populär.

Amulette aus Sonnentau sollten, auf den Bauch der Gebärenden gelegt, bei schwerer Geburt helfen. Bei Wahnvorstellungen mussten die Amulette um den Hals getragen, bei Zahnschmerzen im Munde gehalten werden.

Anregend auf Geschlechtstrieb und -organe

Auch den Geschlechtstrieb sollte Sonnentau anregen, und zwar insbesondere bei Rindern, weshalb man ihn auch am Niederrhein Brockkraut (Brunstkraut) und in anderen Gegenden, etwa in Mecklenburg, Bull(en)kraut nannte. Bei Behexung der Milchkühe sollte Sonnentau ebenfalls hilfreich sein.

In Skandinavien und Finnland galt, wie Willfort in seinem Heilkräuterbuch anmerkt, Sonnentau als wirksam bei Empfängnisschwierigkeiten von Frauen. Er wurde für diesen Zweck in Milch eingelegt, wodurch diese gerann. Die Frauen nahmen diese Art Sauermilch täglich esslöffelweise über einige Zeit, um zum erwünschten Nachwuchs zu kommen. Die Herstellung solcher Sauermilch soll aber, wohl wegen des Fehlens bestimmter Mikroorganismen, in Mitteleuropa nicht gelingen.

Verwendung als Heilpflanze

Wichtige Inhaltsstoffe: Naphthochinone (Oxidationsprodukte des Kohlenwasserstoffs Naphthalin), Enzyme.
Phytotherapie: Blühendes Kraut in verschiedenen Zubereitungen oder Fertigarzneimitteln gegen Husten, Keuchhusten und Asthma.
Volksmedizin: In früherer Zeit Tee aus dem Kraut wie in der Phytotherapie, der Saft äußerlich gegen Warzen und Hühneraugen. Heute ist die gefährdete Pflanze besonders geschützt, ein Sammeln daher ausgeschlossen.
Homöopathie: »Drosera« aus dem frischen blühenden Kraut bei Reiz- und Krampfhusten, Keuchhusten und Asthma.

Ludwig Richter (1803–1884) stellte die Taubildung, die Ablagerung kondensierten Wassers an bodennahen Oberflächen, alten Vorstellungen entsprechend als direktes Geschenk des Himmels dar.

Gewöhnlicher
Frauenmantel
Alchemilla vulgaris

Das Kräutlein treibt ein rundes Blatt
Wie keines ringsherum es hat.
Mit zierlich ausgekerbtem Rand
Ist für den Tau es ausgespannt,
Recht als ein Schälchen hingestellt,
In welches Perl' auf Perle fällt.

So hebt es auf des Himmels Tau,
Der niedersinkt auf Flur und Au'.
Manch Elfchen gegen Morgen kommt,
Das dürstet, dem zu trinken frommt,
Schöpft aus dem Schüsselchen und spricht:
»Ein bess'res Labsal gibt es nicht.«

JOHANNES TROJAN (1837–1915): AUS DEM GEDICHT »TAUSCHÜSSELI«

Die Pflanze war in der nordischen Mythologie der Göttin Freyja geweiht, weil die goldenen Tränen, die sie um ihren zu fernen Völkern gezogenen Gemahl Od geweint hat und die ihr den Beinamen »die Tränenschöne« verschafften, mit dem in der Sonne glänzenden Wassertropfen im Frauenmantelblatt in Verbindung gebracht wurden. In christlicher Zeit, als die Gottesmutter Maria die Stelle Freyjas einnahm, sah man in der Blattform den Mantel Mariens, unter dem, wie alte Darstellungen der Schutzmantelmadonna zeigen, Hilfe suchende Menschen Schutz finden. Es hieß auch, die Wassertropfen seien die Tränen der jungen, unerfahrenen Engel, die sich von Luzifer hatten verführen lassen. Sie sind nicht ganz verstoßen, sondern dürfen zwischen Himmel und Erde schweben und sich tagsüber im Frauenmantel verbergen.

Der Name »Sinau« leitet sich vom mittelhochdeutschen »sintowe« (= Immertau) ab, weil der Wassertropfen auch noch stehen bleibt, wenn der Tau verdunstet ist.

Der vermeintliche Tautropfen in der Blattmitte stach auch den Alchemisten ins Auge. Sie sammelten diese Wassertropfen, da sie hofften mit ihrer Hilfe Gold machen zu können. Auch bei der Suche nach dem Stein der Weisen sollte der Frauenmantel hilfreich sein. Die Pflanze spielte offenbar bei den Alchemisten eine so wichtige Rolle, dass sie sogar ihren wissenschaftlichen Namen *Alchemilla* diesen experimentierfreudigen Gelehrten verdankt.

Schutzmantelmadonna (1441) am Südportal der katholischen Pfarrkirche Mariä Himmelfahrt in Ering am Inn.

Botanischer Steckbrief

Volksnamen: Marienkraut, Marienmantel, Sinau, Taukraut.
Familie: Rosengewächse (Rosaceae).
Merkmale: Aus dem Wurzelstock entsprießt ein 10–30 cm hoher Stängel. Die rundlich-nierenförmigen Blätter sind 5–11-lappig und am Rand gesägt. In Rispen stehen die kleinen, unscheinbaren gelbgrünen Blüten, deren Blütenhülle nur aus 4 Kelchblättern besteht. Blütezeit: Mai–August.
Lebensdauer: Ausdauernd (Wurzelstock).
Vorkommen: Fettwiesen, Waldränder, Gebüsch.
Verbreitung: Gemäßigte Zonen der Nordhalbkugel der Erde.
Wissenswertes: Die Blüten sondern reichlich Nektar ab und werden trotz ihrer Unscheinbarkeit von Insekten bestäubt. Der Wassertropfen, der oftmals in der Mitte des Blattes liegt, ist kein Tautropfen. Bei hoher Luftfeuchtigkeit presst die Pflanze aus ihren Wasserspalten (Hydatoden) an den Blatträndern aktiv Wasser aus, das manchmal in der Blattmitte zu einem Tropfen zusammenfließt. Diese Ausscheidung flüssigen Wassers heißt Guttation.

Nicht nächtlicher Tau, sondern aus den Wasserspalten aktiv ausgepresstes Wasser bildet den Tropfen in der Blattmitte des Frauenmantels.

Allheilmittel durch Beschwörung

Auch andere stellten mit dem Kraut allerlei Zauber an. So schreibt Mattioli in seinem Kräuterbuch (1563): »So die Weiber mit dem Kochwasser von diesem Kraut ihre Heimlichkeit waschen, drängt es dieselbe zusammen, als wären es Jungfrauen. Solche Wasser mit leinenem Tüchlein auf die Brüste gelegt, läßt sie nicht größer wachsen.«

Der Frauenmantel galt in der Volksmedizin vielfach als eine Art Allheilmittel, dessen Kräfte man sich aber nur durch bestimmte Rituale und Beschwörung erschließen konnte. Noch im 19. Jahrhundert soll sich in den Aufzeichnungen eines damals in der Steiermark tätigen Kräuterheilers für das Ausgraben des Frauenmantels die folgende Beschwörung gefunden haben:

Sinau, Sinau, du heil. Sinau, das sind die Sinau-Wurzel, unserer lieben Frau ihr Mantelkraut, Wurzel ist eine Wurzel, über alle Kräuter Wurzel. Dieses sind die Sinau-Kräuter, unsrer lieben Frau ihr Mantelkraut ist ein Kraut über alle Kräuter, ein Kräutlein über alle Kräuterlein. Unser liebe Frau ist die reinste Jungfrau, ist eine Frau über alle Frauen, eine Frau über alle reinsten Jungfrauen. Es sind die Sinau-Blumen usw. Weil du bist und was du bist und weil du über alle Kräuterwurzel zum Heilen bist. O heil. Sinau, ich N. N. bitte Gott den Allmächtigen und die reinste Jungfrau Maria für den Kranken, für alle Krankheiten, die in seiner Person regieren, zu doctern und zu heilen. Amen. Ziehts ab, heilts ab, ziehts aus, heilts aus.

Verwendung als Heilpflanze

Wichtige Inhaltsstoffe: Gerbstoffe, Bitterstoffe, Flavonoide, ätherisches Öl.
Phytotherapie: Zubereitungen aus dem blühenden Kraut bei unspezifischen Durchfallerkrankungen.
Volksmedizin: Tee aus den Blättern innerlich gegen Frauenleiden (insbesondere klimakterische Beschwerden und zu starke Monatsblutungen), zur »Blutreinigung« und gegen Magen-Darm-Beschwerden. Der Tee äußerlich zu Waschungen bei Hautunreinheiten und bei Entzündungen des Mund- und Rachenraumes sowie bei Halsweh.
Homöopathie: Wenig gebräuchlich.
Küche: Die Blätter in Salaten, in Suppen und als Gemüse.

Wiesenklee

Trifolium pratense

»Ich saß auf einer grünen Höh',
Da sproßten Blumen auf Klee.«

WALTHER VON DER VOGELWEIDE
(UM 1170–UM 1230)

Wegen der Dreizähligkeit seiner Blätter war der Klee schon in vorchristlicher Zeit eine Symbolpflanze. Den Druiden der Kelten soll er heilig gewesen sein und für die Römer versinnbildlichte er den Sommer. Im Christentum wurde er zum Sinnbild der Dreifaltigkeit. Der irische Nationalheilige St. Patrick (385–461 n. Chr.) hat – so erzählt die Legende – den Heiden auf der Insel die heilige Dreifaltigkeit an einem Blatt vom Weißklee *(Trifolium repens)* oder vom Sauerklee *(Oxalis)* verdeutlicht: 3 Blättchen entwachsen einem gemeinsamen Stiel. Das Kleeblatt wurde zum irischen Nationalsymbol.

Auch in Fenstern gotischer Kirchen findet man das dreizählige Kleeblatt. Das Kleekreuz, dessen 4 Enden wie Kleeblätter geformt sind, findet man noch auf Grabsteinen. Im Mittelalter waren Kleeblätter zudem ein Symbol der demütig wartenden Minne – der irdischen Minne und der Gottesminne. Deshalb kommt der Klee in den Minneliedern vor.

Der Name »Klee« (althochdeutsch »chleo«, englisch »clover«) steht mit »klieben« (althochdeutsch »klioban« = spalten) in Zusammenhang und bezieht sich auf das dreizählige Blatt.

Johann Christian Schubart (1734–1787) führte den Anbau von Rotklee in die Landwirtschaft Europas ein. Er wurde als »Edler von Kleefeld« in den Adelsstand erhoben. Die Kinder saugten früher gern den süßen Nektar aus dem Blütengrund.

VIERERKLEE BRINGT GLÜCK UND SCHÜTZT

Ganz besondere Beachtung fand stets ein vierzähliges Blatt des Wiesenklees – eine sehr seltene Erscheinung. Auch heute noch ist an Silvester der Viererklee Symbol für Glück und Gesundheit im neuen Jahr. (Bei dem im Gartenhandel um die Zeit des Jahreswechsels angebotenen Klee handelt es sich allerdings um eine vierzählige Zuchtform des Sauerklees, *Oxalis*, der zur Familie der Sauerkleegewächse gehört und mit *Trifolium* nicht verwandt ist.) Nach den Ergebnissen einer Langzeitstudie des Instituts für Demoskopie Allensbach

Vierblättrige Zuchtformen des Sauerklees gehen auf Oxalis*-Arten zurück, die in Mittel- und Südamerika beheimatet sind.*

Botanischer Steckbrief

Volksnamen: Himmelsbrot, Rotklee, Zuckerbrot.
Familie: Schmetterlingsblütler Fabaceae.
Merkmale: Aus dem Wurzelstock entsprießt ein Rasen blütenloser und blühender aufrechter Stängel, die 10–30 cm hoch sind. Die Blätter sind dreizählig; die eiförmigen Blättchen haben meist eine hellgrüne Zeichnung. Am Blattgrund befinden sich Nebenblätter, die in eine Granne ausgezogen sind. Die rosa oder purpurroten Blüten sind in einem kugeligen oder eiförmigen Köpfchen angeordnet. Blütezeit: Mai–September.
Lebensdauer: Ausdauernd (Wurzelstock).
Vorkommen: Fettwiesen, Wegränder. Zeigt basen- und nährstoffreiche Böden an.
Verbreitung: Europa, Mittelasien, Nordafrika; in Nordamerika eingebürgert.
Wissenswertes: Die Bestäubung geschieht durch langrüsselige Hummeln.

Der Glücksklee gehört wie Schwein und Schornsteinfeger zu den Symbolen, die ein gutes neues Jahr bringen sollen.

glaubten im Jahr 2005 42 % der über 16 Jahre alten Bürger der Bundesrepublik Deutschland, dass ein vierblättriges Kleeblatt Gutes bedeutet, während dies 1990 erst 38 % und 1973 nur 26 % angaben.

Ein Reisender, so hieß es früher, dem vor Beginn der Reise und ohne sein Wissen vierblättriger Klee in die Kleider genäht worden ist, wird sein Vorhaben erfolgreich durchführen und glücklich heimkehren.

Ein gewisser Hermann Allmers hatte als Teilnehmer der Schlacht von Königgrätz (1866, Preußen siegte über die österreichisch-sächsischen Truppen) ein Erlebnis, das ihn zu einem – etwas holprigen – Gedicht inspirierte: Im Kugelhagel sah er vor sich ein Vierblatt. Er wollte das Glückssymbol für seine Lieben daheim pflücken, und als er sich hinunterbückte, pfiff eine Kugel über seinen Kopf hinweg und tötete den hinter ihm stehenden Kameraden.

Zu Glück im Spiel kann der vierblättrige Klee verhelfen, wenn ihn der Ministrant dem Pfarrer ohne dessen Wissen ins Messbuch legt. Dies hat zunächst zur Folge, dass der Pfarrer während der Messe desorientiert ist und am Ärmel gezupft werden muss, damit er wieder zu sich kommt. Nimmt man dann nach der Messe das Vierblatt wieder zu sich, kann einem niemand im Spiel etwas abgewinnen.

Im Passeiertal in Südtirol soll manchem Wanderer, der sich dort an Bergquellen zum Schlafen niedergelegt hatte, folgendes geschehen sein: Weiße Tauben mit einem vierblättrigen Kleeblatt im Schnabel flogen herzu und ließen es dem Schläfer aufs Herz fallen. Erwachte dieser ehe das Vierblatt verwelkt war, so konnte er sich unsichtbar machen, indem er es in den Mund nahm. Auch konnte er die sonst verborgenen Höhlen der saligen Fräulein, der Besitzerinnen der Tauben, finden.

Auch vor Zauber und Teufelsspuk kann ein Viererklee schützen. Klee mit mehr als 4 Teilblättchen galt dagegen vielfach als unheilbringend, mancherorts allerdings ließ der fünfblättrige Klee auf eine glückliche Ehe hoffen.

Vierblatt enthüllt Lug und Trug

Legt man sich am Sonntag vor Sonnenaufgang ein vierblättriges Kleeblatt in den Schuh, so erkennt man in der Kirche die Hexen: Man sieht sie mit dem Rücken zum Altar sitzen.

Neujahrskarten mit blühendem Wiesenklee als Glücksklee waren bereits vor dem 1. Weltkrieg beliebt.

Auch Zauber und Trug zu durchschauen befähigt der Viererklee. So führte einmal in Rottweil (Baden-Württemberg) ein Gaukler seine Tricks vor. Die Zuschauermenge war beeindruckt, sah sie doch, wie der Mann einen mächtigen Baumstamm auf seiner Nase balancierte. Eine Magd kam auf ihrem Heimweg von einem Kleefeld, wo sie Futter geschnitten hatte, zufällig vorbei. In der Hand trug sie ein vierblättriges Kleeblatt, das sie gefunden hatte. Als sie die andächtig staunenden Gesichter der Zuschauer erblickte, musste sie laut lachen. Sie sah nämlich, dass der Zauberer statt des vermeintlichen Baums nur einen langen Strohhalm auf der Nase balancierte. Nachdem die Magd sie über den Betrug aufgeklärt hatte, beschimpften und bedrohten die genasführten Zuschauer den Gaukler. Der aber schaffte es, der Frau den Viererklee zu entwenden, und nun zauberte er ihr vor, sie müsse durch einen tiefen Bach waten. Sie hob ihren Rock immer höher und gebärdete sich so komisch, dass der Zauberer die Lacher auf seiner Seite hatte.

Viererklee als »Nachlaufkraut«

Wird die Liebe einer Frau zu einem Mann nicht erwidert, so soll sie ihm heimlich ein vierblättriges Kleeblatt in den Schuh stecken. Der Mann wird dann von einem unwiderstehlichen Zwang befallen, der Frau zu folgen. Dieser Zwang hält aber nur 4 Tage an, und deshalb muss die Frau diese kurze Zeit gut nutzen, um die Liebe des Mannes zu gewinnen. Wer nicht unbedingt wählerisch ist, kann sich mit Viererklee auch einen Ehemann verschaffen: Man trägt das Blatt bei sich oder befestigt es über der Tür. Der erste Mann, der einem begegnet bzw. eintritt, ist der künftige Ehemann.

Verwendung als Heilpflanze

Wichtige Inhaltsstoffe: Gerbstoffe, Isoflavone
Phytotherapie: Keine Verwendung. Als Nahrungsergänzungsmittel in der Apotheke erhältliche Rotkleepräparate werden gegen Wechseljahrsbeschwerden auch von manchen Ärzten empfohlen.
Volksmedizin: Tee aus getrockneten Blüten oder dem Kraut als Umschlag bei Rheuma und Gicht, innerlich zur Anregung der Verdauungstätigkeit und des Appetits, zur Kräftigung in der Rekonvaleszenz.
Homöopathie: »Trifolium pratense« aus den frischen oberirdischen Teilen der Pflanze bei Milchschorf und Keuchhusten.
Küche: Blütenköpfe zum Aromatisieren von Speisen und Getränken, Blätter an Salate und als Gemüse.

Erbse

Pisum sativum

Nun, das wollen wir bald genug herausbekommen! dachte die alte Königin, sagte aber nichts, ging in das Schlafzimmer, nahm alle Betten heraus und legte eine Erbse auf den Boden der Bettstelle. Darauf nahm sie zwanzig Matratzen, legte sie auf die Erbse, und dann noch zwanzig Eiderdaunenbetten oben auf die Matratzen.

Hans Christian Andersen (1805–1875): Die Prinzessin auf der Erbse

Erbsen kultivierten bereits die Griechen und Römer der Antike. Auch bei den germanischen Völkern war die Erbse wohl schon in vorchristlicher Zeit bekannt. Sie soll dem Gott Donar/Thor geweiht gewesen sein. Im Volksglauben galt sie als eine Lieblingsspeise der Zwerge und als Speise der in den Raunächten aktiven Geister. Deshalb darf man auch in den Zwölf Nächten zwischen Weihnachten und Dreikönig keine Erbsen essen, wenn man nicht riskieren will, böse Geschwüre zu bekommen. Auch der Erbsenbär stammt möglicherweise aus heidnischen Zeiten. Er war eine mit Erbsenstroh umwickelte Tiermaske, die bei Umzügen, etwa zu Erntefesten, aber auch zu Fastnacht oder Hochzeiten auftrat.

In vielen Orten Deutschlands und der Schweiz soll es früher üblich gewesen sein, am Donnerstag, dem nach Donar benannten Wochentag, Erbsen zu essen. Mit dem Glauben an Totengeister mag es zu tun haben, wenn mancherorts den Männern, die bei einer Leiche die Totenwache hielten, um Mitternacht ein Erbsengericht vorgesetzt werden musste.

Das Wort »Erbse« (althochdeutsch »araweiz«) ist wohl aus einem indoeuropäischen Wort abgeleitet.

Lonicerus sagt von den Erbsen: »Erbeiß ist das gebräuchlichste Gemüß / oder Geköchsel in unsern Küchen / seynd mancherley von Farben / Grösse und Gestalt / zahm und wild.«

Auch bekannte Märchen und Sagen beschäftigen sich mit der Erbse. Im Märchen von Hans Christian Andersen erweist sich das Mädchen dadurch, dass es die Erbse trotz der Masse von Matratzen und Eiderdaunenbetten als etwas qualvoll Hartes wahrnimmt, als wirkliche Prinzessin, die auch prompt vom Königssohn geheiratet wird. In der Sage von den Heinzelmännchen zu Köln werden Erbsen ebenfalls zweckentfremdet: Die Hausfrau will endlich wissen, wie die hilfreichen Hausgeister aussehen und streut Erbsen. Da purzeln die Heinzelmännchen die Treppe hinunter, sind verständlicherweise beleidigt und ziehen aus.

Erbsen bringen Fruchtbarkeit, Glück und Hellsicht

In der Mark Brandenburg wurde am Vorabend der Hochzeit die Braut mit Erbsen beschenkt, in anderen Gegenden bewarf man sie nach der Trauung mit Erbsen, um Glück, Reichtum und Kindersegen für die Ehe zu fördern. Keinesfalls durfte man aber von einer Stelle aus, auf der sich zwei Hähne gebalgt hatten, Erbsen zwischen die Brautleute werfen, denn dann verwandelte sich deren Liebe in Gram.

BOTANISCHER STECKBRIEF

Volksnamen: Arbassen, Arfte.
Familie: Schmetterlingsblütler (Fabaceae).
Merkmale: Mit Hilfe von Wickelranken am Ende der Blätter kann der stark verzweigte Stängel bis 1 m etwa an Stützpflanzen in die Höhe klettern. Die graugrünen, paarig gefiederten Blätter bestehen aus ganzrandigen, eiförmigen bis rundlichen Teilblättchen. Auffällig sind die großen laubblattartigen, eiförmigen, am Rand gekerbten Nebenblätter. Die weißen Blüten stehen in Trauben. Blütezeit: Mai–Juli. Selbstbestäubung. Die Hülsenfrüchte enthalten die essbaren grünen oder gelben kugeligen Samen.
Lebensdauer: Einjährig.
Vorkommen und Verbreitung: Möglicherweise ist die in Südeuropa und Asien wild vorkommende Art *Pisum elatius* die Stammform der Gartenerbse, die in Europa, Nordamerika, Indien und in verschiedenen Gegenden Afrikas angebaut wird.
Wissenswertes: Es gibt mehr als 1000 Erbsensorten. So haben beispielsweise Zuckererbsen flache essbare Hülsen und wenig entwickelte Samen. Erbsen enthalten viel Eiweiß, dazu Vitamine, Mineralstoffe und Spurenelemente.

Erbsen haben Streufrüchte. Bei der Reife öffnen sie sich an Bauch- und Rückennaht und geben die Samen frei.

Auch das früher mancherorts übliche Erbsenessen an Weihnachten sollte Glück bringen, insbesondere sicherstellen, dass im kommenden Jahr das Geld nie ausgeht.

Wenn man in der Karfreitagsnacht Erde in einen Totenschädel füllt, Erbsen hineinsteckt und ihn unter der Dachtraufe einer Kirche vergräbt, so haben die hieraus hervorgehenden Erbsen eine ganz besondere Kraft: Steckt man sie sich in den Mund, so wird man unsichtbar.

Um beim Tanz umschwärmt zu sein, braucht ein Mädchen sich nur rohe Erbsen in die Schuhe zu legen. Will man wissen, wer der künftige Bräutigam oder die zukünftige Braut ist, so lege man hinter die Zimmertür eine Schote mit 9 Erbsen und warte ab. Wer als nächste(r) eintritt, kann nicht anders als den Namen des oder der Zukünftigen auszusprechen.

Geht man dagegen nachts zu einer Kapelle und trägt dabei Erbsen im Mund, so sieht man die Geister aller verstorbenen Verwandten, Freunde und Bekannten in den Bänken sitzen.

ERBSEN HEILEN WARZEN

Plutarch überliefert, dass auf der Nase eines der Vorfahren des berühmten römischen Redners und Politikers Cicero eine erbsenähnliche Geschwulst geprangt habe. Zum Andenken an diesen Vorfahren habe Cicero bei seiner Ernennung zum Quästor den Göttern einen silbernen Becher geweiht, auf dem er hinter seinen Vornamen Marcus Tullius statt des Familiennamens eine Erbse habe eingravieren lassen.

Nach der Ähnlichkeitsregel leitete auch die Sympathiemedizin die Wirksamkeit von Erbsen gegen Warzen ab, und es gab viele Rezepte zum Vertreiben von Warzen: Man lege so viele Erbsen wie man Warzen hat unter die Dachtraufe, dann werden die Warzen verschwunden sein, wenn die Erbsen verrottet sind. Man werfe Erbsen – so viele, wie man Warzen hat – hinterrücks ins Backofenfeuer, laufe dann schnell davon, denn man soll das Krachen der Erbsen im Feuer nicht hören. Man zerdrückt eine Erbse auf der warzigen Hautstelle, darf aber niemand etwas davon sagen. Kindern legte man Erbsenstroh in die Wiege, um sie vor Hautausschlägen aller Art zu bewahren. Von einem, dessen Gesicht durch Pockennarben entstellt war, ging auch die Redensart »Der Teufel hat auf seinem Gesicht Erbsen gedroschen.«

Auch das so genannte kalte Fieber konnte vertrieben werden, wenn man so viele Erbsen wie der Kranke Jahre zählte in Papier wickelte und in fließendes Wasser warf.

Damit die Erbsen gut gedeihen

Im Rheinland galt mancherorts: Die Personen, die Erbsen säen – meist Frauen –, dürfen dabei nicht sprechen. Dann erfahren nämlich die Vögel nichts von der Aussaat und fressen deshalb auch die jungen Pflanzen nicht.

Mit Hilfe von Wickelranken kann der Stängel der Erbse in die Höhe klettern. Aus dem Pflanzenatlas von Moritz Fünfstück (um 1900).

Mit einer reichen Erbsenernte war zu rechnen, wenn man sich in der Christnacht auf ungedroschenem Erbsenstroh wälzte. In der Eifel wurden Hülsenfrüchte stets bei abnehmendem Mond gesät. In der Gegend um Dillingen hieß es, am Gründonnerstag gesäte Erbsen würden am besten gedeihen. In Franken behauptete man, Erbsen müssten gesät werden, wenn der Mond in einem »wässerigen« Zeichen (also etwa Fische, Wassermann) stehe, denn dann würden sich die geernteten Erbsen gut weichkochen lassen. Günstige Termine für die Aussaat waren auch der Ambrosiustag (4. April), der Gründonnerstag oder der Karfreitag.

Das Gemälde »Madonna mit der Erbsenblüte« vom so genannten Meister der heiligen Veronika entstand um 1400/1410 in Köln.

Echter Lein, Flachs

Linum usitatissimum

Zarten Leib in dich gekleidet,
Tritt das Mägdlein zum Altare,
Liegst als Grabtuch ausgebreitet
Schimmernd über dunkler Bahre.

Bist des Säuglings erste Hülle,
Spielest lind um seine Glieder.
In dich eingehüllt und stille
Kehrt der Mensch zur Erde wieder.

JUSTINUS KERNER (1786–1862): AUS DEM GEDICHT »LOB DES FLACHSES«

Das Wort »Lein«, das die Pflanze auf dem Feld und den Samen sowie als Leinen und Leinwand den fertigen Stoff bezeichnet, erscheint im Lateinischen als »linum«, im Altgriechischen als »linon« und bereits im Althochdeutschen als »lin«. In Süddeutschland heißt die Pflanze auch »Haar«. Das Wort »Flachs«, das im Allgemeinen die Pflanze ab der Ernte benennt, ist ebenfalls indoeuropäischen Ursprungs und hängt mit »flechten« zusammen.

Überreste der Flachskultur wurden in Pfahlbauten, etwa am Oberrhein, gefunden; sie besteht also wohl bereits seit der Steinzeit. In den Hochkulturen Ägyptens und Vorderasiens war der Flachs ebenso verbreitet wie bei Griechen und Römern, Kelten und Germanen. Während sich die Angehörigen der beiden letztgenannten Völker in Leinen kleideten, stellten Griechen und Römer daraus Segel, Flaggen und Dächer für ihre Theater her. Plinius und Tacitus berichten, dass die germanischen Frauen Leinen in Räumen unter der Erde wöben.

Überhaupt lag bei den germanischen Völkern die Flachskultur und -verarbeitung weitgehend in weiblicher Hand (während für das Getreide der Mann zuständig war). Die Schutzgöttin des Leins und Flachses war die Muttergöttin Freyja, deren Katzengespann mit Strängen blühenden Leins angeschirrt war. Christliche Priester verurteilten während und nach der Christianisierung den Kult dieser Göttin, ohne dass sie ihn wohl ganz ausrotten konnten. So mag die Göttin Freyja als Frau Holle oder – im süddeutschen Raum – als Frau Berta (Bercht), die fleißige Spinnerinnen belohnt und faule bestraft, im Volk in Märchen und Sagen weitergelebt haben. Lange Zeit war es noch üblich, bei der Ernte ein Flachsbüschel als Opfer stehen zu lassen – für die Muttergöttin oder die Holzweibchen.

Im »Capitulare de villis« ist der Flachs aufgeführt, und Einhard, der Biograf Karls des Großen, beschreibt des Kaisers Vorliebe für leinene Kleidung.

In der frühen Neuzeit spielte in Deutschland die Leinenindustrie eine wichtige Rolle. Als Leinenweber und -händler erreichten damals die Fugger in Augsburg ihren großen legendären Reichtum.

Das Spinnen war eine der Hauptbeschäftigungen der Hausfrau, so wie es Schiller in dem Gedicht »Das Lied von der Glocke« beschreibt:

Und füllet mit Schätzen die duftenden Laden,
Und dreht um die schnurrende Spindel den Faden,
Und sammelt im reinlich geglätteten Schrein
Die schimmernde Wolle, den schneeichten Lein,
Und füget zum Guten den Glanz und den Schimmer,
Und ruhet nimmer!

Die Spindel war Symbol der Hausfrau, und das Spinnen war stets auch eine Beschäftigung der vornehmen Damen, während die anderen Tätigkeiten der Flachsverarbeitung – das Rösten, Schwingen, Hecheln, Bürsten – niedere Arbeiten waren, die von den

In den Spinnstuben oder Spinnhäusern trafen sich an Winterabenden die Frauen und verbanden das Nützliche mit dem Angenehmen. Aus: »Etwas für Alle« von Abraham a Santa Clara, 1711.

Mägden besorgt wurden. Spinnräder kamen erst im ausgehenden Mittelalter auf. Bis ins 19. Jahrhundert waren die Spinnstuben, wo sich die Frauen zur Winterszeit abends trafen, Orte des Singens, Erzählens und auch des fröhlichen Zusammenseins mit Männern.

Nachts und am Samstag darf man nicht spinnen, sonst ergeht es einem wie der Spinnerin, die in den Mond verbannt wurde und deren Gesicht sowie den Rockenstiel (des Spinngeräts) man als Bild dort sehen kann.

Der Holzschnitt Ludwig Richters zeigt, dass noch im 19. Jahrhundert das Spinnen als eine wichtige Tätigkeit der Hausfrau galt.

Für gutes Gedeihen des Leins

Ausgesät wird der Lein im Frühjahr, die Flachsernte für die Fasergewinnung erfolgt kurz vor der Samenreife. Wie bei anderen wichtigen Nutzpflanzen (zum Beispiel Getreide und Wein) waren bei der Leinkultur von der Aussaat bis zur Ernte eine Fülle magischer Handlungen zu vollbringen, damit er gut gedeihen und alles wohl geraten konnte. Aus dem Wetter an Lichtmess schloss man auf die Flachsernte: »Lichtmessen, hell und klar, gibt ein gutes Flachsjahr!« An diesem Tag tanzten in Westfalen die Frauen auf dem Acker, und in Hessen aß man Hirsebrei mit einer

BOTANISCHER STECKBRIEF

Volksnamen: Pflanze: Glix, Haar, Flachsbeere. Samen: Flachslinsen, Haarlinsen, Leinbollen, Leinsamen.
Familie: Leingewächse (Linaceae).
Merkmale: Der 30–60 cm hohe Stängel trägt wechselständig angeordnete, schmal-lanzettliche Blätter. Die lang gestielten Blüten sind himmelblau mit dunklerer Zeichnung und am Grund gelb gefleckt. Blütezeit: Juni–Juli. Die Frucht, eine 5-fächerige Kapsel, enthält meist 10 Samen.
Lebensdauer: Einjährig.
Vorkommen und Verbreitung: Als Kulturpflanze weltweit angebaut; selten verwildert.

möglichst langen Bratwurst – alles für das Gedeihen des Leins. Mancherorts mussten auch beim Fastnachtstanz die Frauen möglichst hohe Sprünge machen, damit auch der Lein hoch wachsen würde.

Für den Zeitpunkt der Aussaat gab es verschiedene Anweisungen: nicht an einem Mittwoch, dem Tag, an dem Wodan umherzieht, damit dessen Pferd die Saat nicht zertritt; besser am Gründonnerstag, denn dann friert der Lein nicht ab; 100 Tage nach Neujahr (10. April) oder am 12. Mai. Gestohlener Leinsamen, den man unter das Saatgut mischte, sollte sich günstig auswirken. Macht man beim Säen große Schritte, wird der Flachs schön lang. Alte Opferbräuche mögen der Sitte zugrunde liegen, dass man dem Lein Säenden ein gutes Trinkgeld geben muss, und dem Brauch, dass die Braut vom Hochzeitswagen herab Flachs wegwerfen soll.

Auch der Sprung über das Johannisfeuer konnte dem Gedeihen des Leins dienen. Im niederbayerischen Niederalteich rief der Erste, der sprang:

I spring übers Sunnwendfeuer,
Alle Nachbarn sind mir teuer.
Springt' s mit mir allzamm,
So wird das Haar recht lang.

Mancherorts ließ man bei der Ernte Flachsstängel oder -büschel stehen oder flocht einen Zopf aus diesen letzten Halmen und weihte ihn den Holzfräulein:

Holzfräule, Holzfräule,
Da flecht' ich dir ein Zöpfle
Auf dein nacktes Köpfle,
So lang als wie ein Weiden,
So klar als wie ein Seiden.

Auch Nacktheit, die als Fruchtbarkeitszauber wirken sollte, gab es beim Flachs: In Oberfranken mussten Mädchen nackt spinnen oder nackt die Spinnräder waschen, bei den Wenden des Spreewaldes mussten sie dreimal nackt um das Flachsfeld laufen.

ZAUBERKRÄFTIGER FLACHS

Mit Lein oder Flachs konnte man nicht nur auf eine gute Flachsernte hinwirken, sondern es ließen sich mit der Pflanze auch andere Ziele auf magische Weise erreichen. Leinblüten, die man mit 9 aus gestohlenem Flachs gesponnenen Fäden zusammenbindet, bewirken, dass man geliebt wird.

Ein Mädchen, das noch keine 7 Jahre alt ist, kann ein besonders zauberkräftiges Garn aus Flachs spinnen. Das Siebenjahrgarn muss dann unbemerkt unter das Altartuch gelegt und 3 Messen sollen darüber gelesen werden. Ein daraus gefertigter Hemdkragen schützt vor dem Untergehen im Wasser, hält Krankheit und bösen Zauber sowie Schuss und Stich ab.

Die in der Sonne glänzenden Luftflöße junger Krabbenspinnen gaben dem Altweibersommer seinen Namen. Sie wurden als Spinnfäden Frau Holles gedeutet, die als Greisin oder wie hier bei Ludwig Richter als junge schöne Frau erscheint.

Steckt man etwas von diesem Siebenjahrgarn ins Gewehr, so trifft man immer, und sogar die Hausnatter, der man eine Schale mit Milch auf das aus Siebenjahrgarn hergestellte Leintuch stellt, lässt ihr goldenes Krönlein darauf fallen.

Düster ist die Sage vom Nothemd: Reine Jungfrauen müssen es in einer einzigen Nacht in des Teufels Namen verfertigen. Sie müssen dabei Beschwörungen sprechen oder auch völlig schweigen. Wenn sie das Garn versponnen, die Leinwand gewebt und das Hemd genäht haben, sind sie am Morgen dem Teufel verfallen. Einem Nothemd ist auf der rechten Hemdbrust ein behelmtes bärtiges Haupt, auf der linken ein schrecklicher Teufelskopf aufgenäht. In der Kunstkammer Kaiser Rudolfs II. (1552–1612) in Prag soll ein solches Nothemd, das seinen Träger hieb-, stich- und kugelfest machen sollte, aufbewahrt worden sein.

»Leinsäen« als Liebesorakel

In der Thomasnacht (21. Dezember) war besonders im südlichen und östlichen Deutschland neben anderen Liebesorakeln auch das »Leinsäen« bei den Mädchen beliebt. Sie streuten sich vor dem Zubettgehen Leinsamen über den Kopf und sprachen dabei den folgenden oder einen ähnlichen Spruch:

Ich säe meinen Samen,
In St. Thomas' Namen;
In St. Thomas' Garten,
Will ich auf meinen Bräutigam warten.

Das aus den Samen gepresste Leinöl dient nicht nur Ernährungs- und Heilzwecken, sondern auch zur Herstellung von Farben, Lacken, Seifen und Linoleum.

Verwendung als Heilpflanze

Genutzte Pflanzeteile: Samen (und das daraus gewonnene fette Öl).
Wichtige Inhaltsstoffe: Schleim, fettes Öl, Proteine, Zellulose, Mineralstoffe, Spurenelemente, cyanogene Glykoside (aus ihnen wird Blausäure abgespalten).
Phytotherapie: Innerlich die ganzen, gequetschten oder geschroteten Samen als mildes Abführmittel; die Schleimabkochung aus den Samen bei Magen-Darm-Reizungen und -Entzündungen sowie bei Darmträgheit; das Öl als Speise- und Diätöl, das besonders durch seinen hohen Gehalt an Omega-3-Fettsäuren vorbeugend gegen verschiedene Krankheiten wirken kann. Äußerlich Umschläge aus Leinsamenpulver oder -presskuchen bei Abszessen und Furunkeln, Schmerz- und Krampfzuständen.
Volksmedizin: Wie in der Phytotherapie; zudem heißer Leinsamen im Säckchen aufgelegt bei Rheuma oder Gichtschmerzen.
Homöopathie: »Linum usitatissimum« aus der frischen blühenden Pflanze bei Asthma, Heuschnupfen, Urtikaria, Blasenkatarrh.

In Nürnberg lautete der Vers:

Thoma, streu aus dein Soma,
Streu' aus dein Lein,
Dass mein Herzallerliebster mir erschein.
Soll ich mit ihm reisen über Wasser und Land,
Erscheint er mit einem Stab in der Hand.
Soll ich mit ihm fröhlich sein,
Erscheint er mir mit einem Gläschen Wein.
Soll ich mit ihm leiden Hunger und Not,
Erscheint er mir mit einem Stücklein Brot.

Im Traum sollte sich dann der zukünftige Ehemann zeigen.

Duftende und Hohe

Schlüsselblume

Primula veris und *Primula elatior*

Duftende Schlüsselblume

Liebliche Blume,
Bist du so früh schon
Wiedergekommen?
Sei mir gegrüßet,
Primula veris! ...

Mir auch im Herzen
Blühte vor Zeiten,
Schöner denn alle
Blumen der Liebe,
Primula veris!

NIKOLAUS LENAU (1802–1850): AUS DEM GEDICHT »PRIMULA VERSIS«

Die in Mitteleuropa häufigen Arten Duftende oder Echte Schlüsselblume *(Primula veris)* und Hohe Schlüsselblume *(Primula elatior)* kommen in den antiken Schriften nicht vor. Als Frühlingsboten nach der kalten Winterszeit scheinen sie sich bei Kelten und Germanen großer Beliebtheit erfreut zu haben. Keltische Druiden sollen die vor dem Neumond nüchtern und unter allerlei Beschwörungsformeln gepflückten Schlüsselblumen zusammen mit Eisenkraut, Heidelbeeren, Moos, Weizen, Klee und Honig zur Bereitung eines berauschenden und heilenden Getränks verwendet haben. Das Frühlingssymbol soll der nordischen Göttin Frigg (oder Frija) geweiht gewesen sein.

Später wird dann die Gottesmutter Maria mit der Schlüsselblume in Verbindung gebracht, weil sie, wie es in einem alten Marienlied heißt, durch die Geburt des Erlösers das Himmelstor geöffnet hat. Hildegard von Bingen sagte: »Aber dieses Kraut empfängt hauptsächlich von der Kraft der Sonne seine Kräfte. Daher unterdrückt es die Melancholie im Menschen.« In den Kräuterbüchern des 16. Jahrhunderts wird vor allem auf die Verwendung gegen Gicht, Schmerzen, Schlaganfall und insbesondere dessen Lähmungsfolgen (»Schlagkraut«) sowie als Wund- und Schönheitsmittel verwiesen.

Um die schlüsselähnliche Gestalt der Blüten sind Sagen und Legenden entstanden. So erzählte man etwa in Oberösterreich, dass sich einst ein junger Mann von Geistern einen goldenen Schlüssel hatte anfertigen lassen, um damit die Himmelspforte aufzuschließen. Er stieg hinauf, hatte jedoch keinen Erfolg, sondern stürzte samt Schlüssel zurück auf die Erde, wo er besinnungslos liegen blieb. Als er erwachte, war der Schlüssel in seiner Hand zur Blume geworden, die in der Erde Wurzeln schlug. Andere Sagen verschiedener Gegenden berichten, dem hl. Petrus sei aus Versehen der Himmelsschlüssel aus der Hand und zur Erde gefallen, wo sein Abdruck die Schlüsselblumen sprießen ließ. Den Schlüssel selbst ließ der Himmelspförtner durch einen Engel wieder holen.

Botanischer Steckbrief

Volksnamen: Himmelsschlüssel, Petersblume, Primel.
Familie: Primelgewächse (Primulaceae).
Merkmale: In einer grundständigen Rosette stehen die eiförmigen, runzeligen und behaarten Blätter. Ebenfalls behaart ist der 10–30 cm hohe Blütenstängel. Die dottergelben Blüten der Duftenden Schlüsselblume haben orangegelbe Flecken im Schlund, einen vertieften Blütensaum und sind wohlriechend. Blütezeit: April–Mai. Die Blüten der Hohen Schlüsselblume sind hellgelb, fast geruchlos und haben einen flachen Blütensaum. Blütezeit: März–Mai.
Lebensdauer: Ausdauernd (Wurzelstock).
Vorkommen: Duftende Schlüsselblume: trockene Wiesen und trockene, lichte Wälder. Hohe Schlüsselblume: Laub- und Auwälder, Gebüsche, feuchte Wiesen, Bergwälder; Lehm- und Nährstoffanzeiger.
Verbreitung: Europa.
Wissenswertes: Der Nektar liegt am Grunde der langen und engen Blütenröhre und kann daher nur von langrüsseligen Hummeln und Faltern erreicht werden. Besonders geschützt.

Am noch braunen Auwaldboden bildet im Vorfrühling die Hohe Schlüsselblume (Primula elatior) *die ersten Farbtupfer.*

Türöffnerin zu verborgenen Schätzen

Eine Rhönsage berichtet: »Auf der Milseburg befindet sich auch der Keller des heiligen Gangolf, aber an welcher Stelle, weiß niemand zu sagen. Er ist voll großer Schätze, aber verwunschen und verschlossen. Keiner weiß ihn zu finden. Einst war eine alte Frau so glücklich, mittels einer Schlüsselblume, die sie zufällig pflückte, diesen Keller zu entdecken. Sie sah ihn plötzlich offen stehen, doch ging sie nicht hinein, denn es kam sie ein Grauen an, und sie ging von dannen, um anderen zu sagen, was ihr begegnet war und was sie gesehen hatte. Alle, die die Mär hörten, wunderten sich, und viele folgten der Alten an den Ort; aber da war der Keller wieder verschwunden, und die Alte fand jene Stelle niemals wieder.«

Nur wenig glücklicher ist der Held der beiden folgenden Sagen, die Perger im 19. Jahrhundert aufgeschrieben hat und die in ähnlicher Form in vielen Gegenden Deutschlands erzählt wurden: »Ein Kuhhirt fand bei der Ruine Blankenhorn in Schwaben im Spätherbst eine Schlüsselblume und steckte sie auf seinen Hut, der ihm bald schwer wurde. Als er nachsah, war die Blume in einen silbernen Schlüssel verwandelt, zugleich stand aber auch eine Jungfrau vor ihm, die ihm sagte, er sollte die bisher verborgene Thüre im Heuchelberg aufschließen, und von drinnen mitnehmen, was er wolle, aber das Beste nicht vergessen. Er füllte sich Säcke und Ärmel, ließ aber das Beste (die aufschließende Blume) doch liegen.«

»Ein Schäfer von Kolbenkamm in Baden wurde von einer Jungfrau auf einen Platz mit Schlüsselblumen geführt, er schloß mit derselben eine Thüre auf, inner welcher drei Kisten mit Schafzähnen standen, von denen er, nur halb willig, einige Hände voll einsteckte, indem er, ohne sich weiter um die Schlüsselblumen zu kümmern, fortging. Die Schafzähne wurden über Nacht zu Gold, aber das Beste hatte er ebenfalls vergessen.«

Zauberkräftig war insbesondere eine um die Weihnachtszeit blühende Schlüsselblume.

KÜNDERIN VON SCHICKSAL UND ERNTE

Findet eine junge unverheiratete Frau in der Karwoche eine Schlüsselblume – so hieß es bei den Deutschen in Siebenbürgen – dann wird sie noch im selben Jahr denjenigen Mann heiraten, den sie liebt. Insbesondere in verschiedenen Gegenden Frankreichs waren bei den Mädchen Orakel mit den »primevères« beliebt: Man brachte mehrere

Schlüsselblumen, Veilchen, Löwenzahn, Weiden- und Erlenkätzchen, Schmetterlinge und Vögel sowie ein jugendfrischer Knabe: Frühlingsattribute auch im 19. Jahrhundert.

Diese naturgetreue Darstellung der Echten Schlüsselblume (Aquarell- und Deckfarben auf Pergament) von 1526 wird Albrecht Dürer (1471-1528) oder seinem Umkreis zugeschrieben.

Blüten in ein Glas mit Wasser und gab jeder Blüte den Namen eines anwesenden Mädchens. Diejenigen, deren Blüten aufrecht im Wasser schwammen, konnten mit Glück rechnen, Mädchen, deren Blüten umfielen, hatten Unglück zu erwarten. In anderen Versionen konnte die Richtung des Umfallens anzeigen, wohin das Mädchen heiraten würde. Fand in der Bretagne eine junge Frau eine Schlüsselblume mit 7 statt mit 5 Kronlappen, so konnte sie auf einen Bräutigam im selben Jahr hoffen.

In der Gegend des Hesselbergs (Mittelfranken) hieß es: Wenn die Schlüsselblumen lange Stiele haben, wird auch die Gerste hoch und kurze

Stiele weisen darauf hin, dass die Gerste niedrig bleiben wird. In der Gegend von Tuttlingen wurde ein Zusammenhang zwischen der Stängellänge der Schlüsselblumen und der des Hanfs hergestellt.

Einen Krankheits- oder Unglücksfall glaubte man in Suffolk (England) erwarten zu müssen, wenn um die Weihnachtszeit im Garten Schlüsselblumen blühen.

Helferin beim Drudfangen

In Ost- und Westpreußen und auch bei den Rumänen der Bukowina wurde empfohlen, die ersten drei im Jahr gefundenen Schlüsselblumen zu verschlucken, um gegen Fieber und Halsschmerzen geschützt zu sein. Mancherorts stellte man aus Schlüsselblumen, die am Walpurgistag (30. April) gesammelt waren, ein Pulver her und gab es »verhextem« Vieh ein. Sogar Druden ließen sich mit Schlüsselblumen fangen: In der Gegend von Ansbach (Mittelfranken) hieß es dazu, man müsse Schlüsselblumen und achterlei andere Blumen pflücken und dann den Strauß in eine Truhe legen. Hörte man in der Nacht Geräusche aus der Truhe dringen, dann hatte man eine Drud gefangen.

Da Frühlingsblumen häufig mit einem Tabu belegt sind, verwundert es nicht, dass auch die Segen spendenden Schlüsselblumen mancherorts nicht ins Haus gebracht werden durften, wenn man nicht Unheil oder wenigstens Unbilden riskieren wollte. So hieß es etwa in manchen Gegenden Englands und Frankreichs, die Hühnerküken würden dann nicht schlüpfen.

Verwendung als Heilpflanze

Wichtige Inhaltsstoffe: In der Wurzel Saponine, Gerbstoffe, Glykosid Primulaverin. In den Blüten Saponine, Flavonoide, ätherisches Öl.
Phytotherapie: Zubereitungen aus Wurzelstock und Wurzeln bei Erkrankungen der Atmungsorgane (Husten, Bronchitis).
Volksmedizin: Tee aus Blüten und Wurzelstock bei denselben Indikationen wie in der Phytotherapie, zudem bei Migräne, Nervosität, Herzschwäche, Schlafstörungen. Sebastian Kneipp empfahl Blütentee gegen Rheuma und Gicht.
Homöopathie: »Primula veris« aus den frischen oberirdischen Teilen blühender Pflanzen bei Neuralgie, Migräne, Rheuma- und Gichtschmerzen.
Achtung! Entsprechend veranlagte Personen (Primelallergiker) können auf Schlüsselblumen mit Hautausschlag reagieren.

74 Himmel Schlüssel.
Fürs Lenden Grien vnd Blasen Stein
Braucht man das Wasser in gemein/
An Händn vñ Häupt den Schmertzẽ legt/
Vnd was sich böß im Magen regt/
Ein Tuch genetzt vnd auffgebunden/
Heylt gifftiger Thier Biß vñ Wundẽ/
Dem

Gegen unterschiedlichste Leiden sollte die Schlüsselblume nach Conrad Rosbachs Ausführungen in seinem »Paradeißgärtlein« (1588) wirken.

Mandragora

Mandragora officinarum

Herbstalraune

Da stehen sie umher und staunen,
Vertrauen nicht dem hohen Fund;
Der eine faselt von Alraunen,
Der andre von dem schwarzen Hund.

JOHANN WOLFGANG VON GOETHE: FAUST, 2. TEIL, 1. AKT

Die Mandragora und insbesondere ihre oft an eine menschliche Gestalt erinnernde Wurzel, die Alraune oder der Alraun, ist die berühmteste Zauberpflanze überhaupt. Schon im Althochdeutschen wird die Wurzel mit »alruna« bezeichnet. Dieses Wort ist mit »raunen« und »Rune« verwandt. Tacitus berichtet von der germanischen Seherin Albruna, ein Name, der im Althochdeutschen Albrun lautet. Möglicherweise galt die Pflanze als von einem weiblichen Geist bewohnt.

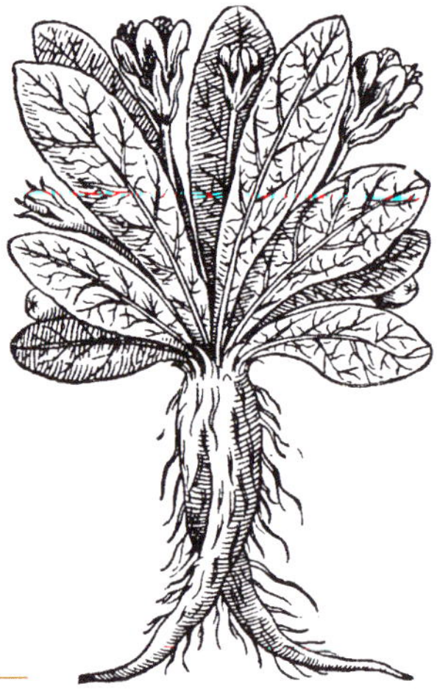

Im Kräuterbuch des Adamus Lonicerus (Ausgabe 1679) ist die Mandragora mit Wurzel, Blättern, Blüten und Früchten dargestellt.

Hildegard von Bingen schreibt, dass die Mandragora von jener Erde verbreitet worden sei, aus der auch Adam geschaffen wurde und dass sie etwas dem Menschen ähnele. Sie fährt fort: »Jedoch ist bei diesem Kraut, auch wegen seiner Ähnlichkeit mit dem Menschen, mehr teuflische Einflüsterung als bei anderen Kräutern dabei und stellt ihm nach.«

Schon früh brachten offenbar Reisende aus der Wurzel geschnitzte Alraunfiguren nach Deutschland. Sie wurden insbesondere auf Märkten feilgeboten. Paracelsus warnt vor dem Betrug mit diesen Alraunen, die ja doch ihre menschenähnliche Gestalt lediglich durch Schnitzkunst erhalten würden. Die Pflanze ist in klimatisch milden Gegenden Mitteleuropas winterhart, und man kann annehmen, dass sie dort in Gärten – Kloster-, Bauern-, Gelehrten-, »Hexen«-Gärten – bisweilen ihren Platz hatte. Jedenfalls waren echte Alraune höchst kostbar und deshalb gab es stets viele Fälschungen. Adam Lonicerus schreibt in seinem Kreuterbuch: »Der Tiriacks- und Wurtzkrämer Alraun / in Menschen Form / ist lauter Fabelwerck / und ein geschnitzt / gemacht Ding von Bryonienwurtz / in warmen Sand gedörrt.« Nicht nur die Zaunrübe wurde als Fälschungsmittel verwendet, auch aus Zwiebeln von Allermannsharnisch (siehe S. 168) und Siegwurz *(Gladiolus)* wurden Alraune gefertigt und als »echt« verkauft. In Schaffhausen wurden 1570

Die manchmal bizzaren Verzweigungen der Speicherwurzeln von Mandragora officinarum *wurden als menschliche Gestalt gedeutet.*

Botanischer Steckbrief

Volksnamen: Alraun, Erdmännchen.
Familie: Nachtschattengewächse (Solanaceae).
Merkmale: Die bisweilen längs gespaltene, bis 60 cm lange Wurzel ist dick und fleischig. Kurz gestielte Blätter bilden eine 30–60 cm hohe Rosette. Sie sind eiförmig-länglich und am Rand oft gezähnt oder gekerbt. An Stielen stehen einzeln die glockenförmigen, grünlich-weißen Blüten. Blütezeit: Frühjahr. Die Früchte sind gelbe, kugelige Beeren.
Lebensdauer: Ausdauernd (Wurzel).
Vorkommen und Verbreitung: Heimat: Mittelmeerraum. Die Kulturpflanze ist in milden Gegenden Mitteleuropas winterhart.
Wissenswertes: Stark giftig! Streng geschützt.
Die Herbstalraune *(M. autumnalis)* mit lila Blüten im Herbst hat gleiche Bedeutung und Verwendung.

drei Landstreicher gehängt, unter anderem deshalb, weil sie Gelbe Rüben (Möhren) als Alraune verkauft hatten.

Nicht nur die Fälschung, auch der Alraunenglauben selbst wurde bisweilen verfolgt: Der als blutgieriger Hexenjäger auftretende Kurfürst Maximilian I. von Bayern drohte 1611 in einem Landgebot denen, die Alraune gruben oder zu Hause hatten, schwere Strafen an.

Alraunenglaube und -handel hat es durch die Jahrhunderte gegeben und gibt es vereinzelt sogar heute noch. Es hieß, dass der Magier Dr. Faust, eine historische Gestalt des 16. Jahrhunderts, die Eingang in die Volkssage gefunden hat, einen Alraun besessen habe. Auch anderen Personen, deren sich die Sage angenommen hat, wie Berthold Schwarz, (14. Jahrhundert, der Erfinder des Schießpulvers im Abendland) und der Jungfrau von Orleans (15. Jahrhundert) sagt man den Besitz der Zauberwurzel nach. Bezeugt als Alraunbesitzer ist Kaiser Rudolf II., der von 1576–1612 regierte und sich gerne mit Alchemie und Magie beschäftigte. Ihm gehörten zwei Alraune. Sie hießen Maryon und Trudacyos, waren in Samt und Seide gehüllt und mussten regelmäßig in Wein gebadet werden. Allerdings waren sie nicht aus Mandragorawurzeln gefertigt, sondern aus Zwiebeln des Allermannsharnisch.

Hans Jakob Christoph von Grimmelshausen, der Verfasser des »Sim-

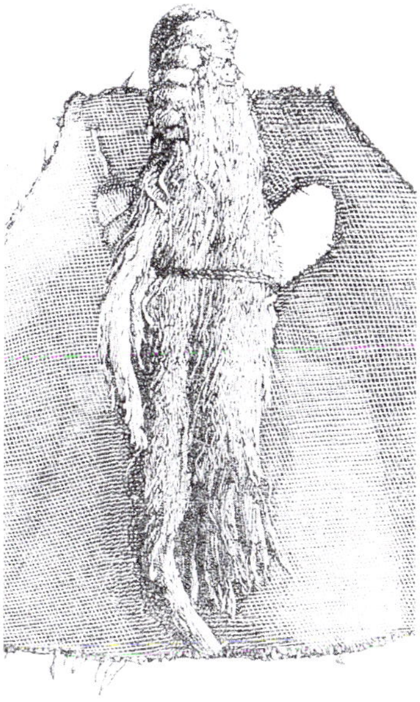

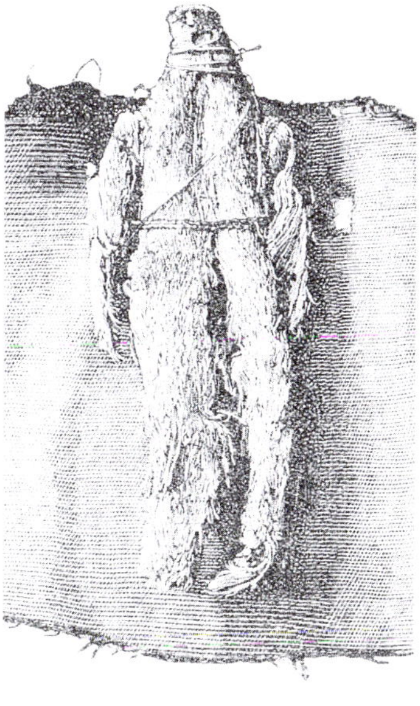

Die beiden Alraune Kaiser Rudolphs II. waren aus Zwiebeln des Allermannsharnischs gefertigt.

plicissimus«, hat in »Simplicissimi Galgenmännlein« (1673) über den Alraun geschrieben. In der deutschen Literatur erscheint das Zaubermittel etwa auch in Friedrich de la Motte-Fouqués Erzählung »Das Galgenmännlein« (1810) und seiner Novelle »Mandragora« (1827). Der Roman »Alraune« (1911) des Schriftstellers Hanns Heinz Ewers wurde sogar dreimal verfilmt.

Der Vergleich der Mandragora mit der Gestalt des Menschen ist sehr alt, wie diese Zeichnung nach einer Darstellung im byzantinischen Codex Neapolitanus (ca. 6. Jh. n. Chr.) zeigt.

Die universelle Zauberpflanze

In der Bibel wird in 1. Mose 30 eine Pflanze Dudaim erwähnt, die Luther mit »Liebesäpfel« übersetzte. Sie wurde verschiedentlich als Mandragora gedeutet: Ruben findet Liebesäpfel auf dem Feld und bringt sie seiner Mutter Lea. Deren Schwester und Rivalin Rachel kauft Lea die Liebesäpfel für den Preis einer Nacht mit Jakob ab. Möglicherweise als Folge des Genusses der Liebesäpfel wird Rachel, die bislang im Gegensatz zu Lea unfruchtbar war, schwanger und bringt Joseph zur Welt.

Die griechische Liebes- und Muttergöttin Aphrodite, eine der vielen Gestalten der Großen Göttin, hatte bei ihren Heiligtümern Gärten, in denen viele narkotisierende Pflanzen und insbesondere auch Mandragora wuchsen. Das sagenhafte Moly der Zauberin Kirke wurde bisweilen als Mandragora gedeutet. Theophrast schreibt, dass die Mandragora ein einschläferndes Mittel sei und vor allem für die Bereitung von Liebestränken gebraucht würde.

Die Mandragora war aber nicht nur ein Liebes- und Fruchtbarkeitsmittel. Hildegard von Bingen empfiehlt die Alraune bei zu starkem Geschlechtstrieb: Wenn es sich um einen Mann handelt, so soll er eine einer Frau ähnelnde Mandragorawurzel verwenden, eine Frau eine solche, die wie ein Mann aussieht. Auch gegen die Schwermut sollte laut Hildegard eine zuvor in einer Quelle gereinigte und damit ihrer Gefährlichkeit als Teufelspflanze beraubte Alraune helfen, wenn man sie neben sich ins Bett legt.

Der jüdische Geschichtsschreiber Flavius Josephus (37–93 n. Chr.) nennt in seiner »Geschichte des jüdischen Krieges« die Pflanze »Baara« und erklärt, dass man mit ihr von Dämonen besessene Personen heilen könne.

Fast alles, was der Mensch ersehnt, kann ihm der Alraun verschaffen: hieb-, stich- und kugelfest machen, unsichtbar werden lassen, Orte unterirdischer Schätze anzeigen, Geldstücke vermehren und sämtliche Krankheiten fern halten oder beseitigen.

Todbringendes Wurzelgraben

Es leuchtet ohne weiteres ein, dass der Umgang mit einer so mächtigen Zauberpflanze gefahrvoll ist. Be-

Verwendung als Heilpflanze

Wichtige Inhaltsstoffe: Alkaloide (insbesondere Scopolamin, Atropin, Hyoscyamin).
Phytotherapie: Nicht mehr verwendet.
Volksmedizin: Nicht mehr verwendet.
Homöopathie: »Mandragora« aus den frischen Blättern bei Asthma, Reizhusten, Kopfschmerzen durch Blutüberfüllung im Kopf, seelisch-körperlichen Erregungszuständen.
Achtung! Wegen der starken Giftwirkung der Pflanze keine Selbstbehandlung.

reits Theophrast berichtet über Vorschriften beim Ausgraben der Mandragora: die Pflanze dreimal mit dem Schwert umschreiben und dann mit nach Westen gewendetem Gesicht graben. Eine weitere Person müsse im Kreise herumtanzen und über das Liebeswerk sprechen.

Flavius Josephus behauptet: Die Pflanze hält nur dann still, wenn man Harn und Blut darauf gießt. Sie zu graben bringt den Tod, es sei denn, man geht so vor: Zunächst muss man um die Wurzel herum die Erde aufgraben. Dann bindet man einen Hund an die Pflanze und ruft ihn. Der Hund kommt und zieht so die Wurzel heraus. Er stirbt aber augenblicklich stellvertretend für den, der die Wurzel nun gefahrlos an sich nehmen kann.

Auch in mittelalterlichen Schriften wird immer wieder das Ausgraben mit Hilfe des Hundes beschrieben. Es hieß auch, der Alraun – das »Galgenmännlein« – wachse unter dem Galgen, wo er aus dem Harn oder Sperma eines gehängten Diebes entstehe. Wenn der Alraun durch den (schwarzen) Hund herausgezogen wird, stößt er einen furchtbaren todbringenden Schrei aus, dem der Hund zum Opfer fällt. Der Wurzelgräber muss sich daher die Ohren verstopfen oder sich in Sicherheit bringen. So schreibt der Alchimist Leonhard Thurneysser:

Der grabt Alrauna undrem
Gricht,
Loufft weck, das ers hört schreien
nicht.

Da die Mandragora nicht heimisch ist, wird es sich bei den unter dem Galgen mit Hilfe eines Hundes herausgezogenen Wurzeln wohl um andere Pflanzen gehandelt haben.

Das Herausziehen der Alraune mit Hilfe eines Hundes wurde im Mittelalter häufig dargestellt. Aus dem so genannten »Hausbuch der Cerruti« (Ende des 14. Jh.).

Bestandteil der Hexensalbe

Die narkotisierenden und aphrodisierenden Inhaltsstoffe der Pflanze machten sie höchst geeignet für Hexentränke und -salben. Tatsächlich dürfte die Alraune wegen ihrer Seltenheit und Kostbarkeit nicht allzu häufig dafür verwendet worden sein. Bei einem Hexenprozess im Jahre 1758 werden als narkotisierende Bestandteile der Hexensalbe Alraunwurzel, Bilsenkrautsamen, Nachtschattenbeeren und Schlafmohnsaft angeführt. Valentinus Kräutermann schreibt in seinem Buch »Der Curieuse und vernünfftige Zauber-Arzt« (1725), dass am Abend eingenommenes Alraunkraut einen schöne und liebliche Dinge zu Nacht im Schlaf sehen lasse. Die Alchemisten sollen sexuell anregendes Alraunenwasser aus der Wurzel destilliert haben.

Die Attribute Hund, Alraunmännchen und Früchte bringt auch die im 15. Jahrhundert wahrscheinlich nördlich der Alpen entstandene Handschrift »Lexicon plantarum«.

Große Eberwurz

Carlina acaulis

DIE EBERWURZ

Zum Wappenbilde wählt' ich mir,
Sollt' Wappenzier ich tragen,
Kein wild und grimmig Raubgetier,
Davor die Menschen zagen.
Ich setzte in das Wappen mein
Die Eberwurz, die Distel,
Die hüllt in Schuppenkelch sich ein
Und zornig Dorngedistel.

...

Doch wenn ihr Dorngeflecht bestrahlt
Die liebe Himmelssonne
Und ihr mit Gold den Kelch bemalt,
Dann öffnet sich mit Wonne
Die Blume schnell; dem Himmelslicht
Entgegen sie sich wendet
Und folgt, bis ihr ins Angesicht
Der letzte Strahl gesendet.

AUS EINEM MIT »O. S.« UNTERZEICHNETEN GEDICHT DES 19. ODER FRÜHEN 20. JAHRHUNDERTS

Bei der von Dioskurides beschriebenen Pflanze »chamaileon leukos« handelt es sich wahrscheinlich um eine andere Pflanzenart innerhalb der Gattung. Die Botaniker der frühen Neuzeit haben aber jedenfalls die von Dioskurides beschriebenen Zauberkräfte für unsere Silberdistel übernommen. Das besondere Ansehen der Eberwurz hängt sicher auch damit zusammen, dass sie zu den seit alters genutzten wild wachsenden Nahrungspflanzen des Menschen gehörte: Der Blütenboden wurde roh oder gekocht verzehrt, ähnlich wie bei einer anderen Distelart, der auch heute hoch geschätzten Artischocke. Marzell berichtet noch 1926, dass in verschiedenen Gegenden Bayerns die Kinder den Blütenboden als »Käs« essen.

Der lateinische Name soll einer Legende nach von Karl dem Großen abgeleitet sein: Einst war das Heer des Kaisers von einer schlimmen Seuche befallen. Die Kämpfer wurden dahingerafft und kein Mittel wirkte. Da erschien dem Herrscher im Traum ein Engel und dieser gebot ihm, einen Pfeil in die Luft zu schießen. Die Pflanze, die der Pfeil beim Niederfallen treffen werde, sei das Heilkraut gegen die Seuche. Karl tat, wie ihn der Engel geheißen, und kurierte seine Soldaten mit Hilfe der Pflanze. Der große Botaniker Carl von Linné (1707–1778) schrieb Legende und Traum allerdings Kaiser Karl V. (Regierungszeit 1519–1556) zu, dessen Heer bei Tunis von der Pest befallen worden war.

Der Name Eberwurz erscheint im späten Mittelalter. Die Pflanze soll dem nordischen Gott Freyr geweiht gewesen sein. Freyrs Wagen zog der

Der Engel zeigt Karl dem Großen die Eberwurz als Heilmittel gegen die Seuche. Codex icon. 26 der Bayerischen Staatsbibliothek (um 1500, Oberitalien).

Eber Gullinbursti, ein Tier mit hell strahlenden goldenen Borsten, das schneller als jedes Pferd laufen konnte. Auch Hieronymus Bock schreibt in seinem Kreuterbuch über die Verbindung der Pflanze mit den Schweinen: »Andere pflegen diese wurtzel in den sewtrog zu negeln, damit die sew stets darüber essen und trincken.« Tabernaemontanus erzählt, Wildschweine, die zu viel Bilsenkraut gefressen hätten und deshalb gelähmt seien, würden Eberwurz fressen und so geheilt werden.

Eine lange Tradition hat auch die Verwendung der Eberwurz als Wetterpflanze: Wenn kühles feuchtes Wetter im Anzug ist, schließen sich die Blütenköpfe.

Zieht die Kraft von Menschen und Tieren an

Paracelsus berichtet von den Zauberkräften der Pflanze und schildert einen Fall, den er selbst im Elsass beobachtet haben will: Ein Mann, der Eberwurz bei sich trug, habe sich ein 3 Zentner schweres Weinfass aufgebunden und sei damit den Weg von Rufach nach Sultz gegangen. 12 Männer habe er auf diese Wanderung mitgenommen und ihnen mit Hilfe der Eberwurz die Kraft entzogen und auf sich selbst gelenkt. Alle 12 Männer seien schwach und krank geworden und mussten aufgeben.

Die Sache funktioniert – so hieß es in Zauberbüchern- auch mit Pferden: Man hänge Eberwurz an seinen Körper oder halte sie im Mund und kaue darauf herum, gehe dann in einen Stall, in dem starke Pferde stehen und halte sich dort auf. Dann geht die Kraft von den Pferden auf den Menschen über. Auch bei Pferderennen kann man sich diese Kraft der Eberwurz zunutze machen, indem man dem Pferd die Wurzel um den Hals hängt oder ins Mundstück flicht. Marzell (1930) schreibt: »Mit all diesem Aberglauben hängt vielleicht zu-

Einer der detailgenauen Holzschnitte im »New Kreütterbuch« (1543) des Leonhart Fuchs zeigt die Eberwurz.

Botanischer Steckbrief

Volksnamen: Eberdistel, Kraftwurz, Silberdistel, Wetterdistel.
Familie: Korbblütler (Asteraceae).
Merkmale: Die großen, fiederspaltigen Blätter sind an den Zipfeln mit Stachelspitzen versehen. Sie sind in einer grundständigen, 5–40 cm hohen Rosette angeordnet. Das sehr kurz gestielte Blütenköpfchen liegt der Rosette auf: in der Mitte weiße oder rötliche Röhrenblüten, außen ein Kranz von linealen, silberweißen inneren Hüllblättern. Blütezeit: Juli–September.
Lebensdauer: Ausdauernd (Pfahlwurzel).
Vorkommen: Sonnige und trockene Hänge und Weiden; im Süden verbreitet, im Norden zerstreut oder selten. Steigt in den Alpen bis 2300 m auf.
Verbreitung: Süd- und Mitteleuropa, Mittelrussland. Seit langem eine beliebte Gartenpflanze.
Wissenswertes: Die silberweißen Hüllblätter sind bei trockenem Wetter sternförmig ausgebreitet. Bei feuchter und kühler Witterung wölben sie sich dachförmig über die Röhrenblüten und schützen sie. Besonders geschützt.

sammen, daß heute noch die Eberwurz Bestandteil eines von der Landbevölkerung viel gebrauchten ›Roßpulvers‹ ist.«

Wirkt gegen Verhexung und Krankheiten

Auch anderen Tieren konnte die Eberwurz helfen, etwa bei Viehseuchen oder Fressunlust. Der Zauber behexter Kühe ließ sich lösen, wenn man unter Anrufung der heiligen Dreifaltigkeit dem Tier mit der Pflanze über den Rücken strich. Im Lechrain entzauberte man verzauberte Hühner mit einer Mischung aus Eberwurz und Teufelsdreck (= Asant, *Asa foetida*). Mancherorts nagelte man Eberwurz an die Stalldecke, um die Hexen fernzuhalten.

Um Augenherpes zu vertreiben wurde in der Oberpfalz die Pflanze feierlich beschworen, ehe man sie in ein Leinensäckchen einnähte, das man sich auf den Rücken hängte:

Eberwurz, ich sprech dich an,
Bist du Frau oder Mann,
Behalte deine Kraft und Saft
Wie die liebe Frau ihre Jungfernschaft.

Auch bei Rückenschmerzen konnte die umgehängte Pflanze helfen. An Mariä Himmelfahrt eingenommene Eberwurz sollte Frauenkrankheiten lindern.

Verwendung als Heilpflanze

Wichtige Inhaltsstoffe: Ätherisches Öl, Gerbstoffe, Harze, Inulin.
Phytotherapie: Nicht mehr verwendet.
Volksmedizin: Tee aus der Wurzel zur Magen- und Nervenstärkung sowie als Schweiß und Harn treibendes Mittel.
Homöopathie: Wenig gebräuchlich.
Achtung! Bei Überdosierung kann es zu Nebenwirkungen wie Übelkeit kommen.

Wegwarte

Cichorium intybus

WEGEWARTE

(1) *Es steht eine Blume,*
Wo der Wind weht den Staub,
Blau ist ihre Blüte,
aber grau ist ihr Laub.

(2) *Ich stand an dem Wege,*
Hielt auf meine Hand,
Du hast deine Augen
Von mir abgewandt.

(3) *Jetzt stehst du am Wege,*
Da wehet der Wind,
Deine Augen, die blauen,
Vom Staub sind sie blind.

(4) *Da stehst du und wartest,*
Daß ich komme daher,
Wegewarte, Wegewarte,
Du blühst ja nicht mehr.

HERMANN LÖNS (1866–1914): DER KLEINE ROSENGARTEN

Paracelsus sagt von der Wegwarte, dass ihre Blüten sich nach der Sonne drehten, dass ihre Kraft im Sonnenschein am größten sei und dass sich ihre Wurzel nach 7 Jahren in einen Vogel verwandele. Höchst unsicher ist, ob Hildegard von Bingen mit dem »Sunnewirbel« die Wegwarte oder eine der anderen Pflanzen meint, die ebenfalls Sonnenwirbel genannt wurden, etwa Löwenzahn oder Sonnenröschen. Hildegard schreibt: »Wer sie jedoch bei sich trägt, wie jener, der über andere zu herrschen trachtet, wird von anderen Menschen gehaßt.«

Alt ist die deutsche Volkssage von der Wegwarte als einer verwandelten Jungfrau, die am Wege steht und auf ihren ungetreuen Liebsten wartet. Sie wurde in verschiedenen Fassungen erzählt und schon Hans Vintler schreibt in seinen »Pluemen der Tugent« (15. Jahrhundert): » ... die wegwart sei gewesen ain frawe zart und wart irs pulen noch mit smerzen.« Kurz nach dem 1. Weltkrieg erscheint in Sagenfassungen der entschwundene Geliebte nicht als untreu, sondern als im Krieg gefallen.

Otto Brunfels berichtet in seinem Kräuterbuch, dass die blaue Wegwartblume rot würde, wenn man sie in einen Ameisenhaufen legt. Diese Beobachtung ist richtig, denn die Ameisensäure verursacht den Farbumschlag der im Zellsaft enthaltenen Anthocyane.

Den Namen »Hindläufte« hat man so gedeutet, dass die Pflanze an Wildpfaden wächst (Hindin = Hirschkuh). Man findet jedoch die Wegwarte fast nie im Wald, und Marzell meint, der Name könnte eher mit der Funktion des Hirschs als Sonnensymbol zu tun haben.

SPRINGWURZEL UND »TREIBAUS«

In einer alten Sammlung von Zauberrezepten wurde empfohlen, die Wurzel der blauen Wegwarte samt dem Kraut am Tag St. Peter und Paul (29. Juni) um Viertel vor Zwölf zu graben und diese Pflanze bei sich zu tragen. Alle Schlösser würden dann vor einem aufspringen und man könne auch nicht eingesperrt werden. Auch nüchtern gegessene Wegwar-

Die an Jakobi (25. Juli) mit einem Geldstück gegrabene weiße Wegwarte macht hieb- und stichfest. Kampfszenen (12. Jahrhundert).

BOTANISCHER STECKBRIEF

Volksnamen: Hindläufte, Sonnenwirbel, Verfluchte Jungfer, Wegeleuchte, Zichorie, Zigeunerblume.
Familie: Korbblütler (Asteraceae).
Merkmale: In seinem oberen Teil ist der sparrig verzweigte, 30–100 cm hohe Stängel nur wenig beblättert. Die unteren Blätter sind fiederspaltig und als Rosette angeordnet, die oberen ungeteilt und lanzettlich. Stängel und Blätter enthalten weißen Milchsaft. Einzeln, zu zweien oder dreien stehen die blauen, manchmal auch weißen oder rosaroten Blütenköpfe in den Blattachseln. Die Blütenköpfe enthalten nur Zungenblüten. Blütezeit: Juli–Oktober.
Lebensdauer: Ausdauernd.
Vorkommen: Wegränder, Weiden, Brachflächen.
Verbreitung: Europa, Vorderasien, Nord- und Südafrika, ganz Amerika, Australien, Neuseeland.
Wissenswertes: Die Blüten öffnen sich an sonnigen Tagen frühmorgens und verwelken am frühen Nachmittag.

Aus der nährstoffreichen Wurzel einer Kulturform der Wegwarte wird so genannter Zichorienkaffee gewonnen.

tenwurzel sei hilfreich: Niemand könne einem dann etwas anhaben, trage man sie im Mund, lasse sie einen alle Feinde überwinden.

Über die seltene weiße Wegwarte ging die Sage, dass sie ganz besonders zauberkräftig sei. Wer das Glück hat, eine solche zu finden, der muss sie sofort an einen Stab binden, sonst ist sie am nächsten Tag verschwunden. Diese festgebundene weiße Wegwarte hat die Kraft, als »Treibaus« Dornen und Nadeln aus der Haut ziehen zu können. Gräbt man die weiße Wegwarte an Jakobi (25. Juli) schweigend und mit einem Geldstück als Werkzeug aus, dann macht sie hieb- und stichfest und verleiht die Gabe, dass man sich unsichtbar machen kann.

Wer die Wegwarte mit einem Hirschgeweih gräbt und sie nicht mit der Hand anzufasst, kann damit die Liebe aller Personen auf sich ziehen, die er oder sie mit ihr berührt.

Die auffällige Wegwarte gehörte offenbar zu den Pflanzen, in denen man einen Seelengeist verkörpert sah. Darauf weisen neben den Sagen von der verzauberten Frau auch verschie-

Auf der um 1520 entstandenen »Himmelswiese« im Chor der Johanneskirche zu Saalfeld (Thüringen) blüht als Heil- und Symbolpflanze auch die Wegwarte.

dene Beschwörungen hin. In einer Münchner Handschrift aus dem 15. Jahrhundert ist ein Wegwartsegen aufgezeichnet, der in modernes Deutsch übertragen lautet: »Kräutlein, ich brech dich im Namen unseres Herrn Jesu Christi und in des Namen Kraft, und wie unser Herr die Pharisäer ansah und ihm nichts geschah, so müssen Herz und Mut und Kraft aller meiner Feinde niederfallen und mir nichts geschehen und sie alle niederfallen in nomine patris et filii et spiritus sancti. Amen.«

Mittel gegen Blutungen und Weichselzopf

Mancherorts in Bayern wurde die Wegwarte an Mariä Himmelfahrt gegraben: Vor Sonnenaufgang geht man, ohne ein Wort zu reden oder angeredet zu werden, zu einer Wegwarte, ergreift sie mit der rechten Hand und spricht sie, das Gesicht nach Osten gewendet, so an: »Gott grüß euch, ihr lieben Wegwarte allzumal, die ihr hinter und vor mir seid, stillet Blut und heilet Wunden und alles insgesamt und behaltet eure Kraft, die euch Gott und die heilige Maria gegeben hat.« Nachdem man dreimal das Kreuzzeichen gemacht hat, gräbt man die Pflanze aus. Dabei darf kein Eisen verwendet und die Wurzel auch nicht mit der bloßen Hand berührt werden. Während das Kraut in den Weihbuschen kommt, wird die Wurzel aufbewahrt. Sie gilt als Heilmittel in verzweifelten Fällen, ganz besonders bei Blutungen.

Der so genannte Weichselzopf, eine durch schlechte Ernährung und mangelnde Pflege hervorgerufene zopfartige Verfilzung der Mähnen- und Schweifhaare der Pferde, galt als durch nächtlich ihr Unwesen treibende Druden hervorgerufen. Gegen dieses Wirken der Druden sollte die bei Vollmond gepflückte und in Schweif und Mähne des gesunden oder bereits erkrankten Tiers gebundene Wegwarte helfen.

Verwendung als Heilpflanze

Wichtige Inhaltsstoffe: Bitterstoffe, Gerbstoffe, Inulin.
Phytotherapie: Tee aus der Wurzel oder dem blühenden Kraut gegen Blähungen und Völlegefühl, die durch eine zu geringe Produktion von Verdauungssäften hervorgerufen sind.
Volksmedizin: Tee aus der Wurzel oder dem Kraut als leber- und gallewirksames Mittel, zur »Blutreinigung« und zur allgemeinen Kräftigung. Äußerlich den Saft von Kraut und Wurzel gegen Ekzeme. Die zerriebene und äußerlich aufgelegte Pflanze als Wundheilmittel. Die Wegwarte gehört zu den von Sebastian Kneipp besonders geschätzten Pflanzen. Er empfahl sie bei chronischen Magenleiden mit Völlegefühl und Appetitlosigkeit.
Homöopathie: Wenig gebräuchlich.
Küche: Die vor der Blüte geernteten Rosettenblätter fein gehackt auf Butterbrot oder gedünstet als Gemüse. Die gekochte Wurzel in Sauce.

Wohlriechende Weißwurz

Polygonatum odoratum

Der Schwarzspecht ist ein Kräutermann,
Kennt manches Zauberkraut im Tann,
Das im Verborgnen sprießet.
Er hält ob einer Wurzel Wacht,
Die alle Schlösser springen macht
Und jede Tür erschließet.

RUDOLF BAUMBACH (1840–1905)

Wenn auch andere Pflanzen wie Wegwarte, Farnkräuter oder die Kreuzblättrige Wolfsmilch *(Euphorbia lathyris)* ebenfalls im Ruf standen, die sagenhafte Springwurz zu sein, kommt diese Ehre doch in erster Linie dem Salomonssiegel zu. Mit ihm soll der Sage nach König Salomon die Felsen gesprengt haben, die beim Bau seines Tempels im Weg standen.

In den Kräuterbüchern des 16. Jahrhunderts werden neben der Wohlriechenden Weißwurz auch die Vielblütige Weißwurz *(Polygonatum multiflorum)* und die Quirlblättrige Weißwurz *(P. verticillatum)* vorgestellt.

Sprengt Stein und Eisen, Fels und Tor

Nicht jeder Wurzelstock des Salomonssiegels war die Springwurzel, denn diese konnte von keinem Menschen gefunden werden. Bereits Plinius berichtete die Geschichte vom Specht und der Springwurzel. Sie wurde variiert und immer wieder erzählt. Auch Jakob Grimm bringt sie in seiner »Deutschen Mythologie« im XXXII. Kapitel:

> *das nest eines grün- \ spechts oder schwarzspechts, wann er junge hat, wird mit hölzernem keil zugespündet; der vogel, sobald ers gewahrt, entfliegt und weiß eine wunderbare wurzel zu finden, die menschen vergeblich suchen würden. er bringt sie im schnabel getragen und hält sie vor den keil, der alsbald, wie vom stärksten schlage getrieben, heraus springt. hat man sich nun versteckt und erhebt bei des spechts annäherung großen lärm, so erschrickt er und läßt die wurzel fallen. einige breiten auch ein weißes oder rothes tuch unter das nest, so wirft er sie darauf, nachdem er sie gebraucht hat.*

Auch der Wiedehopf ist ein Kenner der Springwurz – jedenfalls behaupten das manche Geschichten.

Hatte man die Springwurzel erworben, so war man im Stande, verborgene Schätze zu finden und sie ohne Gefahr zu heben, mochten sie auch unter der Erde liegen, in Felsgestein versteckt, durch Schlösser geschützt oder von Dämonen bewacht sein.

Botanischer Steckbrief

Volksnamen: Gelenkwurz, Salomonssiegel.
Familie: Liliengewächse (Liliaceae).
Merkmale: Der 30–50 cm hohe, kantige Stängel trägt ungestielte, eiförmige, unterseits blaugrüne Blätter. In den Blattachseln sitzen einzeln, selten zu zweien, die weißen, duftenden, am Saum grünlichen glockenförmigen Blüten. Blütezeit: Mai–Juni. Die Frucht ist eine schwarzblaue Beere (August–September).
Lebensdauer: Ausdauernd (Wurzelstock).
Vorkommen: Trockene Laubwälder, Gebüsch; zerstreut.
Verbreitung: Europa, Nordasien.
Wissenswertes: Der dicke weiße Wurzelstock verlängert sich alljährlich um ein Stück. Er treibt im vorderen Bereich neue oberirdische Teile hervor, während im hinteren Bereich die abgestorbenen Stängel siegelartige Narben zurücklassen. Giftig (vor allem die Beeren)!

Manchmal hieß es auch, auf eine Springwurz werde man aufmerksam, weil an der Pflanze Sensen zerschellen und vorbeilaufenden Pferden die Hufe abspringen.

Da die Springwurzel auch jede Fessel, selbst eine solche aus starken Eisenketten, zu sprengen im Stande sein sollte, glaubte man im Mittelalter, Gefangene könnten mit ihrer Hilfe entkommen. Noch im 16. Jahrhundert gab es deshalb Verordnungen, in denen Sicherungen gegen die Anwendung der Springwurzel angeführt waren.

Blutwurz und Hühneraugenwurz

In der Dachauer Gegend vergrub man den Wurzelstock des Salomonssiegels unter dem Futtertrog, um Unheil vom Viehstall fern zu halten. Im Fichtelgebirge kannte man im 18. Jahrhundert ein Mittel gegen Viehseuchen, das aus einer Mischung von zermahlenen Schneckenhäusern und pulverisiertem Salomonssiegel bestand. Manche unter langwierigen Menstruationsblutungen leidende Frauen hängten sich im bayerischen Schwaben den bei abnehmendem Mond gegrabenen Wurzelstock als Amulett um. Er hieß deshalb auch »Blutwurz« (nicht verwechseln mit der gleichnamigen Heilpflanze *Potentilla erecta*).

In Tirol und Kärnten war das Salomonssiegel mancherorts die »Hühneraugenwurz«: Die siegelartigen Stängelnarben wurden mit Hühneraugen verglichen und gemäß dem Prinzip der Ähnlichkeit vertrieb man Hühneraugen, indem man diese mit dem Wurzelstock rieb oder indem man den Wurzelstock bei abnehmendem Mond bei sich trug.

Am weißen Wurzelstock der Wohlriechenden Weißwurz hinterlassen die abgestorbenen Stängel Narben, die mit Siegelabdrücken verglichen wurden.

Wohlriechende Weißwurz im Pflanzenatlas von Moritz Fünfstück (um 1900).

Weiße Seerose

Nymphaea alba

Im waldgeschützten Grunde ein stiller Weiher ruht,
Von Abendsonnenstrahlen glimmt rosigroth die Fluth,
Viel breite glänzende Blätter, die schwimmen auf dem Teich
Und träumend schließt die Krone, die Wasserrose bleich.

FRANZ VON GAUDY (1800–1840)

Im alten Ägypten spielte die Blaue Seerose (*Nymphaea caerulea*) eine wichtige Rolle. Als Symbol des Vergehens und Wiederauferstehens war sie dem Osiris heilig. Plinius berichtet die Sage, nach der die Seerose aus einer wegen ihrer unerwiderten Liebe zu Herkules gestorbenen Nymphe entstanden sei. Auch im Volksglauben Mitteleuropas brachte man die Weiße Seerose mit Wassergeistern in Verbindung. In manchen Sagen erscheint sie als eine verwandelte Seejungfrau oder ein verwandelter Nöck. Daher ist es gefährlich, die Pflanze abzureißen, denn der Wassergeist neigt dazu, den Frevler in die Tiefe zu ziehen. Auf den Blättern fahren des Nachts die Elfen über das Wasser, und um Mitternacht kann man die Seerosen-Nixe auf dem Wasser tanzen sehen.

Der Wurzelstock wurde früher zum Gerben verwendet, auch Stärke hat man aus ihm gewonnen. Die Kinder machten sich aus den Stängeln Ketten und verspeisten die inneren Blütenteile.

Wandelt Warmes in Kaltes

Bereits in der Antike galten Samen und Wurzel der Weißen Seerose, in Wein getrunken, als Anaphrodisiakum. Die Mönche und Nonnen des Mittelalters sollen die Pflanze verwendet haben, um ihr Keuschheitsgelübde leichter erfüllen zu können. Man glaubte, die Seerose könne heißes Wasser in kaltes und heiße Liebe in kalte Gleichgültigkeit verwandeln. In den Klöstern war aus diesem Grund die Pflanze auch als Fiebermittel geschätzt. Das Kloster Tegernsee führte die Weiße Seerose im Wappen.

Die Seerose galt aber auch als Liebeszaubermittel. Wer sie pflücken wollte, musste der Pflanze erst freundlich zusprechen, sie dann mit der Hand abpflücken, nicht etwa mit einem Messer abschneiden, denn

Nixen und Elfen fühlen sich der schönen Seerose verbunden. Holzschnitt »Lichtelfe« (19. Jahrhundert).

sonst würde Blut aus ihr herausströmen. Man tat zudem gut daran, sich bei dieser Tätigkeit die Ohren mit Wachs zu verstopfen, um die lockenden und betäubenden Stimmen der Wassergeister nicht zu hören. Beachtete man diese Vorsichtsmaßnahmen nicht, lief man Gefahr, lange Zeit von schlimmen Träumen geplagt oder gar gleich beim Pflücken in die Tiefe gezogen zu werden.

In Theodor Storms Novelle »Immensee« ist die Pflanze ein Symbol der Liebe, der Sehnsucht und des Verzichts für Reinhard. Als er sich ihr nachts im Mondlicht schwimmend nähert, verstrickt er sich mit den Füßen im Stängelgewirr und kann sich nur mit Mühe wieder losreißen. Diese symbolhafte Szene entspricht allerdings nicht realen Gegebenheiten, denn die weißen Blüten sind nachts geschlossen.

Däumelieschen im gleichnamigen Märchen von Hans Christian Andersen schläft auf einem Seerosenblatt. Illustration nach einem Aquarell von Ruth Koser-Michaëls.

Botanischer Steckbrief

Volksnamen: Mummel, Nixblume, Wasserlilie.
Familie: Seerosengewächse (Nymphaceae). Diese Familie ist mit nur 2 Gattungen in Mitteleuropa vertreten: Zur Gattung Nymphaea gehört außer der Weißen Seerose die zerstreut vorkommende Glänzende Seerose *(Nymphaea candida)*, zur Gattung Nuphar die Gelbe *(Nuphar lutea)* und die seltene Kleine Teichrose *(N. pumila)*.
Merkmale: Dem im Gewässerboden kriechenden Wurzelstock entspringen im Frühjahr Blatt- und Blütenstiele. Sie wachsen zur Wasseroberfläche, wo sich Schwimmblätter und ebenfalls auf der Wasseroberfläche schwimmende Blüten entfalten. Die großen, eirunden, am Grunde herzförmigen Blätter sind auf der Oberseite mit Wachs überzogen, sodass das Wasser abperlt. Die großen weißen, duftenden Blüten haben zahlreiche gelbe Staubblätter und 4 lederartige braungrüne Kelchblätter. Nur zwischen etwa 7 Uhr und 17 Uhr sind die Blüten geöffnet. Blütezeit: Juni–August.
Lebensdauer: Ausdauernd (Wurzelstock).
Vorkommen: Stehende und langsam fließende Gewässer.
Verbreitung: Europa, Asien.
Wissenswertes: Giftig. Besonders geschützt.

Vertreibt Schwindel, Krämpfe und Kopfweh

Es hieß, die Seerosenwurzel würde, wenn man sie so an der Wand befestigt, dass der im Bett Liegende bequem den Blick darauf richten und sie unentwegt anschauen kann, gegen Schwindel, Krämpfe und Kopfweh wirken. Der Kräuterbuch-Verfasser Bartholomaeus Carrichter gibt dazu eine Erklärung:

> *Nymphaea gesammelt gegen die Nacht, so es sein kann, dörret sie im Schatten und hencket es vor einem auf, dass er es ansiehet, so kommt dieser Geist aus der Wurzel und tritt in die oscula nervorum hinein, jagt den schwefeligen Geist hinweg, kräftiglich, dass ihm der Krampf nichts mehr thut, ...*

Lonicer schreibt: »Seeblumen machen Schlafen, legen alle unnatürliche Hitze des Haupts, der Leber, des Magens und Herzens.«

Raute

Ruta graveolens

Lachen flattert auf, verweht,
Spöttisch klimpert eine Laute,
Leise eine stille Raute,
Eine schwermutvolle Raute
An der Schwelle niedergeht.
Klingklang! Eine Sichel mäht.

GEORG TRAKL (1887–1914): AUS DEM GEDICHT »ABENDLICHER REIGEN«

Dioskurides lobt die Raute als wirksam gegen die verschiedensten Krankheiten und Gifte und auch als Abtreibungsmittel. Dass diese abortive Wirkung auch noch in jüngerer Vergangenheit gekannt und genutzt wurde, bekräftigt Marzell, wenn er schreibt, dass im »Jardin des Plantes« in Paris das Rautenbeet eine Zeit lang durch ein eisernes Gitter geschützt war, weil ungewollt schwangere Frauen das Beet plünderten. Der Autor führt auch den in der Gegend von Saint-Lubin gebräuchlichen Namen »herbe à la belle fille« (Kraut des schönen Mädchens) auf die Verwendung der Raute als Abtreibungsmittel zurück und erwähnt, dass es in Pamproux den Glauben gab, dass ein Abort schon dadurch ausgelöst werden könne, wenn die schwangere Frau nur mit dem Kleid die Pflanze berührt.

Die Raute kam schon im frühen Mittelalter mit den Benediktinern über die Alpen und in die Kloster- und Bauerngärten. Im »Capitulare de villis« und im »Hortulus« des Walahfrid Strabo hat die Raute einen Platz. Auch Hildegard von Bingen lobt die Pflanze als nützlich gegen allerlei Beschwerden. Sebastian Kneipp schätzte die Raute ganz besonders:

Die Pflanzen reden zu uns durch ihren Geruch. Wie klar und durchdringend meldet die Raute uns ihren guten Willen, uns Menschen, für die sie geschaffen, zu helfen, verschiedenes Leid zu lindern, als wenn jedes der kleinen Blättchen ein Zünglein wäre. Daß wir dieses Sprechen stets verkünden!

In der mittelalterlichen Dichtung »Die Goldene Schmiede« vergleicht Konrad von Würzburg die Gottesmutter Maria auch mit einer Raute.

VERTREIBT UND ERWECKT DIE LIEBE

Hieronymus Bock empfahl die Raute als Anaphrodisiakum: »Das sollten alle Closter- und ordensleut, welche keusch sein wöllen/und reinigkeit zu halten vermessenlich geloben, stets in irer speiß und drank brauchen.« Auch einen unerwünschten Verehrer konnte man loswerden: Gab man ihm Raute zu essen, so ließ das sein Liebesverlangen schwinden.

Aber ebenso konnte ein Verliebter mit Hilfe von Raute die Liebe einer bestimmten Frau gewinnen (»ad amorem mulieribus«, heißt es in einer

Handschrift des 16. Jahrhunderts). Dazu musste er an einem Sonntag vor Sonnenaufgang und nach Sonnenuntergang zu einer Raute gehen, auf die Pflanze im Namen der begehrten Frau harnen, dann Salz auf die Raute streuen. Anschließend war die Pflanze samt der Wurzel auszugraben, da heim in die heiße Asche zu legen, und eine lateinische Beschwörung zu sprechen, die deutsch etwa so lautet: »El. ol. omel! Die ihr Meister der Liebe seid, ich beschwöre und befehle euch, dass ihr, wie diese Raute in der Asche verbrennt, die Sinne der N. N. in Liebe zu mir entbrennen lasst, dass sie keine Ruhe habe, bis sie mir zu Willen ist.«

In der früheren deutschen Iglauer Sprachinsel (Südmähren, Tschechische Republik) gab es ebenfalls eine Rautenbeschwörung, um Liebe entflammen zu lassen. Vor Sonnenaufgang musste der Betreffende oder die Betreffende schweigend zu einer Raute gehen und dreimal den Spruch sagen:

Rautenstaude du adeliges Kraut,
schöne gelbe Blume, ich, der ich
geschaffen bin durch denselben,
tu' dir gebieten und beschwöre
dich beim lebendigen Gott und
durch die hohe Güte Gottes, daß
du die Tugend an dir hast, so ich
eins damit anrühre mich so lieb
hat als Maria ihren Sohn liebte, da
sie ihn gebar.

Mancherorts galt die Raute auch als Zeichen der Jungfräulichkeit und wurde im Brautkranz getragen.

Von der ehemals großen Bedeutung der Raute zeugt dieser Rautengarten im so genannten »Hausbuch der Cerruti« vom Ende des 14. Jahrhunderts.

Stark gegen Gifte, Katzen und den Teufel

Die antiken Schriftsteller lobten die Kraft der Raute gegen Gifte. So behaupten Plinius und Aelianus, das Wiesel würde vor dem Kampf mit einer Schlange Raute fressen, um sich giftfest zu machen. Junge Hühner oder Tauben mit Rautensaft besprengt, seien vor den Nachstellungen der Katzen geschützt – so steht es nicht nur in antiken, sondern auch in neuzeitlichen Zauberschriften. Mattioli empfahl die Raute als Gegenmittel fast aller Gifte und Tabernaemontanus berichtete, dass Raute das Ungeziefer aus den Gärten vertreibe. Er erklärte auch – aufgrund eigener Erfahrungen, wie er betonte –, dass in die Betten gelegte oder in Kopfkissen gefüllte Raute die Kinder vor Krämpfen bewahre. Gerade Krämpfe lastete man früher dem Treiben von Dämonen an, und noch bis in die jüngere Vergangenheit war es mancherorts üblich, dagegen mit Raute in Kissen und Betten vorzugehen.

Raute wurde oftmals dem Wein zugesetzt, um ihm eine mögliche Giftwirkung zu nehmen.

Auch in Brautbett und Brautschuh sollte Raute vor Verhexung und Verzauberung schützen.

Botanischer Steckbrief

Volksnamen: Edelraute, Gartenraute, Kreuzraute, Weinraute.
Familie: Rautengewächse (Rutaceae). Einziger heimischer Vertreter der Familie ist der Diptam *(Dictamus albus)*.
Merkmale: Der runde, verästelte Stängel wird 50–100 cm hoch und ist im unteren Teil verholzt. Den graugrünen, 2–3fach gefiederten kahlen Blättern entströmt aromatischer Geruch. Dieser entstammt den als durchscheinende Punkte erkennbaren Öldrüsen. Die kleinen gelbgrünen Blüten sind in Trugdolden angeordnet. Blütezeit: Juni–August.
Lebensdauer: Ausdauernd.
Vorkommen und Verbreitung: Gartenpflanze, die in warmen Gegenden Mitteleuropas auch verwildert. Heimat: Südeuropa.
Wissenswertes: Giftig!

Es gibt viele Geschichten über die teufelsabwehrende Kraft der Raute. In einem Hexenprozess, der im Jahre 1589 im Elsass stattfand, berichtete die Angeklagte, dass sie den Teufel, der sie bereits gewonnen hatte und ihr Liebhaber war, schließlich mit Raute, geweihtem Salz und Wachs dazu bringen konnte, von ihr abzulassen. Der Teufel hatte es auch an manchen Orten Oberbayerns auf hübsche junge Frauen abgesehen. Die Geschichten ähneln einander: Als fescher Bauern- oder Jägerbursche versucht der Widersacher sich an ein Mädchen heranzumachen. Wenn dann die junge Frau Verdacht schöpft, etwa weil sie einen Bocks- oder Pferdefuß gesehen hat, lässt sie sich von der Mutter oder einer Bekannten beraten und diese empfehlen Raute und Widertat (Widertonmoos) ans Mieder und/oder ans Kammerfenster zu stecken. Der teuflische Verehrer pflegt dann enttäuscht auszurufen: »Raut und Widertat ham mich um mei Dirndl bracht!«

Auch die Gegenzauberkraft der Raute konnte durch Beschwörung noch verstärkt werden. In einer Klosterhandschrift aus dem 17. Jahrhundert ist das Vorgehen aufgeschrieben: Raute und Benediktenkraut waren mit Wachskerzen und Salz zusammenzubinden und dreimal zu weihen. Die Wachskerzen waren dann unter der Türschwelle zu vergraben, wenn man alle Zauberei vom Hause fern halten wollte. Beim Pflücken der beiden Kräuter war zu sprechen:

Ich brich euch edle Kreuter schon
durch des himelischen vatters Kron
und durch den heiligen Geist
daß du behältst dein Krafft und
Tugent mit gantzem fleiß
daß du mir seyest ein Sicherheyt
vor dem Teiffel und allen Zauberleuthen.

Augenkraut und Totenkraut

Bereits in der Antike galt die Raute als Mittel zur Schärfung der Sehkraft. In der Toskana gab es eine Rautenbeschwörung gegen wunde Augen: Eine Frau musste den Rautenkranz binden und durfte dabei weder von einem Kind noch von einem Tier beobachtet werden. Dieser Kranz wurde über die Augen gelegt und dabei eine Beschwörung gesprochen. Mancherorts band man auch den von den Pocken befallenen Kindern Rautenwurzeln um den Hals, um zu verhindern, dass die Augen angegriffen werden und ein Augenleiden zurückbleibt.

In manchen Gegenden wurden Verstorbene mit Raute bekränzt, daher hieß die Pflanze in Österreich auch »Totenkräutl«. Wurde sie im Sarg einem Toten auf die Brust gelegt, so sollte sie sich in Gold verwandeln und somit die Seele des Verstorbenen goldstrahlend im Himmel ankommen. Dieser Brauch leitete sich aus dem Bestreben ab, böse Mächte abzuwehren und durch die keimtötende und konservierende Wirkung des ätherischen Öls Verfall und Verwesung aufzuhalten.

Verwendung als Heilpflanze

Wichtige Inhaltsstoffe: Ätherisches Öl, Alkaloide, Flavon Rutin.
Phytotherapie: Zubereitungen aus Rautenkraut oder -blättern bei Appetitlosigkeit, Kreislaufstörungen, Durchblutungsstörungen und zur Förderung der Regelblutung. Heute wegen der Gefahr unerwünschter Nebenwirkungen kaum mehr verwendet.
Volksmedizin: Tee aus dem Kraut zur Förderung der Regelblutung, bei Schwindel, Krämpfen, nervös bedingten Störungen und zur Stärkung der Augen. Sebastian Kneipp schätzte die Raute sehr, insbesondere als allgemein kräftigend und bei Stauungen im venösen Gefäßsystem.
Homöopathie: »Ruta« aus dem frischen, zu Beginn der Blütezeit gesammelten Kraut bei Verrenkungen, Verstauchungen, Zerrungen, Verletzungen, Krampfadern, venösen Blutstauungen, Augenentzündungen.
Küche: Gewürz an grünen Salat, Käse, Lammfleisch, Wild, Saucen.
Achtung! Vor jeder Selbstbehandlung den Arzt befragen. Schwangere Frauen sollten auf Raute verzichten. Mit Raute stets nur sparsam würzen, da sie in größeren Mengen giftig ist. Die Blätter können bei Berührung, insbesondere im Sonnenlicht, die Haut reizen.

Gefleckter Schierling

Conium maculatum

Der Schierling selbst mit fleck'gem Stengel
Gehöret mit zum großen Chor:
Er stellt im Kreis der Blumenengel
Den düsteren, gefall'nen vor.

JOHANN GABRIEL SEIDL (1804–1875)

Das »koneion« der alten griechischen und das »cicuta« der römischen Schriftsteller war vermutlich der Gefleckte Schierling. Lonicerus nennt den von ihm beschriebenen »Schirling oder Wutzerling« sowohl »Conion« als auch »Cicuta«, meint aber nach Abbildung und Beschreibung damit ebenfalls den Gefleckten Schierling.

Der Name erscheint im Althochdeutschen als »skerning« oder »sceriling«. Er hängt vermutlich mit einem alten Wort für Mist zusammen, das altnordisch als »skarn«, altenglisch als »scearn« erscheint. Das Vorkommen der Pflanze im Siedlungsbereich und in Menschennähe dürfte der Namensgebung zu Grunde liegen.

Sokrates (470-399 v. Chr.) war mit seiner Lehre vom sittlichen Handeln einer der Begründer der abendländischen Philosophie.

Zu negativer Berühmtheit gelangte die Pflanze durch den griechischen Philosophen Sokrates (470–399 v. Chr.). Er war vom Rat der Stadt Athen angeklagt, die Jugend zu verführen und wurde deshalb zum Tode durch Leeren des Schierlingsbechers verurteilt. Der Tod durch das Schierlingsgift galt als eher milde und war politischen Straftätern zugedacht. Sokrates' Schüler Platon hat den Tod des Lehrers protokolliert: Nachdem der Philosoph den Giftbecher ausgetrunken hatte, ging er auf Rat des Henkers im Zimmer umher. Als dem weisen Mann die Schenkel schwer wurden, legte er sich hin. Zuerst wurden seine Füße und Beine taub und kalt. Als auch der Unterleib von Fühllosigkeit und Kälte erfasst war, sprach Sokrates seine letzten Worte und kurz darauf starb er. Für die Selbsttötung, die in der Antike nicht als verwerflich galt, war der Saft der Pflanze damals ebenfalls beliebt. Leonhart Fuchs schreibt: »Der Wüterich kület über die massen seer / also das er umb seiner grossen kelt willen ein gifftig kraut ist / unnd soll inn den leib nit genommen noch gegeben werden.«

Schierlingssaft raubt Manneskraft

Im Altertum und im Mittelalter galt der Schierling als ein starkes Anaphrodisiakum.

Dioskurides schreibt, dass zerriebenes, als Umschlag auf die Hoden

Verlust der Manneskraft galt nicht selten als Hexenwerk, bei dem auch Pflanzen wie der Schierling im Spiel sein konnten. Aus: Polydor Vergilius, »Von Erfindung der Dingen«, Augsburg 1537.

gelegtes Schierlingskraut diese erschlaffen lasse und gegen Pollutionen wirke. Marcellus Empiricus behauptet gar, man könne einen Mann ohne Messer zum Eunuchen machen, wenn man ihm Schierlingswurzel um die Hoden binde. Auch ein Größerwerden der Brüste und ihr Erschlaffen sollen Umschläge mit Schierlingssaft verhindern – so behaupten Dioskurides und Anaxilaos. Letzterer war ein griechischer Arzt, der zur Zeit des Kaisers Augustus in Rom lebte, später aber wegen seiner Zauberkünste verbannt wurde.

Bereits im antiken Griechenland sollen solche Priester, die ein enthaltsames Leben führen mussten, Einreibungen mit Schierlingssaft gemacht haben. Hieronymus Bock empfiehlt den Ordensleuten Schierling, damit sie ihr Keuschheitsgelübde leichter halten können. In Zeiten des Hexenwahns hieß es auch, Hexen würden nachts in die Häuser schleichen und die Männer ihrer Potenz berauben, indem sie das Glied der Schlafenden mit Schierlingssaft bestrichen.

Schierling lässt die Hexen fliegen

Bock berichtet von einer Frau, die aus Versehen Schierlingswurzeln zusammen mit Pastinaken gekocht und gegessen habe. Er habe selbst gesehen, dass sie sich wie betrunken gebärdet habe und unbedingt fliegen wollte. Mit einem Essigtrank sei sie ernüchtert worden. Offenbar kommen beim Schierling wie etwa auch beim Bilsenkraut Flughalluzinationen als Vergiftungserscheinungen vor.

Schierling war vermutlich auch eine Hexenpflanze und Bestandteil der Hexensalbe oder mancher Hexentränke. Shakespeare lässt in seiner 1606 erschienen Tragödie Macbeth (4. Aufzug, 1. Auftritt) die Hexen neben anderen Zutaten auch Schierling in den Zaubertrank tun:

Wolfeszahn und Kamm des Drachen,
Hexenmumie, Gaum und Rachen
Aus des Haifischs scharfem Schlund;
Schierlingswurz aus finsterm Grund;

Mancherorts galt Schierling zusammen mit anderen Pflanzen allerdings auch als Abwehrmittel gegen Hexen.

Verwendung als Heilpflanze

Wichtige Inhaltsstoffe: Alkaloide.
Phytotherapie: Kaum mehr verwendet.
Volksmedizin: Nicht mehr verwendet.
Homöopathie: »Conium« aus dem frischen blühenden Kraut bei Altersschwindel, Vergrößerung der Vorsteherdrüse, Husten, gutartigen Hauttumoren.
Achtung! Wegen der sehr starken Giftwirkung der Pflanze keine Selbstbehandlung.

Botanischer Steckbrief

Volksnamen: Giftkraut, Mäuseschierling, Stinkkraut, Wutscherlich.
Familie: Doldengewächse (Apiaceae).
Merkmale: Der 0,5–2 m hohe Stängel ist kahl, rund, hohl, bläulich bereift und im unteren Teil meist rot gefleckt. Ebenfalls kahl sind die 2–4fach gefiederten Blätter. Die weißen Blüten stehen in einer flachen Dolde, die am Grunde eine vielblättrige Hülle trägt; auch die Döldchen tragen Hüllchen. Blütezeit: Mai–September. Der gesamten Pflanze entströmt ein unangenehm mäuseartiger Geruch.
Lebensdauer: Zweijährig.
Vorkommen: Hecken, Zäune, Mauern (zerstreut).
Verbreitung: Europa, Asien, Nordafrika.
Wissenswertes: Sehr stark giftig! Der Wasserschierling (*Cicuta virosa*) ist eine Sumpfpflanze und ebenfalls sehr stark giftig.

Liebstöckel

Levisticum officinale

Liebstöckel, kräftiges Kraut, dich zu nennen im duftenden Dickicht
Heißt mich die Liebe, mit der ich im Gärtchen alles umfasse.
Zwar durch Saft und Geruch, so glaubt man, soll diese Pflanze
Schaden den Zwillingssternen der Augen und Blindheit bewirken.
Aber die kleinen Samen der Pflanzen pflegen doch manchmal als Beisatz
Andrer Arznei durch fremdes Verdienst sich Lob zu erwerben.

Walahfrid Strabo (um 808–849): Hortulus

Dioskurides bezeichnete die Pflanze, der er menstruationsfördernde Eigenschaften zuschrieb, als »ligystikon« und erklärte den Namen damit, dass sie in Ligurien, und zwar an Quellen, häufig wachse und von den Bewohnern dieser Gegend als »panakes« (= Allheilmittel) gelobt werde. Liebstöckel wird von Plinius »ligusticum« genannt, im »Capitulare de villis« erscheint es als »leuisticum« und bei Hildegard heißt es »Lubestuckel«. Die Äbtissin empfiehlt es besonders gegen Husten und geschwollene Halsdrüsen.

Der Schweizer Julius Maggi erfand 1886 eine Suppenwürze, die als »Maggi's Suppen-Würze« überaus beliebt wurde. Ihr Geschmack erinnert an Liebstöckel, obwohl bei der Herstellung dieses Kraut bis zum heutigen Tag niemals verwendet wurde. Weil diese Suppenwürze so weite Verbreitung fand, erhielt die Pflanze den Volksnamen »Maggikraut«.

Luststecken und Stöckl der Liebe

Der von den lateinischen Namen »ligusticum« und »levisticum« frühzeitig abgeleitete deutsche Pflanzenname, der bereits im Althochdeutschen als »lubistekil« erscheint, legte die Verwendung der Pflanze im Liebeszauber nahe. So gab man etwa in Böhmen Liebstöckel schon den kleinen Mädchen ins Bad, damit sie später auf Männer anziehend wirken würden. Aus einem ähnlichen Grund trugen in Franken Mädchen und insbesondere Bräute Liebstöckelwurzel bei sich, in Altbayern Liebstöckelblüten unter dem Mieder, um den Liebsten an sich zu fesseln. Auch die jungen Männer bemühten sich um den Besitz von Liebstöckelwurzel: Kein noch so sprödes Mädchen konnte dann widerstehen. Ebenfalls in Franken kannte man Liebstöckelwurzel als Bestandteil von Liebestränken. In Slawonien schaute die Braut durch Liebstöckelkraut hindurch, um das Eheglück zu fördern. Das Kraut gehörte zu den Pflanzen, von denen es hieß: Wer sie bei sich trägt, wird von allen Menschen geliebt.

Auch die Sexualfunktionen der Haustiere sollten durch Liebstöckel unterstützt werden. Im Erzgebirge bestrich man stößigen Rindern die Hörner mit Liebstöckelöl. Unter die Gänseeier gelegt, sollte die Pflanze das Brutgeschäft fördern.

DUFT UND AROMA VERTREIBEN BÖSE GEISTER

Wer Liebstöckel als Küchenkraut verwendet, weiß um seine dominierende Würzkraft und geht vorsichtig damit um. Die Pflanze mit dem so starken Aroma hielt man auch für fähig, Hexen und böse Geister zu vertreiben. Deshalb wurde Liebstöckel der kalbenden Kuh ins Futter gemischt oder, wie in Schlesien, dem Vieh am Johannistag in den Trank gegeben. Wenn die Kühe verhext waren und deshalb zu wenig oder blutige Milch gaben, wusch man mancherorts das Milchgeschirr mit einem Absud aus Gundermann, Gutem Heinrich, Türkenbundlilie und Liebstöckel aus, um so den Zauber zu lösen. In einem 1682 erschienenen Handbuch für Tierheilkunde hieß es: »Wann dir durch Zauberei deines Viehes Milch entzogen wird, so nimm Liebstöckel und brühe es und gibs den Kühen unterm Graß zu essen oder backe es mit Brodt und gib ihnen alle Morgen eine Schnitte zu essen.«

Auch gegen den Bilwis oder Bilmesschneider hielt man die Pflanze für wirksam: Im sächsischen Erzgebirge machte deshalb der Bauer am Johannistag an jeder Feldecke mit Liebstöckelöl 3 Kreuze auf die Erde. So wollte man den schädigenden Korndämon abhalten, in der Johannisnacht durchs Feld zu reiten und mit seinen Sichelfüßen das Korn abzuschneiden (siehe auch Arnika).

Liebstöckel konnte auch hellsichtig machen. Es gehörte zu den Pflanzen, mit deren Hilfe man die Hexen erkennen konnte: Wer die in der

BOTANISCHER STECKBRIEF

Volksnamen: Badkraut, Gichtstock, Luststöckel, Maggikraut.
Familie: Doldengewächse (Apiaceae).
Merkmale: Der runde, röhrige Stängel, der bis zu 2 m hoch werden kann, ist im oberen Bereich verzweigt. Die dunkelgrünen, glänzenden Blätter sind 1–3fach gefiedert. Eine Hülle von nach unten umgeschlagenen Blättchen umgibt die Hauptdolde, deren aus blassgelben Blüten bestehende Döldchen ebenfalls Hüllblättchen besitzen.
Blütezeit: Juli–August.
Lebensdauer: Ausdauernd (Wurzelstock).
Vorkommen und Verbreitung: In Europa und Nordamerika als Gewürzpflanze angebaut und bisweilen verwildert. Heimat: Vorderasien.

Liebstöckel sollte die Liebenden aneinander binden und das Eheglück fördern. »Brautzug in einer Frühlingslandschaft« von Ludwig Richter (1803–1884).

Karfreitagsnacht im Namen der Dreifaltigkeit gegrabene Wurzel bei sich trug, der erkannte die Hexen daran, dass er sie mit Milcheimern auf dem Kopf herumlaufen sah.

In den Kräuterbüchern der frühen Neuzeit wird Liebstöckel als wirksam gegen eine Vielzahl von Leiden gepriesen. Aus dem Kräuterbuch des Adamus Lonicerus (Ausgabe 1679).

Gegen Halsweh und den Biss giftiger Tiere

Bereits die hl. Hildegard hielt Liebstöckel bei geschwollenen Halsdrüsen für nützlich, und in seiner »Medizinisch-Chymischen Apotheke« (Nürnberg 1685) berichtet Schröder, wie im Volk Liebstöckel gegen Halsweh eingesetzt wird: Man trinkt heiße Milch mit Honig durch den hohlen Liebstöckelstängel. Diese Anwendung war auch im Elsass, der Schweiz sowie in Gegenden Unterfrankens und der Oberpfalz bekannt. Das Mittel sollte ganz besonders gut wirken, wenn der Liebstöckelstängel aus einem an Mariä Himmelfahrt geweihten Kräuterbüschel genommen war. Wenn Marzel 1926 anmerkt, dass lediglich die heiße Milch an diesem Mittel wirksam gewesen sein könne, so sind wir heute geneigt, auch den keimhemmenden ätherischen Ölen des Liebstöckels eine gewisse wohltuende Wirkung bei dem Rezept zuzutrauen. Auch das Rauchen des trockenen Stängels (Bukowina) und das Räuchern der Stube mit Liebstöckel (Schlesien) wurde gegen Halsschmerzen empfohlen.

Dioskurides schrieb Samen und Wurzel des Liebstöckels Wirksamkeit gegen den Biss giftiger Tiere zu und diese Anwendung findet sich auch in den Kräuterbüchern des 16. Jahrhunderts. So lobt Hieronymus Bock die Pflanze nicht nur gegen kalten Magen, Halsgeschwüre, Gelbsucht und Melancholie, sondern auch zur Heilung von Bisswunden:

Die Wurtzel oder Samen gestossen/und auff die vergiffte gebissen Wunden der schlangen/der natern/spinnen/skorpion und der wüttenden hund gelegt/benimpt den schmertzen/und zeucht auß das Gifft.

In Schlesien rieb man die Fußsohlen mit Liebstöckel ein, um vor Schlangenbissen geschützt zu sein; in Estland galt das auf Schlangenbisswunden gelegte Kraut als wirksam.

Verwendung als Heilpflanze

Wichtige Inhaltsstoffe: Ätherisches Öl, Bitterstoff.
Phytotherapie: Tee aus der Wurzel als Bestandteil von wassertreibenden Teemischungen bei Entzündungen der ableitenden Harnwege. Bei entzündlichen Nierenerkrankungen, eingeschränkter Nierenfunktion und Ödemen nicht anwenden.
Volksmedizin: Tee aus der Wurzel wie in der Phytotherapie, außerdem zur Anregung einer zu schwachen Menstruationsblutung, bei Rheuma und Migräne, als Badezusatz zur allgemeinen Kräftigung und »Nervenstärkung«.
Homöopathie: »Levisticum officinale« aus der frischen Wurzel bei Appetitlosigkeit, Blähungen, Magenschmerzen.
Küche: Frische oder getrocknete Blätter in kleinen Mengen als Würze zu Fleischspeisen, Eintöpfen, Saucen, Suppen.
Achtung! Schwangere sollten auf Liebstöckel verzichten. Eine erhöhte Lichtempfindlichkeit der Haut ist möglich.

Rote Zaunrübe

Bryonia dioica

Die Zaunrübe ist warm und unnütz zum Gebrauch des Menschen wie Unkraut, das unnütz ist.

HILDEGARD VON BINGEN (1098–1179): HEILKRAFT DER NATUR (»PHYSICA«)

Die antiken Schriftsteller nennen die Zaunrübe als Enthaarungsmittel, als Abortivum und als Mittel gegen Epilepsie, Schlaganfälle und Schwindel. Plinius berichtet zudem über den Volksglauben, dass ein mit Zaunrübe umpflanztes Gut von Habichten verschont werde. Columella zufolge hält die um ein Haus gepflanzte Zaunrübe den Blitz ab. Hieronymus Bock und Adamus Lonicerus schreiben, dass die Landfahrer aus der Zaunrübenwurzel Alraune schnitzen und verkaufen.

Hieronymus Bock und Adamus Lonicerus schreiben, dass Landfahrer falsche Alraune aus der Zaunrübenwurzel verkaufen würden. »Zigeuner« aus: »Etwas für Alle« von Abraham a Santa Clara, 1711.

NACHLAUFKRAUT

An verschiedenen Orten glaubten Mädchen, dass ihnen Zaunrübenwurzel zu einem oder mehreren Verehrern verhelfen könne. Ehe sie zum Tanz gingen, legten sie deshalb Scheiben des Wurzelstocks in die Schuhe. Im Rheinland hießen dazu die Sprüche:

Körfgeswurzel in meinem Schuh,
Ihr Junggesellen lauft mir alle zu!
oder
Körfgeswurzel an den Schohn
Hat es manchem angedohn.

Zaunrübe konnte auch nützen, wenn ein junger Mann die Liebe eines bestimmten Mädchens erringen wollte. Er brauchte dazu nur ein Stück vom Stängel heimlich in die Kleidung der betreffenden jungen Frau einzunähen.

Aber auch von angezauberter Liebe konnte man sich mit Zaunrübenwurzel wieder befreien: Sie wirkt als drastisches Abführmittel und mit die-

Botanischer Steckbrief

Volksnamen: Gichtrübe, Hundskürbis, Hundsrübe, Sauwurz, Schmerwurz, Stickwurz.
Familie: Kürbisgewächse (Cucurbitaceae).
Merkmale: Dem rübenförmig angeschwollenen Wurzelstock entsprießt ein 2–3 m langer Stängel, der sich mit Ranken an Zäunen, Gebüsch oder anderen Stützen festhält. Die gestielten, 5-lappigen, am Grunde herzförmigen Blätter sind wechselständig angeordnet. Die Pflanze ist zweihäusig: An einer Pflanze befinden sich entweder nur männliche oder nur weibliche Blüten, die 5 weißlichen Blütenkronblätter umschließen entweder nur Staubblätter oder nur einen Stempel. Die weiblichen Blüten sind kurz, die männlichen lang gestielt. Blütezeit: Juni–September. Die Frucht ist eine erbsengroße, in reifem Zustand scharlachrote Beere.
Lebensdauer: Ausdauernd (Wurzelstock).
Vorkommen: Zäune, Hecken, Auwälder. Verbreitet bis zerstreut im westlichen Mitteleuropa, sonst zerstreut bis selten.
Verbreitung: Europa.
Wissenswertes: Die Pflanze führt Milchsaft.
Die noch seltenere Weiße Zaunrübe *(Bryonia alba)* sieht ähnlich aus. Sie ist jedoch einhäusig und hat schwarze Beeren. Die aus Südeuropa stammende Pflanze ist in Mitteleuropa eingebürgert. Auch sie galt als Heil- und Zauberpflanze. Beide Zaunrübenarten sind stark giftig.

ser Reinigung glaubte man, auch gleichzeitig den Seelenballast loswerden zu können.

Glücksbringer und Gichtwurz

Während im deutschen Sprachraum die Zaunrübe vor allem als Fälschung der Mandragorawurzel Verwendung fand, stand sie bei slawischen Völkern als eigenständige Amulettpflanze in hohem Ansehen.

In Südrussland soll bereits die Anwesenheit der Zaunrübe im Hof oder Garten als glückbringend gegolten haben. Man musste die Pflanze gut pflegen und behandeln, denn sonst rächte sie sich, indem sie statt Glück Unheil brachte. Ehe man sie ausgrub, musste man sie durch ein Opfer günstig stimmen und Geldmünzen und ein Stück Brot auf die Erde legen. Die ausgegrabene und in Milch gebadete Wurzel wurde sorgfältig in ein Tuch gewickelt und im Haus aufbewahrt.

Es gab auch den Glauben, dass sich die Zaunrübenwurzel nach 7 Jahren in ein menschenartiges Wesen wandelt. In Böhmen wurde dieser Dämon »Hausväterchen« genannt. Er dient mit allerlei Zauber seinem Besitzer, der diese Annehmlichkeiten allerdings teuer bezahlen muss: Seine Seele ist nach 7 Jahren dem Zaunrüben-Dämon verfallen.

Der ausgehöhlte Wurzelstock galt mancherorts als heilsames Trinkgefäß

Die weiblichen Pflanzen der zweihäusigen Roten Zaunrübe haben größere Blüten als die männlichen Pflanzen und entwickeln Früchte.

Adamus Lonicerus empfahl in seinem Kräuterbuch (Ausgabe 1679) die »Stickwurz« gegen Schlangen und Kröten – auch solche im menschlichen Körper.

für Kranke. Füllte man eines gichtkranken Menschen Blut in diesen ausgehöhlten Wurzelstock und vergrub ihn, so verschwand die Gicht wie der Wurzelstock in der Erde verrottete. Die Kühe erhielten Zaunrübenwurzel ins Futter gemischt, damit sie vor Verhexung geschützt würden.

Lonicerus schreibt: »Die Wurtzel vertreibt Schlangen und Kröten / legs in das Feur / brats gleich als ein Rübe / schneids zu Stücken / so gibts es einen Dampff und Geruch von sich / welche Schlang oder Kröte den Rauch reucht / stirbt zu hand darvon / oder wo vergiffte Thier seyn / so bleiben sie nicht an der statt.« Der Autor gibt außerdem denjenigen, in deren Körper sich seit längerer Zeit Kröten und Schlangen tummeln, den Rat, Zaunrübe zu pulverisieren und das Pulver am Abend zusammen mit Ziegenmilch einzunehmen. So würde das Getier aus dem Leib herausgetrieben.

Die Rote Zaunrübe im »Lexicon plantarum«, einer im 15. Jahrhundert wahrscheinlich nördlich der Alpen entstandenen Handschrift.

Verwendung als Heilpflanze

Wichtige Inhaltsstoffe: Bryonicin, Bitterstoffe, Saponine.
Phytotherapie: Nicht mehr verwendet.
Volksmedizin: Nicht mehr verwendet. Tee aus der Wurzel früher insbesondere bei Rheuma und Gicht sowie als drastisch wirkendes Abführmittel.
Homöopathie: »Bryonia« aus dem frischen Wurzelstock sowohl der Roten als auch der Weißen Zaunrübe ist ein wichtiges Mittel der Homöopathie mit einem breiten Anwendungsbereich.
Achtung! Wegen der starken Giftigkeit der Pflanze keine Selbstbehandlung!

Echter Baldrian

Valeriana officinalis

Wenn die Natur nicht so wäre, wie sie ist, wenn wir Baldrian und Wohlgemut, Ehrenpreis und Augentrost, und alle Pflanzen in Feld und Wald, die uns in gesunden und kranken Tagen zu mancherlei Zwecken nützlich und nötig sind, selber aussäen, warten und pflegen müßten, wie würden wir alsdann erst klagen über des viel bedürftigen Lebens Mühe und Sorgen!

JOHANN PETER HEBEL (1760–1826): SCHATZKÄSTLEIN DES RHEINISCHEN HAUSFREUNDES

»Baldrian« ist vom lateinischen »valeriana« abgeleitet, womit erstmals im Mittelalter die Pflanze bezeichnet wurde. Ob »valeriana« zu »valere« (gesund sein) oder zu dem Personennamen Valerius gehört oder aus dem Arabischen stammt, ist ungewiss. Eher unzutreffend dürfte die in älteren Abhandlungen immer wieder geäußerte Behauptung sein, dass Baldrian dem germanischen Lichtgott Balder geweiht und deshalb nach ihm benannt war. Im niederdeutschen Namen »Bullerjan« steckt der Personenname Jan (Johann), was auf die Vorstellung von einem guten Pflanzendämon hinweisen könnte. »Dannmark« mag mit »donnern« zu tun haben.

Ungeklärt ist, ob die von Dioskurides genannte Pflanze »phu« mit dem Echten oder Arzneibaldrian identisch ist. Im Mittelalter jedenfalls wurde der Baldrian gegen vielerlei Beschwerden und Krankheiten verwendet, etwa gegen Seitenstechen, Wurmbefall, Feigwarzen, Wunden, insbesondere auch zur Stärkung der Augen, gegen die Pest sowie als schweiß- und menstruationsförderndes Mittel. Hildegard von Bingen empfahl Baldrian gegen Brustfellentzündung.

UNWIDERSTEHLICH – NICHT NUR FÜR KATZEN

Bereits Otto Brunfels warnt in seinem Kräuterbuch: »Man sol auch sorg haben, wo man diße wurtzel brauchen wil/ dz die katzen nicht darzu kommen, dann sye reiben sich gern daran und werffen daran iren samen unnd verunreynigen es.« Vielleicht brachte diese Beobachtung den Baldrian in den Ruf eines Aphrodisiakums, wie er in einer Handschrift des 15. Jahrhunderts aus Schloss Wolfsthurn bei Sterzing erscheint: »Wiltu gute freundtschaft machen under manne und under weibe, so nym valerianam und stoß die czu pulver und gib ins czu trincken in Wein.« Auch eine alte Empfehlung, Baldrian in den Mund zu nehmen und dann diejenige zu küssen, die man sich geneigt machen möchte, zeugt vom Glauben an die Liebeszauberkraft des Baldrians.

Baldrian verleiht aber auch hellseherische Kräfte, und denen können die Hexen nicht widerstehen: Wenn man sich am ganzen Körper mit Baldrian und Dost umwickelt – so ein alter Glaube – und sich in der Walpurgisnacht (Nacht vom 30. April zum 1. Mai) auf einen Kreuzweg stellt, dann sieht man, wie die Hexen zum Brocken fahren, und sie können einem nicht schaden. Ein im Zimmer aufgehängtes Baldrianbüschel bewegt sich, sobald eine Hexe das Zimmer betritt.

In Mittelalter und früher Neuzeit galt Baldrian noch nicht als Beruhigungsmittel, als das er heute auch wissenschaftlich anerkannt ist. Kräuterbuch des Adamus Lonicerus (Ausgabe 1679).

Botanischer Steckbrief

Volksnamen: Augenwurzel, Bullerjan, Dannmark, Katzenwurzel, Marienwurzel, Stinkwurz.
Familie: Baldriangewächse (Valerianaceae).
Merkmale: Der gefurchte Stängel wird 70–170 cm hoch. Die großen Fiederblätter sind gegenständig angeordnet. An den Stängelspitzen stehen kleine rötlichweiße Blüten in Trugdolden. Blütezeit: Juni–August.
Lebensdauer: Ausdauernd (Wurzelstock).
Vorkommen: Lichte Laubwälder, feuchte Wiesen, Bachufer, Böschungen.
Verbreitung: Europa und gemäßigte Regionen Asiens. Hauptanbaugebiete in Mitteleuropa, England, Frankreich, Osteuropa, Japan und USA.
Wissenswertes: Der Blütenduft wird nicht von allen Menschen wahrgenommen, wirkt jedoch auf Katzen stark anziehend. Die getrocknete Wurzel verströmt den typischen Baldriangeruch.

Wahrsagerinnen in Bologna sollen sich ebenfalls der Hellsichtigkeit verleihenden Kräfte des Baldrians bedient haben. Ihren Kunden präsentierten sie Baldrianpflanzen in Töpfen, und zwar erklärten sie eine Pflanze als männlich und eine als weiblich. Der Kunde wurde vor der Wahrsagesitzung gebeten, sich Baldrian und Baldriane geneigt zu machen und auf jeden Topf ein Geldstück zu legen.

Es hieß, dass die Baldrianwurzel die Bienen am Stock festhalte und sogar fremde Bienen anziehe. In Kärnten galt sie als Geheimtipp für reichen Forellenfang: Die als Köder verwendeten Regenwürmer mussten nur zuvor mit ihr in Berührung gebracht werden. Noch nützlicher war für manchen vielleicht folgendes Zauberrezept: »Vermische den Saft der Baldrianwurzel mit dem Pulver des in einem Wiedehopfnest gefundenen Steins. Wenn du mit dieser Mixtur ein Tier bestreichst, wird es trächtig und gebiert ein Tier seiner Art von schwarzer Farbe. Mit ihm kannst du jeden, dem du es vor die Nase hältst, sofort zu Boden werfen.«

Wer die Wurzel kaut, wird zornig. Eine mittelalterliche Geschichte über einen mitleidigen Scharfrichter erzählt, dass dieser vor jeder Hinrichtung Baldrianwurzel gekaut habe, um sich hart zu machen.

Wehrt Pest und Hexen ab

Wie auch verschiedene andere stark duftende Kräuter galt Baldrian als Mittel gegen Pest und andere ansteckende Krankheiten. In verschiedenen Gegenden Mitteleuropas berichten Sagen, dass während bedrückender Seuchenzeit die Menschen plötzlich eine Stimme hörten: »Baldrian und Bibernell, hält die Pestilenz zur Stell.« Auch: »Trinkt Baldrian, sonst müsst ihr alle dran.« (Sachsen) oder »Koch, koch Baldrian, es wird schon besser wa'n.« (Schlesien). Im Erzgebirge gab man dem Neugeborenen Baldrian ins erste Bad, um alle seuchenartigen Krankheiten, die es in seinem Leben bedrohen könnten, fern zu halten.

Auch Dämonen, Hexen und der Teufel werden von Baldrian abge-

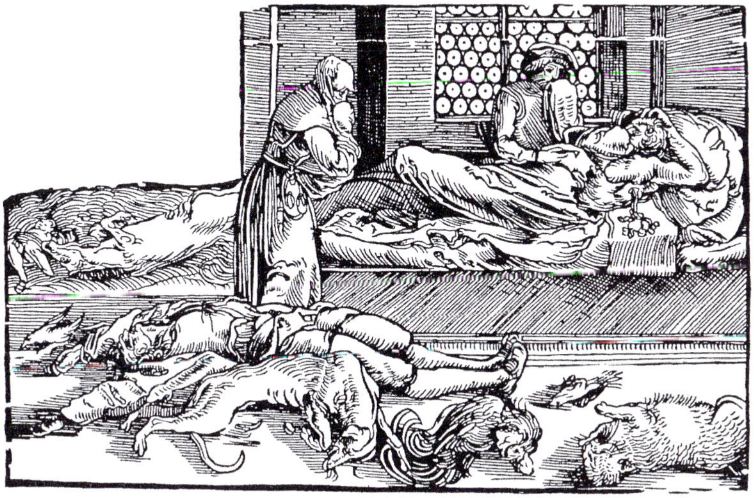

Wegen ihres starken Dufts galt die Baldrianwurzel auch als Mittel gegen die Pest. Nach einer Darstellung Hans Burgkmairs (1473–1531).

schreckt und in die Flucht geschlagen. So sollten Brautleute in Schweden das Kraut bei sich tragen, um vor dem Neid der Elfen geschützt zu sein. »Baldrian, Dost und Dill, kann die Hex' nicht wie sie will.« Deshalb bekam eine Kuh, die gekalbt hatte, mancherorts in die ersten 3 Eimer Wasser diese 3 Kräuter gemischt. Wenn sich die Milch nicht buttern lässt, ist meist eine Hexe daran schuld. In einem solchen Fall gossen Bäuerinnen in Mecklenburg die Milch durch einen Kranz von Baldrian. Ein verhextes Pferd konnte man nach einem Pferdearzneibuch von 1821 folgendermaßen kurieren:

Gieb an einem Freitag morgens vor der Sonnen Aufgang Baldrianwurz und Beifußwurz, zerschneide es klein, thue dazu 2 Loth, nimm schwarzen Coriander 2 Quintlein, Mastix, Myrrhen, Teufelskoth, jedes 1 Quintlein, Campher ½ Quintlein, misch es untereinander, wenn es groblecht vorher zerstoßen ist, decke ein Tischduch, hernach einen Maulsack über das Pferd und beräuchere es wohl.

Nach einer mecklenburgischen Sage ging ein Knabe an einem Sonntagvormittag in den Wald, um Nüsse zu pflücken. Da wollte ihn der Teufel holen. Er konnte ihm aber nichts anhaben, da dem Knaben unterwegs Baldrian in die Schuhe geraten war. Voller Zorn rief der Böse aus:

Harrst du nich den Bullerjan,
Ik wull mit di Noetplücken gan,
Dat di dei Ogen sulln in'n Nacken stan.

(Hättest du nicht Baldrian bei dir, würde ich so mit dir Nüsse pflücken, dass dir die Augen im Nacken stehen.) Nur der Baldrian hat also den Teufel abgehalten, dem Knaben den Hals umzudrehen.

Der typische Geruch der Baldrianwurzel verstärkt sich nach dem Trocknen.

Verwendung als Heilpflanze

Wichtige Inhaltsstoffe: Ätherisches Öl (u. a. Isovaleriansäure und Valerensäure), Valepotriate, Alkaloide.
Phytotherapie: Zubereitungen aus der Wurzel (Tee, Tinktur, Trockenextrakt) innerlich und äußerlich (Bäder) bei Unruhezuständen, nervös bedingten Einschlafstörungen, nervös bedingten Herzbeschwerden.
Volksmedizin: Ähnliche Anwendungsgebiete wie in Phytotherapie und Homöopathie, zudem bei nervös bedingten Magenbeschwerden.
Homöopathie: »Valeriana« aus der getrockneten Wurzel bei Schlafstörungen, nervös bedingten Herzbeschwerden, klimakterischen Beschwerden.

Eisenkraut

Verbena officinalis

Seht euch nun diese so hochberühmte Pflanze an. Selten werdet ihr ein unscheinbareres Gewächs finden, wie sie, und es ist geradezu unmöglich, zu erklären, welche Ursache es gewesen sein könnte, die das Eisenkraut zu seinem wunderbaren Ansehen und Ruhme gebracht hat.

EMMA M. ZIMMERER: KRÄUTERSEGEN (1896)

Plinius hat über den Gebrauch des Eisenkrauts bei den gallischen Kelten geschrieben: Es wird zur Wahrsagerei benutzt. Die Druiden behaupten, dass derjenige, der das Kraut, das weder von der Sonne noch vom Mond beschienen sein dürfe, beim Aufgang des Hundssterns (Sirius) sammle und sich damit salbe, alles Gewünschte erlangen könne. Ehe man grub, musste man zuvor die Erde mit einem Opfer versöhnen, dann mit einem Eisen einen Kreis um die Pflanze ziehen und sie anschließend mit der linken Hand ausgraben.

Plinius berichtet auch, dass bei den Römern Gesandte, die zu Friedensverhandlungen geschickt wurden, das Eisenkraut bei sich oder als Kranz auf dem Kopf trugen. Mit einem Staubwedel aus Eisenkraut wurde der Tisch im Jupitertempel gereinigt, ebenso in Privathäusern, um Unglück fern zu halten.

Der deutsche Name leitet sich wahrscheinlich von »is« (hart, zäh) für die sehr festen Stängel ab; früher hieß die Pflanze auch »Isenkraut«. Die Botaniker des 16. Jahrhunderts erklärten den Namen damit, dass Eisen durch den Saft des Krauts besonders gut gehärtet würde.

Hilft beim Erwerb von Frauengunst

Eine so mächtige Zauberpflanze konnte selbstverständlich auch für die Liebe Großartiges bewirken. Es hieß, Eisenkraut stehe in einer besonderen Beziehung zum Planeten Venus. Es sollte große Liebeskraft verleihen (den Penis hart wie Eisen machen) und, als Amulett um den Hals getragen, den Träger oder die Trägerin bei allen Leuten beliebt machen.

Der Alchemist Leonhard Thurneysser empfahl in seinem Kräuterbuch (1575) das richtige Vorgehen, um sich die Kraft der Verbena (sowie auch die von Odermennig und Kreuzenzian) zunutze zu machen:

verbeen, agrimonia, madelger,
charfreytags graben, hilft dir sehr,
daß dir die frawen werden hold,
doch brauch kein eisen, grabs mit goldt!

Am Karfreitag (oder auch in der Johannisnacht zur Zeit des Aufgangs der Venus oder am Tag Mariä Himmelfahrt) und mit Gold oder Silber gegraben genügte jedoch laut den meisten Vorschriften, die damals weitergegeben wurden, nicht. Das Kraut musste liegen bleiben, bis der Morgentau darauf fällt (also über Nacht). Auch der Wurzelgräber musste die ganze Nacht über neben der Pflanze ausharren und durfte sie erst kurz vor Sonnenaufgang mit nach Hause nehmen.

Ohne weitere diagnostische Maßnahmen wie etwa Harnschau (rechte Teilabbildung) konnte man mit Eisenkraut das Schicksal eines Kranken erfahren. Nach Darstellungen von 1512.

Botanischer Steckbrief

Volksnamen:
Druidenkraut, Eisenhart, Eisenreich, Taubenkraut, Wundkraut.
Familie:
Eisenkrautgewächse (Verbenaceae).
Merkmale: Der 30–60 cm hohe raue Stängel ist im oberen Teil sparrig verästelt. Die gegenständig angeordneten Stängelblätter sind im unteren Stängelteil ungeteilt, im mittleren und oberen 3-lappig oder fiederteilig. Die kleinen blassblauen oder violetten Blüten stehen in vielblütigen Ähren. Blütezeit: Juli–September.
Lebensdauer: Ausdauernd; auch einjährig.
Vorkommen: Mauern, Wegränder, Brachflächen, Waldränder.
Verbreitung: Europa, Nordafrika, mittleres und nördliches Asien; fast über die ganze Erde verschleppt.

Ein Kraut mit Wunderkräften

Im über die Jahrhunderte tradierten Volksglauben konnte Eisenkraut Wunderbares leisten. Es verlieh zauberhaft schöne und auch zukunftsweisende Träume und wirkte erfrischend auf den ermatteten Geist. Sogar lernunwillige Kinder wurden davon wissbegierig und bekamen einen klaren Verstand. Wenn man das Kraut den Pferden in den Schwanz band, liefen sie schneller. Brachte man es in den Acker, so konnte man mit einer reichen Ernte rechnen und damit, dass das Feld vor Unwetterschäden bewahrt blieb. Wer Eisenkraut bei sich trug, wurde beim Gehen nicht müde und verfehlte nie den richtigen Weg. In der Georgsnacht (23. April) zeigte es einem die verborgenen Schätze.

Mit Hilfe von Eisenkraut konnte man auch Gewissheit über das Schicksal eines Kranken erlangen. So schreibt Valentinus Kräutermann in seinem Buch von 1725: »Eisen-Kraut, so jemand solches bey sich träget, und redet den Patienten an? Wie lebet man, oder was macht ihr? und er spricht: schlecht, so stirbt er.«

Die Hexen sollen das Wunderkraut in ihre Hexensalbe getan und zum »Gewitterbrauen« verwendet haben.

Die mächtige Zauberpflanz schützt auch vor Pest, fallender Sucht, Kopfweh, Kropfbildung. Sogar Gespenster und Verzauberung konnte man sich mit Hilfe des Eisenkrauts vom Leibe halten. Franz Söhns zitiert aus einem Arzneibuch des 11. Jahrhunderts: »Swer die verbenam bî im hât, der gedarf nimmer dehein zauber gefurchten.« Deshalb gab man das Eisenkraut auch Wöchnerinnen, die ja in ganz besonderem Maße den Angriffen böser Geister ausgesetzt sind, ins Bett, um sie und ihr neugeborenes Kind zu schützen. Es hieß sogar, man könne giftige Schlangen ohne jede Gefahr in die Hände nehmen, wenn man sich diese zuvor mit Eisenkraut eingerieben habe.

Verwendung als Heilpflanze

Wichtige Inhaltsstoffe: Ätherisches Öl, Glykoside, Gerbstoffe, Schleim, Bitterstoffe.
Phytotherapie: Zubereitungen aus dem blühenden Kraut unterstützend bei Katarrhen der oberen Luftwege.
Volksmedizin: Tee aus dem blühenden Kraut bei Kopfschmerzen, Migräne, allgemeiner Schwäche, Schlafstörungen. Sebastian Kneipp empfahl Eisenkrauttee gegen Keuchhusten, Nieren- und Leberleiden, Wasser- und Gelbsucht.
Homöopathie: Wenig gebräuchlich.
Achtung! Während der Schwangerschaft auf Eisenkraut verzichten.

Echter Salbei

Salvia officinalis

Leuchtend blühet Salbei ganz vorn am Eingang des Gartens,
Süß von Geruch, voll wirkender Kräfte und heilsam zu trinken.
Manche Gebresten der Menschen zu heilen, erwies sie sich nützlich,
Ewig in grünender Jugend zu stehen hat sie sich verdient. …

WALAHFRID STRABO (UM 808–849): HORTULUS

Plinius schrieb dem Salbei harntreibende und menstruationsfördernde Wirkungen zu, er empfahl ihn auch als Haarfärbemittel und als geeignet, die Müdigkeit beim Wandern zu vertreiben. Salbei wurde wohl bereits von den Römern nach Mitteleuropa gebracht. Der deutsche und lateinische Name für die Pflanze (althochdeutsch »salbeia«, »salveia«) ist wahrscheinlich vom lateinischen »salvus« (gesund) abgeleitet.

Salbei hat seinen Platz im »Capitulare de villis«, und Hildegard von Bingen lobt ihn sehr, insbesondere weil er nützlich gegen kranke Säfte sei. Salbei war im Mittelalter und in den Jahrhunderten danach eine hoch geschätzte Heilpflanze. So heißt es in einer Sammlung einfacher Merkverse über die Heilkräfte von Pflanzen aus dem 14. Jahrhundert, dem »Regimen sanitatis Salerni«:

Cur moriatur homo cui Salvia crescit in horto?
Contra vim mortis non est medicamen in hortis.
(Warum sterben denn Leut', denen Salbei im Garten gedeiht?
Gegen des Todes Macht fehlt Kräutern im Garten die Kraft.)

Hieronymus Bock schreibt in seinem Kräuterbuch: »Unter allen stauden ist kaum eyn gewächs über die Salbey, denn es dienet dem arztet, koch, keller, armen und reichen.« Hier ist bereits die Verwendung des Salbeis als Heilkraut und Gewürz angesprochen. 1688 erschien in Augsburg ein Buch, dessen Autor Christian F. Paullini sich auf den 414 Seiten nur mit dem Salbei, seinen Wirkungen und Anwendungsmöglichkeiten befasst.

Salbei ist ein Mariensymbol sowie ein Symbol der Treue und Erinnerung. So heißt es in einem von Philipp Friedrich Silcher vertonten Volkslied:

Rosmarin und Salbeiblättlein
Schenk ich dir zum Abschiedsgruß.
Und dies sei mein letzt' Gedenken,
Weil ich dich verlassen muss.

»LIEBE ZU EINER PERSON ZU ERWECKEN«

Ein Rezept aus Pommern mit dieser Überschrift lautete: »Nimm 3 Salbeiblätter und schreibe auf das erste: Adam und Eva, auf das andere Jesu Maria, auf das dritte deinen und ihren Namen. Brenne diese Blätter zu Pulver und bringe dieses der Person beim Essen oder Trinken bei.«

Marzell vermutet, dass der Salbei insbesondere auch deshalb im Liebeszauber verwendet wurde, weil er, wie andere Duftpflanzen auch, als Aphrodisiakum galt. Im Archiv in Donaue-

Botanischer Steckbrief

Volksnamen: Gartensalbei, Salver, Salbine, Chüechlikrut.
Familie: Lippenblütler (Lamiaceae).
Merkmale: Der vierkantige Stängel, der im unteren Teil verholzt, wird bis 80 cm hoch. Die gestielten immergrünen Blätter sind länglich-lanzettlich, am Rand fein gekerbt und graufilzig behaart. Sie duften aromatisch. An den Stängelspitzen stehen ährenförmig angeordnet die zu Scheinquirlen vereinigten violetten Blüten. Blütezeit: Juni–Juli.
Lebensdauer: Ausdauernd (Halbstrauch).
Vorkommen und Verbreitung: In Europa und Nordamerika als Garten- und Arzneipflanze angebaut, stellenweise verwildert und teilweise eingebürgert. Heimat: Südeuropa.

schingen hat der Volksbotaniker einen 1727 aufgeschriebenen Zauber entdeckt: Ein Mann, der die Liebe einer Frau gewinnen will, soll mit einer noch nie benützten Nadel 3 Löcher in ein Salbeiblatt stechen. Durch diese Löcher sind dann eines seiner und eines ihrer Haare so hindurchzuziehen, dass sie nicht herausfallen. Das Salbeiblatt mit den Haaren ist in neues Wachs zu betten. Dann muss der Mann das Wachs mit dem Salbeiblatt auf einen Taufstein legen und sprechen: »Ich taufe dich im Namen Gottes des Vaters, des Sohnes und des heiligen Geistes. Amen!« Der so geweihte Gegenstand wird schließlich unter der Türschwelle des Hauses vergraben, in dem die Angebetete wohnt. Sie geht über der Schwelle aus und ein und »so muoss sie dich lieb haben.«

Zu diesen Liebesrezepten passt auch, dass ein Salbeizweig mancherorts als »Lebensrute« verwendet wurde. Bei dieser handelte es sich meist um Zweige von Bäumen oder Sträuchern (Hasel, Birke, Wacholder, Rosmarin und andere), die magisch eingesetzt wurden. Der Schlag mit der Lebensrute sollte Glück, Gesundheit, ganz besonders auch Fruchtbarkeit bringen. So schlug man etwa die Kühe vor dem ersten Austrieb im Frühjahr oder junge Männer schlugen Mädchen im Brauchtum mancher Feste wie Weihnachten, Neujahr, Ostern, Pfingsten.

Essbare Zaubersprüche gegen Krankheit

Salbeiblätter waren besonders beliebt, um sich darauf geschriebene Zaubersprüche gegen verschiedene Krankheiten einzuverleiben. In einer Handschrift aus dem 15. Jahrhundert wird gegen Fieber empfohlen, 3 Salbeiblätter vor Sonnenaufgang zu pflücken, auf das eine Blatt »+ pater + pax«, auf das zweite »+ filius + unita« und auf das dritte »+ spiritus + sanktus sit tibi contra febres remedium amen« zu schreiben. Diese Blätter sind dann einzunehmen und anschließend 5 Vaterunser, 5 Ave Maria und 1 Glaubensbekenntnis zu sprechen. Die Handlung soll am nächsten und übernächsten Morgen vor Sonnenaufgang wiederholt werden. Ähnliche Anweisungen gibt es in verschiedenen Handschriften im deutschen Sprachgebiet und auch in einer alten französischen Zaubersammlung findet sich ein entsprechendes Rezept.

Manchmal geht es auch ohne Zauberspruch, etwa wenn es heißt, dass man bei Fieber 9 Tage hintereinander morgens nüchtern Salbeiblätter essen

In Teig gebackene Salbeiblätter waren vor allem im südlichen Mitteleuropa Kultspeise. Pflanzenatlas von Moritz Fünfstück (um 1900).

Salbei konnte auch nützlich sein, um einen geliebten Menschen an sich zu binden. Holzschnitt »Das Portrait des Geliebten« aus dem 19. Jahrhundert.

soll und zwar am ersten Tag 9, am zweiten 8, bis hinunter zu 1 am neunten Tag: So wie die Anzahl der genossenen Salbeiblätter abnimmt, soll auch das Fieber abnehmen – eine Vorstellung, der wie so oft im Sympathieglauben das Prinzip der Ähnlichkeit zu Grunde liegt.

In den besonders im alemannischen Raum beliebten Salbeiblättern in Teig – »Müsli« (Mäuse), »Selvichüechli« oder »Salverküchlen« genannt – verbirgt sich sicher eine alte gesund erhaltende Kultspeise.

Im Buch »Wunderbar / natürliche Wirckungen / Eygenschafften und Naturen...«, eine Sammlung abenteuerlicher Zauberkunststücke, die fälschlicherweise dem Albertus Magnus zugeschrieben wurde und 1531 bei Egenolf in Frankfurt erschienen ist, heißt es über den Salbei:

Diß kraut so es gefeulet wirt under dem mist in einem glaß / so gebirt es ein wurm od vogel der da ein schwantz hat als ein trostel (Drossel) / von welches blüt so einer berürt wirt an der brust / so verleurt er die sin uff ein monat un mer. Und so die vorgenant schlang verbrant wirt / und wirt dan die asch gelegt in das feur / als bald wirt ein blix eins grausamlichen donnerschlags. Und so das vorgenant pulver gethan würt in ein ampel un angezündet / so scheinet es als wer das gantz hauß vol schlangen / und das ist erfaren von den newen.

Es handelt sich in diesem Fall um bösartigen Zauber – jemand wird verrückt, Gewitter wird gemacht und Hausbewohner sehen mit verwirrten Sinnen das Haus voll Schlangen. Ebenfalls um Schadenzauber geht es, wenn es heißt, dass ein Bach austrocknet, sobald ein Zauberer einen Salbeistängel hineinwirft.

Verwendung als Heilpflanze

Wichtige Inhaltsstoffe: Ätherisches Öl (hauptsächlich Thujon, daneben Cineol, Borneol und Campher), Gerbstoffe, Bitterstoffe, Flavonoide.
Phytotherapie: Zubereitungen aus den frischen oder getrockneten Blättern (insbesondere Tee, Tinktur, ätherisches Öl): äußerlich zum Gurgeln und zu Spülungen bei Entzündungen im Mund- und Rachenraum sowie bei grippalen Infekten; innerlich bei vermehrter Schweißbildung und bei Verdauungsbeschwerden, die auf mangelhafter Bildung von Verdauungssäften beruhen (dyspeptische Beschwerden).
Volksmedizin: Innerlich und äußerlich wie in der Phytotherapie, außerdem zur Erleichterung des Abstillens. Frische Salbeiblätter bei Zahnfleischentzündungen zerkauen, wirken lassen und ausspucken; mit frischen Salbeiblättern Zähne und Zahnfleisch reinigen. Sebastian Kneipp empfahl Salbeitee auch zur Anregung einer zu schwachen Regelblutung und der Wasserausscheidung sowie bei Stoffwechselstörungen wie Gicht, Rheuma und Fettsucht.
Homöopathie: »Salvia officinalis« aus den frischen Blättern bei vermehrter Schweißbildung und Nachtschweiß.
Küche: Junge frische oder getrocknete Blätter ganzjährig (während der Blütezeit ist das Aroma stark beeinträchtigt) als Gewürz an Kartoffel-, Fleisch, Fisch-, Geflügel-, Nudelgerichte, zu Hülsenfrüchten und Käse. In Teig gebackene Salbeiblätter.
Achtung! Während der Schwangerschaft auf Salbei verzichten.

Ringelblume

Calendula officinalis

Das spielende Kind, das neckend hier
Sein Schneckenhäuschen geschleudert hat,
Die glühende Braut, die lächelnd dir
Von der Ringelblume gab Blatt um Blatt;
Der Sänger, der mit trunkenem Aug'
Das Metrum geplätschert in deiner Flut,
Sie alle dahin wie Rauch!

ANNETTE V. DROSTE-HÜLSHOFF (1797–1848): AUS DEM GEDICHT »AM BODENSEE«

Unsicher ist, ob es wirklich die Gewöhnliche Ringelblume war, die die antiken Schriftsteller wie Dioskurides, Vergil, Columella und Plinius beschrieben haben. Im Mittelalter wurde die Pflanze »heliotropium«, »solsequium« oder »sponsa solis« genannt. Diese Namen beziehen sich aber ebenso wie der deutsche Name »Sonnenwirbel« auch auf andere Pflanzen, die ihre Blüten früh am Morgen öffnen und am Nachmittag oder Abend schließen, sich also nach der Sonne richten. So kann das »solsequium« des »Capitulare de villis« die Ringelblume, aber auch die Wegwarte gemeint haben.

Hildegard von Bingen benennt die Pflanze mit »Ringula« und lobt ihre Wirkung gegen allerlei Gifte und Krankheiten. Auch Albertus Magnus, der mit »sponsa solis« vermutlich die Ringelblume meint, erklärte sie als wirksam gegen den Biss giftiger Tiere, zudem gegen Milz- und Leberverstopfung. Der wissenschaftliche Name »Calendula« bedeutet »kleiner Kalender«: Die Pflanze zeigt durch Öffnen und Schließen des Blütenstandes die Tage an.

Der arabische Arzt Avicenna (980–1037) behauptete, dass bloßes Riechen an einer Ringelblume genüge, um eine Fehlgeburt auszulösen. Tatsächlich galt die Ringelblume auch als Abtreibungsmittel. Lonicer empfiehlt sie in seinem »Kräuter-Buch« gegen Würmer und verschiedene andere Leiden.

ZWINGT DIE LIEBE HERBEI

Hieronymus Bock schreibt in seinem Kräuterbuch, dass die Ringelblume von einigen Frauen als Liebestrank und Liebesmittel gebraucht würde. Insbesondere in England spielte »marigold« im Liebeszauber eine Rolle. Genauer überliefert ist ein Liebeszauber bei den Südslawen, mit dem ein Mädchen glaubte, die Liebe eines jungen Mannes erzwingen zu können: Die junge Frau muss die Erde, auf welcher sich der Fuß des Mannes abgedrückt hat, ausgraben und in einen Blumentopf füllen. Dahinein wird die Ringelblume gepflanzt. Die Liebe des Mannes wird dann so wachsen, blühen und nicht welken wie die Ringelblume. Wenn Männer die Ringelblumenwurzel in einem violetten seidenen Tüchlein bei sich am Körper tragen, so hieß es mancherorts auch hierzulande, werden sie allen Frauen lieb und angenehm.

Ähnlich wie das Gänseblümchen oder die Margerite musste auch die Ringelblume für das Liebesorakel junger Mädchen herhalten, wie es Annette v. Droste-Hülshoff im Gedicht andeutet.

Abwehrend durch Farbe und Geruch

In der Volksheilkunde galt die Ringelblume vielfach als Heilmittel bei Gelbsucht. In Mecklenburg gab man Schweinen, die an Rotlauf litten orangerote Ringelblumen in den Trank, in Nordböhmen bekam die Kuh, deren Milch mit Blut vermischt war, Ringelblumenkraut zum Fressen. Die drei Verwendungen entsprechen der Signaturenlehre oder auch dem Spruch: »Ähnliches wird mit Ähnlichem geheilt.«

Die alte Gartenpflanze wurde noch bis in die Mitte des 20. Jahrhunderts auf Gräber gepflanzt und als Leichenschmuck verwendet. Die Beziehung ist wohl über ihren strengen Geruch herzustellen, der abwehrend auf böse Geister wirken soll, nicht etwa weil die Pflanze einen leichenartigen Geruch hätte, wie manchmal behauptet wird.

Die Ringelblume im »Florilegium« des Ulrich Völler von Gellhausen (1616). Die »Florilegien« lösten im 17. Jahrhundert die »Kräuterbücher« der Renaissance ab.

Botanischer Steckbrief

Volksnamen: Gartenringelblume, Goldblume, Regenblume, Ringelrose, Sonnenwende, Totenblume.
Familie: Korbblütler (Asteraceae).
Merkmale: Der verästelte, bis 60 cm hohe Stängel ist filzig behaart. An ihm sind die ebenfalls behaarten, ungestielten, spatelförmigen Blätter wechselständig angeordnet. Am Stängelende stehen einzeln die großen goldgelben bis orangefarbenen Blütenköpfe. Blütezeit: Juni–Oktober. Ein Teil der stacheligen Früchte ist zu einem Ring zusammengekrümmt. Der Pflanze entströmt strengwürziger Duft.
Lebensdauer: Einjährig.
Vorkommen und Verbreitung: In Mittel- und Südeuropa, Asien und den USA als Gartenpflanze kultiviert und nur gelegentlich verwildert. Heimat: Mittelmeerraum (Nordwestafrika).
Wissenswertes: Wenn die Ringelblume am Morgen ihre Blütenköpfe geschlossen hält, kündigt sich für den Tag Regen an.

Verwendung als Heilpflanze

Wichtige Inhaltsstoffe: Ätherisches Öl, Saponine, Glykoside, Bitterstoffe, Schleimstoffe.
Phytotherapie: Zubereitungen aus den Blütenköpfchen oder den Zungenblüten äußerlich bei Haut- und Schleimhautentzündungen, innerlich nur als schönende Teezugabe.
Volksmedizin: Tee aus den Blüten zur »Blutreinigung« und gegen Menstruationsbeschwerden. Die als »Ringelblumen-Butter« bezeichnete Salbe aus Blüten und Blättern äußerlich bei Wunden, schmerzenden Gelenken und Muskeln. Frischer Saft äußerlich gegen Warzen.
Homöopathie: »Calendula« aus der frischen Pflanze innerlich und äußerlich bei Wunden, Unterschenkel- und Darmgeschwüren.
Küche: Gehackte junge Blätter und Zungenblüten als Salatwürze.
Achtung! Ringelblume kann allergische Reaktionen auslösen.

Geflecktes Knabenkraut

Dactylorhiza maculata

Am Bugspriet vorne träumt der Genueser
In Nacht hinaus, wo ihm zu Füßen blähn
Im grünen Wasser Blumen, dünn wie Gläser,
Und tief im Grund die weißen Orchideen.

GEORG HEYM (1887–1912): AUS DEM GEDICHT »COLUMBUS«

Die Familie der Orchideengewächse umfasst weltweit etwa 20000 ausdauernde Arten, die meisten davon in den Tropen und Subtropen. Charakteristisch sind die kugeligen oder handförmig geteilten Wurzelknollen. Die Blätter sind parallelnervig, einfach und ganzrandig. Von den 6 Blütenhüllblättern ist eines als Lippe (Labellum) gestaltet, die am hinteren Ende häufig einen nektarhaltigen Sporn besitzt. Die Kapselfrucht enthält viele winzige Samen, die vom Wind verbreitet werden. Die Orchideen leben in einer Symbiose mit verschiedenen Pilzen, deren Zellfäden (Hyphen) in die Orchideenwurzeln hineinwachsen (Mykorrhiza).

Orchideen haben wegen ihrer auffallenden Blüten und ihres Dufts seit alten Zeiten die Phantasie der Menschen angeregt. Insbesondere die kugelige oder handförmige Gestalt ihrer Wurzelknollen ließ die Pflanzen zu magischen Handlungen geeignet erscheinen. Auch der Name »Knabenkraut« für verschiedene Gattungen und Arten erklärt sich aus dem Vergleich der Knollen mit menschlichen Hoden. Die alten Botaniker und der Volksglaube haben oftmals nur wenig und ungenau zwischen den einzelnen Arten unterschieden. Sie wurden einfach mit Stendel oder Orchis beziehungsweise den oben angeführten Namen benannt.

Eine fromme Sage erzählt, wie die Flecken auf die Blätter des Gefleckten Knabenkrauts kamen: Als Jesus am Kreuz hing, fielen Tropfen seines Blutes auf die Blätter des Knabenkrauts.

Kleines Knabenkraut (links) und Geflecktes Knabenkraut (rechts) haben unterschiedlich gezeichnete Blätter und verschieden geformte Wurzelknollen. Pflanzenatlas von Moritz Fünfstück (um 1900).

Botanischer Steckbrief

Volksnamen: Johannishändlein, Marienhand, Muttergotteshand, Satansfinger, Teufelshand.
Familie: Orchideengewächse (Orchidaceae).
Merkmale: Am 20–60 cm hohen, im oberen Bereich oft rötlich überlaufenen Stängel stehen parallelnervige, länglich-lanzettliche Blätter. Sie sind gefleckt. In dichter Ähre erscheinen die rosafarbenen oder hellvioletten Blüten. Die 3-lappige Lippe ist dunkel gezeichnet. Die 3 äußeren Hüllblätter sind nicht helmartig zusammengeneigt, sondern zurückgeschlagen. Blütezeit: Juni–August.
Lebensdauer: Ausdauernd (Wurzelknolle).
Vorkommen: Wälder, Bergwiesen, Trockenrasen, Heiden, Flachmoore. Zerstreut und örtlich fehlend.
Verbreitung: Europa, gemäßigtes Vorderasien, Sibirien.
Wissenswertes: Eine weitere wichtige Orchidee ist das Kleine Knabenkraut *(Orchis morio)*. Die Art wird 10–40 cm hoch, hat ungefleckte Blätter und rosa bis violette, grünlich gezeichnete Blüten mit helmartig zusammenneigenden Blütenhüllblättern. Blütezeit: April–Juni. Ihre Volksnamen sind Bockshödlein, Geilwurz, Salep-Knabenkraut, Kuckuck, Stendelwurz. Beide vorgestellten Arten unterscheiden sich deutlich in ihrer Wurzelknolle (vgl. Text). Sämtliche *Orchis*-Arten sind streng geschützt, sämtliche *Dactylorhiza*-Arten besonders geschützt.

Das früher allgemein verbreitete Kleine Knabenkraut (Salep-Knabenkraut) ist heute selten geworden und vielerorts durch Düngung und Dränage verschwunden.

Auch die Tränen Mariens um den Tod des Sohnes sah man in den auffälligen hellen Blattflecken, die auch noch andere Orchideenarten zeigen.

Verschiedene Orchideenarten wurden in der Antike und teilweise auch noch im Mittelalter »satyrion« genannt. Satyrn sind waldbewohnende, teilweise tiergestaltige Fruchtbarkeitsdämonen der griechischen Mythologie, die zum Gefolge des Dionysos gehören und für ihren sexuellen Appetit bekannt sind. Die Form der Wurzelknollen ließ die Pflanzen als zum Liebeszauber geeignet erscheinen, forderten sie doch zu Vergleichen mit Hoden oder auch Schamlippen heraus.

Satyrion fördert die Zeugungskraft

Eine der beiden ungeteilten Knollen des Kleinen Knabenkrauts ist zur Blütezeit dunkel und zusammengeschrumpft. Es handelt sich dabei um die alte Knolle, während die neue weiß und glatt ist. Bereits die Zauberinnen Thessaliens sollen die beiden Knollen des Kleinen Knabenkrauts genutzt haben: Sie gaben die weiße Knolle zusammen mit Ziegenmilch, um die Liebeslust anzuregen, die dunkle dagegen zur Unterdrückung des Liebesverlangens. Tabernaemontanus schreibt (1588) von den Orchiswurzeln: »Sie sind anmüthig zu gebrauchen am Morgen zwey oder drey gessen vor dem Imbiß zur Reizung zu ehelichen Werken, …«. Hieronymus Bock berichtet von der Sage, dass die erotisierende und fruchtbarkeitsfördernde Orchis aus dem Sperma verschiedener Vögel entstehe, die sich im Herbst vor ihrem Wegzug auf den Wiesen paaren würden. Er empfiehlt:

> *Die runden, süßen Wurzeln aller Satyrien mögen die schwachen Männer in die Speise gebrauchen und sich Latwergen daraus machen lassen, dagegen sind die Wurzeln alles Stendelwurzel, so beginnen welk zu werden und abzunehmen, nicht nützlich, denn sie hinterschlagen und legen zu Boden die ehelichen Werke, gehören die, die Keuschheit gelobt haben und ein klösterliches Leben führen.*

Verwendung als Heilpflanze

Wichtige Inhaltsstoffe: Schleim.
Phytotherapie: Salepschleim aus der pulverisierten Knolle bei Durchfällen und Reizerscheinungen im Magen-Darm-Trakt und als Zusatz zu schlecht schmeckenden oder Reizungen verursachenden Arzneimitteln.
Volksmedizin: Salepschleim bei Husten, Entzündungen im Mund- und Rachenraum, Durchfall.
Homöopathie: Keine Verwendung.

Auch andere Botaniker dieser Zeit schreiben über die lust- und potenzsteigernde Wirkung der Stendeln (weil sie den Penis stehen lassen).

Ebenfalls bereits im Altertum gab es die Vorstellung, dass die größere (diesjährige) Knolle, wenn sie von Männern verzehrt wird, die Geburt von Knaben bewirke, und die kleinere (vorjährige), wenn Frauen sie essen, die Geburt von Mädchen.

Bei den Germanen galt insbesondere das Gefleckte Knabenkraut als geeignet für Liebeszauber. Es war der Göttin Frija/Frigg geweiht, die auf ihren Umzügen den Mädchen und Knaben die Pflanze reichte, die deshalb auch Friggagras hieß.

Bei den Sinti wurde das Gefleckte Knabenkraut unter dem Namen »Karengo« als Liebes- und Fruchtbarkeitsamulett verwendet.

Glückshändchen bringt Glück

Die Wurzel des Gefleckten Knabenkrauts ist handförmig. Manchmal sind 2 solcher Wurzeln vorhanden: eine schwarze (alte), die als Teufelshand, Satansfinger oder Totenfinger bezeichnet wird, und eine weiße (neue), die man Johannishändchen, Glückshändchen, Marienhand oder Liebfrauenhand nannte. Wird diese helle Knolle in der Johannisnacht oder in der Mittagsstunde des Johannistages gegraben, so bringt sie Gesundheit, Glück im Spiel und in der Liebe. Wer sie im Portmonnaie bei sich trägt, dem geht das Geld nie aus. Sie darf beim Graben jedoch nicht mit den Fingern berührt worden sein, und im Haus sollte man sie besser nicht aufbewahren, denn sonst schwindet den Kühen die Milch. Ganz besonders Glück bringend ist eine am Mittag des Johannistages gegrabene fünfteilige Hand.

In Preußen wurde die an Johanni gegrabene Johannishand auch als Liebesorakel verwendet: Je nachdem, ob die »Finger« der Knolle eng zusammenstehen oder weiter voneinander entfernt sind, wird die Heirat, an die man denkt, früher oder erst später stattfinden. Die Pflanze hieß deshalb auch Heiratsblume.

Ein Mann, der von seiner Liebsten verlassen worden ist und den Kummer darüber nicht überwinden kann, der soll am Mittag des Johannistages in einer Wiese 3 »Händelwurzen« ausgraben. Ist er reinen Herzens, so findet er eine weiße Hand, die Hand Christi. Diese soll er küssen und nach hinten über sich hinweg in fließendes Wasser werfen. Damit schwindet sein Leid. Ist sein Sinn unlauter, so findet der Betreffende lauter Teufelshände. Dann ist ihm anzuraten, dass er in sich gehen, nach einem Jahr wiederkommen und sein Glück erneut versuchen möge.

Das am Johannisabend gepflückte Gefleckte Knabenkraut wurde zusammen mit Salz auch dem Vieh verfüttert, das dadurch gesund bleiben sollte. Glückshändchen konnte man noch bis in die jüngere Vergangenheit als Amulett käuflich erwerben.

Als stets zu Späßen und erotischen Abenteuern aufgelegt galten die Satyrn. Deshalb wurden Orchideenarten, denen man eine sexuell anregende Kraft zuschrieb »satyrion« genannt. Holzschnitt (19. Jahrhundert).

Schöllkraut

Chelidonium majus

Wird Chelidonia, das ist Schwalbenkraut, genannt; denn die Schwalben bringen dieses Kraut ihren Jungen zu essen, davon bekommen sie bald ihr Gesicht.

Adam Lonicer (1528–1586): Vollständiges Kräuter-Buch (Ausgabe 1783)

Schon Dioskurides und Plinius berichten von einer Pflanze »chelidonion« (von griech. »chelidon« = Schwalbe), die mit dem Eintreffen der Schwalben im Frühjahr zu blühen beginne und bei deren Wegzug verwelke und dass es heiße, Schwalben würden Blindheit bei ihren Jungen mit der Pflanze heilen. Konrad von Megenberg (gestorben 1374) hebt ebenfalls die Wirkung des Schöllkrauts auf die Sehkraft hervor.

In den alten deutschen Kräuterbüchern wird die Pflanze meist ausführlich gewürdigt. Hieronymus Bock beispielsweise, der bereits beobachtete, dass Schöllkraut bevorzugt an Mauern und alten Gebäuden wächst, empfiehlt Schöllkraut innerlich für die »verstopffte Leber« und gegen Gelbsucht, äußerlich als Wundkraut und zur Stärkung der Augen.

In der christlichen Malerei bedeutet das Schöllkraut: Christus heilt eure geistliche Blindheit.

Gegen Warzen, Gelbsucht und Rotlauf

In der Sympathiemedizin wurde der orangerote Milchsaft zum Vertreiben von Warzen verwendet. Im Aargau musste dazu die Pflanze auf einem Friedhof gepflückt, in Mittelfranken die Warze damit während einer Beerdigung betupft werden. In Altaussee in der Steiermark konnte man nur dann auf ein Verschwinden der Warzen hoffen, wenn man sie nach dem Bestreichen mit dem Schöllkraut-Milchsaft nicht mehr anschaute. Wichtig war vielfach auch, die Behandlung bei abnehmendem Mond vorzunehmen: Wie der Mond können die Warzen abnehmen und schließlich verschwinden. Auch moderne Ratgeber zur Nutzung des Mondeinflusses empfehlen, die Warzenkur mit Schöllkrautsaft in der Zeit von Vollmond bis Neumond durchzuführen.

Mit der gelben Farbe ihrer Blüte und ihres Milchsaftes zeigt die Pflanze – entsprechend der Signaturenlehre – ihre Wirksamkeit gegen Gelbsucht an. So empfahl schon Dioskurides die Wurzel zusammen mit Anis in Wein als gelbsuchtwidrig. Auch später wird das Schöllkraut bei romanischen, slawischen und germanischen Völkern als Heilmittel gegen Gelbsucht verwendet. Nicht selten genügte es da schon, die Blätter in die Schuhe zu legen und darauf zu gehen, um die Krankheit zu vertreiben. In Mecklenburg bekamen Menschen, die unter Gelbsucht litten, in Pfannkuchenteig herausgebackene Schöllkrautblätter zu essen: Das Gelb des Eis verstärkte das Gelb des Schöllkrauts. Eine Behandlungsvorschrift aus Oberbayern (Neumarkt–Sankt Veit an der Rott): Man nähe 9, 7, 5 oder 3 Schöllkrautwurzeln und ebenso viele Bröckchen von einem an Mariä Lichtmess (2. Februar) geweihten Wachsstock in ein Säckchen und hänge dieses auf den bloßen Körper zwischen die Schulterblätter. So viele Wurzeln eingenäht sind, so viele Vaterunser sind jeden Tag zu beten. Nach 9 Tagen wird das Säckchen rückwärts ins

Diese Malerei (Aquarell- und Deckfarben auf Pergament) des Schöllkrauts aus Dürers Umkreis wurde früher Albrecht Dürer (1471–1529) selbst zugeschrieben.

Botanischer Steckbrief

Volksnamen: Augenkraut, Goldwurz, Maikraut, Schellkraut, Schwalbenkraut, Warzenkraut.
Familie: Mohngewächse (Papaveraceae).
Merkmale: Der 30–70 cm hohe Stängel ist weich behaart, ebenso die Blätter. Diese sind gefiedert oder fiederspaltig, am Rand gekerbt und unterseits blaugrün. In Dolden angeordnet sind die goldgelben Blüten, deren 2 Kelchblätter beim Aufblühen abfallen. Blütezeit: April–Oktober. Die gesamte Pflanze führt orangegelben Milchsaft.
Lebensdauer: Ausdauernd.
Vorkommen: Mauern, Zäune, Schuttplätze, Gebüsche. Stickstoffzeiger.
Verbreitung: Europa, Nordasien.
Wissenswertes: Stark giftig (insbesondere der Milchsaft).

Wasser geworfen und die Gelbsucht ist verschwunden.

Ebenfalls der rötlichgelben Farbe des Milchsafts verdankt das Schöllkraut seinen Namen »Rotlaufgras« (Niederbayern) oder »Afelkraut« (Niederösterreich, Steiermark, Kärnten). Der Rotlauf, in Bayern und Österreich auch Afel genannt, ist eine bakterielle Infektionskrankheit, die von Schweinen auf den Menschen übertragen werden kann und sich dann als Wundinfektion am Finger zeigt.

Das Gold der Alchemisten

Die goldgelbe Farbe der Blüte, des Milchsaftes und der Wurzel des Schöllkrauts ließ die Alchemisten Gold in der Pflanze vermuten. Sie glaubten, dass der Saft alle 4 Elemente – Erde, Wasser, Feuer und Luft – enthalte und dass in ihm der Stein der Weisen zu finden sei, mit dessen Hilfe es ihnen möglich wäre, Gold herzustellen. Die Alchemisten gaben daher dem Wort »Chelidonium« eine neue Bedeutung, indem sie daraus »Coeli donum« (Geschenk des Himmels) machten.

Im »Buch der Versammlung«, einem Zauberbuch, das fälschlich Albertus Magnus zugeschrieben wurde, finden sich erstaunliche Verwendungsmöglichkeiten des Schöllkrauts. Zusammen mit einem Maulwurfherzen getragen bewirkt demnach die Pflanze, dass Krieg und Streit verschwinden und dem Träger alles gelingt. Legt man Maulwurzherz und Schöllkraut auf den Kopf eines Schwerkranken, so erfährt man dessen Schicksal: Singt der Kranke, so wird er sterben, weint er dagegen, wird er am Leben bleiben.

Verwendung als Heilpflanze

Wichtige Inhaltsstoffe: Verschiedene Alkaloide
Phytotherapie: Zubereitungen aus dem blühenden Kraut bei Magen-, Darm- und Gallenbeschwerden; meist in Kombination mit anderen Heilpflanzen.
Volksmedizin: Kraut und Wurzel ähnlich wie in der Phytotherapie, außerdem bei Asthma. Äußerlich der Milchsaft gegen Warzen.
Homöopathie: »Chelidonium« aus den frischen, im Frühjahr gesammelten unterirdischen Teilen der Pflanze bei Leber- und Gallenleiden, Lungenentzündung, Nervenschmerzen.
Achtung! Wegen der Giftigkeit der Pflanze keine Selbstbehandlung.

Große Brennnessel

Urtica dioica

DIE NESSEL

Wenn ihr an Nesseln streifet,
So brennen sie;
Doch wenn ihr fest sie greifet,
Sie brennen nie.
So zwingt ihr Feinen

Auch die gemeinen
Naturen nie.
Doch preßt ihr wacker
Wie Nußaufknacker,
So zwingt ihr sie.

FRIEDRICH RÜCKERT (1788–1866)

Die Nessel empfehlen Dioskurides und Plinius gegen vielerlei Leiden. Der deutsche Name erscheint bereits im Althochdeutschen als »nezzila«. Möglicherweise besteht ein Zusammenhang mit Netz, da die Nessel eine der ältesten Gespinstpflanzen ist. Aus den Stängelfasern stellte man Nesselstoff her. Die Große Brennnessel wurde bis etwa 1720 als heimische Faserpflanze angebaut. Verschiedene Sagen erzählen, wie diese Verwendungsmöglichkeit entdeckt wurde: Ein böser Vormund wollte nicht zulassen, dass sein Mündel ihren Liebsten heiratete. Er zeigte boshaft auf eine am Weg stehende Brennnessel und sagte der verzweifelten jungen Frau, sie dürfe den Mann erst heiraten, wenn sie aus diesem Unkraut ihr Brautkleid selbst gesponnen und gewebt habe. Nachts erschienen der Schlafenden 2 Engel, nahmen sie bei der Hand und gingen mit ihr zu der Nessel. Dort unterwiesen sie das Mädchen in der Fasergewinnung, dem Spinnen, Bleichen und Weben. Am Tag darauf begann die Maid mit der Arbeit und an dem Tag, als das Brautkleid fertig war, starb der Vormund.

Im Märchen »Die wilden Schwäne« von Hans Christian Andersen muss die stumme Königin aus Nesseln 7 Hemden fertigen, um ihre Brüder zu erlösen. Hildegard von Bingen nennt die Brennnessel warm. Sie empfiehlt den Genuss der frisch aus der Erde sprießenden Nesseln in gekochtem Zustand zur Reinigung des Magens.

Die Alchemisten verwendeten neben anderen Pflanzen auch die Brennnessel zur so genannten »Pflanzenauferstehung«: Aus der Asche wurde eine Brühe bereitet und dem Frost ausgesetzt. Im Eis erschienen dann ganze Nesseln.

Die Nessel mit ihren Brennhaaren hat die Menschen immer wieder beschäftigt wie verschiedene Redensarten, etwa »in die Nesseln setzen« zeigen. Sie kommt auch in so manchem Kindersprüchlein vor wie etwa dem folgenden:

Die Ratt, de seet in'n Nettelbusch,
Im Nettelbusch verborgen,
Do keem der kleene König her
Und bod äer goden Morgen.

Im Grimmschen Märchen »Jungfrau Maleen« sagt Maleen, als sie anstelle der hässlichen Braut zum Altar gehen soll, zu einer am Wege stehenden Brennnessel:

Brennettelbusch,
Brennettelbusch so klene,
Wat steist du hier allene?
Ik hef die Tyt geweten,
Da hef ik dy ungesaden,
Ungebraden eten.

Sitz eines unheimlichen Dämons

Das Brennen mag als Tat eines unheimlichen Dämons erschienen sein. Bei solchen Pflanzendämonen kann es sich auch um Totenseelen handeln, wie eine Redensart aus dem Aargau nahelegt: »Er ist i d'Nessle cho«, sagte man dort von jemand, der gestorben ist. Bei den Zigeunern in Siebenbürgen hieß es, dass sich an Orten, wo Brennnesseln wachsen, Eingänge zu den Wohnungen der Pcuvush-Leute befänden. Diese Erdgeister sind am ganzen Körper behaart. Wenn es einem Menschen gelingt, ein Pcuvush-Haar zu gewinnen, so kann er damit Steine in Gold verwandeln.

Mancherorts glaubte man auch, dass eine Nesselstaude von auffallender Gestalt auf einen ungesühnten Mord, der an dieser Stelle begangen wurde, hinweise. Erst wenn der Mörder entdeckt und seiner Strafe zugeführt ist, verschwindet sie. Anton v. Perger erzählt:

Auf dem Hirschberg bei Balingen
wächst ein sogenannter Brennes-
selmann, mit ausgestreckten
Armen und Beinen, den man
schon mehrmals ausrotten wollte,
der aber immer wieder wächst,
und man weiß auch nicht, was da
einst geschehen sein mag.

Ebenfalls die Vorstellung eines die Pflanze bewohnenden Geists liegt dem Übertragen von Krankheiten auf die Brennnessel zugrunde. Sie eignete sich besonders für die Aufnahme von

Jedes Brennhaar besteht aus einem elastischen Kolben und einem spröden Schaft, der bei der leisesten Berührung abbricht. Wie ein zersplitterter Flaschenhals dringt dann die scharfe Bruchstelle in die Haut ein und injiziert den ätzenden Zellsaft.

Botanischer Steckbrief

Volksnamen: Donnernessel, Hanfnessel, Nettel, Saunessel, Senznessel.
Familie: Brennnesselgewächse (Urticaceae).
Merkmale: Der vierkantige Stängel ist 30–150 cm hoch. Gegenständig angeordnet sind die eiförmig-spitzen, am Grunde herzförmigen, am Rand gesägten Blätter. Stängel und Blätter sind mit Brennhaaren besetzt. Die kleinen grünlichen Blüten stehen in Rispen. Die Brennnessel ist zweihäusig: An einer Pflanze befinden sich entweder nur männliche oder nur weibliche Blüten. Blütezeit: Juli–Oktober.
Lebensdauer: Ausdauernd (Wurzelstock).
Vorkommen: Brachflächen, Waldränder, Schuttplätze, Ufer. Stickstoff- und Feuchtigkeitsanzeiger.
Verbreitung: Weltweit.
Wissenswertes: Die Wand der flaschenförmigen Brennhaare ist durch Kieselsäure spröde und bricht deshalb bei Berührung ab. Eine scharfkantige Spitze bleibt stehen, die leicht in die Haut eindringen kann. Die Kleine Brennnessel *(Urica urens)* ist nur 10–50 cm hoch und hat kürzere und am Grunde keilförmige Blätter. Sie ist einjährig und einhäusig (männliche und weibliche Blüten an einer Pflanze) und kommt viel seltener vor als die Große Brennnessel, vor allem als Gartenunkraut. In Geschichte, Volksglauben und Volksheilkunde wird zwischen beiden Nesselarten meist nicht unterschieden, doch dürfte häufiger die Große Brennnessel gemeint gewesen sein.

Fieber und anderen »brennenden« Krankheiten. In der Gegend von Magdeburg beispielsweise vertrieb man das Fieber so: Man nahm eine Hand voll Salz, warf es auf eine Brennnesselstaude und sprach dazu: »Ich streue meinen Samen in neunundneunzigeren Fiebers Namen. Aber du sollst nicht aufgehn, bis dass ich komm und schneid dich ab.« Auf der Insel Wollin (Pommern) gingen an »heißem« oder »kaltem« Fieber Leidende an 3 aufeinander folgenden Tagen vor Sonnenauf- oder -untergang zu einer Brennnessel und sagten: »Guten Abend, du Alte. Ich bringe dir das heiße und das kalte. Mir soll es vergehen und du sollst es nehmen.«

200 Nessel.
Den festen Stein in Blasen bricht/
In Lenden auch/werd ich bericht/

Den Samen stoß vnd trinck jn ein/
Zu Morgens mit dem besten Wein/
Den Husten so vertreibet baldt/
Es sey der Mensch Jung oder Alt/
Die

Auch Conrad Rosbach lobt in seinem »Paradeißgärtlein« (1588) die Brennnessel wegen vielfältiger wohltuender Wirkungen.

Brennnessel lässt die Liebe brennen

Mit Hilfe der Nessel wollten Frauen auch brennende Liebe bei dem erwünschten Mann erzeugen. Ein altes Rezept dazu: Man koche Nesselsamen in Wasser und sage beim Rühren den Spruch:

Wie Jesus jeden Menschen liebt,
Auch selber den, der ihn betrübt,
So sollst auch du in Liebe mein,
So brennend als die Nesseln sein.

Mit dem Sud begieße man alsdann die Türschwelle des ersehnten Liebsten – und dieser wird alsbald in heißer Liebe zur Zauberin entbrennen.

Ein Liebeszauber, den ein Mann anwenden konnte, bestand darin, an einem Freitagmorgen vor Sonnenaufgang zu einer Nessel zu gehen, dort den Namen der angebeteten Frau zu sprechen und die Nessel mit Salz zu bestreuen. Bei Sonnenuntergang musste die Pflanze samt Wurzel ausgegraben und im Ofen verbrannt werden. Dazu war zu sprechen:

Oel und Amel und Inginn, ich beschwör euch und gebeut euch wie die Nessel hier brennt in der heißen Asche: Dass ihr also machet zerbrinnen, in Herzen und Sinnen, dass ihr nimmer Ruh mögent gewinnen und haben, bis dass sie drinnen will lassen brinnen in der Minnen.

Zum Liebeszauber passt, dass Nesselsamen in destilliertem Wasser gekocht als ein wirksames Schönheitsmittel galt, das die Haut weiß wie Alabaster und zart wie Samt machen sollte.

In manchen Volksliedern ist die Nessel allerdings auch das Sinnbild verlorener Liebe und der Liebestrauer.

Gegen den Blitz und allerlei Übel

Die Brennnessel schützt vor dem Blitzschlag. Diesen Glauben gab es etwa in Tirol, wo bei Gewitter Nesseln ins Feuer geworfen wurden. Mit Nesseln, die man auf den Bottichrand legte, könne man, so hieß es früher mancherorts, das Sauerwerden des Bieres beim Herannahen eines Gewitters verhindern. Bisweilen hielt man die Nessel aber auch für blitzanziehend.

Nesseln sollen bevorzugt – so kann man auch in modernen Ratgebern lesen – auf Kreuzungen von Erdstrahlen wachsen, überhaupt an Plätzen, wo eine Wünschelrute ausschlägt.

Auch gegen Unkraut, Diebe, Vogel- und Raupenfraß sollten Brennnesseln helfen. So steckte man in Gegenden des sächsischen Erzgebirges einen Besenstiel und einen Brennnesselstock in die Ecke des Saatfeldes und sagte dazu: »Da Krah, das ist dein, und was ich steck, ist mein.«

Verwendung als Heilflanze

Wichtige Inhaltsstoffe: Im Kraut Nesselgiftstoff (Struktur noch nicht aufgeklärt), Histamin, Acetylcholin, Serotonin, Ameisensäure. In den Wurzeln: Gerbstoffe, Sterine, Urtica-Agglutinine, Polysaccharide.
Phytotherapie: Zubereitungen aus der Wurzel bei Beschwerden beim Wasserlassen infolge gutartiger Prostatavergrößerung. Zubereitungen aus dem blühenden Kraut zur unterstützenden Behandlung rheumatischer Beschwerden und Gicht, bei Entzündungen der ableitenden Harnwege und zur Vorbeugung und Behandlung von Nierengrieß.
Volksmedizin: Tee wird wie in der Phytotherapie gebraucht, außerdem für »Blutreinigungskuren« im Frühjahr, bei Leber- und Gallenleiden, Lungenerkrankungen, Verdauungsbeschwerden. Gegen Haarausfall wird der Aufguss innerlich und äußerlich verwendet.
Homöopathie: »Urtica« aus dem blühenden frischen Kraut der Kleinen Brennnessel bei Urtikaria (Nesselsucht), Rheuma, Gicht, Wasseransammlungen im Gewebe, äußerlich bei Verbrennungen ersten Grades.
Küche: Frische junge Brennnesselblätter als »Brennnesselspinat«, in Suppen und Soßen, als Füllung in Teigtaschen oder Belag von pikanten Kuchen.

Männliche Große Brennnessel. Stich unbekannter Herkunft.

Die Brennnessel gehörte vielfach zu den neunerlei Kräutern des Gründonnerstagsgemüses und war so wichtiger Bestandteil einer Kultspeise, die die Menschen vor Krankheit schützen sollte. Auch dem Brennnesselsaft und dem Blättertee wurde große Heilkraft gegen allerlei Krankheiten zugeschrieben wie der Vers in einem alten Kräuterbuch zeigt:

Wenn sie Nesselsaft tränken im März
Bei hellichtem Mondenschein,
So ginge noch manche Maid
Spazieren am Ufer des Rhein.

Auch in neueren volksheilkundlichen Abhandlungen über die Heilwirkungen der Brennnessel findet man nicht selten den Hinweis, dass gerade für die Blutreinigungskur im Frühjahr die Pflanze bei abnehmendem Mond gesammelt und auch der Tee nur bei abnehmendem Mond getrunken werden sollte.

Kleine Bibernelle

Pimpinella saxifraga

*Ich sprach: »Erst muß ich an den Quell,
Da steht das Kräutchen Pimpernell.
Das muß ich erst ausreißen,
Mir träumt', es wollt mich beißen.«*

Clemens v. Brentano (1778–1842): Das Märchen von Schnürlieschen

Ob die antiken Schriftsteller die Bibernelle gekannt haben, ist unklar, der Name »pimpinella« kommt bei ihnen jedenfalls nicht vor. Im Althochdeutschen heißt die Pflanze »bibinella«, mittelhochdeutsch »bibernelle«. Während manche Autoren den Namen vom lateinischen Wort »bipinella« ableiten, was so viel wie »doppelt geflügelt« bedeutet, ist auch ein Zusammenhang mit dem Tier Biber, wie ihn Marzell annimmt, möglich. Der Alchemist Thurneysser meint, dass sich der Name »Bibernelle« auf die scharf schmeckenden Wurzeln beziehe, die mit den (scharf riechenden) Biberhoden verglichen würden.

Hildegard von Bingen sprach der Pflanze eine direkte Heilkraft ab, empfahl jedoch, sie als Amulett um den Hals gehängt zu tragen, weil sie so vor Dämonenzauber schütze.

Von Vögeln und Zwergen gegen Seuchen empfohlen

Eine Sage aus Franken berichtet, wie in Zeiten der Pest den dahinsiechenden Menschen von einem Vogel geholfen wurde:

Als die Pest im Maingrund so furchtbar wütete, daß die Menschen wie Mücken zu Tausenden verschieden, auch gar kein menschliches Mittel mehr helfen wollte, da wankte in einem Ort, in dem schon die ganze Bevölkerung dahingerafft worden war, der letzte Mensch siech und elend durch die stillen, mit hohem Gras bewachsenen Gassen des Dorfes. Auf einmal sah er einen Vogel auf dem Giebel des benachbarten Hauses sitzen. Dieser Vogel war seltsam von Ansehen, sein Leib war weiß, sein Schnabel und seine Füße waren schwarz. Der Vogel fing aber zu singen an und rief vernehmlich dem Kranken zu: »Wiesenpimernell heilt die Krankheit schnell.«

Nicht nur Vögel, auch Moosfräulein und Zwerge empfahlen in Seuchenzeiten den Genuss der Bibernelle.

Dieser Ruf fiel wie ein Hoffnungsstrahl in die Seele des Mannes. Sogleich raffte er alle seine Kräfte zusammen, ging hinaus auf die Wiesen und suchte so lange, bis er das Kräutlein gefunden hatte. Bald war er nun mit Gottes Hilfe genesen, desgleichen alle Bewohner der Umgegend, die das Kräutlein gebrauchten.

Botanischer Steckbrief

Volksnamen: Bockwurz, Pfefferwurz, Pimpernelle, Pimpinelle.
Familie: Doldenblütler (Apiaceae).
Merkmale: Runder, 20–60 cm hoher, außen fein gerillter Stängel. Die einfach gefiederten Blätter bestehen aus 7–11 eiförmigen Teilblättchen. Döldchen und Dolde mit den kleinen weißen Blüten haben keine Hüllblätter. Blütezeit: Juni–Oktober.
Lebensdauer: Ausdauernd (Wurzelstock).
Vorkommen: Trockenrasen, trockene Gebüsche, Raine.
Verbreitung: Fast ganz Europa und Asien.
Wissenswertes: »Bibernelle« genannt wurde auch die Große Bibernelle *(Pimpinella major)*, die bis 1 m hoch wird und einen kantig gefurchten Stängel hat. Der Kleine Wiesenknopf *(Sanguisorba minor)*, eine Gewürzpflanze, die auch im Garten kultiviert wird, heißt oft »Pimpinelle«. Die im Garten kultivierte Gewürzpflanze Anis *(Pimpinella anisum)* gehört derselben Gattung wie Große und Kleine Bibernelle an.

Solche und ähnliche Sagen sind aus vielen Gegenden Mitteleuropas bekannt. Während einer Pestepidemie in München flog ein Vogel über die Stadt, der hatte einen Zweig in den Krallen und rief: »Bibernell, Bibernell!« Schließlich ließ er den Zweig fallen. Die Menschen hoben ihn auf, suchten anhand des freundlicherweise überlassenen Musterexemplars die Pflanze, bereiteten Tee daraus – und genasen. Oft werden zusammen mit Bibernell noch andere Pflanzen genannt, insbesondere Baldrian, Ehrenpreis, Enzian, Knoblauch, Wacholder. So soll 1832, als in Wien die Cholera wütete, ein Vogel aus dem Wald herbeigeflogen sein, sich auf den Kopf eines Mannes gesetzt und gerufen haben: »Esst Kranebeer (Wacholderbeeren) und Bibernell, so sterbt's net so schnell!«

Sogar Adalbert Stifter hat die Sage in seiner Erzählung »Granit« verwendet. Darin berichtet der alte Großvater über eine lange zurückliegende Pestzeit im Böhmerwald: Ein Bauer, der damals von Melm nach Oberplan ging, habe auf einer Föhre einen Vogel sitzen gesehen und dieser habe gesungen: »Esst Enzian und Pimpinell, steht auf, sterbt nicht so schnell.«

Der ebenfalls trockene Standorte bevorzugende Kleine Wiesenknopf (Sanguisorba minor), *als Küchenkraut geschätzt und kultiviert, wird wie die Kleine Bibernelle auch als Pimpinelle bezeichnet.*

»Rauhe Bibinell« nennt Adamus Lonicerus in seinem Kräuterbuch (Ausgabe 1679) die Kleine Bibernelle.

Als in der Gegend von Schloss Tirol die Pest ausgebrochen war, sollen die im Berg Mutkopf wohnenden Zwerge gerufen haben: »Hättet ihr gessen bibernell und himmelsbrod, lebtet ihr allesammt!«

Auch in Pleisdorf (Landkreis Neustadt an der Waldnaab, Oberpfalz) wütete einst die Pest. Die Holzfräulein pflegten aufopferungsvoll die Pestkranken. Zum Dank schenkten ihnen die Dorfbewohner grüne Röcklein zum Anziehen. Die Holzfräulein mussten nun die Gegend verlassen denn sie waren damit »ausgelohnt«. Als sie voller Trauer aus dem Dorf zogen, riefen die hilfreichen Naturgeister den Bewohnern noch den guten Rat zu: »Grabt's Pimell'n, es wird euch nichts fehlen!«

Im Lechrain erschienen bei einer großen Viehseuche Vögel von seltsamem Aussehen und die sangen:

Ihr Leut', ihr Leut',brockt's Bibernell,
Der Schelm, der Kunter fahrt gar schnell!
Die Wurzen gebt's dem Vieh nur ein,
Mit'm Schelmen wird's dann fertig sein!

Mit »Schelm« und »Kunter« wurden seuchenartige Viehkrankheiten wie Milzbrand und Rinderpest bezeichnet. Ahnen lässt sich, was unter der »unreinen Krankheit« mit Namen »Mus« zu verstehen ist. In Thüringen soll die Pflanze jedenfalls dagegen geholfen haben:

Hast du die Mus, o Junggesell,
Die Mus vergeht, iss Bibernell!
oder
Grad, grad Bibernellen,
Ist gut für schöne Junggesellen.

Pimpinellenkönig und Nachlaufkraut

Marzell berichtet im Zusammenhang mit Pimpernelle noch über 2 Bräuche: In der Mark Brandenburg zogen früher an einigen Orten die Schulkinder an Christi Himmelfahrt aus zum Pimpinellengraben. Wer die größte Wurzel grub, war dann Pimpinellenkönig und in dieser Funktion musste er Lehrer und Kameraden zu einem Schmaus einladen. Berge in der Mark Brandenburg sollen vom Pimpinellengraben den Namen Pimpinellenberge erhalten haben. Die Wurzeln wurden vermutlich – auch wenn Marzell darüber nichts sagt – als Heilmittel verwendet. Einen anderen Gebrauch der Wurzel berichtet der Forscher vom Unterrheintal in der Gegend von St. Gallen: Wenn ein junger Mann einem Mädchen, von diesem unbemerkt, die Wurzel der Bibernelle in die Tasche steckt, so muss ihm die junge Frau nachlaufen. Diese Funktion der Pflanze als »Nachlaufkraut« hänge möglicherweise mit dem Bocksgeruch der Wurzel zusammen. Der Bock galt im Volk als geiles Tier.

Verwendung als Heilpflanze

Wichtige Inhaltsstoffe: Ätherisches Öl, Gerbstoffe, Bitterstoffe, Saponine.
Phytotherapie: Die Wurzel (auch der Großen Bibernelle) zusammen mit anderen Pflanzen als Tee oder in anderen Zubereitungen als auswurfförderndes Hustenmittel.
Volksmedizin: Tee aus der Wurzel (auch der Großen Bibernelle) gegen Husten, Heiserkeit und Halsschmerzen.
Homöopathie: »Pimpinella alba« aus der frischen Wurzel sowohl der Großen als auch der Kleinen Bibernelle bei Bronchitis, Magen- und Darmstörungen, Kopfschmerzen.

Echtes Tausendgüldenkraut

Centaurium erythraea

Wenn das Tausendgüldenkraut
Offen blüht in Waldgehegen
Darf gewiss sein, wer es schaut,
Daß es hat bei Nacht gethaut
Und am Tage kommt kein Regen.

Als ein Tausendgüldenkraut
Blütest du an meinen Wegen
Und so lang ich dich geschaut,
War die Nacht mir lustbethaut
Und der Tag hell ohne Regen.

Schönes Tausendgüldenkraut
Wie sich nun zusammenlegen
Deine Blätter seufz' ich laut:
Ach, die Nacht hat stark gethaut,
Und der ganze Tag ist Regen!

FRIEDRICH RÜCKERT (1788–1866): KINDERTOTENLIEDER

Dioskurides lobte ein kleines »centaurium« als Mittel, das die galligen und dicken Säfte abführt, die Menstruation fördert und dessen Saft Augenleiden lindert. Plinius führte den Namen auf den Kentauren Chiron zurück. Ihn hatte der Sage nach ein auf den Fuß gefallener Pfeil verwundet und der weise und heilkundige Pferdemensch behob das Problem mit Hilfe der Pflanze. Im ausgehenden Mittelalter deutete man den Namen als zusammengesetzt aus »centum« (hundert) und »aurum« (Gold), wobei sich Letzteres im Volksnamen »Laurinkraut« versteckt. Noch 1521 erscheint der Name »Hundertguldenkraut«. Da aber für eine unbestimmt große Menge die Zahl »1000« gebräuchlicher war als »100«, nannte man die Pflanze bereits im 15. Jahrhundert häufig »tusendguldin«. Der Name sollte auch auf die große Heilkraft der Pflanze hinweisen. Im Aargau hieß es, wenn ein Reiter auf seinem Weg Tausendgüldenkraut sehe, müsse er absteigen, die Pflanze pflücken und mitnehmen. Begegnet ihm dann eine Frau, so muss diese die Pflanze in seiner Hand küssen. Auch in den Kräuterbüchern des 16. Jahrhunderts wird Tausendgüldenkraut als segensreich beschrieben: »Ist gut über Jahr zu vielen Sachen« schreibt etwa Lonicerus und nennt Wohltaten insbesondere für Magen, Leber, Milz, Blase und Augen.

Der heilkundige Chiron der griechischen Sage war als Kentaur ein Mischwesen zwischen Pferd und Mensch. Kentaur auf dem Kapitol in Rom.

Blütenfarbe und Name als Zeichen

Die rote Blütenfarbe schien eine Verbindung der Pflanze zum roten Blut herzustellen oder anzuzeigen. Im Vogtland benützte man Tausendgüldenkraut als blutstillendes Mittel, in Oberbayern galt der Tee als allgemein wohltuend für das Blut, und bei den Wenden tranken ihn die Frauen, wenn die Regelblutung ausblieb.

Bei Blutharnen der Kühe kam mancherorts Tausendgüldenkraut ins Futter. Auf dem so verheißungsvoll klingenden Pflanzennamen beruhte der Glaube an die Kraft des Tausendgüldenkrauts, das Geld nicht ausgehen zu lassen. So pflückte man in der Gegend von Falkenau (Sokolov, Tschechien) an der Eger am Johannistag während des Mittagläutens schweigend das Kraut, um es das Jahr über im Geldbeutel zu tragen, und in der Gegend von Bayreuth wurde Tausendgüldenkraut zusammen mit Schabziegerklee in die Sparbüchse gelegt.

Vertreibt Pest und anderes Übel

Nach einer ostpreußischen Sage soll ein während der Pestzeit erschienener Vogel auf das Tausendgüldenkraut hingewiesen haben. In Schlesien galt das Kraut als wirksam gegen allen bösen Zauber, und in der Walachei pflückten die Hirten in der Johannisnacht Tausendgüldenkraut und hängten es zum Schutz ihrer Schafe in die Ställe.

Hier zu Lande hatte die Pflanze häufig einen Platz im Kräuterbuschen, der zu Mariä Himmelfahrt gebunden und in der Kirche geweiht wird. In der Lausitz streute man bei nahendem Gewitter Tausendgüldenkraut auf den Herd. Mancherorts galt Tausendgüldenkraut aber auch als blitzanziehend.

Hans Jacob Christoph von Grimmelshausen schreibt in seinem »Ewig währenden Kalender« (1670) von der Verwendung des Tausendgüldenkrauts gegen die Tollwut. Dieser tödlichen Krankheit glaubte man auch in Ungarn mit am Johannistag gesammelten Tausendgüldenkraut beikommen zu können. Marzell berichtet um 1930, dass in der Lüneburger Heide noch immer so genannte Tollhundsbutter hergestellt und verschickt werde. Sie enthielt neben einer anderen Pflanze auch Tausendgüldenkraut.

Dioskurides und Plinius in der Antike und Konrad von Megenberg sowie Albertus Magnus im Mittelalter beschrieben die heilende Kraft der Pflanze als Wundkraut, indem sie behaupteten, mehrere in einem Topf garende Fleischstücke würden zusammenwachsen, wenn man Tausendgüldenkraut dazu gebe: »diu erdgall hat die art, wer si seudet mit flaisch so macht sie auz allen stucken ain stuck« (Konrad von Megenberg).

Verwendung als Heilpflanze

Wichtige Inhaltsstoffe: Bitterstoffe.
Phytotherapie: Zubereitungen aus dem blühenden Kraut gegen Appetitlosigkeit und Verdauungsbeschwerden.
Volksmedizin: Anwendungsgebiete des Tees wie in der Phytotherapie, außerdem zur Regulierung des Menstruationszyklus und bei nervöser Erschöpfung. Beliebt sind Magenbitter, die alkoholische Auszüge aus Tausendgüldenkraut und anderen Kräutern enthalten.
Homöopathie: Wenig gebräuchlich.

Botanischer Steckbrief

Volksnamen: Erdgalle, Fieberkraut, Laurinkraut, Muttergotteskraut.
Familie: Enziangewächse (Gentianaceae).
Merkmale: Den vierkantigen, 20–30 cm hohen Stängel umschließt am Grunde eine Rosette aus eiförmigen Blättern. Die gegenständigen Stängelblätter sind schmal-eiförmig. In Scheindolden stehen die rosa Blüten. Blütezeit: Juni–September.
Lebensdauer: Ein- oder zweijährig.
Vorkommen: Trockene Gebüsche, lichte Wälder, Wiesen, Trockenhänge.
Verbreitung: Europa und Mittelmeergebiete.
Wissenswertes: Besonders geschützt. Die Blüten öffnen sich nur in der Sonne.

Großblütige Königskerze

Verbascum densiflorum

Und wie diß Kräutlein auch vergeht /
Wenns lang in seinem Pracht gesteht /
Also groß Herren in der Welt /
Von Gott bald werden auch gfellt /
Sind sterblich arme Creaturn /
Der Todt sie alle hin thut führn /
Und nimpt jhn jhre Herrligkeit /
Zeugt sie an mit einem todten Kleidt /
Drumb sich niemandt verlassen soll /
Auff sein Gewalt und hohen Stoll /
Auff Menschen Krafft / Stärck und Gewalt /
Weil alle Menschen sterben bald.

Conrad Rosbach: Aus: »Königs Kertz«, Paradeissgärtlein (1588)

Dioskurides bezeichnet mit »phlomos« verschiedene *Verbascum*-Arten und ihre medizinische Verwendung. Plinius berichtet über »verbascum« und beide erwähnen, dass man aus der Pflanze Lampendochte herstellen könne. Otto Brunfels gibt eine ähnliche Verwendung bei der Namenserklärung an: »so mans mit hartz oder bech überstreycht, brennet es wie ein kertz.«

Marzell berichtet (1930), dass es an manchen Orten Frankreichs einen »jour des Brandons« gebe, an dem die jungen Leute aus den mit Öl getränkten Königskerzenstängeln Fackeln machen, mit denen sie durchs Dorf laufen, und dass die russischen Bauern die Haare der getrockneten Blätter zum Anfeuern benutzen. Möglicherweise kommt auch der alte und in Altbayern noch gebräuchliche Name »Himmelbrand« (»himilbrando«) von »brennen«; manche Autoren leiten ihn allerdings von »Brand« als Bezeichnung für Hohes, Emporragendes ab.

Die heilige Hildegard nennt die Pflanze »Wullena« nach den wollig behaarten Blättern und empfiehlt sie bei Heiserkeit und Brustschmerzen, aber auch dem, der »ein schwaches und trauriges Herz hat«.

Die Königskerze ist eine Marienblume und bildet noch heute vielerorts den Mittelpunkt des Kräuterbüschels an Mariä Himmelfahrt.

Hilft gegen Gicht und andere Leiden

Marcellus Empiricus berichtet, dass in der gallischen Volksmedizin die Königskerze zusammen mit einigen anderen Pflanzen zu einem Mittel gegen Gicht verarbeitet wurde. Beim Zerreiben der Königskerze musste man sprechen: »Summum caelum, ima terra, medium medicamentum.« (Ganz oben der Himmel, ganz unten die Erde, in der Mitte das Heilmittel.)

Die Großblütige Königskerze blüht fast den ganzen Sommer, wobei sich die Blüten einer Ähre nacheinander öffnen und verblühen. Aquarell von Ursula Scherf.

Botanischer Steckbrief

Volksnamen: Fackelkraut, Himmelbrand, Marienkerze, Unholdenkerz, Wollblume.
Familie: Rachenblütler (Scrophulariaceae).
Merkmale: Der bis zu 2 m hohe Stängel ist mit herablaufenden, eiförmigen, am Rand gekerbten Blättern besetzt. Stängel und Blätter sind filzig behaart. Zahlreiche kurz gestielte gelbe Blüten, deren Durchmesser 2–4 cm beträgt, stehen in ährenartigen Blütenständen. Am Blütenstand öffnen sich täglich einige Blüten. Blütezeit: Juni–September.
Lebensdauer: Zweijährig (mit Blattrosette im ersten Jahr).
Vorkommen: Wegränder, Bahndämme, Schuttplätze; allgemein an stark besonnten, trockenen, steinigen Plätzen.
Verbreitung: Europa, Nordafrika.
Wissenswertes: Ähnlich, aber mit kleineren Blüten (1–2 cm Durchmesser) ist die Kleinblütige Königskerze.

In Estland soll man früher die Königskerzenwurzel im Frauendreißiger (15. August bis 13. September), und zwar am letzten Freitag im abnehmenden Mond gegraben haben. Sie wurde gereinigt, getrocknet, dann in Gold gewickelt und um den Hals gehängt. So war sie wirksam gegen alle Arten von Katarrh.

Noch im 19. Jahrhundert ging man hier zu Lande bei Krankheiten von Vieh und Mensch nach Sonnenuntergang zu einer Königskerze, knickte sie nach Osten um und sprach ein Gebet, in dem man um Heilung bat. In Niederbayern konnte man die verschiedensten Krankheiten heilen, indem man sich mit Weihwasser besprengte, eine Königskerze nahm, mit ihr über dem erkrankten Körperteil das Kreuzzeichen machte und sprach: »Unsere liebe Frau geht über das Land, Sie trägt den Himmelbrand in ihrer Hand.«

Die Königskerze wurde über der Stalltür befestigt, damit sie böse Geister vom Stall fernhalten konnte. Bei Gewitter warf man Stücke der getrockneten Königskerze aus dem Kräuterbüschel ins Feuer. Die Pflanze kann aber auch blitzanziehend wirken, nämlich dann, wenn man sie ungeweiht ins Haus nimmt. Von der geweihten Königskerze hieß es auch, sie würde Ratten und Mäuse vertreiben, die vielfach als dämonische Tiere betrachtet wurden.

Kündet Zukünftiges und Gegenwärtiges

Zweifellos konnte die Königskerze die Verbindung zum Jenseits herstellen und deshalb auch Zukünftiges vorhersagen. In Ostpreußen hängten die Mägde eines Gehöfts jeweils eine Köngskerze über ihr Bett. Diejenige Magd, deren Pflanze zuerst verwelkte, würde auch als erste sterben.

Die Kleinblütige Königskerze (Verbascum thapsus) *als Wächterin des Hauses. Groß- und Kleinblütige Königskerze sind alte Bauerngartenpflanzen, die sich auch selbst aussäen.*

Erscheint nach einem Todesfall eine Königskerze beim Haus oder auf dem Grab, so hat die verstorbene Person eine Wallfahrt unterlassen und bittet auf diese Weise, dass die Lebenden die Pilgerfahrt nachholen. Die Erscheinung kann auch allgemein bedeuten, dass die Seele im Fegfeuer leidet und die Lebenden um eine Wallfahrt zu ihrer Erlösung bittet. Kommt ein Leichenzug an einer Königskerze vorbei, so verliert sie – wie manch andere Blumen im Volksglauben – ihren Duft.

Verbreitet war das Ableiten einer Vorhersage für den Schnee des kommenden Winters aus dem Blütenstand der Königskerze: Stehen die Blüten tief am Stängel, gibt es früh Schnee, stehen die Blüten oben am Stängelende, wird es erst im Frühjahr ergiebig schneien.

Verwendung als Heilpflanze

Wichtige Inhaltsstoffe: Schleim, Saponine, Flavonoide, ätherisches Öl.
Phytotherapie: Blüten ohne Kelch als Bestandteil von Teemischungen bei Katarrhen der oberen Luftwege.
Volksmedizin: Anwendungsgebiete wie in der Phytotherapie, außerdem Bäder bei Hämorrhoiden und das »Königsöl«, das durch Ausziehen der Blüten in Öl entsteht, gegen Ohrenentzündung.
Homöopathie: »Verbascum« aus der zu Beginn der Blütezeit gesammelten frischen Pflanze (Große und Kleine K.) bei Nervenschmerzen, Entzündungen der oberen Atemwege, Heiserkeit.

Breitwegerich

Plantago major

DER WEGERICH

(1) *Ich armes Kraut am Weg,*
Ich steh' hier ungebeten,
Muß auf mich lassen treten
Wer Lust hat, flink und träg'.

(2) *Und bin doch froh fürwahr,*
Wenn nicht des Gärtners Harke
Mich mit des Lebens Marke
Reißt aus dem Boden gar.

(3) *Wenn dir dein Stand mißfällt,*
Wen hast du zu verklagen?
Warum hast, hör' ich sagen,
Du dich hierher gestellt?

(4) *Ich möchte lieber stehen*
Im Garten bei der Rose,
Um die mit Liebgekose
Die Lüfte schmeichelnd wehn.

(5) *Doch wird gepflückt zuletzt*
Die Ros' von ihren Beeten,
Und werd ich dann zertreten,
So sind wir gleich geschätzt.

FRIEDRICH RÜCKERT (1788–1866)

Der Name, der im Althochdeutschen als »wegarîh« erscheint, weist auf den Herrscher (germanisch »rik« = König) des Weges hin. Sowohl bei den Griechen und Römern als auch bei den Germanen scheint der Wegerich die Verkörperung eines Totengeistes gewesen zu sein.

Die Indianer Nordamerikas nannten den Breitwegerich »Fußstapfen des Weißen Mannes«. Die bei Feuchtigkeit klebrig werdenden Früchte hatten sich an die europäischen Auswanderer, ihre Pferde und Wagen angehängt und waren mit ihnen über den Atlantik in die Neue Welt gereist. Dort verbreitete sich die Pflanze entlang der Wege der Siedler.

Im Volksglauben wird nicht immer zwischen den Wegericharten unterschieden, am häufigsten war aber der Breitwegerich gemeint.

STILLT BLUT, HEILT WUNDEN UND FIEBER

Aus dem 11. Jahrhundert ist eine Beschwörung des Wegerichs in lateinischer Sprache überliefert, in der dieser als Kraut der Proserpina, der Unterweltsherrscherin angesprochen und aufgefordert wird, den Blutstrom einer Frau zu stillen. Höfler berichtet, dass er – gegen Ende des 19. Jahrhunderts – als ärztlicher Geburtshelfer einer Frau beigestanden und diese nach der Entbindung gesagt hatte, dass ihr auch ohne den Doktor nichts geschehen wäre, denn sie hätte ja bloß einen Wegerich samt Wurzel in der linken Hand zu halten brauchen. Wegen dieser ihm zugeschriebenen starken blutstillenden Kraft hieß der Wegerich im Mittelalter – ebenso wie andere Pflanzen – auch Blutwurz.

In einem Frankfurter Kräuterbuch des 13. Jahrhunderts wird erzählt, wie der arabische Arzt Avicenna (980–1037) die Wundheilungskraft des Wegerichs entdeckt haben soll: Avicenna traf am Weg auf eine

Die seit alters gerühmte entzündungshemmende Kraft der Wegericharten wird für den Spitzwegerich auch von der modernen Phytotherapie anerkannt. Pflanzenatlas von Moritz Fünfstück (um 1900).

Botanischer Steckbrief

Volksnamen: Katzenschwanz, Wegetritt
Familie: Wegerichgewächse (Plantaginaceae).
Merkmale: Der 10–15 cm hohe Blütenstiel ist am Grunde von einer Rosette breit-eiförmiger, parallelnerviger Blätter umgeben. Die unscheinbaren Blüten mit den zunächst lilafarbenen, dann weißlichgelben Staubfäden sitzen in einer bis 20 cm langen walzenförmigen Ähre. Blütezeit: Juni–Oktober.
Lebensdauer: Ausdauernd (Wurzelstock).
Vorkommen: Wegränder, Grasplätze, Weiden, zwischen Pflastersteinen.
Verbreitung: Europa, Nord- und Mittelasien; über die ganze Erde verschleppt.
Wissenswertes: Der Spitzwegerich *(Plantago lanceolata)*, auch Heufresser genannt, besitzt schmal-lanzettliche Blätter mit rinnenförmigem Stiel. Die unscheinbaren Blüten mit den weißlichgelben Staubfäden sitzen in einer kugelig-eiförmigen Ähre. Er kommt auch auf Fettwiesen vor.
Der Mittlere Wegerich *(Plantago media)* hat breit-ovale, parallelnervige Blätter und walzenförmige Blütenähren, mit vielen lilavioletten Staubfäden. Er wächst an Wegen, in Rasen und Weiden.

Schlange, die soeben von einem Kaufmannswagen überfahren worden war. Die Schlange kroch mit letzter Kraft zu einem Wegerich, biss ein Stück ab, kaute es durch und legte den Brei auf ihre Verletzungen und Wunden. Avicenna konnte voller Erstaunen beobachten, wie die bereits dem Tode nahe Schlange durch diese Behandlung wieder genas.

In manchen Gegenden hieß es, der Wegerich könne Fieber heilen, wenn man seine Wurzel ausgräbt, an einer Schnur auf dem nackten Leib trägt und sie, sobald sie vertrocknet ist, in ein fleißendes Wasser wirft. 3 Wegerichwurzeln, die man zusammen mit einem Glas Wein zu sich nimmt, vertreiben das dreitägige, 4 Wurzeln das viertägige Fieber.

Wehrt Gift und Müdigkeit ab

Schon Plinius empfiehlt Wegerichsaft gegen die Folgen des Bisses wilder Tiere und der Stiche von Skorpionen. Im angelsächsischen »Neunkräutersegen« (siehe S. 19) wird der Wegerich angerufen, damit er, der so vielem widerstand, auch Gift und Ansteckung und dem über das Land dahinfahrenden Übel widerstehen möge.

Hieronymus Braunschweig erzählt in seinem Destillierbuch (1551) eine angeblich wahre Geschichte: Ein Priester habe zusammen mit anderen Personen beobachtet, wie eine auf der Türschwelle sitzende Kröte von einer Spinne gebissen worden sei. Die Kröte sei zu einem Wegerich gekrochen, habe ein Stück von ihm abgebissen und sei wieder zurück zur Schwelle. Dort sei sie abermals gebissen worden und die zuvor geschilderte Szene habe sich noch einmal wiederholt. Beim dritten Mal hätten die Beobachter aber den Wegerich ausgerissen und die ihn verzweifelt suchende Kröte starb an ihren Verletzungen. Braunschweig empfiehlt deshalb Breitwegerichwasser gegen Bisse oder Stiche von Tieren.

Wegerich, unter die Füße gelegt, sollte diese vor Müdigkeit schützen. Überhaupt glaubte man vom Wegerich, der ja an seinem Standort am Wege auch mit Füßen in Berührung kommt, dass er gegen allerlei Fuß-

Als am Weg wachsende Pflanze sollte vor allem der Breitwegerich gegen verschiedene Fußleiden wirksam sein. »Lexicon plantarum« (15. Jahrhundert).

krankheiten bei Mensch und Tier helfen könne. In der Franche-Comté ließ man das Rind, das eine Fußkrankheit hatte, beim Gehen auf einen Wegerich treten. Dieser wurde dann mit der Wurzel ausgerissen und zum Trocknen in den Kamin gehängt. So wie die Pflanze vertrocknete, verschwand dann auch die Fußkrankheit.

Gegen Kopfweh konnte der richtig gegrabene und verwendete Wegerich ebenfalls helfen. Nach einem alten angelsächsischen Rezept musste man dazu den Wegerich vor Sonnenaufgang ausgraben, dabei nur ja kein Eisen verwenden, dann die Wurzel zusammen mit Kreuzwurz (unklar, welche Pflanze gemeint ist) mit einem roten Faden um den Kopf binden. Marzell berichtet 1930 von einem damals in Essenbach (Landkreis Landshut) noch aktuellen Rezept gegen Kopfweh: Man nähe eine Wegerichwurzel mit einem weißen Faden in ein Säckchen und hänge dieses mit einem blauen Faden um den Kopf.

Liebes- und Anti-Liebeszauber

In manchen Gegenden Englands suchten die Mädchen unter der Wurzel des Wegerichs Kohlen, die sich am Johannistag dort befinden sollten (vgl. Beifuß). Sie legten diese Kohlen nachts unter das Kopfkissen, und im Traum sahen sie dann den Zukünftigen.

In einem französischen Rezept des 17. Jahrhunderst erscheint Wegerich auch als ein Mittel um Liebe zu erzwingen: Man holt an Johanni vor Sonnenaufgang Wegerichsamen und pulverisiert ihn. Zusammen mit 2 Tropfen Weihwasser füllt man ihn in den Kiel einer Gänsefeder und verstopft die Öffnung mit Jungfernwachs (erstes Wachs der jungen Bienen). Wenn man dieses Mittel bei sich trägt, wird man von allen geliebt.

Bei Hildegard von Bingen dagegen sollte Wegerich helfen, durch Speise oder Trank angezauberte Liebe wieder loszuwerden: »Und auch wenn ein Mann und eine Frau Liebeszauber ißt oder trinkt, dann soll man Wegerichsaft ohne Wasser oder mit Wasser zu trinken geben, und danach nehme er irgendeinen starken Trank, und er wird innerlich gereinigt werden, und nachher wird er sich leichter fühlen.« Auch später – etwa im Destillierbuch des Hieronymus Braunschweig – tauchen immer wieder Wegerichrezepte auf, die gegen angezauberte Liebe helfen sollen.

Reißt man das Blatt des Breitwegerichs quer durch, dann ragen an der Rissstelle die Gefäßbündel als Fäden heraus. Die junge Frau kann aus der Zahl der heraushängenden Fäden erfahren, wie viele andere Frauen der Schatz schon vor ihr geküsst hat, die Kinder, wie oft jemand an diesem Tag schon gelogen hat, und wenn zwei Leute zwischen sich ein Wegerichblatt auseinanderreißen, dann wird derjenige mehr Glück haben, bei dessen Teil mehr oder längere Fäden heraushängen. Auch über die Größe des zu erwartenden Kindersegens kann man sich so informieren.

Verwendung als Heilpflanze

Wichtige Inhaltsstoffe: Aucubin, Gerbstoffe, Schleim.
Phytotherapie: Zubereitungen aus dem blühenden Kraut bei Bronchitis (nur Spitzwegerich).
Volksmedizin: Tee aus den frischen oder getrockneten Blättern bei Blasenleiden. Frische Blätter oder Tee äußerlich bei Hautentzündungen und Insektenstichen. Spitzwegerich: Presssaft aus den Blättern oder zerdrückte Blätter äußerlich bei Hautentzündungen und Insektenstichen, innerlich zur »Blutreinigung«.
Homöopathie: »Plantago major« aus dem frischen Kraut bei Zahnschmerzen, Nervenschmerzen im Gesichtsbereich, Bettnässen.
Küche: Gedünstete Blätter als Wildgemüse. Früchte als Brotgewürz. Spitzwegerich: Blätter roh als Salat, gedünstet als Wildgemüse.

Gewöhnliche Schafgarbe

Achillea millefolium

Hier dicht an der Feldsteinmauer war ein Grab gegraben, an einer Stelle, wo zur Sommerzeit Disteln und Schafgarbe wucherten und die Ziegen zu grasen pflegten.

THEODOR FONTANE (1819–1898): VOR DEM STURM

Plinius erklärt den Pflanzennamen »achilleos«: Achilles, ein Schüler des heilkundigen Kentauren Chiron soll mit dem Kraut den kleinasiatischen König Telephus von seinen Wunden geheilt haben. Sicher war auch den Germanen die Heilkraft dieser Pflanze bekannt. Ob die »Ambrosia« des Walahfrid Strabo der Schafgarbe entspricht, ist unsicher; mit ziemlicher Sicherheit kann jedoch der »Garwa« Hildegards von Bingen die Schafgarbe zugeordnet werden. Die Äbtissin sagt über die Pflanze, dass sie warm und trocken sei und gesonderte und feine Kräfte für Wunden habe. Die Herkunft des im Althochdeutschen »garawa« lautenden Wortes ist unklar.

Albertus Magnus unterscheidet offenbar nicht zwischen Kümmel und Schafgarbe, wenn er schreibt: »Carvi ist ein Kraut, das auch Achillea heißt.« Seit dem 15. Jahrhundert heißt die Pflanze Schafgarbe, weil die Schafe sie gern fressen. Die Kräuterbücher des 16. Jahrhunderts behandeln die Schafgarbe wie Hildegard von Bingen in erster Linie als Wundkraut.

Schafgarbe diente auch als Bierwürze ehe, von den Benediktinern gefördert, der Hopfen für diesen Zweck gebräuchlich wurde. Als Färbepflanze gibt Schafgarbe gelbe und moosgrüne Töne.

Gegen allerlei Krankheiten

Für den Fall, dass der Teufel in einen gefahren ist oder einem eine Krankheit zugefügt hat, wird in ei-

Ob wohl das bei diesem Mahl genossene Bier mit Hopfen oder einer anderen Pflanze wie Schafgarbe gewürzt war? Das bayerische Reinheitsgebot, in dem Hopfen verbindlich vorgeschrieben wurde, stammt aus dem Jahr 1516. Nach einem Bild von Hans Burgkmair (1473–1531).

In den Kräuterbüchern der frühen Neuzeit wird vor allem die wundheilende und blutstillende Wirkung der Schafgarbe betont. Kräuterbuch des Adamus Lonicerus (Ausgabe 1679).

BOTANISCHER STECKBRIEF

Volksnamen: Blutkraut, Garbe, Jungfernkraut, Katzenkraut, Schafrippe, Tausendblatt.
Familie: Korbblütler (Asteraceae).
Merkmale: Den unterirdischen Ausläufern entspringen 15–60 cm hohe, meist unverzweigte Stängel. Die dunkelgrünen, doppelt gefiederten Blätter riechen würzig. In einer dichten, schirmartigen Trugdolde stehen die kleinen Blütenköpfe: innen wenige gelblichweiße Röhrenblüten, außen meist 5 weiße (seltener auch rosafarbene) Zungenblüten. Blütezeit: Juni–Oktober.
Lebensdauer: Ausdauernd (Wurzelstock).
Vorkommen: Wegränder, Raine, Halbtrockenrasen.
Verbreitung: Europa, Sibirien, westliches Himalayagebiet, Kaukasus, Nordpersien; eingeschleppt in Nordamerika, Neuseeland, Australien.

nem alten angelsächsischen Kräuterbuch empfohlen, aus der Schafgarbe und einigen anderen Kräutern einen Trank herzustellen. Allerdings müssen über die Kräuter zuvor 7 Messen gelesen worden sein und das Gebräu muss aus einer Kirchenglocke getrunken werden.

In manchen Gegenden Bayerns und Österreichs war der Glaube verbreitet, die weiß blühende Schafgarbe sei für Frauen und die rötlich blühende für Männer besonders geeignet.

Vielerorts waren frische junge Schafgarbenblätter wichtiger Bestandteil des Gründonnerstagsgemüses, der schon erwähnten Kultspeise, deren Genuss das ganze Jahr vor Krankheiten bewahren und Kraft geben sollte.

Zur Rolle der Pflanze als Wundkraut und zum französischen Namen »herbe de Saint Joseph« (Kraut des hl. Josef) erzählt eine Legende, dass sich der hl. Josef bei seiner Zimmermannsarbeit einst eine blutende Verletzung zugezogen hatte und das göttliche Jesuskind dem Pflegevater die Schafgarbe brachte. Sie stillte das Blut und ließ die Wunden rasch heilen.

In Österreich hatte die Pflanze auch den Namen »Herrgotts Ruckenkraut«, vermutlich weil man beim Anblick der von der Blattspindel abgehenden zarten Fiederblätter einen Vergleich mit dem menschlichen Rückgrat anstellte. Wohl auch aufgrund dieser Signatur galt mancherorts Schafgarbentee als wirksam gegen Rückenschmerzen.

Ihr aromatischer Duft brachte die Schafgarbe in den Ruf, gegen die Pest wirksam zu sein. Die Pflanze wurde zu Pestzeiten in den Häusern aufgehängt, womit auch der niederbayerische Name »Pestilenzkraut« zusammenhängt.

NASENBLUTEN ALS LIEBESORAKEL

Hieronymus Bock wunderte sich über die entgegengesetzten Wirkungen, die Schafgarbe haben kann: »... also/wa man das kraut zerknirscht und das auff die bluttigen wunden gelegt/so gesteht das blut/herwiderumb/wann einer ein bletlin in die nasen thut/über eine

Verwendung als Heilpflanze

Wichtige Inhaltsstoffe: Ätherisches Öl, Bitterstoffe, Gerbstoffe.
Phytotherapie: Frisches oder getrocknetes Kraut als Tee und als alkoholische Zubereitungen. Innerlich bei Beschwerden, die auf einer mangelhaften Produktion von Verdauungssäften beruhen wie Appetitlosigkeit oder leichten krampfartigen Beschwerden im Magen-Darm-Bereich. Äußerlich bei Entzündungen der Mundschleimhaut und bei Hautverletzungen. Als Sitzbäder bei funktionell bedingten krampfartigen Schmerzen im kleinen Becken der Frau.
Volksmedizin: Verwendung ähnlich wie in der Phytotherapie, außerdem gegen Kopfschmerzen, Blutarmut, Blasenbeschwerden, Erkrankungen der Atmungsorgane, als »Blutreinigungsmittel«. Sebastian Kneipp schätzte die Schafgarbe sehr: »Schafgarbe tut treffliche Dienste.«
Homöopathie: »Millefolium« aus dem frischen blühenden Kraut bei Neigung zu Blutungen, insbesondere unregelmäßigen und verlängerten Regelblutungen.
Küche: Die jungen zarten Blätter im Frühjahr als Bestandteil und Würze von Suppen und Salaten.
Achtung! Schafgarbe kann Allergien auslösen. Manche Menschen reagieren bereits auf die Berührung mit Hautausschlägen.

Mary Cicely Barker (1895–1973) sah die Schafgarbe als guten Geist.

kleine weil folgt das blut hernach.« Es soll über Jahrhunderte unter Schulkindern ein geschätztes Mittel gegeben haben, um sich wenigstens vorübergehend vom Unterricht entfernen zu können: Schafgarbenblätter in die Nase stecken, dann mit dem Finger auf die Nase schlagen, wodurch es bald zu Nasenbluten kommt.

Marzell schrieb um 1930, dass das von Schafgarbenblättern hervorgerufene Nasenbluten in England noch immer ein geschätztes Liebesorakel sei: Das Mädchen oder der junge Mann dreht das Schafgarbenblatt dreimal in der Nase herum und denkt dabei an den Liebsten oder die Liebste. Wenn dann Blut aus der Nase fließt, ist das ein günstiges Zeichen und man kann annehmen, dass man wiedergeliebt wird.

Auch eine vom Grab eines Jünglings gepflückte Schafgarbe war nützlich: Wenn man sie mit Beschwörungsworten unter das Kopfkissen legte, erschien im Traum der künftige Liebhaber oder die künftige Geliebte.

Gewöhnlicher Beifuß

Artemisia vulgaris

Bey diesem Beyfuß mag man lern /
Dz ein jeder dem andern diene gern /
Mit Händ und Füssen stehe bey /
Und wie er kan auff mancherley /
Also uns Christus all verbindt /
Daß eins dem andern sey gedient /...

Conrad Rosbach: Paradeissgärtlein (1588)

Der Name – althochdeutsch »pipoz«, mittelhochdeutsch »biboz« – ist möglicherweise von »bozen« (stoßen) abgeleitet, da die Pflanze gestoßen als Gewürz verwendet wurde. Volksetymologisch wurde dann »Beifuß« daraus, dem man die Kraft zuschrieb, beim Wandern vor Ermüdung zu schützen, sobald man ihn in den Schuhen, »beim Fuß«, trage.

Der wissenschaftliche Name ist von Artemis, der Schutzgöttin der gebärenden Frauen, abgeleitet. Bereits Dioskurides und Plinius bezeichnen die Pflanze – oder vielleicht auch eine andere *Artemisia*-Art – vor allem als Frauenmittel. Brunfels lobt den Beifuß ebenfalls als Frauenkraut, das die Menstruation fördert, die Geburt beschleunigt, die Nachgeburt austreibt und Unfruchtbarkeit behebt.

Plinius weiß auch sonst noch Lobenswertes über die Pflanze: Wer sie bei sich trägt, dem können weder Gifte noch wilde Tiere schaden. Im germanischen Volksglauben hat der Beifuß eine wichtige Rolle gespielt. Mit ihm (»muegwyrt«) beginnt der alte angelsächsische »Neunkräutersegen« (siehe S. 19). Als besonders heil- und zauberkräftig galt der zur Zeit der Sommersonnenwende gesammelte Beifuß. Er war wie Hartheu und Arnika ein »Johanniskraut«.

Heilkräftige Kohlen unter der Beifussstaude

Hieronymus Bock verurteilt in seinem Kräuterbuch den Aberglauben um den Beifuß: »... also daß etlich diß kraut auff gewissen tag und stund graben wie Verbenam, suchen kolen und narensteyn, darunder für febres, andere hencken es umb sich, machen krentz darauß, folgens werffen si dz kraut mit jrem unfal in S. Johansfeur mit jren sprüchen und reymen.« Die erwähnten Kohlen findet man am Johannistag brennend entweder Schlag 12 Uhr mittags – sie verschwinden beim letzten Glockenschlag – oder auch in der Johannisnacht zwischen 11 und 12 Uhr. Insbesondere gegen Fieber und Epilepsie sollten diese Kohlen helfen, wenn man sie stillschweigend an sich nimmt. Erschwert wurde das Unternehmen allerdings dadurch, dass die Kohlen nicht selten von einem schwarzen Hund bewacht wurden. Manchmal hieß es auch, dass nur Kinder oder Jungfrauen diese Kohlen finden können.

Anders als Bock berichtet Brunfels voller Ehrfurcht von zauberkräftigen Menschen, die Beifuß-Kohlen finden: »Die magi graben disse wurtzel uff S. Johanns abent, so die sonn undergadt, so finden sye darbey schwartz körnlin an der wurtzel hangen. Und das dem also, hab ich selb gesehen, ist ein sonderlich geheymnußz was damit gehandlet würt.«

Botanischer Steckbrief

Volksnamen: Gänsekraut, Sonnwendgürtel, St. Johanniskraut.
Familie: Korbblütler (Asteraceae).
Merkmale: Der 50–150 cm hohe, verzweigte Stängel ist oft bräunlich oder rötlich überlaufen. Die fiederteiligen Blätter stehen wechselständig, sind oberseits kahl und dunkelgrün, unterseits weißfilzig behaart. Sie riechen stark aromatisch. Die gelblichen oder bräunlichrötlichen kleinen Blüten, die ihre filzigen Hüllblätter nur wenig überragen, stehen in einem rispigen Blütenstand. Blütezeit: Juli–Oktober.
Lebensdauer: Ausdauernd.
Vorkommen: Wegrand, Gebüsch, Ruderalflächen, Ufer, Zäune.
Verbreitung: Europa (außer Südeuropa), Asien, Nordamerika.

Ein schwarzes Würmlein als Glücksbringer

In Böhmen konnte man noch anderes mit Hilfe des Beifußes gewinnen: Am Karfreitag rückwärts und schweigend zu einer Beifußstaude gehen und die Wurzel ausgraben, das darin befindliche schwarze Würmlein in eine Flasche tun und aufbewahren. 9 Tage sich nicht waschen und nicht beten und beim Mittagessen jeden Tag ein Stückchen Brot unter den Tisch werfen. Am neunten Tag fängt das Würmlein zu reden an und tut, was man verlangt. Das Geld, das man

Der »Sonnwendgürtel« wurde beim Tanz um das Johannisfeuer oder beim Sprung darüber getragen und anschließend ins Feuer geworfen. Darstellung aus dem 19. Jahrhundert.

Verwendung als Heilpflanze

Wichtige Inhaltsstoffe: Ätherisches Öl, Bitterstoffe, Gerbstoffe.
Phytotherapie: Keine Verwendung. Verwendet werden dagegen die Blätter des verwandten und von den Inhaltsstoffen her ähnlichen Wermuts (*Artemisia absinthium*), der eine insgesamt stärkere Wirkung hat, bei Appetitlosigkeit, dyspeptischen Beschwerden und Gallenbeschwerden. In der Traditionellen Chinesischen Medizin (TCM) werden bei der Moxibustion (Setzen örtlich umschriebener Hautverbrennungen zur Anregung von Heilprozessen) häufig Brennkegel aus Beifuß verwendet.
Volksmedizin: Tee aus dem zur Blütezeit gesammelten und getrockneten Kraut als Frauenmittel bei Menstruationsbeschwerden, gegen allgemeine Schwäche und zur Anregung der Verdauungsorgane. Äußerlich die mit Arnikatinktur vermischte Beifußtinktur bei Rheuma, Quetschungen, Verrenkungen.
Küche: Beifuß als Gewürz an fette Fleischspeisen wie Gänse- oder Schweinebraten.
Homöopathie: Wenig gebräuchlich.
Achtung! Beifuß kann allergische Reaktionen auslösen. Während der Schwangerschaft auf Beifuß verzichten.

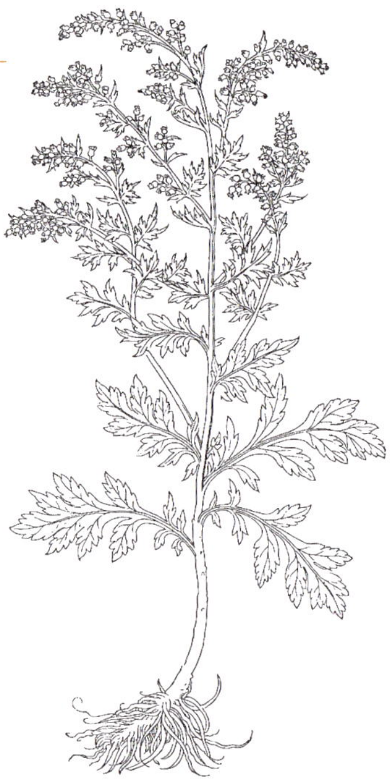

Am Johannistag um 12 Uhr mittags brennen an der Beifußwurzel zauberkräftige schwarze Kohlen – so hieß es mancherorts. Holzschnitt aus dem »New Kreütterbuch« des Leonhart Fuchs (1543).

Nach mittelalterlichem Glauben konnte man den unter dem Haselstrauch lebenden Haselwurm fangen, wenn man ihn mit Beifuß bestreute. Aß man dann das Fleisch des schlangenartigen Tieres, so bekam man Macht über die Geister, konnte sich unsichtbar machen und erkannte die geheimen Heilkräfte der Pflanzen. Beifuß im »Lexicon plantarum«, einer im 15. Jahrhundert wahrscheinlich nördlich der Alpen entstandenen Handschrift.

sich mit des Würmleins Hilfe jeden Tag in großer Menge beschaffen kann, muss man allerdings noch am selben Tag verbrauchen.

Kränze aus Beifuß wurden mancherorts zu Johanni geflochten und im Stall aufgehängt, um Böses fern zu halten. Beifußkranz oder -gürtel wurde auch beim Tanz ums Johannisfeuer getragen und dann ins Feuer geworfen. Alles Kranke, alles Unheil, aller böse Zauber sollte so in die Pflanze übergehen und mit ihr zusammen verbrennen.

Beifuß ist eine alte europäische Räucherpflanze. Das Räuchern mit Beifuß war wohl schon in vorchristlicher Zeit üblich, insbesondere als Hilfe und Schutz für gebärende Frauen. Im Kräuterbüschel, das an Mariä Himmelfahrt gesegnet wird, hat Beifuß noch heute seinen Platz.

Roggen

Secale cereale

Die Roggenmuhme

Laß stehen die Blume!
Geh nicht in's Korn!
Die Roggenmuhme
Zieht um da vorn!

Bald duckt sie nieder,
Bald guckt sie wieder:
Sie wird die Kinder fangen,
Die nach den Blumen langen.

August Kopisch (1799–1853)

Der Getreideanbau ist wahrscheinlich in Vorderasien im 6. Jahrtausend v. Chr. entstanden. Im 4. und 5. Jahrtausend. v. Chr. gab es in Mitteleuropa bereits Emmer, Einkorn, Gerste und Hirse, später kamen Hafer und Weizen dazu.

Der Roggen gelangte vermutlich als Unkraut mit dem Weizen nach Europa. Seine Ansprüche an Boden und Klima sind viel geringer und deshalb hat er sich auch bei dem im 1. Jahrtausend v. Chr. sich allmählich verschlechternden Klima bewährt. In Norddeutschland wurde bereits um 800–500 v. Chr. Roggen angebaut, in Süd- und Westdeutschland einige Jahrhunderte später. Der Roggen war hierzulande lange Zeit die am meisten verwendete Brotfrucht, er hieß deshalb auch einfach »Korn«.

Roggenbrei war eine Lieblingsspeise der Zwerge, die man damit freundlich stimmen oder belohnen konnte, insbesondere während der Zwölf Nächte, in denen man sich deshalb mancherorts auch des Roggenbreis enthielt. Rot geht der Roggen deshalb auf, weil – so heißt es in einer schwäbischen Sage – Kain seinen Bruder Abel in einem Roggenfeld erschlug. Lonicerus schreibt: »Gesunde Leute stärket Roggenbrod am besten, aber kranken Leuten ist Waizenbrod viel nützlicher und besser.«

Ein Bildtypus der christlichen Malerei ist »Maria im Ährenkleid«. Die Gottesmutter ist jugendlich-schön in der Bildmitte dargestellt. Sie trägt ein gegürtetes, mit Ähren geschmücktes Gewand, das am Halsausschnitt und den Ärmeln strahlenförmig verziert ist. Meist handelt es sich allerdings um Weizenähren, vermutlich weil Weizen als das »edlere« Getreide galt. Auch wenn umstritten ist, ob Maria damit in der Nachfolge von Erdgöttinnen wie Demeter steht, die ebenfalls mit Ähren dargestellt wird, weisen die Ähren doch auf ihre Rolle als Segen- und Fruchtbarkeitsspenderin hin.

Damit der Roggen gut gedeiht

Wie die anderen Getreidearten dachte man sich auch den Roggen von Korndämonen gefördert, beschützt und bewacht. Diese Dämonen können Tier- oder Menschengestalt haben, männlichen oder weiblichen Geschlechts sein. Ihnen wurden Opfer gebracht, damit sie das Gedeihen der Frucht fördern. Roggenmuhme oder -mutter und Roggenwolf waren vor allem in Norddeutschland verbreitet. Der Roggenwolf war auch das Kind der Roggenmutter oder gar diese selbst. Wenn der Wind die Halme bewegte, hieß es auch, der Wolf würde durchs Feld laufen und sein Fuß die blühende Saat segnen. Auch der gefürchtete Bilwis (siehe S. 33) war ursprünglich ein wachstumsfördernder Vegetationsdämon. Erst später wurden aus den Segen spendenden Vegetationsgeistern Schreckgestalten, die am Ende nur noch als Kinderschreck oder als Name für die letzte Garbe bei der Ernte dienten. Die Roggenmuhme – so eine der Erzählungen – hat schwarze Brüste, an denen sie die ins Feld gelaufenen Kinder trinken lässt. Das bekommt ihnen gar nicht und sie müssen bald darauf sterben.

Hermann Reling und Paul Brohmer berichten in ihrem Buch über Pflanzen in Sage, Geschichte und Dichtung, dass noch lange Zeit in Mecklenburg und am Harz ein Ährenbüschel, das auf einer Ecke des Feldes ungemäht blieb, dem Wodan als Futter für sein Pferd geweiht worden ist. Dreimal wurde der Gott von den Mähern angerufen:

Wode, Wode,
Hole dinem Rose nu Foder.
Nu Distel und Dorn,
Tom andern Jar beter Korn!

Ebenfalls am Harz und auch in Berchtesgaden ließ man ein Büschel für die Spatzen stehen. Nachdem die Ernte beendet war, warf man in Hessen nachts um Mitternacht aus der Scheune eine Garbe, die für die Engel

Botanischer Steckbrief

Volksnamen: Korn.
Familie: Süßgräser (Poaceae).
Merkmale: Der 1,5–2 m hohe, Halm genannte Stängel ist durch Knoten gegliedert. Halm und Blätter sind blaugrün. Die Blüten stehen in Teilblütenständen, den Ährchen, die zu einem Gesamtblütenstand vereinigt sind. Blütezeit: Mai–Juni. Die Körnerfrüchte enthalten jeweils nur 1 Samen (Grasfrucht).
Lebensdauer: Einjährig.
Vorkommen und Verbreitung: Weltweit als Nahrungspflanze angebaut. Heimat: vermutlich Kaukasusgebiet.
Wissenswertes: Triticale, eine Kreuzung aus Weizen und Roggen, die frostresistenter, proteinreicher und widerstandsfähiger gegen verschiedene Krankheitserreger ist, wird in den letzten Jahren verstärkt als Futterpflanze angebaut.
In früheren Zeiten wurde der Roggen nicht selten vom Mutterkorn-Pilz *(Secale cornutum)* befallen: Aus den Roggenähren ragen schwarz gefärbte Körner heraus. Mutterkorn ist sehr stark giftig. Im Altertum und im Mittelalter gab es häufig »Ergotismus«-Epidemien durch Mehl, das mit dem Pilz verunreinigt war. Gegen Migräne werden in der modernen Medizin Fertigpräparate mit dem reinen Alkaloid Ergotamin verwendet. Das homöopathische Mittel »Secale cornutum« wird bei Schmerzen, Krämpfen, Bluthochdruck und verlängerter Regelblutung eingesetzt.

Die heidnisch-römische Ceres (griechischer Name Demeter) erscheint als Segen spendende Fruchtbarkeitsgöttin auf dieser spätmittelalterlichen Darstellung (1473).

Neben dem Roggen hatten und haben im Feldbau auch andere Getreidearten Bedeutung, wobei im Verlauf der Jahrhunderte die prozentualen Anteile starken Schwankungen unterliegen – im gleichen Maße wie die Ernährungsgewohnheiten. Die Abbildungen zeigen von links nach rechts: Roggen, Sommerweizen, Dinkel, Gerste. Pflanzenatlas von Moritz Fünfstück (um 1900).

bestimmt war. Solche Opferbräuche sollten Dank und Bitte um weiteren Segen symbolisieren.

Ähnlich wie beim Flachs gab es auch beim Roggen und den anderen Getreidearten für Aussaat, Wachstum und Ernte viele magische Handlungen.

Roggen für Gesundheit und Schönheit

In Bayern war es vielerorts Brauch, am Karfreitag vor Sonnenaufgang und ohne dabei von jemandem angeredet zu werden (»unbesprochen«) ein wenig von der jungen Roggensaat vom Feld zu holen und den Pferden ins Futter zu geben, um sie vor der Kehlsucht zu bewahren. Eine Handvoll Roggen, die die Pferde am Markustag (25. April) erhielten, sollte sie in der Gegend von Zusmarshausen (Schwaben) das Jahr über vor Koliken bewahren. Das Essen der ersten Roggenblüten (gemeint sind die aus der Blüte heraushängenden Staubbeutel) sollte vor Fieber bewahren und auch den Husten vertreiben. Streicht man 3 blühende Roggenähren durch den Mund, wird man von keinem tollwütigen Hund gebissen.

Der Tau des Roggenfeldes diente insbesondere im Mai zur Kräftigung, Verjüngung und Verschönerung. Die Zwerge und die Hexen badeten gern darin. Frauen sammelten vor allem am Johannistag vor Sonnenaufgang diesen Roggentau und wuschen sich damit, weil er schön und jugendlich machen und Sommersprossen vertreiben sollte.

Ährenkleidmadonna des Sterzinger Meisters (um 1450) in der Kirche von Sterzing. Darstellungen dieses Bildtypus sind seit dem 15. Jahrhundert vor allem im deutschen Sprachraum entstanden.

Gewöhnliches Widertonmoos

Polytrichum commune

Gleich wie diß Kräutlein dienen soll
Für Gspenst und Zaubereyen voll /
Also viel mehr erinner dich /
Deß Widerthons so kräfftiglich /
In warheit kan vertreiben frey
Deß Teuffels Gspenst und Fantasey /
Das ist das ewig Göttlich Wort /
Das kan vertreiben deß Teuffels mordt /...

Conrad Rosbach: Paradeissgärtlein (1588)

Mit dem Namen Widerton oder Widertat werden auch noch andere Pflanzen benannt, etwa verschiedene kleine Farne wie Mondraute *(Botrychium lunaria)*, Mauerraute *(Asplenium rutamuraria)* oder Milzfarn *(Asplenium trichomanes)*. Auch unter den Samenpflanzen gibt es den »Widerton«, beispielsweise Sonnentau *(Drosera)* oder Gelbe Wiesenraute *(Thalictrum flavum)*. Am häufigsten wird aber darunter das Moos *Polytrichum commune* verstanden.

In Schlesien hieß das Widertonmoos »Wolfsgerste«.

Die botanische Gruppe der Moose spielt im Volksglauben eine nur untergeordnete Rolle, wohl deshalb weil die Vertreter eher unscheinbar sind. Geschätzt sind allerdings die Moosleute und insbesondere ihre weibliche Form, die Moosweiblein oder Moosfräulein. Diese den Menschen wohl gesinnten und hilfreichen zwergenartigen Naturdämonen leben in Bäumen oder in Mooshütten. Ihre Kleidung weben sie aus dem Garn, das sie vom Bartmoos (Bartflechten) spinnen. Wenn Menschen einem Moosfräulein auf dessen Bitte hin in irgendeiner Weise geholfen haben, erweist es sich als dankbar. Es besorgt etwa heimlich die Hauswirtschaft und zwar so, dass die Hausleute zu Wohlstand und Ansehen gelangen. Wie die Zwerge und Heinzelmännchen dürfen auch die Moosleute auf keinen Fall für ihre Dienste entlohnt, sondern nur mit Speisen versorgt werden. Sie sind oft auf der Flucht vor dem Wilden Jäger, daher bitten sie die Holzarbeiter, 3 Kreuze in Baumstümpfe einzuhauen. Wenn sich die gehetzten Geister darauf setzen, kann ihnen der Wilde Jäger nichts anhaben. Einen großen Abscheu haben die Moosleute vor gewürztem Brot (siehe Kümmel). Nicht ungern sehen sie es, wenn man ihnen beim Flachssäen einige Samen in den Wald wirft oder bei der Flachsernte einige Halme für sie stehen lässt.

»Widertan« gegen das »Antun«

Im Mittelhochdeutschen hieß der Widerton »widertan«. Aus dieser Benennung wurde im Spätmittelalter »wedertot« und daraus erfolgte bisweilen die Deutung, das Kraut sei gegen den Tod wirksam. Der Widerton

Botanischer Steckbrief

Volksnamen: (Goldenes) Frauenhaar, Haarmoos, Midritat, Widertat, Widritat.
Ordnung: Polytrichales.
Merkmale: Die 20–40 cm hohen Stängel sind mit vielen linealen, ungestielten Blättchen besetzt, die bei feuchtem Wetter fast waagrecht abstehen. Im Frühjahr erscheinen an den Stängelspitzen mancher Moospflänzchen männliche Organe (Antheridien), an anderen weibliche Organe (Archegonien). Aus letzteren erheben sich ab Mai die Sporenkapseln. Sie stehen auf einem unbeblätterten Stiel und sind zunächst von einer Haube bedeckt, die bei der Reife abfällt.
Vorkommen: Feuchte, saure Böden, insbesondere im Fichtenwald.
Verbreitung: Weltweit.
Wissenswertes: Moose gehören wie die Farne zu den Sporenpflanzen. Sie haben einen Generationswechsel, in welchem die grüne Moospflanze die geschlechtliche Generation darstellt.

weist sich jedoch mit seinem Namen als Gegenzauberkraut aus: »ton« von »tun« oder »antun« im Sinne von verzaubern, behexen.

In Tirol musste der Widerton beschworen werden, ehe man ihn abpflücken durfte:

Grüß Dich Gott, Du edler Widerton! Weißt nit, was unser lieb Frau zu Dir sprach, da sie Dich abbrach für alles das, so dem Menschen schadet? Durch dieselben Wort' und durch das göttliche Wort brech ich Dich ab in dem Namen des Vaters, im Namen des Sohnes und im Namen des heiligen Geistes, daß Du Vieh und Leuten heilsam seiest für alle Unthat und alles, was Vieh und Leuten schad't. Amen.

Dann waren noch 5 Vaterunser, 5 Ave Maria und 1 Credo zu sprechen und alles noch zweimal zu wiederholen. Selbst Marzell, der nicht alle Erscheinungen des Volksglaubens auf germanisches Heidentum zurückführt, vermutet hier: »Man wird jedoch kaum fehlgehen, wenn man den Ursprung dieses »Bannsegens« trotz seiner christlichen Form in das Heidentum zurückversetzt...« Der Tiroler Dichter Hans von Vintler (15. Jahrhundert) sagt über den Widerton: »etliche nennen das kraut widertat das selb sol sein für zauberei.« Der Widerton schützte Kinder vor Verzauberung und bewahrte junge Frauen vor den Nachstellungen des Teufels, der gern als hübscher Bursche ans Kammerfenster zu kommen pflegte. Fand er dort Widerton vor, so klagte er in Ober- und Niederbayern in lokal unterschiedlichen Varianten:

Ehrenpreis und Wideritod
Hab'n um mei Feinslieb mi brout.
(Bayerischer Wald)
Widertod und Raut'n
Frisst dem Satan sei Braut'n.
(Gegend von Miesbach)
Raut und Widertat
Hab'n mich um mei Deandl bracht.
(Gegend von Wolnzach)

Bei einer Pflanze mit so starker apotropäischer Wirkung ist es verständlich, dass sie vielerorts zu Mariä Himmelfahrt im Kräuterbüschel oder zu Fronleichnam im Kranz der Mädchen nicht fehlen durfte.

Die Moosweiblein waren oft auf der Flucht vor dem sie verfolgenden Wilden Jäger, dem Anführer eines durch die Lüfte ziehenden Totenheeres. »Die wilde Jagd« (19. Jahrhundert).

Keulenbärlapp

Lycopodium clavatum

Dazwischen liegt eigentlich die ganze Weltgeschichte. Mit Bärlapp zum Einstreuen fängt die süße Gewohnheit des Daseins an, und mit Katzenpfötchen hört es auf.

THEODOR FONTANE (1819–1898): DER STECHLIN

Wenn auch in der Volksmedizin und als Zauberpflanze in erster Linie der Keulenbärlapp verwendet wurde, hat man doch auch andere Bärlapparten nicht unbeachtet gelassen.

Möglicherweise ist die von Plinius als »selago« bezeichnete Pflanze, eine Bärlappart, vielleicht der Tannenbärlapp *(Huperzia selago)*. Plinius berichtet, die Pflanze sei von den keltischen Druiden unter Zauberriten und mit größter Ehrfurcht und Sorgfalt gesammelt worden: Der barfüßige, weiß gekleidete Druide brachte zunächst ein Wein- und Brotopfer dar. Dann pflückte er die Pflanze mit umhüllter Hand und ohne eisernes Gerät. (Die Vorschrift, die Pflanze nicht mit der bloßen Hand zu berühren und kein eisernes Gerät zu gebrauchen, findet sich auch in späteren Zeiten immer wieder beim Sammeln als heil- und zauberkräftig verehrter Pflanzen.) Die Pflanze wurde dann in einem neuen, reinen Tuche weggetragen.

Noch bis zu Beginn der Neuzeit wurden Bärlappe zu den Moosen gezählt, wie man in den Kräuterbüchern, etwa dem des Hieronymus Bock, der den Bärlapp gut beschreibt, feststellen kann.

Der Keulenbärlapp wurde gegen Blasensteine und Ruhr verwendet. Marzell berichtet um 1930, dass die Sporen noch als Streupulver gegen Ausschläge und Wundliegen verwendet würden.

Der offizielle deutsche Name setzt sich zusammen aus dem althochdeutschen Wort »lappo« (Hand, Tatze) und dem Bären, mit dessen Tatze die Sprossspitzen verglichen werden. Der wissenschaftliche Name »Lycopodium« bemüht den Wolf (griechisch »lykos«) mit seiner Pfote, und verschiedene deutsche Volksnamen vergleichen die am Boden kriechenden Triebe mit Schlangen oder einem Drachenschwanz. »Weinkraut« hieß die Pflanze, weil Wurzel- oder Krautteile, in den Wein gehängt, diesen klären oder sein Sauerwerden und Abstehen verhindern sollten.

Gegen Druden und Hexen

Die Namen »Drudenfuß«, »Drudenkraut« und »Hexenmehl« weisen auf die dem Bärlapp zugeschriebene abwehrende Kraft hin. Manche ältere Autoren wollen die Namen von den keltischen Druiden ableiten, die durch das Christentum ihre wichtige Stellung verloren haben und zu (bösen) Zauberern geworden seien. Jedenfalls nagelte man Bärlapp an Stalltüren, um Hexen den Eintritt zu verwehren und hängte ihn zu einem Kranz gewunden als »Unruhe« an die Decke von Wohnstuben und Schlafkammern. Dieser sich infolge

Botanischer Steckbrief

Volksnamen: Drachenschwanz, Drudenfuß, Drudenkraut, Hexenmehl (Sporen), Otternwurzel, Schlangengras, Schlangenmoos, Weinkraut.
Familie: Bärlappgewächse (Lycopodiaceae). Die Bärlappe (Lycopsida) bilden in der Abteilung der Farnpflanzen (Pteridophyta) eine eigene Klasse.
Merkmale: Wie bei allen Bärlapparten stehen an den gabelig verzweigten Sprossen dicht gedrängt sehr kleine immergrüne Blättchen. Sie sind spiralig angeordnet und haben eine lange weiße Haarspitze. Die Sporenbehälter (Sporangien) sitzen in endständigen Ähren, die zu 1–3 auf langem, schuppig beblättertem Stiel stehen (Namen »Wolfsklaue« oder »Bärentatze« für die Pflanze). Sporenreife: Juli–August.
Lebensdauer: Ausdauernd.
Vorkommen: Zerstreut in Nadelwäldern, Heiden, Magerrasen (bis 2300 m aufsteigend). Bevorzugt trockenen, saueren, nährstoffarmen Boden.
Verbreitung: Weltweit.
Wissenswertes: Die Bärlappgewächse haben wie alle Farnpflanzen einen Generationswechsel. Die ungeschlechtliche Form, die Bärlapp-Pflanze, bildet Sporangien aus, in denen Sporen reifen. Die ausgestreuten Sporen keimen und wachsen zum so genannten Vorkeim aus. Er ist die Geschlechtspflanze, auf der auf geschlechtlichem Weg wieder die Sporen bildende Pflanze entsteht. Giftig! Besonders geschützt.

Bei Bärlappen kann die Entwicklung von der Spore bis zur Sporen bildenden Pflanze viele Jahre dauern. Pflanzenatlas von Moritz Fünfstück (um 1900).

des Luftzugs ständig bewegende Kranz steht still, so sagte man, wenn eine Hexe das Zimmer betritt. Die Schafhirten in der mährischen Walachei trugen Bärlapp am Hut, um sich vor Zauberei zu schützen, und besonders im Böhmerwald gab es den Glauben, dass Bärlapp bösen Zauber unwirksam machen könne.

Auch Krämpfe galten häufig als angezaubert: Die Sporen des um Johanni (24. Juni) gesammelten Bärlapps wurden in der Lüneburger Heide kleinen Kindern in einen Lutscher gegeben, um sie vor Krämpfen zu bewahren. Beinkrämpfe wollte man in der Nähe von St. Gallen durch Bärlapp-Büschel in den Strümpfen oder im Bett verhindern.

Hilfreich bei vielen Anlässen

In der Slowakei gab es den Glauben: Wer einen Rechtsstreit hat und vor Gericht erscheinen muss, tut gut daran, ein Stück Bärlapp bei sich zu tragen, denn dann ist ein glücklicher Ausgang so gut wie sicher.

Überhaupt konnte die Pflanze einige erfreuliche Tatsachen schaffen: In die Schwanzquaste gebundener Bärlapp verhilft zu einem raschen und günstigen Verkauf auch weniger prächtiger Tiere auf dem Markt. Wenn Mädchen vor dem Gang zu einer Tanzveranstaltung ein Stück Bärlapp ins Kleid einnähen, können sie auf viele Tänzer hoffen. Ein Bärlappgürtel um den Leib getragen schützt vor Ermüdung. Eher etwas für missgünstige Menschen: Ein in eine friedliche gesellige Runde geworfenes Bärlappstück bewirkt, dass bald ein wüster Streit ausbricht.

In Galizien galt der Tannenbärlapp als Abtreibungsmittel, in Russland soll er, ebenso wie in der Slowakei der Keulenbärlapp, als Empfängnisverhütungsmittel gedient haben und deshalb auch »Netáta« (»Nichtvater«) genannt worden sein. Möglicherweise hängt es auch mit dieser Funktion zusammen, wenn es mancherorts hieß, Hühner, Enten und Gänse würden nicht aus den Eiern kriechen, wenn sich im Hause Bärlapp befindet. In der Ukraine galt Bärlapp, als Gürtel um den Leib getragen, als wirksam gegen zu starke Monatsblutungen. »Gürtelkraut« und »Johanniskraut« hieß die Pflanze auch mancherorts hierzulande, weil man sich an Johanni mit ihr umgürtete oder Bärlappkränze ins Feuer warf.

Verwendung als Heilpflanze

Wichtige Inhaltsstoffe: Im Kraut giftige Alkaloide, Flavonoide, Terpene. In den Sporen geringer Alkaloidgehalt, fettes Öl, Kohlenhydrate.
Phytotherapie: Bärlappsporen als Wundpuder. Früher verwendete man in der Apotheke die Sporen zum Bepudern verschiedener nach Rezepten hergestellter Pillen.
Volksmedizin: Sporen äußerlich ähnlich wie in der Phytotherapie, innerlich mit Milchzucker verrieben bei Rheuma und Blasenschwäche. Kraut-Tee bei verschiedenen Erkrankungen der Harn- und Geschlechtsorgane sowie zur Behandlung chronischer Hautausschläge.
Homöopathie: »Lycopodium« aus den getrockneten Sporen ist ein wichtiges Mittel der Homöopathie. Es wird unter anderem bei chronischen Leberleiden, rheumatischen Beschwerden, Venenleiden, Mandel- und Rachenentzündungen verwendet.
Achtung! Wegen der Giftigkeit der Pflanze keine Selbstbehandlung.

Zu einem glücklichen Prozessausgang konnte mitgetragener Bärlapp verhelfen. Die Abbildung aus v. Hohbergs »Georgica curiosa« (1687) zeigt ein im Freien unter Bäumen tagendes Gericht.

Echte Hauswurz

Sempervivum tectorum

Endlich hatte sie das Ende des Kirchhofes erreicht, und sie sah zwischen den Bogen hindurch, die das Viereck auch nach dieser Seite hin abschlossen, auf den in der Tiefe liegenden Klostersee, den nach links hin, ein paar hundert Schritt weiter abwärts, einige Häuser umstanden. Eines davon, das vorderste, steckte ganz in Efeu und war bis in die Mittelhöhe des Daches von fleischblättrigem und rotblühendem Hauslaub bedeckt.

Theodor Fontane (1819–1898): Grete Minde

Theophrast beschreibt sie unter dem Namen »aeizoon«, bei den Römern hieß die Jupiter geweihte Pflanze »sempervivum«. Beide Namen bezeichnen die Hauswurz mit ihren ganzjährig und auch bei Dürre grünen Blättern als »immerlebend«. In Mitteleuropa wurde die Hauswurz mit dem Donnergott Donar in Verbindung gebracht. Dieser wurde im Latein des Mittelalters als Jupiter bezeichnet. (So war auch mit »robur Jovis« die von Bonifatius gefällte Donareiche gemeint.) Karl der Große befahl im »Capitulare de villis« die Anpflanzung der Hauswurz: »et ille hortulanus habeat super domum suam Jovis barbam«. (»... und der Gärtner soll Jupiterbart auf seinem Hause haben.«)

Mancherorts hieß es, die Hexen würden Hauswurz, die sie für ihre verschiedenen Tränke brauchten, vorzugsweise am Donnerstag, dem Tag Donars, sammeln, denn dann habe sie die rechte Kraft.

Hildegard von Bingen warnt vor dem Genuss der Hauswurz und behauptet, dass sie die Begierde bei Mann und Frau entbrennen lasse. Sie empfiehlt aber in Ziegenmilch eingelegte Hauswurz für zeugungsunfähige Männer und den zusammen mit Frauenmilch ins Ohr geträufelten Saft gegen Taubheit. Die immergrüne Hauswurz war in der christlichen Malerei ein Symbol des ewigen Lebens und erscheint so auch auf Krippenbildern.

Beschützerin des Hauses und seiner Bewohner

Jupiter und Donar waren Blitzeschleuderer und Donnerer – und Hauswurz auf dem Dach sollte Blitz und Donner vom Haus fern halten. Mancherorts verbrannte man bei einem Gewitter Palmkätzchen und Hauswurzteile, die am Johannistag vom Dach genommen worden waren. Hieronymus Bock versichert, dass er mit eigenen Augen gesehen habe, wie bei einem schweren Hagelunwetter eine Hauswurzpflanze unversehrt geblieben war.

Besonders in der Schweiz wurde Hauswurz noch bis weit ins 20. Jahrhundert hinein verehrt. Man pflanzte sie dort nicht aufs Dach, sondern stellte sie auf ein von einem Pfahl getragenes Brettchen. In den Kamin gehängt, sollte sie dafür sorgen, dass keine Hexen hineinfuhren.

Auf Viehställen tat sie gute Dienste und schützte die Tiere vor Seuchen und anderen Krankheiten. In der Gegend von Weißenburg (Bayern) bekamen die Kühe vor dem ersten Weide-

Botanischer Steckbrief

Volksnamen: Dachwurz, Donnerbart, Donnerkraut, Hauslaub, Hauslauch.
Familie: Dickblattgewächse (Crassulaceae).
Merkmale: Zahlreiche dicke und fleischige immergrüne Blätter, die eine rötliche Spitze haben und am Rand bewimpert sind, stehen in einer Rosette. In deren Mitte entspringt ein dicker, mit Blättern besetzter 20–50 cm hoher Blütenstiel. Die doldenartig angeordneten rosaroten Blüten haben rotlila Streifen. Blütezeit: Juli–August.
Lebensdauer: Ausdauernd.
Vorkommen: Die aus Südeuropa stammende Pflanze wird in Mitteleuropa als Zier- und Heilpflanze kultiviert; teils verwildert.
Verbreitung: Europa, Nordafrika, Asien.
Wissenswertes: Die sehr genügsame Pflanze blüht erst nach mehreren Jahren und stirbt dann ab. An den natürlichen Standorten besonders geschützt.

Verwendung als Heilpflanze

Wichtige Inhaltsstoffe: Gerbstoffe, Schleimstoffe.
Phytotherapie: Keine Verwendung.
Volksmedizin: Der frische Saft aus den Blättern äußerlich zur Linderung bei Insektenstichen, bei Geschwüren, Verbrennungen, schlecht heilenden Wunden, Warzen, Hühneraugen, gegen Ohrenschmerzen; innerlich mit Wasser vermischt als Durst stillendes Getränk bei Fieber. Die geschälten Blätter auf Wunden und Quetschungen, als Brei auf die Stirn gelegt gegen Kopfschmerzen.
Homöopathie: »Sempervivum tectorum« aus den frischen, vor Beginn der Blüte gesammelten oberirdischen Teilen der Pflanze zu Umschlägen bei Brand- und Ätzwunden, Ekzemen, Hühneraugen und Warzen.

austrieb des Jahres als Schutzmittel: 3 Eichenblätter, damit ihnen Laub nicht schadet, 3 Blätter der Mauerraute, damit ihnen Kräuter nicht schaden und 3 Hauswurzblätter, damit sie ihren Stall wiederfinden.

Dem Haus, auf dem sie wächst, bringt die Hauswurz Glück. Man darf sie allerdings nicht zur Blüte kommen lassen, da sonst ein Bewohner des Hauses stirbt. Nach anderem Glauben zeigen lange Blütenstängel, dass der Familie ein wichtiges Ereignis bevorsteht und kündigen weiße Blüten einen Todesfall, rote ein freudiges Ereignis an. Entfernt man gar die Hauswurz vom Dach, dann – so hieß es im niederbayerischen Vilstal – zieht das Glück fort.

Verhilft zu unverletzbarer und schöner Haut

Insbesondere der Saft der fleischigen Blätter sollte große Kraft besitzen. So hieß es von einem auf die Haut gestrichenen Geheimmittel aus Hauswurzsaft, Gummi, rotem Arsenik und Alaun, es ließe einen sogar gefahrlos glühendes Eisen anfassen.

Der Saft sollte auch die Haut schön machen und von Sommersprossen befreien. Man ging mit ihm gegen trockene Ekzeme vor und im niederbayerischen Rottal hieß es, eine auf dem Dach wachsende Hauswurz würde die Hausbewohner vor rissigen Händen bewahren.

Die Hauswurz kann in Blättern und Stängel große Wasservorräte speichern. Sie gedeiht deshalb auch an sehr trockenen Standorten. Stich unbekannter Herkunft.

Echter Kümmel

Carum carvi

Auch in der Idealwelt der Kunst sind Kümmel und Salz reichlicher als Ambrosia, und wenn die Leute wüßten, wie klein und ordinär es in den Köpfen mancher Maler, Dichter und Musikanten aussieht, so würden sie einige dem Völklein nur schädliche Vorurteile aufgeben.

Gottfried Keller (1819–1890): Der grüne Heinrich

Da in den Pfahlbauten am Bodensee Kümmelfrüchte gefunden wurden, kann man vermuten, dass die Menschen hier zu Lande bereits in der Jungsteinzeit Kümmel als Heilmittel oder Gewürz verwendeten. Das Wort »Kümmel« ist vom lateinischen »cuminum« und griechischen »kyminon« abgeleitet, worunter in der Antike allerdings der Kreuzkümmel verstanden wurde. Ihn schätzten Griechen und Römer sehr und brachten ihn wie Salz in kleinen Gefäßen auf den Tisch. Reiche sollen gar einen Sklaven nur für die Bewahrung des Kümmels gehalten haben, und Geizige hießen bei den Griechen Kümmelspalter (da man ihnen unterstellte, auch mit diesem kostbaren Gewürz knauserig umzugehen). Plinius meinte vermutlich ebenfalls den Kreuzkümmel, als er schrieb, dass er in Wasser oder Wein getrunken blass mache, und dass ihn deshalb die Schüler des Rhetorikers Porcius Latro genommen hätten, um mit ihrer Blässe zu zeigen, dass sie viel arbeiteten und sich anstrengten.

Das »Capitulare de villis« Karls des Großen führt den Kreuzkümmel als »cuminum« auf, den Echten Kümmel als »careum«. Hildegard von Bingen meint den Kreuzkümmel, wenn sie schreibt, dass er dem Gesunden guten Verstand bereite. Sie empfiehlt, über gekochten oder gebratenen Käse Kümmel zu streuen. Auch den Schwarzkümmel würdigt die Äbtissin und zwar als Mittel gegen Geschwüre am Kopf und als Fliegenvernichtungsmittel. Hieronymus Bock schreibt über den »Wißkymmel« (Echter Kümmel):

Diser Kymmel ist nunmehr auch allenthalben breuchlich / ja auch nützlicher in sein acht / als kein wurtz auß Arabia. Etliche backen Kymmel ins brot / andre machen suppen darmit / etliche rüren den Kymmel in die Milch zu den zygern und kesen. Der koch bedarff kymmels in der kuchen zu den fischen und fleisch. Der Apotheker überzeucht jn mit zucker /...

Mancherorts hieß es, bei der Aussaat des Kümmels müsse man kräftig schimpfen und fluchen, denn dann würde er gut gedeihen. Der am Johannistag um die Mittagsstunde gesammelte Kümmel galt als besonders heilkräftig.

Vertreibt hilfreiche Hausgeister, Zwerge und Holzleute

Die freundlichen Hausgeister – seien es Heinzelmännchen, Holzweibchen und -männchen oder Waldfräulein – hatten eine starke Ab-

Freundliche und hilfreiche Hausgeister wie diese Zwerge auf einer alten Postkarte werden durch Kümmel vertrieben.

Botanischer Steckbrief

Volksnamen: Garbe, Feldkümmel, Wiesenkümmel.
Familie: Doldengewächse (Apiaceae).
Merkmale: Einer spindelförmigen Wurzel entspringt der bis zu 1 m hohe, kantig gerippte, verästelte Stängel. Die doppelt fiederteiligen Blätter sind aus fiederspaltigen, lineal zugespitzten Blättchen zusammengesetzt. In einer Doppeldolde stehen die weißen Blüten. Hülle und Hüllchen fehlen. Die im Juli und August reifenden, sichelförmig gebogenen Teilfrüchte sind länglich gerippt. Blütezeit: Mai–Juni. Wichtige Merkmale: unterste Fiederpaare stehen kreuzweise am Hauptblattstiel; die Blattscheiden der oberen Stängelblätter sind mit nebenblattartigen Fiederpaaren besetzt. Die reifen Früchte haben aromatisch-würzigen Kümmelduft.
Lebensdauer: Zweijährig.
Vorkommen: Wiesen, Weiden, Ackerränder. In Gärten als Gewürzpflanze kultiviert.
Verbreitung: Europa, Nordafrika, Nordamerika.
Wissenswertes: Der Kreuzkümmel *(Cuminum cyminum)* ist ein einjähriges Doldengewächs mit sehr fein zerteilten Blättern und kleinen weißen oder rosa Blüten. Er stammt aus dem Mittelmeergebiet und wurde im Mittelalter auch hier zu Lande als Gewürz- und Heilpflanze angebaut. Der Schwarzkümmel *(Nigella sativa)* ist ein einjähiges Hahnenfußgewächs mit Fiederblättern und grünlich-weißen Blüten. Er ist in Südeuropa beheimatet und wurde bis ins 20. Jahrhundert auch in Mitteleuropa als Gewürz- und Heilpflanze kultiviert.

neigung gegen den Kümmel. Sie riefen: »Kümmelbrot – unser Tod!« oder »Kümmelbrot macht Angst und Not!«. Nach einer Sage aus Thüringen half ein Waldfräulein einer in Wilhelmsdorf lebenden Bäuerin bei allen Geschäften. Die Bäuerin erreichte dadurch einen solchen Wohlstand, dass die Nachbarn neidisch auf sie schauten. Das Waldfräulein bekam von der Bäuerin sein Essen und schärfte der Frau immer wieder ein, nur ja keinen Kümmel beim Brotbacken zu verwenden, und die Bäuerin hielt sich an den Wunsch des hilfreichen Dämons. Eines Tages jedoch dachte sie nicht mehr an die Abmachung und tat Kümmel ins Brot. Kaum hatte das Waldfräulein von diesem Brot gekostet, rief es klagend aus: »Hast du mir gebacken Kümmelbrot, bukst du dir selbst die größte Not.« Das Waldfräulein verließ umgehend das Haus, und von Stund an hatte die Bäuerin kein Glück mehr. Sie verarmte und zwar so sehr, dass sie manchmal weder Brot noch Kümmel hatte. In einer anderen Sage aus Thüringen ergeht es einem Bauern mit den Holzmännlein ganz ähnlich.

Sehr viele aromatisch duftende Kräuter sind bösen Geistern zuwider, Kümmel jedoch vertreibt auch und gerade die guten und hilfreichen Hausgeister. Solche den Menschen wohlgesonne Dämonen werden in anderen Sagen auch durch das von ihnen verabscheute Geläute von Kirchenglocken vertrieben. Vielleicht be-

Hieronymus Bock lobt in seinem Kräuterbuch (Ausgabe 1577) den »Wißkymmel« als Universalgewürz und als Heilmittel.

Verwendung als Heilpflanze

Wichtige Inhaltsstoffe: Ätherisches Öl.
Phytotherapie: Die Früchte als Teeaufguss und in Fertigpräparaten bei Magen-Darm-Beschwerden (leichte krampfartige Beschwerden, Blähungen, Völlegefühl).
Volksmedizin: Die Früchte wie in der Phytotherapie, außerdem bei Kopf- und Zahnschmerzen, gegen Husten, zur Förderung der Milchbildung, gegen Menstruationsbeschwerden.
Homöopathie: Wenig gebräuchlich.
Küche: Früchte als Gewürz an Sauerkraut und andere Kohlgemüse, Bratkartoffeln, Suppen (Kümmelsuppe) und als Brotgewürz.
Achtung: Kümmel nicht mit anderen, auch sehr stark giftigen Doldengewächsen wie Geflecktem Schierling (siehe S. 89) oder Hundspetersilie *(Aethusa cynapium)* verwechseln. Kümmel kann Hautreizungen und allergische Reaktionen hervorrufen.

steht ein Zusammenhang zwischen der Verbreitung des neuen Glaubens durch frühe Klostergründungen und dem Gebrauch des Kümmels als Brotgewürz, den möglicherweise die Mönche und Nonnen einführten und in den Klostergärten als Gewürzpflanze zogen. Die Sagen von der Vertreibung der hilfreichen Geister könnten dann als versteckte Kritik an der neuen Lehre gedeutet werden.

Wirkt auch gegen böse Dämonen

Allerdings traute man der Pflanze auch zu, dass sie unerwünschte, schädliche Dämonen fern halten und vertreiben kann. Gegen das nächtliche Weinen der Kinder, das man dem Einfluss eines Nachtdämons zuschrieb, sollte, etwa im sächsischen Erzgebirge, ein Topf mit gekochten Kümmelkörnern unter dem Bett helfen. In vielen Gegenden trugen Braut und Bräutigam neben Salz und Dill auch Kümmel bei der Trauung in der Tasche, um vor Behexung geschützt zu sein. In der Gegend von Ansbach galt das Unterlegen von Kümmelkraut als die Geburt erleichternd. Es wurde also als Bettstrohkraut gebraucht, um mit seinem Duft die schädigenden Geister fern zu halten. In der Gegend von Neustadt a.d. Aisch gab man Kühen, die gerade gekalbt hatten und die nach altem Volksglauben nicht anders als menschliche Wöchnerinnen durch böse Geister und Hexen besonders gefährdet sind, 3 mit Salz und Schwarzkümmelsamen bestreute Brotscheiben.

»Wenn der Kümmel viele Früchte trägt, dann gibt es eine gute Getreideernte«, lautete eines der vielen Ernteorakel.

Mistel

Viscum album

Wenn wir Gelehrten aber wissen, daß der Mensch in seiner Natur immer derselbe bleibt, so ist es doch ebenso wahr, daß sich manches auf den Charakter hängt und dazugerechnet wird wie die Mistel zum Apfelbaum.

Wilhelm Raabe (1831–1910): Alte Nester

Der Name der Pflanze, der mit dem lateinischen »viscum« verwandt ist, erscheint bereits im Althochdeutschen als »mistil«. In der griechischen Mythologie ist die Mistel das magische Reis, mit dessen Hilfe Persephone (lateinisch Proserpina), die Herrscherin des Totenreichs, und der die Seelen geleitende Hermes die Pforten zur Unterwelt öffnen. Die antiken Ärzte befassen sich ebenso wie die des Mittelalters mit der Mistel. So berichtet etwa Plinius, dass die Mistel insbesondere gegen Schwindel und Epilepsie verwendet werde.

In der nordgermanischen Mythologie spielt die Mistel (altnordisch »mistilteinn«) eine düstere Rolle. In der Edda heißt es in dem Gedicht »Der Seherin Gesicht«:

Ich sah Balder,
dem blutenden Gott,
Odins Sohne,
Unheil bestimmt:
ob der Ebne
stand aufgewachsen
der Zweig der Mistel
zart und schön.

Ihm ward der Zweig,
der zart erschien,
zum herben Harmpfeil:
Hödur schoß ihn;
und Frigg weinte
in den Fensälen
um Walhalls Weh –
wißt ihr noch mehr?

Balder, der Sohn Friggs und Odins war bei allen Göttern wegen seiner Schönheit und Unschuld beliebt. Als Balder im Traum sein Leben bedroht sah und auch die anderen Götter von entsprechenden Träumen heimgesucht wurden, beschlossen sie, sämtliche Wesen schwören zu lassen, den Gott nicht zu verletzen. Balders Mutter Frigg nahm allen Elementen, den Tieren, Pflanzen, Steinen, Krankheiten und Giften den Eid ab, dass sie ihrem Sohn in keiner Weise schaden würden. Eine östlich von Walhall wachsende Mistel überging die Göttin jedoch, da sie ihr zu jung und ungefährlich erschien. Dieses Geheimnis entdeckte Loki, der dunkle, missgünstige und von Neid gegen Balder erfüllte Gott. Als Frigg die Nachricht über die empfangenen Eide für Balders Sicherheit den Göttern freudig überbrachte, wurden diese wieder fröhlich. Aus Übermut schossen sie auf den vermeintlich nunmehr unverwundbaren Balder Pfeile und Speere, die alle an ihm abprallten. Am fröhlichen Spiel konnte sich Balders Bruder Hödur wegen seiner Blindheit nicht beteiligen. Da gab ihm Loki einen Mistelzweig in die Hand und forderte ihn auf, doch auch mitzumachen. Hödur nahm den Zweig und schleuderte ihn in die Richtung, die Loki ihm wies, und sogleich stürzte Balder von der Mistel tödlich getroffen nieder. Erst nach Ragnarök, dem Weltende, wird Balder wiederkehren und eine schönere und bessere Welt wird erstehen. Trotz der unseligen Rolle im Mythos spielte die Mistel

Botanischer Steckbrief

Volksnamen: Affolter, Donarbesen, Donnerbesen, Heil aller Schäden, Hexenbesen, Nistel, Vogelleimholz.
Familie: Mistelgewächse (Loranthaceae). Grüne Halbschmarotzer, die auf Bäumen leben.
Merkmale: Der holzige Stamm ist vielfach gabelig verzweigt und zu einer kugeligen Form verwachsen. An den Enden der gegabelten Ästchen sitzen paarweise die immergrünen, eiförmig-länglichen, dicken und ledrigen Blätter. Die unscheinbaren gelbgrünen Blüten sind zweihäusig verteilt: Eine Pflanze hat jeweils entweder nur männliche oder nur weibliche Blüten. Blütezeit: Februar–Mai. Im November und Dezember werden die erbsengroßen weißlichen Beeren reif. Sie enthalten 1 Samen und klebriges Fruchtfleisch.
Lebensdauer: Ausdauernd (Halbstrauch).
Vorkommen: Zerstreut in 3 Unterarten: Laubholzmistel, Tannenmistel und Kiefernmistel.
Verbreitung: Europa, Nordasien.
Wissenswertes: Mit Hilfe ihrer Senker, die sie tief in das Holz ihrer Wirtspflanze treibt, entzieht die Mistel dem Baum Wasser und Nährsalze. Da sie Chlorophyll besitzt, kann sie ihren Kohlenstoffbedarf selbst decken. Die Verbreitung der Mistel besorgen Vögel, insbesondere Drosseln. Die klebrigen Beeren oder Samen bleiben am Schnabel der Tiere hängen und werden von ihnen an einem Ast abgestreift. Dort keimt der Samen, das Würzelchen verbreitert sich zu einer Haftscheibe, die einen Fortsatz (Senker) austreibt. Giftig!

Auch der aus den Asterix-Heften bekannte Druide Miraculix schneidet Misteln mit einer goldenen Sichel.

im Opferritus wohl auch bei den Germanen eine Rolle.

Früher hat man aus den Mistelbeeren Vogelleim (zum Vogelfang) hergestellt.

Heilsam und Böses abwehrend – schon bei den Kelten

Plinius berichtet, dass die keltischen Druiden die Mistel die »Alles Heilende« nannten und sie als direkt vom Himmel auf die Zweige der Bäume gefallen glaubten. Sie schnitten die Pflanze im Winter als Symbol der Wiederbelebung der Sonnenkraft. Misteln auf Eichen sind eine Seltenheit und eine solche Mistel galt den keltischen Druiden als besonders heilig und heilkräftig. Am 6. Tag nach einem Winterneumond holte sie der keltische Priester, dem eine große Menschenmenge zu dem misteltragenden Baum folgte. Unter dem Baum wurden zunächst Mahlzeiten und Opfer abgehalten, dann führte man 2 weiße Stiere heran, die zum ersten Mal das Joch trugen und deren Hörner bekränzt waren. Der ganz in Weiß gekleidete Druide stieg auf den Baum und schnitt mit goldener Sichel die Mistel ab. Sie musste mit einem weißen Mantel aufgefangen werden und durfte den Erdboden nicht berühren. Es folgten die feierliche Schlachtung der Opfertiere und das Gebet an die Gottheit, damit die Mistelgabe Segen bringe. Die Mistel wurde in einen Trank getan, und es hieß, sie würde unfruchtbare Tiere fruchtbar machen und gegen alle Gifte sowie gegen Krankheiten aller Art wirksam sein.

In der keltischen Kunst ist der Gott Esus bisweilen mit Mistelblättern dargestellt.

Hieronymus Bock berichtet von der um den Hals gehängten Mistel als Amulett gegen Zauberei und Gespenster. Auch in den folgenden Jahrhunderten spielte die Mistel im Volksglauben weiterhin als apotropäisches Mittel eine wichtige Rolle. So sollte die in Haus und Stall aufgehängte Mistel etwa in Pommern Mensch und Vieh vor Hexerei bewahren. In Skandinavien galt die Mistel als geeignet, die Pferde vor den als Druckgeistern tätigen Maren zu beschützen. In Frankreich liefen noch mancherorts zu Beginn des 20. Jahrhunderts

Die attraktiven Mistelfrüchte mit dem grünen Laub sind ein beliebter Weihnachtsschmuck und waren als Motiv im Kunsthandwerk des Jugendstils geschätzt.

an Neujahr die Kinder mit Mistelzweigen von Haus zu Haus und riefen: »Au gui l'an neuf!« (Der Mistel sei das neue Jahr geweiht!) In Frankreich heißt es manchmal noch heute, dass ein Zug, in dem sich ein Mistelzweig befindet, nicht entgleisen könne.

Die englische Sitte, zu Weihnachten Mistel (»mistletoe«) an die Zimmerdecke zu hängen, mag vielleicht ein Relikt des germanischen Julfestes sein, das zur Wintersonnenwende veranstaltet wurde. Unter dieser Mistel tauscht man Glückwünsche fürs neue Jahr aus, und wenn ein Mann eine Frau unter der Mistel stehend überrascht, hat er das Anrecht auf einen Kuss. In den am Palmsonntag zu weihenden Palmbusch kam mancherorts auch Mistel. Mistelzweige, die in der Weihnachtsnacht an die Obstbäume gebunden wurden, sollten vor Raupenfraß und Hagelschlag schützen und für eine reiche Ernte sorgen.

Vereinzelt haftete im Volksglauben der Mistel auch etwas Böses an, wie schon die Germanen mit ihr Unglück und Tod verbanden. So hieß die Pflanze mancherorts »Mahr des Baumes«.

Wünschelrute

Auch als Wünschelrute, mit der man Diebe bannen, Schlösser sprengen und Schätze auffinden konnte, galt die Mistel. Nach einer slowenischen Sage soll am Berg Triglaw einmal ein Mann zu armen Hirten gekommen sein und um Speise und Herberge gebeten haben, die sie ihm auch gewährten. Er bedankte sich am anderen Tag für die empfangene Gastfreundschaft und enthüllte seinen Wohltätern sein Geheimnis. Er sei einst ein Raubritter gewesen und habe wegen seiner bösen Taten zur Strafe 300 Jahre auf der Erde herumirren müssen. Seine Zeit sei nun um und er wolle seinen Gastgebern zum Dank etwas verraten: Auf einer Eiche, an der ein Christusbild hänge, wachse eine Mistel. Mit ihrer Hilfe würden sie auf seiner, des Raubritters Burg auf dem Gipfel des Triglaw einen Keller und in diesem einen reichen Schatz finden. Die Hirten fanden den Baum, die Mistel, die Burg und auch den Schatz. Da waren sie reiche Leute und zum Dank ließen sie eine Kapelle erbauen.

Verwendung als Heilpflanze

Wichtige Inhaltsstoffe: Viscotoxine, Lektine, Flavonoide, Polysaccharide.
Phytotherapie: Kraut als Teeauszug oder als Extrakt zur Vorbeugung gegen Arteriosklerose, zur leichten Blutdrucksenkung bei Schwindelgefühl und Blutandrang zum Kopf. Mistelpräparate zur Anregung des körpereigenen Abwehrsystems bei Krebserkrankungen sind immer wieder umstritten.
Volksmedizin: Tee aus Mistelkraut zur Nervenberuhigung, bei Epilepsie und Krämpfen von Kindern, bei Arteriosklerose und leichteren Herzbeschwerden, zum Ausgleich eines zu hohen oder zu niederen Blutdrucks.
Homöopathie: »Viscum album« aus dem im Herbst geernteten frischen Kraut zur Linderung arteriosklerotischer Beschwerden, bei Schwindel- und Krampfanfällen, erhöhtem Blutdruck.
Achtung! Da die Mistel in allen Teilen, insbesondere den Beeren, giftige Stoffe enthält, sollten Mistelzweige stets unerreichbar für Kinder und Tiere aufgehängt werden. Der Einsatz von Mistelpräparaten ist mit dem Arzt abzusprechen.

Pfingstrose

Paeonia officinalis

der gruoz, da dich der engel mite
saluierte, reine meit,
der hat mir diz von dir geseit,
und ouch noch eteswa diu schrift.
du phingestrose an allen stift
und blüejend ostergloye,
du bist der kiusche ein boye,
darin sich got der werde floz.

Konrad von Würzburg (um 1220–1287): Die Goldene Schmiede

Die Pfingstrose war den Römern und Griechen bekannt. Der Name »paeonia« soll von »Paieon«, einem Beinamen der Heilgottes Apollon abgeleitet sein. Als Jungfrauensymbol war die Pfingstrose der unberührten Göttin Pallas Athene geweiht. Plinius empfiehlt, die Zauberpflanze nachts zu graben, weil sie tagsüber vom Specht bewacht würde, der jedem, der zu graben anfängt, an die Augen geht.

In Mitteleuropa wurden bereits im 12. Jahrhundert in den Gärten Pfingstrosen kultiviert.

Der Name »Benediktenrose« ist von »benedictus« (gesegnet) und/oder den Benediktinern abgeleitet, welche die Pflanze in den Klostergärten zogen.

Pfingstrosen heißen in Bayern auch »Antlassrosen«, da die Pflanzen mit den auffallenden und duftenden Blüten am Antlasstag (Fronleichnam) häufig bei Prozessionen mitgetragen oder als Altarschmuck verwendet werden. In China sind Pfingstrosen ein Symbol für Reichtum und Ehre.

Auf mittelalterlichen Tafelbildern findet man die Pfingstrose häufig als Mariensymbol, etwa in »Madonna im Himmelsgarten« eines rheinischen Meisters (um 1400), im »Paradiesgärtlein«, das um 1420 in Köln entstanden ist, in Martin Schongauers »Die Madonna im Rosenhag« (Martinskirche in Colmar) oder Dürers »Maria mit den vielen Tieren«. Auch in vielen geistlichen Volksliedern wird Maria als die »Rose ohne Dornen« besungen und in der mittelalterlichen Dichtung »Die Goldene Schmiede« des Konrad von Würzburg ist sie die »phingestrose an allen stift«.

Die Samen schützen vor dem Alb und Zahnweh

Bereits im Altertum verwendete man die Pfingstrose, um sich gegen nächtlich erscheinende und ihren Schabernack treibende Naturdämonen zu schützen.

Die großen schwarzen Samen der Pfingstrose sollten vor Nachtdämonen schützen.

Die Pfingstrose als Marienattribut auf dem Gemälde »Maria mit den vielen Tieren« (1604) von Jan Brueghel d. Ä. Kopie nach dem Aquarell von Albrecht Dürer.

Verwendung als Heilpflanze

Wichtige Inhaltsstoffe: Peregrinin.
Phytotherapie: Die Blüten als Schönungsmittel in Teemischungen.
Volksmedizin: Nicht mehr gebräuchlich.
Homöopathie: »Paeonia officinalis« aus der frischen, im Frühjahr gegrabenen Wurzel bei Krampfneigung der Kinder, Hämorrhoiden und Blasenentzündungen.

Seit dem Mittelalter galten die Samen der Pfingstrose auch in Mitteleuropa als wirksamer Schutz vor dem Alb, dem nächtlichen Druckgeist, der sich Schlafenden auf die Brust setzt, ihnen den Atem nimmt und schlimme Träume (Albträume) verursacht. Die Pfingstrosensamen wurden als Ketten um den Hals getragen, und solche Ketten schützten auch die kleinen Kinder vor dem nächtlichen Aufschrecken, das man ebenfalls von einem Nachtdämon verursacht glaubte.

Auch zahnenden Kindern sollten diese um den Hals gehängten »Zahnperlen« helfen. In Oberbayern hießen die Pfingstrosensamen »Apolloniakörner«, denn die hl. Apollonia ist Patronin der Zahnleidenden. Dieser um 249 in Alexandria enthaupteten und vor ihrem Tod mit vielen Martern gequälten Märtyrerin sollen ihre Peiniger alle Zähne herausgerissen haben.

Die Wurzel hilft gegen die »fallende Sucht«

Hildegard von Bingen empfahl die Verwendung von Pfingstrosensamen: »Und wenn ein Mensch den Verstand überschreitet, wie wenn er nichts wüßte und sozusagen in Entrückung läge, dann tauche Samen der Pfingstrose in Honig und lege das auf seine Zunge, und so steigen die Kräfte der Pfingstrose in sein Gehirn hinauf und wecken ihn, so daß er schnell zur Besinnung kommt und seinen Verstand wieder erlangt.«

Die Benediktineräbtissin schreibt auch von mehreren Anwendungsbereichen der Pfingstrosenwurzel: Dreitage- und Viertagefieber, Verschleimung, Epilepsie, Gicht.

Als hilfreich gegen epileptische Anfälle, die so genannte »fallende Sucht«, und gegen Gicht galt in der Sympathiemedizin eine auf der Herzgrube getragene Pfingstrosenwurzel, wenn sie bei abnehmendem Mond gegraben war. Mancherorts hieß es auch, die am Karfreitag gegrabene Wurzel sei besonders wirksam.

Botanischer Steckbrief

Volksnamen: Antlassrose, Benediktenrose, Blutrose, Gichtrose, Schreckrose, Zahnerbsen, Zahnkorallen.
Familie: Pfingstrosengewächse (Paeoniaceae).
Merkmale: Der bis 1 m hohe Stängel ist mit doppelt dreizähligen, oberseits glänzend dunkelgrünen, unterseits mattgrünen Blättern besetzt. Die große, leuchtend rote Blüte steht endständig am Stängel. Blütezeit: Mai–Juni. Die großen behaarten Balgfrüchte enthalten jeweils viele große schwarz glänzende Samen.
Lebensdauer: Ausdauernd (Wurzelstock).
Vorkommen und Verbreitung: Südalpen, Südeuropa. In Mitteleuropa in Gärten kultiviert und stellenweise in der Natur eingebürgert. In Ostasien sind verschiedene andere *Paeonia*-Arten beheimatet. Von ihnen stammen Züchtungen mit gefüllten roten, rosa, weißen oder gelben Blüten ab

Echtes
Johanniskraut
Hypericum perforatum

JOHANNISKRAUT

Im Mittagsgleiß die Blüte brich:
Johanniskraut, Blutweiderich.
Schafgarbenblüh, Basilikraut,
Kamill und Linde duften laut.
Die Sonne brennt, der Heuwind streicht,
das Haar fällt frei, die Kleider leicht.
Und Lust aus allen Tümpeln lacht.
Weit wird der Sinn und wild die Nacht.
Misch Tausendgüldenkraut darein,
Storchschnabel, Salbei, Rosmarein
und achte auf die Sternenbahn,
damit das Kraut auch heilen kann.

HUBERT WEINZIERL (GEB. 1935): NATURALIEN-KABINETT

Zum Fest Johannes' des Täufers (24. Juni) steht das Johanniskraut in schönster Blüte. Es gehörte früher zu den so genannten »Johanniskräutern«, Pflanzen, die an Johanni gesammelt wurden und als besonders heil- und zauberkräftig galten (siehe S. 23). Mit seinem roten Saft erinnert das Johanniskraut an das Blut des enthaupteten Heiligen oder an das Blut Christi. Eine Legende berichtet, dass Herodias des enthaupteten Johannes Zunge, die ihre Untaten gerügt, mit Nadeln durchstochen habe. Aus dem zur Erde getropften Blut sei die Pflanze entsprossen.

»Hartheu« leitet sich von den harten Stängeln, die ein hartes Heu geben oder vom mittelhochdeutschen »hart« (Weide, Wald) ab. Die »Tüpfel«, die dem lateinischen Artbeinamen *perforatum* entsprechen, kennzeichnen das auffallende Merkmal der durchscheinenden Öldrüsen in den Blättern.

Dioskurides, der 4 verschiedene Johanniskrautarten beschreibt, nennt eine davon »androsaimon« (Männerblut) und erklärt, wie auch Plinius, den Namen mit dem roten Saft, den das zwischen den Fingern zerriebene Kraut abgibt. Konrad von Megenberg und Albertus Magnus heben eine günstige Wirkung auf Herz, Leber und Nieren hervor. Hildegard von Bingen dagegen meinte, die Pflanze tauge nur für das Vieh auf der Weide. Paracelsus wusste schon um die heute wissenschaftlich gesicherte antidepressive Wirkung und auch um die Herkunft von Depressionen: »und das sol ein ietlicher arzt wissen, das got ein groß arcanum in das kraut gelegt hat, alein von wegen der geisten und dollen fantaseien, die den menschen in verzweiflung bringen und nicht durch den teufel, sonder von natur«.

Echtes Johanniskraut und verschiedene andere Johanniskrautarten waren auch Färbepflanzen: Die Blüten geben einen rötlichgelben Farbton, aus dem ganzen Kraut gewinnt man je nach Zubereitung gelbe, goldgrüne oder bräunliche Töne.

Botanischer Steckbrief

Volksnamen: Hexenkraut, Jageteufel, Teufelsflucht, Tüpfel-Hartheu, Unser Frauen Bettstroh.
Familie: Johanniskraut- oder Hartheugewächse (Hypericaceae).
Merkmale: Der kahle, 30–80 cm hohe Stängel hat 2 Längskanten. Durch diese unterscheidet sich das Echte Johanniskraut von verschiedenen anderen heimischen Johanniskrautarten. Die ovalen, durchscheinend punktierten Blätter sind gegenständig angeordnet. In Trugdolden stehen die gelben Blüten; die Blütenblätter sind am Rand schwarz gepunktet. Blütezeit: Juni–September.
Lebensdauer: Ausdauernd (Wurzelstock).
Vorkommen: Wegränder, Wiesen, Brachflächen, Waldränder, Gebüsche.
Verbreitung: Heimisch in Europa, Westasien, Nordafrika. Eingebürgert in Ostasien, Nord- und Südamerika, Australien und Neuseeland.

»Jageteufel« vertreibt den Bösen und anderes

Otto Brunfels schreibt in seinem »Contrafayt Kreüterbuch« über das Johanniskraut:

von etlichen auch Fuga demonum genent, darumb/ daz man meynet/ wo solichs kraut behalten würt/ da kum der teuffel nicht hyn/ mög auch kein gespenst bleiben/ und darumb bereuchert man in ettlichen landen die kindtbetterin damit/ laßen es aber vor segnen uff unser Frawen uffart tag/ und haben also ir kurtzweil damit.

Die Kräutersegnung an Mariä Himmelfahrt (15. August) wird noch immer und in verschiedenen Pfarreien neuerdings wieder durchgeführt. Nicht anders als zu Brunfels' Zeiten sind das gemeinsame Sammeln der Pflanzen in der spätsommerlichen Natur und das anschließende Binden der Kräuterbuschen anregend, entspannend und kurzweilig. Da die Wöchnerin wie man früher glaubte, den Angriffen böser Geister und des Teufels besonders stark ausgesetzt ist, beräucherte man sie mit abwehrenden Pflanzen oder legte ihr diese ins Bett.

In der »Trefflich versehenen Medicin-Chymischen Apotheke«, die 1685 in Nürnberg erschienen ist, berichtet der Autor Dr. Johann Schröder beeindruckt von der selbst erlebten teufelswidrigen Kraft des Johanniskrauts: Ein Besessener lehnte einen Trank, in dem sich Johanniskrautessenz befand, ab und zerriss außerdem eine Mütze, die mit Johanniskraut unternäht war. Eine Volkssage aus dem Saarland berichtet von einer jungen Frau, die den Verführungskünsten des Teufels schon fast erlegen war. Als sie sich in ihrer Verzweiflung nicht mehr zu helfen wusste, setzte sie sich auf eine Johanniskrautstaude. Nun hatte der Teufel seine Macht über das Mädchen verloren und voller Zorn schrie er: »Hartheu, du verfluchtes Kraut, du hast geraubt mir meine Braut.« An der Pflanze aber rächte er sich, indem er ihre Blätter mit vielen Nadelstichen durchlöcherte.

Mit Johanniskraut kann der Teufel auf elegantere Weise vertrieben werden. Holzschnitt »Der Teufel und das alte Weib« (16. Jahrhundert).

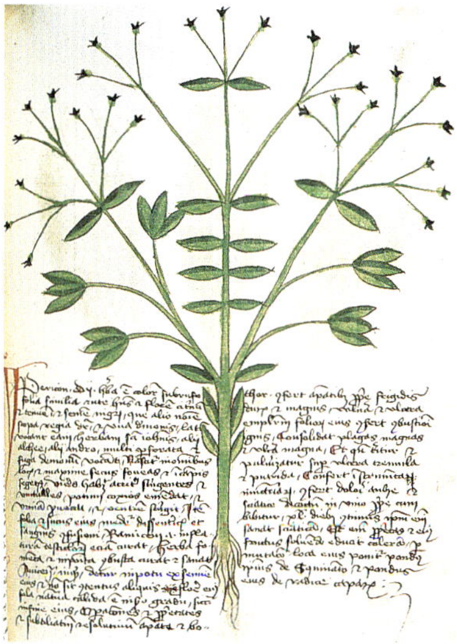

Das Johanniskraut als wichtiges Heilkraut und Böses abwehrende Pflanze ist auch in der Handschrift »Lexicon plantarum« (15. Jahrhundert) enthalten.

Selbstverständlich war auch den Hexen, die ja bekanntlich mit dem Teufel im Bunde stehen, das Johanniskraut zuwider. In manchen Verhören gab man deshalb beschuldigten Frauen einen Trank mit Johanniskraut, auf dass der Teufel fliehe und die Geständnisse so erleichtert würden.

Für besonders heilkräftig galt insbesondere auch das zu Johanni wachsende Kraut. In Oberösterreich sammelte man es am Johannistage vor Sonnenaufgang oder in der Mittagsstunde. Getrocknet wurde es zwischen zwei Brotscheiben gelegt und dem Vieh als Schutzmittel gegen allerlei Krankheiten und Verhexungen eingegeben.

Mit seinen gelben Blüten, die sich in der gewitterreichsten Zeit des Jahres entfalten, sollte das Johanniskraut auch den Blitz fern halten. Zu diesem Zweck wurde es in Süddeutschland und Tirol an die Fenster gesteckt und in der Eifel zu einem Kranz gebunden aufs Hausdach geworfen.

Sogar bei angezauberter Liebe konnte das Johanniskraut helfen. So soll einst in Halberstadt ein Schreinergeselle von einer jungen Frau verhext worden sein, sodass er ihr gegen seinen Willen verfallen war. Seine Mutter wusste Rat. Sie kaufte ihm ein Paar neue Schuhe und legte Johanniskraut hinein. In diesen Schuhen lief der junge Mann rasch und fast ohne Unterbrechung nach Wernigerode. Nachdem er dort angekommen und sich ein wenig abgekühlt hatte, kaufte er eine Kanne voll Weißbier, schüttete dieses in seinen rechten Schuh und trank ihn rasch aus. Das half: Er konnte von da an das Mädchen nicht mehr leiden und mochte nicht einmal mehr seinen Namen hören.

Pflanzensaft – rot wie das Blut des Menschen

Auch mit erwünschter Liebe hatte Hartheu zu tun. In verschiedenen Gegenden Mitteleuropas pressten Mädchen in der Johannisnacht Johanniskrautblüten in ein Tuch. Der Spruch dazu lautete jeweils ähnlich, etwa so: »Bist mir gut, gibst mir Blut, bist mir gram, gibst mir Schlamm.« Wenn derjenige, an den das Mädchen bei diesem Orakel dachte, die Liebe erwiderte, befand sich rote Farbe im Tuch, anderenfalls blieb sie aus. In der Johannisnacht ins Wasser gestellte Johanniskrautzweige konnten Zukünftiges anzeigen: Blühten die Knospen auf, gab es noch im selben Jahr Hochzeit. In Thüringen wurden so viele Zweige ins Wasser gestellt, wie Menschen im Haus lebten. Wessen Zweig als erster verwelkte, galt als derjenige, der als nächster sterben würde.

Bei allerlei Krankheiten und Beschwerden, die mit Blut in Verbindung stehen, hielt man wegen seines roten Saftes das Johanniskraut für hilfreich, etwa bei Blutarmut, Hämorrhoiden, Gebärmutterblutungen und ausbleibender Regelblutung. Die wie zerstochen aussehenden Blätter begründeten den Glauben, das Kraut könne alle durch Hieb oder Stich hervorgerufenen Wunden heilen.

Verwendung als Heilpflanze

Wichtige Inhaltsstoffe: Hypericin, Flavonoide, ätherisches Öl, Gerbstoffe.
Phytotherapie: Wässrige und alkoholische Auszüge sowie Fertigarzneimittel aus dem blühenden Kraut gegen psychovegetative Störungen, depressive Verstimmungen, Angst und/oder nervöse Unruhe. Ölige Zubereitungen (Rotöl) innerlich bei Verdauungsstörungen und äußerlich bei Muskelschmerzen, scharfen und stumpfen Verletzungen, bei Verbrennungen 1. Grades.
Volksmedizin: Gleiche Verwendung wie unter Phytotherapie und Homöopathie, zudem bei Magen-, Darm- und Gallebeschwerden.
Homöopathie: »Hypericum« aus frischen, zur Blütezeit gesammelten Pflanzen bei Nervenschmerzen, Depressionen und Störungen des weiblichen Zyklus. Äußerlich bei Wunden, Verbrennungen.
Achtung! Es kann zu Hautreizungen und erhöhter Lichtempfindlichkeit sowie zu Wirkungseinschränkung von Medikamenten (z.B. »Antibabypille«) kommen.

Echtes Labkraut

Galium verum

Es war einmal ein König am Rhein, dem es so gut ging,
daß er nicht an's Sterben mochte erinnert sein;
der versprach den Ärzten großen Lohn,
wenn sie dem Tod sprächen Hohn.
Die gaben ihm still und vertraut,
den Saft vom Laabkraut,
und es trank davon der König,
alle Tage ein wenig.
Er hatte aber einen Knecht,
dem war ein langes Leben auch recht,
der hatte auch von dem Tranke genascht,
aber er ward vom König dabei erhascht.
Der wollte ihn köpfen lassen,
allein der schlaue Knecht wußte sich zu fassen:
Er sprach: Haltest du mich des Todes werth,
so hat sich dein Trank nicht bewährt,
denn er soll langes Leben,
dem der ihn trinket, geben.
Das sah der König richtig ein,
und ließ darauf das Köpfen sein.

Anton v. Perger (1809–1876): Deutsche Pflanzensagen

Der wissenschaftliche Name ist vom »galion« des Dioskurides abgeleitet, der berichtet, dass die Hirten die Milch (griechisch »gala«) zum Gerinnen bringen, indem sie die Pflanzen als eine Art Milchsieb benutzen. Der deutsche Name bezieht sich ebenfalls auf den Gebrauch für die Förderung der Milchgerinnung bei der Käseherstellung: In weiten Teilen Europas kannte man offenbar die Verwendung von Labkrautarten anstelle von Kälberlab.

Hieronymus Bock empfiehlt die Pflanze äußerlich gegen Brandwunden, als Fußbad bei müden Gliedern und in die Nase gesteckt gegen Nasenbluten. Er berichtet, dass die Frauen das Kraut »unser lieben frawen Bettstro« nennen.

»Unser lieben Frauen Bettstroh«

Schon in alten Zeiten streute man den Gebärenden duftende und entspannende Kräuter aufs Lager. Insbesondere das Echte Labkraut, das bei den Germanen der Muttergöttin Frija/Freyja geweiht gewesen sein soll, gehörte wohl bereits in heidnischer Zeit zu diesem schützenden Kräuterbündel.

In der Synode von Liftinae, die unter dem Vorsitz des hl. Bonifatius 743 abgehalten wurde, beriet man auch über das »Strohbündel, das die guten Leute Marienbündel nennen« und in ihr Bett legen oder am Körper tragen, um gegen giftige Tiere und allerlei böse Einflüsse geschützt zu sein. Dieser Brauch ließ sich aber nicht so schnell ausrotten. Die christliche Legende erzählte dann, dass die Gottesmutter

Verwendung als Heilpflanze

Wichtige Inhaltsstoffe: Kieselsäure, Glykoside, ätherisches Öl, Gerbstoffe, Flavonoide.
Phytotherapie: Keine Verwendung.
Volksmedizin: Das blühende Kraut als Aufguss innerlich bei Blasenkatarrh, Magen-Darm-Katarrh, zur Nervenberuhigung; äußerlich bei Ekzemen, Hautunreinheiten, schlecht heilenden Wunden.
Homöopathie: Wenig gebräuchlich.

»Unser Frauen Bettstroh« sollte bei der Geburt und im Wochenbett missgünstige Geister fern halten. »Wochenstube in einem deutschen Bürgerhaus« (um 1500), Faksimile eines Holzschnitts von Albrecht Dürer.

Maria dem Jesuskind Labkraut (oder auch andere »Bettstrohkräuter«) in die Krippe gelegt habe. Auch ins Kräuterbüschel zu Mariä Himmelfahrt gehörte häufig diese Marienpflanze.

Noch im 19. Jahrhundert soll es in der Nürnberger Gegend bei fieberhaften Krankheiten gebräuchlich gewesen sein, ein Bündel Liebfrauenstroh an das Kopfende des Bettes zu hängen. Der Kranke sprach dann allabendlich vor dem Schlafen folgenden Spruch:

Heil sei dir du heilig Kraut!
Hilf uns zum Gesunden,
Auf dem Ölberg wurdest du
Allererst gefunden.
Du bist gut für manches Weh,
Heilest manche Wunden,
Bei der Jungfrau heil'gem Strauß
Lasse uns gesunden.

Für Marzell ist allerdings unklar, ob mit diesem Kraut das Labkraut oder das Johanniskraut gemeint war.

Wie das gereimte Märchen zeigt, hielt man das Labkraut zudem für befähigt, ein langes Leben zu verleihen. Es sollte auch in der Liebe feuriger machen. Auf den Ofen gelegtes Labkraut, so ein Glaube, würde in der Stube sitzende Zecher in Streit geraten lassen.

Botanischer Steckbrief

Volksnamen: Gliedkraut, Liebfrauenbettstroh, Marienbettstroh, Milchgerinnkraut, Muttergottesbettstroh, Unser Frauen Bettstroh.
Familie: Rötegewächse (Rubiaceae).
Merkmale: Der vierkantige, etwas holzige Stängel ist 20–60 cm hoch. In 8–12-zähligen Quirlen stehen die nadelförmigen, oberseits glänzenden, unterseits mattgrünen Blätter. An den Stängelenden stehen in Rispen die kleinen sternförmigen, gelben Blüten. Sie duften nach Honig. Blütezeit: Juni–September.
Lebensdauer: Ausdauernd (Wurzelstock).
Vorkommen: Wegränder, trockene Wiesen, Wälder und Gebüsche.
Verbreitung: Europa (außer Lappland und arktischem Russland), Kleinasien, Iran, Syrien.

Gundermann

Glechoma hederacea

»Alle Hecken zeigten einen grünen Saum, und an den geharkten Stellen, wo man das abgefallene Laub an die Seite gekehrt hatte, keimten bereits die grünen Blättchen des Gundermann, und einmal war es ihr, als schöß eine Schwalbe mit schrillem, aber heiterem Ton an ihr vorüber.«

Theodor Fontane (1819–1898): L'Adultera

Der Gundermann ist eine alte germanische Heilpflanze, die hohes Ansehen genoss. Er galt, wie auch andere in Siedlungen und in der Nähe des Hauses wachsende Pflanzen, als Verkörperung eines Seelengeistes (Hausgeistes), worauf auch der zweite Teil des Namens – »-mann« – hindeutet. Höfler schreibt, dass Gundermann, wie auch etwa die Hauswurz, zu den so genannten Gundkräutern gehöre, deren Bezeichnung vom germanischen »gund« (Flüssigkeit, auch Körperflüssigkeit) abgeleitet sei und die man auf nässende und eiternde Körperstellen als Heilmittel gelegt habe. Eine andere Namensdeutung bezieht sich auf das althochdeutsche »gundareba« als Name für eine nahe am Boden wachsende Pflanze. Auch mit dem Männernamen Gundram wurde eine Verbindung hergestellt und sogar mit der Walküre Gunda. Schließlich wird auch ein Magister Gundermann, der im 18. Jahrhundert als Prediger an der Leipziger Thomaskirche wirkte und auch Botaniker gewesen sein soll, als Namenspatron genannt.

Hildegard von Bingen schätzte die Pflanze als heilkräftig gegen verschiedene Krankheiten und auch Brunfels lobte sie als wirksam bei »flyssenden augen«, »Rotrur« und bei Geschwüren, Ausschlägen, Fisteln.

Wie andere bitter-aromatische Kräuter war Gundermann auch Bierwürze.

Schutzgeist der Haustiere

Wenn die Kühe verhext waren, also keine, wenig oder blutige Milch gaben, so war Gundermann hilfreich. Versiegen des Milchflusses wurde nicht selten damit erklärt, dass böse Dämonen die Milch stehlen. In dem Zauberbüchlein »Albertus Magnus Bewährte und approbirte sympathetische und natürliche egyptische Geheimnisse für Menschen und Vieh« heißt es:

Wenn einer Kuh das Euter behext ist.
Nimm Gundelreben, flechte Kränzlein, milk jeden Strich hinten durch den Fuß dreimal auf die Gundelrebenkränzlein, hernach gieb sie der Kuh zu fressen, und sprich folgende Worte: Kuh, hier geb ich dir Gundelreben, daß du mir die Milch wolltst geben.

Mancherorts war es üblich, die Kühe vor dem ersten Austrieb im Frühjahr durch einen Gundermannkranz zu melken, um sie vor Verhexung auf der Weide zu schützen. Ein Absud aus der Pflanze diente zum Auswaschen des Milchgeschirrs, und auch die in der Walpurgisnacht geschnittene, mit Salz und Hafer vermischte und dem Vieh verfütterte Gundelrebe schützte vor Verhexung.

Botanischer Steckbrief

Volksnamen: Blauhuder, Donnerrebe, Erdefeu, Guck durch den Zaun, Gundelrebe.
Familie: Lippenblütler (Labiatae).
Merkmale: Der vierkantige, dem Boden anliegende Stängel wurzelt an den Knoten und steigt im vorderen Teil 5–30 cm auf. Die gestielten, gegenständig angeordneten Blätter sind nieren- oder herzförmig und am Rand gekerbt. Sie sind immergrün, im Winter oft rötlich überlaufen. Im vorderen Stängelbereich stehen die blauen oder violetten Blüten zu zweien oder dreien in den Blattachseln. Die Unterlippe trägt eine dunkle Zeichnung. Blütezeit: März–Juni. Die Pflanze riecht schwach herb.
Lebensdauer: Ausdauernd.
Vorkommen: Zäune, Hecken, Rasen, Wiesen, Wälder, Ufer. Stickstoffzeiger.
Verbreitung: Fast ganz Europa, Asien; in Nordamerika eingebürgert.
Wissenswertes: Bei Tieren, insbesondere Pferden, wurden Vergiftungen beobachtet; Vergiftungen bei Menschen sind nicht bekannt.

Gundermann im Gründonnerstagsgemüse oder in den Kücheln zu Johanni sollte Kraft geben und Krankheiten fern halten. Pflanzenatlas von Moritz Fünfstück (um 1900).

Mit Gundermann konnte das Vieh vor Verhexung geschützt werden. Illustration von Ludwig Richter (1803–1884).

Der einer brütenden Gans ins Nest gelegte Gundermann sollte bösen Zauber fern halten und sie kräftige Junge ausbrüten lassen.

Schützend und heilend für Menschen

Als blaue Blume soll der Gundermann dem Wettergott Donar zugeordnet gewesen sein und deshalb auch vor Gewitter und Blitzschlag geschützt haben.

Gundermann gehörte zu den den neunerlei Gründonnerstags-Kräutern (»Ach du grüne Neune«). Gundermann war Kultspeise: Das Gemüse oder die Suppe, das Gundermannpflanzl oder die in Ei gebackenen Gundelrebenblätter sollten das Jahr über vor Krankheit bewahren. In Alt-

In der Walpurgisnacht gesammelter und zu einem Kranz geflochtener Gundermann macht, dass man die im Verborgenen ihr Zauberwerk treibenden Hexen erkennen kann. Faksimile eines Holzschnitts in »Traktatus von den bösen weiben die man nennet die Hexen. Durch Doktor vlrichem molitor« (1508).

bayern buken die Bäuerinnen an Johanni neunerlei Kücheln, darunter auch »Gorebelkücheln«.

Bei Zahnweh oder Mundfäule war die schmerzende Stelle mit 3 Gundermannstängeln zu bestreichen. Dazu gab es die Sage, dass Christus selbst seine Jünger Petrus und/oder Johannes damit geheilt habe:

St. Petrus (Johannes) hol drei Gundelreben
Und lass sie durch deinen Mund schweben,
So wird dein Mund gesund werden!

In Tirol hieß es, eine Wunde heile, wenn man 77 Gundelrebenblättlein darauf legt. In manchen Gegenden, etwa im Schweizer Simmental, musste Gundermann während der Pfingstpredigt gepflückt werden, wenn er gegen alle Krankheiten helfen sollte.

In der Walpurgisnacht gesammelter Gundermann, aus dem in derselben Nacht ein Kranz geflochten wird und den man am folgenden Tag auf dem Kopf trägt, bewirkt, dass man erkennen kann, wer eine Hexe ist: Die betreffenden Frauen haben Melkeimer, Schemel oder Ähnliches auf dem Kopf.

In einer Sage aus Sachsen ist dieser Zaubergebrauch der Pflanze einer Magd schlecht bekommen. Sie ging am Sonntag nach Walpurgis mit einem Gundermannkranz in die Kirche und wieder hinaus. Da sah sie die Hexen auf Besen und Ofengabeln aus der Kirche reiten. Sie fielen über das Mädchen her und schlugen es so, das es am nächsten Tag starb.

Verwendung als Heilpflanze

Wichtige Inhaltsstoffe: Ätherisches Öl, Gerbstoffe, Bitterstoffe, Vitamin C, Mineralstoffe, Saponine.
Phytotherapie: Keine Verwendung.
Volksmedizin: Als Saft oder Teeaufguss aus dem frischen oder getrockneten Kraut innerlich bei Husten mit zähem Schleim sowie Magenverstimmung mit Durchfällen; äußerlich zur Wundbehandlung und bei Entzündungen im Mund- und Rachenbereich.
Homöopathie: Wenig gebräuchlich.
Küche: Frische junge Blätter als Bestandteil von Salaten und Wildgemüse; gehackte Blätter als Würze; die Blüten als Dekoration von Speisen. Nicht in größeren Mengen oder zu häufig verzehren.

Dost

Origanum vulgare

Ein Blümlein auf der Heiden,
Mit Namen Wohlgemuth,
Lass uns der lieb' Gott wachsen,
Das ist für Trauern gut.

AUS EINEM VOLKSLIED

Im Mittelalter war der Dost bekannt und geschätzt. Hildegard von Bingen empfahl ihn als ein Mittel gegen die rote Lepra, das sie für so unfehlbar hielt, dass es nur dann nicht helfen würde, wenn Gott den betreffenden Menschen nicht heilen will. Der Regensburger Domherr Konrad von Megenberg (um 1309–1374) schreibt in seinem »Buch der Natur«, dass mit Schwefel vermischter Dost Ameisen vertreiben würde. Lonicerus zählt in seinem Kräuterbuch eine ganze Reihe von Krankheiten auf, gegen die Dost helfen sollte.

Der Name »Dost«, der bereits im Althochdeutschen als »dost(o)« erscheint, bezeichnet wohl eine buschartig wachsende Pflanze. Wie der Name »Wohlgemut« und der Volksliedtext zeigen, galt Dost als Mittel gegen Traurigkeit und Schwermut. Es soll mancherorts auch den Mähern und Schnittern bei der Ernte unter das Essen gemischt worden sein, damit sie wohlgemuter arbeiten sollten.

Dost gehört vielerorts auch zu den Kräutern des Buschens, der zu Mariä Himmelfahrt in den Kirchen gesegnet wird. Die Legende berichtet vom Dost wie von verschiedenen anderen duftenden Kräutern, dass die Muttergottes die Pflanze dem Jesuskind in die Krippe gelegt habe.

Wirksame Teufelsabwehr

»Dost, Harthau und Weiße Heid tun dem Teufel viel Leid.« Schon Hieronymus Bock hat diesen Volksreim erwähnt, in dem neben dem Johanniskraut und dem Sumpfporst der Dost als teufelsabwehrende Pflanze vorgestellt wird. Nicht nur sein starker Duft hat ihm den Ruf als Antiteufels- und Antihexenkraut beschert, sondern möglicherweise auch die rote Farbe.

Dost wird in dieser Funktion – sicher auch wegen der Alliteration – oft zusammen mit Dill genannt und mit Dorant, einer anderen Zauber brechenden Pflanze, deren Identität nicht feststeht, die jedoch häufig als Leinkraut *(Linaria vulgaris)* gedeutet wird. Dazu eine Sage aus der Gegend von Bad Steben in Oberfranken: Die Leute erzählten sich, dass im Keller des früheren Schlosses in Thierbach noch große Mengen erlesenster Weine lagerten. Ein mutiger Mann stieg einmal in den Schlosskeller hinunter, wohl ausgerüstet mit Dost und Dorant. Als er sich dem Weinkeller näherte, hörte er eine Stimme rufen: »Hättest du nur nicht Dorant und Dosten, ich wollt den Wein dir helfen kosten!« Der Mann erschrak so, dass er unverrichteter Dinge davonlief.

In einer Sage aus Sachsen wollte eine alte Hexe ihr Patenkind in der Hexenkunst unterweisen. Sie erklärte dem Mädchen, dass bei den Sitzungen auch der Teufel anwesend sein würde. Das erschreckte Mädchen vertraute sich der Mutter an, und diese beräucherte die Tochter vor deren nächstem Besuch bei der Patin mit allerlei

Botanischer Steckbrief

Volksnamen: Badkraut, Costentz, Wilder Majoran, Orant, Wohlgemut.
Familie: Lippenblütler (Lamiaceae).
Merkmale: Dem im Boden kriechenden Wurzelstock entsprießen 30–60 cm hohe, meist rötlich überlaufene, im oberen Bereich häufig verzweigte Stängel. Sie sind behaart, ebenso die gegenständig angeordneten, eiförmigen, ganzrandigen Blätter. Die rosaroten Blüten stehen in rispenartigen Blütenständen. Hochblätter, Deckblätter und Kelchzähne sind meist purpurn überlaufen. Blütezeit: Juli–September. Die ganze Pflanze duftet aromatisch minzenartig.
Lebensdauer: Ausdauernd (Wurzelstock).
Vorkommen: Halbtrockenrasen, Wegränder, trockene Wälder und Gebüsche.
Verbreitung: Europa und Asien; eingeführt in Nordamerika.

»Dosten und Johanniskraut verführen mir meine junge Braut!« So oder ähnlich reimte der enttäuschte Teufel. Holzschnitt (16. Jahrhundert).

Kräutern und steckte ihr die Taschen voll mit rotem Dost. Als der Teufel bei der Hexe über die Schwelle trat, schnupperte er und verschwand mit den gereimten Worten:

Roter Dost!
Hätt' ich dich gewost,
Hätt' ich dich vernommen,
Wär' ich nicht gekommen.

Es gibt noch eine ganze Reihe ähnlicher Sagen. Marzell schreibt, sie fänden sich auch in Frankreich, Schweden und in slawischen Ländern. Erhalten haben sich bei uns manchmal nur noch die Sprüche. Sie stammen oft aus Gegenden in Unterfranken, etwa: »Doschta und Hirtheid is Teufels Herzeleid.«

Sogar in den Grauen der Hexenverfolgungen soll der teufelsabwehrende Dost eine Rolle gespielt haben. Wenn die als Hexen angeklagten Frauen unter den Qualen der Folter ohnmächtig wurden, sollen sie mit Dost beräuchert worden sein, weil man hoffte, dass dann der ein Geständnis verhindernde Teufel Reißaus nehmen würde.

Nicht nur gegen den Teufel

Dass der Teufel die bösen Eigenschaften älterer Dämonen »geerbt« hat, darauf weist der Spruch: »Vor Dosten und Dorant fliehen Nixen und Wichtlein.« Solche Naturgeister waren im älteren heidnischen Verständnis durchaus wohlgesinnt und hilfreich, solange die Menschen sie achteten und ihnen kein Leid antaten. Im Lauf der Zeit und der immer stärkeren Verankerung des Christentums in den Seelen der Menschen nahmen dann diese Geister ein immer bösartigeres Wesen an.

Verwendung als Heilpflanze

Wichtige Inhaltsstoffe: Ätherisches Öl, Bitterstoffe, Gerbstoffe.
Phytotherapie: Keine Verwendung.
Volksmedizin: Die Blüten oder das blühende Kraut zu stärkenden, beruhigenden Bädern, auch bei nahender Erkältung. Tee aus dem blühenden Kraut bei Husten und Krämpfen im Magen-Darm-Trakt; äußerlich zum Gurgeln bei Halsweh.
Homöopathie: Wenig gebräuchlich.
Küche: Blätter und junge Triebspitzen frisch oder getrocknet als Gewürz für Pizza, Gemüsegerichte, Tomatensoße, Aufläufe.

Quendel

Thymus pulegioides

Du schmückest das Gefilde
Von keinem Aug' betrachtet,
Vom Wandrer kaum beachtet,
Der dich mit Füßen tritt;
Doch gibst du sanft und milde
Dem Fuß, der dich zerdrückte,
Der Hand, die dich zerpflückte,
Noch Wohlgerüche mit!

Karl Gerok (1815–1890): Aus dem Gedicht »Thymian (Feldquendel)«

Theophrast und Dioskurides beschreiben mit »thymos« und »herpyllos« Pflanzen, die sich nicht sicher als unser Quendel (der früher der Sammelart *Th. serpyllum* zugeordnet war) identifizieren lassen, aber jedenfalls eng verwandt sind. Die Pflanze »serpyllum« gilt Plinius als Abwehrmittel gegen Schlangen und Skorpione und er schreibt auch, dass der berühmte Theriak des Königs Antiochus des Großen von Syrien (224–187 v. Chr.) diese Pflanze enthalten habe. »Quenula« der Hildegard von Bingen entspricht sehr wahrscheinlich dem Quendel. Sie empfahl die Pflanze gegen Krätze und für ein Gehirn, das »krank und wie leer« ist.

Aromatischer Duft vertreibt den Versucher

In einer Südtiroler Sage geht eine Frau, nachdem sie das Wochenbett verlassen hat, ins Dorf – unvorsichtigerweise ohne etwas Geweihtes bei sich zu tragen. An einer Stelle, wo es seit eh und je unheimlich ist, hört sie eine Stimme rufen: »Lupf sie, lupf sie!« Eine andere Stimme daneben antwortet: »Ich kann nicht, ich kann nicht, sie steht auf einem Karwendelstock.«

In Österreich und Süddeutschland erscheint die folgende Sage in verschiedenen Versionen: Der Teufel wollte in Gestalt eines schneidigen Jägers ein schönes Mädchen verführen. Er kam immer wieder nachts ans Kammerfenster und hatte die junge Frau schon fast gewonnen, als sie auf einmal seinen Pferdefuß gewahrte. Nun setzte sie sich vor dem nächsten Besuch ihres Verehrers einen Kranz aus Kudlkraut, Ehrenpreis und Widerton auf den Kopf und befestigte einen Strauß dieser Pflanzen am Kammerfenster. Der Teufel war tief enttäuscht und zog traurig singend ab: »Kudlkraut, Ehrenpreis und Widertat haben mich um mei Herzliebste bracht.«

Im Salzburger Land flochten die Mädchen Quendel in ihre Jungfrauenkränze, die sie bei der Fronleichnamsprozession trugen, um vor den Versuchungen des Teufels sicher zu sein.

In Wandersleben (Thüringen) stand der Quendel, der dort Feldpoleich heißt, in besonders hohem Ansehen; er galt als Kräutlein »für al-

Sein aromatischer Duft macht den Quendel für Kräuterbäder besonders geeignet. Pflanzenatlas von Moritz Fünfstück (um 1900).

Botanischer Steckbrief

Volksnamen: Feldpoleich, Karwendel, Kudelkraut, Liebfrauenbettstroh, Feldthymian, Wilder Thymian.
Familie: Lippenblütler (Labiatae).
Merkmale: Der 10–30 cm lange, in den unteren Teilen manchmal verholzte Stängel liegt am Boden oder steigt empor. Die kleinen rundlich-eiförmigen Blätter sind am Grund meist behaart. In zylindrischen Köpfchen stehen die kleinen rosaroten Blüten. Blütezeit: Juni–September. Da dem Wurzelstock viele Stängel entsprießen, bildet der Quendel oftmals dichte Rasen. Die gesamte Pflanze duftet stark aromatisch.
Lebensdauer: Ausdauernd (Wurzelstock).
Vorkommen: Wegränder, Waldränder, Heiden, Trockenrasen, lichte Kiefernwälder. Steigt im Gebirge bis in die Almenregion auf.
Verbreitung: Gemäßigte Bereiche Europas und Asiens; eingebürgert in Nordamerika.

les«. Am Trinitatissonntag (1. Sonntag nach Pfingsten) wurde er mittags um 12 Uhr geholt – und zwar stillschweigend und ohne dabei fließendes Wasser zu überschreiten. Daheim wand man »Poleichkränzchen«, die in Haus und Stall aufgehängt vor Gewitter und dem Einfluss schädlichen Zaubers schützen sollten.

Frauenpflanze

Otto Brunfels nennt verschiedene Namen für die Pflanze, darunter auch bereits »unser frawen Bettstroe«. Nach einer Legende soll die Gottesmutter dem Jesuskind aus Quendel ein Lager bereitet haben. Nach einer anderen Erzählung war es die heilige Anna, die ein Quendellager für ihre Tochter Maria bereitete, und schließlich gibt es auch eine Tiroler Sage, nach der Maria bei ihrer Reise über das Gebirge auf einem Karwendelrasen gerastet habe.

Die Zuordnung des Quendels zu weiblichen Heiligen (oder Gottheiten) ist wahrscheinlich älter als das Christentum. Schon in der Antike opferte man in Eryx auf Sizilien der Göttin Venus Thymian und Rosen in Binsenkörbchen. In der germanischen Mythologie war der Wilde Thymian der Liebes- und Muttergöttin Freyja zugeordnet. In England galt die Pflanze als ein Aufenthaltsort von Feen.

Eine Sage aus Bad Dürkheim zeigt den Quendel ebenfalls als Frauenkraut: Eine junge Frau, die schon seit langer Zeit an einer Gebärmutterkrankheit litt, kam zu einem Quendelbusch, wurde müde und legte sich zum Schlafen nieder. Leute, die des Weges kamen, sahen ein krötenartiges Tier aus dem Mund der Frau kriechen. Das Tier ging zum Quendel, krabbelte auf ihm herum, putzte sich und kroch wieder in den Mund der Frau. Diese erwachte und war von Stund an geheilt.

Frauen tranken Quendeltee, um den Milchfluss anzuregen. Auch heute noch ist zu hören oder zu lesen, dass Quendel schädliche Erdstrahlen abhalte und so Geburten erleichtere und Krankheiten heile. Auch Kuh und brütende Henne erhielten Quendel, um Geburt oder Brut zu fördern und vor bösem Zauber zu schützen.

Slowakische Mädchen wuschen sich mit Quendelabsud, um schön und duftend zu sein.

Quendel gehörte auch zu den Pflanzen, denen man empfängnisverhütende Wirkungen zuschrieb und die als Abtreibungsmittel galten.

Bringt Glück oder Unheil

Im Thüringer Wald hieß es, dass Quendel die Geschäfte günstig beeinflussen würde. Deshalb pflückten die Bauern, ehe sie zum Markt gingen, einen Quendelstängel mit der rechten Hand, schwangen ihn dreimal um den Kopf und sprachen dazu: »Quandel, mach mir Handel.«

In England galt mancherorts der Quendel als Unglückspflanze, die man nicht ins Haus bringen darf, wenn man nicht schwere Krankheit oder gar den Tod eines Familienmitglieds riskieren will. Ebenfalls als gefährlich erscheint die Pflanze, wenn man in Frankreich mancherorts sagte, wer sich auf Quendel lege, würde wahnsinnig. Möglicherweise hängen diese negativen Funktionen der Pflanze mit dem betäubend starken Duft zusammen oder mit ihrer Rolle als Verhütungs- und Abtreibungsmittel.

In einem Kräuterbuch des 19. Jahrhunderts wird Quendel mit einem Feenpalast verglichen und die Nektar suchenden Insekten mit Zwergen. Zeichnung von Mary Cicely Barker (1895–1973).

Quendel genoss in früheren Zeiten als »Frauenkraut« hohes Ansehen. Holzschnitt aus dem Kräuterbuch des Hieronymus Bock (Ausgabe 1577).

Verwendung als Heilpflanze

Wichtige Inhaltsstoffe: Ätherisches Öl, Gerbstoffe, Bitterstoffe, Flavonoide.
Phytotherapie: Tee aus dem zur Blütezeit gesammelten und getrockneten Kraut bei Reizhusten und Keuchhusten, zur Anregung von Magen und Darm.
Volksmedizin: Tee ähnlich wie in der Phytotherapie, außerdem äußerlich als Badezusatz zur allgemeinen Belebung.
Homöopathie: »Thymus serpyllum« aus den frischen oberirdischen Teilen blühender Pflanzen bei Atemwegsinfekten der Kinder.
Küche: Quendel kann wie Gartenthymian als Würzkraut verwendet werden.

Alant

Inula helenium

Alantwurtzel ist ongevärlich die gröst und schönst under den gestirnten blumen/...

Hieronymus Bock (1498–1554): Kreutterbuch (1551)

Das »helenion« des Dioskurides sowie die Pflanze »inula« verschiedener römischer Schriftsteller ist möglicherweise unser Alant. Plinius empfiehlt »imula« gegen Magenschwäche und berichtet, dass die Tochter des Kaisers Augustus, Julia Augusta, das Kraut täglich gegen ihre Magenbeschwerden eingenommen habe. Der Schriftsteller erwähnt auch eine Pflanze »helenium«, die der Sage nach aus den Tränen entsprossen sei, die die schöne Helena bei ihrer Entführung vergossen habe und dass die Pflanze daher auch auf der Insel Helena in Attika am besten wachse. Auch das Zauberkraut Moly, das Hermes dem Odysseus zeigte, damit er sich gegen den Zauber der Kirke unempfindlich mache, wird manchmal als Alant gedeutet.

Bereits im Althochdeutschen hieß die Pflanze »alant«. Alantwein, den Hildegard von Bingen vor allem gegen Lungenkrankheiten empfahl, soll im Mittelalter als eine Art Universalmittel gegolten haben. Der deutsche Volksname Odinskopf (auch Odinsauge, Wodanshaupt, Christusauge) weist auf die germanische Mythologie und bezieht sich auf die großen Blütenköpfe.

Gegen Verzauberung durch Alben und Hexen

Am Niederrhein wurde in früheren Zeiten ein Neunerleikraut gegen Behexung gekocht und dessen Hauptbestandteil war Alant. In einer angelsächsischen Anweisung des 11. Jahrhunderts wird genau beschrieben, wie man Krankheiten, die einem von Alben angezaubert worden sind, mit Hilfe des Alants loswerden kann. Heinrich Marzell hat das Rezept in deutscher Übersetzung aufgeschrieben:

Gehe am Donnerstag abend, wenn die Sonne untergegangen ist, dahin, wo du Alant stehen weißt; singe dann das Benedicite und Paternoster und die Litanei, und stecke dein Messer an das Kraut; laß es stecken; gehe hinweg. Gehe wieder hin, wenn Tag und Nacht sich eben scheiden; in derselben Morgendämmerung gehe zuerst zur Kirche und segne dich und befiehl dich Gott. Gehe dann schweigend weg, und wenn dir auch irgend etwas Schreckliches entgegenkommt oder ein Mensch, sag du kein Wort zu ihm, bevor du zu der Pflanze kommst, die du am Abend vorher gemerkt hast. Sing dann das Benedicite und Paternoster und die Litanei; grabe das Kraut aus; laß das Messer daran stecken. Gehe wieder, so schnell du kannst, zur Kirche und lege es unter den Altar mit dem Messer. Laß es liegen, bis die Sonne auf ist; wasche es dann, tu es zu einem Trank ...

Botanischer Steckbrief

Volksnamen: Edelwurz, Darmwurz, Helenenkraut, Odinskopf.
Familie: Korbblütler (Asteraceae).
Merkmale: Der Stängel wird bis zu 1,5 m hoch. Am Grunde umgeben ihn große, längliche Blätter, die ebenso wie die stängelumfassenden und herzförmigen Stängelblätter auf der Unterseite filzig behaart sind. Die im Durchmesser bis zu 8 cm großen Blütenköpfe stehen in einer Rispe. Blütezeit: Juli–September.
Lebensdauer: Ausdauernd (Wurzelstock).
Vorkommen: Waldränder, Gebüsch, Gräben, Ufer.
Verbreitung: Heimat Zentralasien; stellenweise verwildert und eingebürgert. Alte Bauerngartenpflanze.

Verwendung als Heilpflanze

Wichtige Inhaltsstoffe: Ätherisches Öl mit den Hauptbestandteilen Alantolacton und Isoalantolacton.
Phytotherapie: Tee und andere Zubereitungen aus der Wurzel als auswurfförderndes Mittel bei Bronchialkatarrh, chronischem Husten und Asthma bronchiale. Viele Fertigpräparate.
Volksmedizin: Der Tee aus der Wurzel bei Husten, Magen-Darm-Beschwerden und zur allgemeinen Kräftigung. Kauen der frischen Wurzel gegen Appetitlosigkeit. Frische Blätter auf Wunden und Hautausschläge sollen die Heilung fördern. Alantwein aus den frischen, in Scheiben geschnittenen Wurzeln zur Kräftigung.
Homöopathie: »Inula helenium« aus den frischen unterirdischen Teilen blühender Pflanzen bei Reizhusten.
Achtung! Alant kann allergische Reaktionen auslösen.

Dieser Trank musste dann noch mit anderen Kräutern versetzt und mit Weihwasser, Paternoster, Credo und Gloria in excelsis geweiht werden, ehe man ihn trinken und daraufhin genesen konnte.

In Bosnien wurde der Alant als Schutzmittel gegen Verzaubertwerden geschätzt. Insbesondere die Kinder schützte man, indem man ihnen Alant in die Kleider nähte. In Bosnien musste mit einem Stein um die Pflanze herum die Erde aufgegraben, dann der Stein in die Höhe geworfen und die Pflanze samt der Wurzel herausgerissen werden, ehe der Stein wieder den Erdboden erreichte. Fiel der Stein zu Boden, ehe es gelungen war, den Alant herauszureißen, so sollte dessen Kraft weit geringer sein und deshalb verwandte man viel Sorgfalt darauf, die Wurzel bereits so freizulegen, dass das Werk gut gelingen konnte.

In der Steiermark wurde am Heiligen Abend mit Alant geräuchert. In verschiedenen Gegenden Deutschlands bildete Alant den Mittelpunkt des Kräuterbüschels, das an Mariä Himmelfahrt in den Kirchen geweiht wird.

Als Symbol für »Erlösung« findet sich der Alant auch auf manchen Kunstwerken, etwa dem Stuppacher Marienbild von 1518/19 des Mathias Grünewald oder »Maria mit dem Kinde« von Joos van Cleve (1. Hälfte des 16. Jahrhunderts).

Alantwurtz. 245
Leibliche Wirckung.

Die Alantwurtz ist rühmens wehrt/
Deñ solcher jederman begert
Zur Artzeney / vnd auch die Gifft/
Zu nemmen hin/wen solchs betrifft/
Zur Brust ein herrlich Artzeney
Man damit kan bereiten frey/
Nempt Alant Puluer vnd süß Holtz/
Mit Honig dieses sieden solts/
Vertreibt das Keichen vnd den Hust/
Drumb dieses fleissig brauchen must/
Q iij Das

Bereits Conrad Rosbach empfahl im »Paradeißgärtlein« (1588) Alant als Mittel gegen Bronchitis.

Arnika

Arnica montana

»Sie sind unglücklich, mein werter Herr«, sagte Arnika und er beugte sich nieder, weinte, und ihre Hände deckten ihn, und ihm ward wieder einmal ganz wohl und leicht. »Können Sie mir Ihren Schmerz vertrauen«, fragte sie, »ich weiß mit Schmerzen umzugehen.«

Achim von Arnim (1781–1831): Armut, Reichtum, Schuld und Buße der Gräfin Dolores

Weder von den antiken Schriftstellern noch in den Kräuterbüchern der frühen Neuzeit wird Arnika erwähnt. Die »Wolfesgelegena« der hl. Hildegard ist möglicherweise die Arnika. Im Althochdeutschen erscheint die Pflanze als »wolfeszeisala« oder »woluesdistel«; sie wird auch heute noch in niederdeutschen Namen, etwa »Wulfsblom«, mit dem Wolf in Verbindung gebracht. Der Name »Wohlverleih« ist volksetymologisch aus solchen Wolfsnamen hervorgegangen, passte er doch viel besser als ein nicht mehr deutbarer Anklang an den Wolf für eine Pflanze, der man viele wohltuende Eigenschaften zuschrieb. Der Name »Arnika« ist wohl erst im Mittelalter aus »ptarmica« entstanden, worunter Dioskurides wohl die Sumpfschafgarbe verstand.

Arnika ist eine Marienpflanze; sie soll in vorchristlicher Zeit der Muttergöttin Frija oder Freyja zugeordnet gewesen sein. In verschiedenen Gegenden gehört Arnika in den an Mariä Himmelfahrt zu segnenden Kräuterbuschen.

Arnika zählt zu den Pflanzen, von denen es hieß, dass sie eine ganz besondere Wirkung entfalten, wenn man sie am Johannistag (24. Juni) sammelt. In Böhmen, Thüringen und ganz besonders auch in Oberfranken galt Arnika als die Johannisblume schlechthin. Marzell weist darauf hin, dass auch in Russland die Arnika im Kult des Johannistages besondere Beachtung fand und nimmt an, dass die Verwendung als Johannisblume in Mitteleuropa auf slawische Bevölkerung zurückgeht. In der böhmisch-sächsischen Schweiz machten früher mancherorts die Kinder an Johanni das so genannte »Johannisbett« aus Arnika und anderen Blumen. Auf diese Johannisbetten legten die Kinder Bilder des Heiligen und am nächsten Morgen fanden sie Geld darunter. Ebenfalls am Johannistag zogen die Kinder in Gegenden Thüringens und Frankens eine Schnur mit einem Arnikakranz über den Weg, und der Wanderer sollte sich mit einem Geldstück freie Bahn erkaufen.

Schutz vor dem Bilwis und anderen Schädigern

In den genannten Gegenden, aber auch mancherorts in Niederbayern und der Oberpfalz, steckte man am Johannistag rings um die Felder Arnikapflanzen, um Hagelschlag und insbesondere den Bilwis oder Bilmesschnitter abzuhalten. Dieser schädigende Korndämon geht oder reitet ganz besonders um die Zeit der Sommersonnenwende durch die Felder und legt oder schneidet die Getreidehalme um, wobei er sich der Sicheln an seinen Füßen bedient. Noch 1910 schrieb in der Naturwissenschaftlichen Wochenschrift ein Autor, dass er

Botanischer Steckbrief

Volksnamen: Bergwohlverleih, Blutkraut, Fallkraut, Johannisblume, Wohlverleih.
Familie: Korbblütler (Asteraceae).
Merkmale: Der 20–60 cm hohe Stängel entspringt einer Rosette eiförmiger Blätter. Die oberen Stängelblätter sind als 1–3 Blattpaare gegenständig angeordnet. Stängel und Blattoberseite sind behaart. An der Stängelspitze steht meist einzeln das goldgelbe, duftende, 4–8 cm breite Blütenköpfchen. Blütezeit: Mai–August. Die gesamte Pflanze duftet aromatisch.
Lebensdauer: Ausdauernd (Wurzelstock).
Vorkommen: Trockene Wiesen, Heiden, Moorwiesen; in den Alpen und den Mittelgebirgen häufig, in der Ebene zerstreut bis selten.
Verbreitung: Europa.
Wissenswertes: Besonders geschützt.

bei einem Aufenthalt Ende Juni in Bischofsgrün im Fichtelgebirge die Getreide- und Kartoffelfelder an den Ecken und Seiten mit Stängeln blühender Arnika besteckt fand. Als er eine Frau über den Grund dieser Maßnahme befragte, sagte sie, das sei Johanniskraut oder Hexenkraut und es werde am Johannisabend gesteckt, um die Feldfrüchte vor den Hexen zu schützen.

Auch vor Ungeziefer, Mutterkorn und Brand sollte Arnika die Felder freihalten, wobei manche Menschen im wissenschaftlich orientierten 19. Jahrhundert diese günstige Wirkung eher der sich in den Blüten- und Fruchtständen entwickelnden Arnikafliege (*Trypeta arnicae*) zuschrieben.

Ans Fenster gesteckte oder unter das Dach gelegte Johannisblumen halten – wie verschiedene andere gelb blühende Pflanzen – den Blitz vom Hause fern. Bei aufziehendem Gewitter wurde getrocknete Arnika ins Herdfeuer geworfen oder es wurde mit ihr geräuchert: »Steck Arnika an, steck Arnika an, dass sich das Wetter scheiden kann.«

Zur Zeit der Sommensonnenwende geht der Bilwis oder Bilmesschneider um, ein schädigender Korndämon, den man auch mit Arnika zu vertreiben suchte. Buchillustration von Fritz Quidenus.

Verwendung als Heilpflanze

Wichtige Inhaltsstoffe: Flavonoide, ätherisches Öl, Sesquiterpenlactone, Bitterstoffe.
Phytotherapie: Tinktur, Tee oder Salbe aus den Blütenköpfen oder den Einzelblüten äußerlich gegen Schwellungen, Quetschungen, rheumatische Beschwerden, Insektenstiche, Entzündungen der Haut und der Schleimhäute des Mund- und Rachenraumes.
Volksmedizin: Insbesondere der selbst angesetzte Arnikageist aus den Blüten bei ähnlichen Anwendungsgebieten wie in der Phytotherapie. Pfarrer Kneipp lobte die große Heilkraft der Pflanze.
Homöopathie: »Arnica« für die innerliche aus dem getrockneten Wurzelstock, für die äußerliche Anwendung aus der frischen blühenden Pflanze bei Nervenschmerzen, Herzmuskelschwäche, Venenentzündungen, Wunden, Zerrungen, Prellungen, Quetschungen, Muskelkater, Blutergüssen.
Achtung! Wegen der Gefahr von Nebenwirkungen und allergischen Reaktionen sollte Arnika nicht innerlich verwendet werden.

Allermannsharnisch

Allium victorialis

Un denn de Lüd, de denken ümmer, ick kann hexen un all so wat. Ich kann awer joar nix un hebb man blot en beten Liebstöckel un Wacholder un Allermannsharnisch.

THEODOR FONTANE (1819–1898): DER STECHLIN

Der Name stammt aus dem Spätmittelalter. Höfler vermutet, dass die älteren Vorstellungen über den Bärlauch in dieser Zeit auf den Allermannsharnisch übertragen wurden. Auch die Sumpfsiegwurz *(Gladiolus palustris)* wurde mit diesem Namen belegt, während umgekehrt der Allermannsharnisch auch als Siegwurz bezeichnet wurde. Die Zwiebeln der beiden Arten sind einander sehr ähnlich. Der Pflanze wurde die Kraft von 9 Männern oder auch 9 Hämmern zugeschrieben (Neun- und Siebenhämmerlein). Die Zwiebel des Allermannsharnischs war oft auch Ersatz für den teureren echten Alraun. Noch in den 50er-Jahren des 20. Jahrhunderts sollen in Berlin aus Siegwurz-Zwiebeln gefertigte Glücksalraune zu kaufen gewesen sein, die von Faserhüllen des Allermannsharnisch umgeben waren.

Nach einer Schweizer Sage sollen einst Zwerge auf der Alp Selurn gewohnt haben. Die vordringende Zivilisation vertrieb diese Naturgeister. Sie flohen in das »Wildmannlisloch« und verwandelten sich schließlich in die Zwiebeln des Allermannsharnisch.

Macht hieb-, stich- und schussfest

In seinem im Jahr 1500 in Straßburg erschienenen »Liber de arte destillandi« (»Buch über die Destillierkunst«) schreibt Hieronymus Braunschweig, dass Allermannsharnisch von Kriegsleuten um den Hals getragen werde, um sich vor Wunden zu schützen. Der Name Allermannsharnisch komme auch daher, weil »die wurtzel überzogen ist von härlein in gestalt eines Panzers.« Man sah – entsprechend der Signaturlehre – in der äußeren Gestalt die Verwendungsmöglichkeit angezeigt. Paracelsus schrieb: »Die Siegwurz hat Geflecht um sich wie ein Panzer; das ist auch ein magisch Zeichen und Bedeutung, daß sie behüt für Waffen wie ein Panzer.« Der Glaube, dass die Zwiebel vor Hieb- , Stich- und Schussverletzungen bewahre, hat sich unter den Soldaten offenbar über die Jahrhunderte gehalten. Er soll auch noch im 2. Weltkrieg bei Soldaten aus dem Montafon lebendig gewesen sein, und sogar bis in die 50er-Jahre des 20. Jahrhunderts war dort Allermannsharnisch als Zauberpflanze in Verwendung.

In der Januarsitzung, die der Botanische Verein der Provinz Brandenburg im Jahre 1892 abhielt, berichtete ein Dr. Beyer: Im Juli 1870 kam eine sehr aufgeregte Frau in den Berliner Botanischen Garten und bat inständig um die Wurzel, die unverwundbar macht. Ihr Sohn hätte sie im Dänischen Kriege und im Krieg von 1866 dabei gehabt und dank ihres Schutzes wäre er unversehrt wieder nach Hause gekommen. Nun wolle

Botanischer Steckbrief

Volksnamen: Alpenlauch, Bergalraun, Neunhemderwurz, Sieglauch.
Familie: Liliengewächse (Liliaceae).
Merkmale: Der 30–60 cm hohe, runde Stängel trägt im unteren Bereich 2–3 kurz gestielte, länglich-elliptische Blätter. Die kleinen gelblich-weißen Blüten stehen in einer kugeligen Scheindolde. Blütezeit: Juli–August.
Lebensdauer: Ausdauernd (Zwiebel).
Vorkommen: Alpen (felsige Matten zwischen 1300 und 3000 m); Voralpenland, Jura, Schwarzwald.
Verbreitung: Gebirgsgegenden Europas und Nordamerikas.
Wissenswertes: Die ebenfalls bisweilen als Zauberpflanze verwendete und Allermannsharnisch genannte Sumpfsiegwurz *(Gladiolus palustris)* besiedelt Feuchtwiesen und Moorwälder Mitteleuropas.

Ein Amulett aus Allermannsharnisch konnte bei der schweren und höchst gefährlichen Arbeit im Bergwerk schützen. 17. Jahrhundert.

sie ihm diese Wurzel wieder in den Krieg mitgeben. Man rätselte, um welche Pflanze es sich wohl handeln könne, bis einem Gärtnerburschen der Allermannsharnisch einfiel. Die Zwiebel wurde der Frau gebracht und diese eilte damit erleichtert zum Anhalter Bahnhof. Sie kam jedoch zu spät, denn der Truppenteil, zu dem auch ihr Sohn gehörte, war schon abgefahren. Später erhielt die Frau die Nachricht, dass ihr Sohn bei Gravelotte gefallen war. Sie lebte von da an in der unerschütterlichen Gewissheit, dass er mit der Zauberzwiebel am Leben geblieben wäre.

Schutzkraut und Liebesorakel

Die Bergknappen schützten sich mit Allermannsharnisch gegen die tückischen Berggeister. Der Arzt und Volksbotaniker Höfler hielt es für möglich, dass hinter diesem Glauben auch die Verwendung der Pflanze als Wurmmittel verborgen sein könnte: Gegen Ende des 16. Jahrhunderts grassierte bei den Salzburger Grubenarbeitern die so genannte Bergsucht. Sie wird durch den Grubenwurm *(Ancylostoma duodenale)* verursacht, der bei den Befallenen den Dünndarm besiedelt. Seine im Wasser lebenden Larven bohren sich durch die menschliche Haut und gelangen mit dem Blutstrom zum Darm. Die Erkrankung äußert sich in schwerster, nicht selten tödlicher Blutarmut. Auch gegen andere Gefahren im Berg wie Gasexplosionen (schlagende Wetter) und Stolleneinbruch sollte ein Amulett aus Allermannsharnisch schützen.

Um welche Pflanze es sich bei dem Allermannsharnisch handelte, den heiratswillige Mädchen am Tag Mariä Himmelfahrt (15. August) im Harz gesucht haben, ist nicht ganz klar (Sumpfgladiole?). Jedenfalls: Fand ein Mädchen ein blühendes Exemplar, so deutete dieser Fund auf eine Hochzeit noch im selben Jahr. Kam trotz Allermannharnischfund die Hochzeit nicht zustande, so sollen die enttäuschten Mädchen ärgerlich gerufen haben: »Det Allermannsharnisch, det böse Krut, det heb ick esocht un bin doch kene Brut!«

Doch nicht jeder Verehrer war willkommen. Eine Sage aus dem Harz berichtet, dass es ein böser Geist auf ein schönes Mädchen abgesehen hatte. Als er sie entführen wollte, erblickte die verzweifelte junge Frau auf dem Boden eine Allermannsharnisch-Pflanze. Sie riss sie aus und hielt sie dem Dämon entgegen, worauf dieser mit den Worten entwich: »Allermannsharnisch, du böse Krut, du höst mi genomen miene junge Brut!«

Bärlauch

Allium ursinum

Sonne von Süden schien auf die Felsen,
und dem Grund entgrünte grüner Lauch.

Edda: Der Seherin Gesicht

Während der Gemüselauch oder Porree ebenso wie Küchenzwiebel und Knoblauch erst durch die Römer den germanischen Stämmen bekannt wurde, waren wilde Laucharten bei ihnen sehr geschätzt. Dies zeigt auch der Vers aus »Der Seherin Gesicht«, dem Eröffnungsgedicht der Lieder-Edda, in dem auch die Erschaffung der Welt beschrieben wird. Runeninschriften auf Waffen, Amuletten, Schmucksachen enthalten häufig das Wort »laukar«. Der Lauch wurde offenbar als besonders heilkräftig betrachtet und in Magie und Ritualen häufig verwendet. Lauch hieß im Althochdeutschen »louh«, im Mittelhochdeutschen »louch«. In Island hieß noch der klösterliche Heilkräutergarten »laukar-garðr« (Lauchgarten). Im Eddalied Sd 8 wird empfohlen, Lauch in den Met zu legen, um etwa darin enthaltenes Gift unwirksam zu machen.

Eine auffallende und eindrucksvolle Lauchart ist der Bärlauch, der bereits im frühen Frühjahr den noch braunen Boden in Laub- und Mischwäldern mit seinen großen grünen Blättern bedeckt und von weitem durch seinen starken Knoblauchduft auf sich aufmerksam macht. Vielleicht kommt sein Name aus den alten Zeiten herüber, als der Bär ein geehrtes germanisches Seelentier war, das sich in der Waldpflanze verkörperte. Ein viel älterer Name findet sich in Abwandlungen in vielen Sprachen Europas: Rams oder Ramsen. Keltisch lautet er »kremo« oder »kramo«, griechisch »kromyon«, germanisch »hrams« oder »hrameson«, althochdeutsch »ramusia«. Ortsnamen wie Ramsau oder Krems sind vielleicht von diesem Pflanzennamen abgeleitet. Auch bei den Römern war Bärlauch beliebt.

Heute entdecken manche Menschen erneut die anregenden Kräfte des wohlschmeckenden Krautes.

Kraftvoll nur vor der Walpurgisnacht

Früher hieß es mancherorts, dass, wer sich mit der Pflanze die Brust bestreicht, vor allen Angriffen der Hexen geschützt ist.

In der Nacht vom 30. April auf den 1. Mai, der Walpurgisnacht, durchstreifen die Hexen den Wald. Sie nehmen dabei manchen Pflanzen ihre Kraft – auch dem Bärlauch. Die Pflanze muss daher noch vor dieser Hexennacht gepflückt werden. Deshalb wird auch das Ramschelfest in Hayn, heute ein Ortsteil der Gemeinde Mönchen-Holzhausen (Thüringen), am letzten Wochenende im April gefeiert. Der Ortschronist Johannes Richter teilte im Frühjahr 2001 auf Anfrage telefonisch einiges über das Fest mit: Die ältesten Aufzeichnungen stammen aus der Zeit um 1900. Das Fest hat die Weimarer Republik, das Dritte Reich und die Deutsche

Botanischer Steckbrief

Volksnamen: Hexenzwiebel, Wilder Knoblauch, Waldknoblauch, Ramschel.
Familie: Liliengewächse (Liliaceae).
Merkmale: Am Grunde des 20–40 cm hohen, dreikantigen Stängels entspringen 2 lang gestielte, eiförmig-lanzettliche Blätter. Die weißen Blüten stehen in einer flachen Dolde. Blütezeit: April–Juni. Der gesamten Pflanze entströmt starker Knoblauchduft.
Lebensdauer: Ausdauernd (Zwiebel).
Vorkommen: Zerstreut in feuchten Laubwäldern; in Gebirgsgegenden häufiger als im Flachland; an seinen Standorten oft in Massen.
Verbreitung: Europa, Nordasien.

Bärlauch zwischen zwei anderen Laucharten. Kräuterbuch des Hieronymus Bock (Ausgabe 1577).

Demokratische Republik überstanden und wird nun in der Bundesrepublik Deutschland noch immer gefeiert. Über die Zeit seiner Entstehung ist nichts bekannt. Früher zogen Burschen und Mädchen zunächst in den Wald und suchten Bärlauch. Dann ging es mit Musik zurück ins Dorf, wo gefeiert und getanzt wurde. Die eingesammelte Ramschel sollte die Kraft haben, krankes Vieh gesund zu machen und gesundes stets gesund zu halten. Viele Krankheiten der Nutztiere wurden ja als von Hexen oder anderen bösen Geistern verursacht angesehen. Besonders geschätzt war Ramschel auch als Mittel gegen Skorbut. Heute allerdings findet das Ramschelfest im Saale statt, und es wird auch kein Bärlauch mehr gesammelt.

Verwendung als Heilpflanze

Wichtige Inhaltsstoffe: Sulfide, Flavonoide, Vitamin C.
Phytotherapie: Selten: Tee aus dem frischen Kraut bei Magen-Darm-Beschwerden, insbesondere Blähungen, und zur Vorbeugung und Linderung von Arteriosklerose. Untersuchungen haben ergeben, dass die Wirkung des Bärlauchs auf den Darm stärker ist als auf die Gefäße. (Beim Knoblauch ist es umgekehrt.)
Volksmedizin: Tee aus dem frischen Kraut mit ähnlicher Verwendung wie in der Phytotherapie, außerdem bei Bronchitis mit zähem Schleim. Empfehlung für Personen mit empfindlichem Magen: Blätter zerschneiden, einige Stunden in Milch ziehen lassen, abseihen und Milch trinken.
Küche: Frische Blätter klein geschnitten an Salate, Suppen, Soßen, Nudelgerichte. Als Gewürz wie Knoblauch zu verwenden.
Homöopathie: Wenig gebräuchlich.
Achtung! Bärlauchblätter nicht mit den sehr stark giftigen Blättern von Herbstzeitlose oder Maiglöckchen verwechseln! Ein zwischen den Fingern zerriebenes Bärlauch-Blattstück duftet intensiv nach Knoblauch.

Knoblauch

Allium sativum

Die Lufft wirdt dir bißweiln entgehn /
Wenn du wirst bey den Mägdlein stehn /
Und bist bey jhn kein werther Gast /
Wenn du viel Knoblauch fressen hast /
Drumb solcher Speiß eß nicht zu viel /
Wer sein Gsundtheit behalten wil.

Conrad Rosbach: Paradeissgärtlein (1588)

Knoblauch wurde bereits vor Jahrtausenden als Kulturpflanze angebaut und genutzt, etwa im alten Ägypten. Die Israeliten sollen den Knoblauch aus der ägyptischen Gefangenschaft ins Gelobte Land mitgenommen haben. Dioskurides nennt die Pflanze als wurm- und harntreibendes Mittel und rühmt sie als wirksam gegen Schlangenbiss.

Die germanischen Völker, bei denen verschiedene wilde Laucharten in hohem Ansehen standen, lernten den Knoblauch wahrscheinlich durch die Römer kennen. Er ist im »Capitulare de villis« aufgeführt und auch die hl. Hildegard nennt ihn. Konrad von Megenberg bezeichnet Knoblauch als den Theriak des Bauern und lobt seine Wirkung gegen Zahnschmerzen. Hieronymus Bock empfahl Knoblauch demjenigen, in dessen Leib im Schlaf eine Schlange gekrochen ist. Wenn er fleißig Knoblauch äße, würde die Schlange wieder entfliehen.

Der Name lautete bereits im Althochdeutschen »klobelouh« für den in Zehen gespaltenen Lauch.

Knoblauchduft gegen neidische Geister und bösen Blick

In einem angelsächsischen Arzneibuch aus dem 10. Jh. n. Chr. wird gegen das Irresein ein Trank empfohlen, der unter anderem aus Knoblauch und Weihwasser besteht und der aus einer Kirchenglocke zu trinken ist. Geisteskrankheiten galten häufig als angezaubert, und der Knoblauch sollte als apotropäisches Mittel gegen diesen Zauber wirken.

Knoblauch wurde auch in Ställen aufgehängt, um Unheil fern zu halten. Im Böhmerwald trug man Knoblauchketten als Schutzmittel gegen den bösen Blick. Wurde im schlesischen Grünberg ein kleines Kind wegen seines gesunden Aussehens gelobt, so musste man sofort »Knoblauch, Knoblauch!« rufen, um neidische und missgünstige Geister fern zu halten. In Italien rief man mancherorts »aglio« (= Knoblauch), um sich vor missgünstigem Zauber und dem bösen Blick zu schützen. In Schweden trug der Bräutigam bei der Hochzeit Knoblauch gegen die neidischen Elfen bei sich.

Ganz besonders geschätzt war Knoblauch als apotropäisches Mittel in Südosteuropa und im Orient. In Rumänien sollten dem Verstorbenen in den Mund gelegte Knoblauchzehen verhindern, dass der Tote als Vampir umgeht. (Seit Roman Polanskis Film »Tanz der Vampire« wissen wir allerdings, dass neuere Vampire gegen Knoblauch immun sind.) Vor den Auswirkungen des bösen Blicks sollte er in Albanien bewahren, in Griechenland steckte man den Kin-

Botanischer Steckbrief

Volksnamen: Knofl.
Familie: Liliengewächse (Liliaceae).
Merkmale: Die linealen, parallelnervigen, zugespitzten Blätter reichen etwa bis zur Mitte des 60–90 cm hohen Blütenstängels. Dieser ist in der Mitte bauchig aufgeblasen. Die Blütendolde ist von einem Blütenhüllblatt umgeben, das zu einer langen Spitze ausgezogen ist. Zwischen den rötlichweißen, lang gestielten Blüten sitzen Brutzwiebeln. Im Boden befindet sich die zusammengesetzte Knoblauchzwiebel. Sie besteht aus einer eiförmigen Hauptzwiebel und den darum angeordneten Nebenzwiebeln (= Knoblauchzehen), die von weißlichen Häuten umgeben sind.
Lebensdauer: Ausdauernd (Zwiebel); in Kultur nur ein- oder zweijährig gezogen.
Vorkommen und Verbreitung: In vielen Regionen der Erde als Kulturpflanze (Heimat: Zentralasien).

dern Knoblauch als Schutzmittel an die Mütze und in Slawonien trugen manche Bräute – die ja dem Neid der bösen Geister besonders ausgesetzt sind – bei der Trauung unter der Achselhöhle Knoblauch, Brot und Petersilie.

Vampire wie Nosferatu aus dem gleichnamigen Film von F. W. Murnau (1921) verabscheuen Knoblauch.

In der Gegend von Basel hängte man bei Gelbsucht eine Knoblauchzwiebel um den Hals: So wie ihre Schalen vertrocknen, vergeht auch die Gelbsucht. Im Kanton Zürich zerstieß man für den gleichen Zweck 25 Knoblauchzehen und füllte die Masse in ein Säckchen, das ohne Knoten genäht sein musste. Man trug dasselbe 14 Tage unter der Kleidung auf der Brust. Marzell merkt zu diesem Brauch an, dass es ähnliche Knoblauchrezepte gegen die Gelbsucht auch in Kuba gebe.

Verwendung als Heilpflanze

Wichtige Inhaltsstoffe: Sulfide mit dem Hauptbestandteil Allicin, ätherisches Öl. Allicin, das für den typischen Knoblauchduft verantwortlich ist, entsteht erst bei Verletzung des Pflanzengewebes aus geruchlosen Vorstufen.
Phytotherapie: Die frischen Zehen, verschiedene Zubereitungen daraus und Fertigpräparate bei Gärungsprozessen im Darm, zur Senkung erhöhter Blutfettwerte und zur Vorbeugung gegen Arteriosklerose. Der Presssaft äußerlich gegen Pilzerkrankungen der Haut.
Volksmedizin: Verwendung ähnlich wie in der Phytotherapie. Beliebt ist insbesondere die Knoblauchtinktur bei Bronchitis, Keuchhusten, Gelbsucht, zur Vorbeugung in Grippezeiten und zur Erhaltung der allgemeinen Leistungskraft.
Homöopathie: »Allium sativum« aus der Knoblauchzwiebel bei Verdauungsbeschwerden, Arteriosklerose, Bluthochdruck.

Klatschmohn

Papaver rhoeas

Am Abend schweigt die Klage
Des Kuckucks im Wald.
Tiefer neigt sich das Korn,
Der rote Mohn.

GEORG TRAKL (1887–1914): AUS DEM GEDICHT »SOMMER«

Die Pflanze stammt aus den Steppen Asiens und kam bereits in vor- oder frühgeschichtlicher Zeit zusammen mit Saatgut nach Europa und auch nach Mitteleuropa. Das Wort »Mohn« erscheint schon im Althochdeutschen als »mago«. Der Name »Klapperrose« bezieht sich auf das Klappern der reifen Samenkörner in der Kapsel und »Feuerblume« ist von der roten Blütenfarbe abgeleitet.

In altägyptischen Gräbern wurden Klatschmohnsamen gefunden, und auf pompejanischen Gemälden ist die Pflanze dargestellt. Dioskurides empfiehlt einen Trank aus in Wein gekochten Klatschmohnkapseln als Schlaftrunk.

In der christlichen Malerei des Mittelalters standen Klatschmohn und reife Ähren als Symbol für das Messopfer, für das Blut und den Leib Christi. Bereits im Altertum galt der Klatschmohn, dessen Blütenblätter so rasch abfallen, auch als Symbol der Vergänglichkeit.

Hieronymus Bock nennt in seinem Kräuterbuch den Klatschmohn wegen des rasselnden Geräuschs der reifen Samenkörner »Klapperrose«.

KINDERSPIELZEUG, LIEBES- UND BERUFSORAKEL

Seit jeher dienten offenbar die Klatschmohnblüten Kindern als Spielzeug. Schon Leonhard Fuchs beschreibt dies: »Die Kinder haben jre kurtzweil mit diesen blumen / dan sie mit den blettern schnallen in der handt oder stirn machen / daher würdt diß kraut Klapperroß / oder Hirnschnall genent.« Man legt also das Blütenblatt auf die Stirn oder bildet mit Daumen und Zeigefinger einen Ring und legt darauf das Blütenblatt. Ein kräftiger Schlag mit der anderen flachen Hand erzeugt ein klatschendes Geräusch. Auch Püppchen machten die Kinder aus den Mohnblüten: Die 4 herabgebogenen Blütenblätter stellten das Kleidchen dar, Staubblätter und Fruchtknoten das Köpfchen. Beliebt war auch die rote Klatschmohn-Tinte. Dazu übergießt man die Blütenblätter in einem Glas mit Essig und lässt den Ansatz eine Zeitlang in der Sonne stehen.

Botanischer Steckbrief

Volksnamen: Feldmohn, Feuerblume, Klapperrose, Klatschrose, Kornrose.
Familie: Mohngewächse (Papaveraceae).
Merkmale: Der borstig behaarte Stängel wird bis 90 cm hoch. Die ebenfalls behaarten Blätter sind tief fiederspaltig. 2 Kelchblätter umhüllen schützend die Blütenknospe. Sie fallen ab, wenn sich die Blüte öffnet und die 4 großen scharlachroten, am Grund schwarz gefleckten Kronblätter sich entfalten. Blütezeit: Mai–Juli. Die Fruchtkapsel ist dick-eiförmig. Durch Löcher werden die kleinen Samen ausgestreut. Die gesamte Pflanze enthält Milchsaft.
Lebensdauer: Einjährig.
Vorkommen: Äcker, Brachflächen, Schuttplätze, Wegränder.
Verbreitung: Europa, Nordasien, Nordafrika.
Wissenswertes: Giftig (besonders der Milchsaft)!

Klatschmohn und Kornblume von Ida Bohatta auf einem der seit Jahrzehnten bei Schulkindern beliebten »Fleißbildchen«.

Aus der Stärke des klatschenden Geräuschs wollten Burschen auch etwas über die Erfolgsaussichten ihrer Bemühungen um ein Mädchen erfahren: Gab es einen leisen Knall, konnte man auf einen Kuss, war er laut, auf einen weiter gehenden Liebesbeweis hoffen. Mit dem Erraten der Blütenfarben der noch in der Knospe versteckten Blütenblätter war in Mittelfranken ein Berufsorakel verbunden: Helle Blütenblätter deuteten auf den Bäcker-, dunkelrote auf den Metzgerberuf.

Roter Mohn entspriesst aus rotem Blut

Im 1. Weltkrieg gab es den Soldatenglauben, der auf Schlachtfeldern blühende Mohn sei aus dem Blut der dort Gefallenen entsprossen. Tatsächlich wurde beobachtet, dass der Boden mancher Flächen, auf denen im Jahr zuvor besonders heftige Schlachten getobt hatten, von den üppigsten Mohnblumen überzogen war. Dieses Phänomen wurde etwa 1915 in Galizien, 1916 im französischen Ancretal und 1918 am Isonzo bei Gorizia beobachtet. Botaniker erklärten die Erscheinung damit, dass auf dem aufgewühlten Boden das Ackerunkraut Klatschmohn gegenüber anderen Pflanzen im Vorteil war und sich deshalb in so auffallend großen Mengen einstellen konnte.

Die rote Blütenfarbe machte den Klatschmohn zu einer Blitze abwehrenden, mancherorts in Bayern auch Blitze anziehenden Pflanze. Auch im Kräuterbüschel zu Mariä Himmelfahrt hatte er trotz seiner nach kurzer Zeit abfallenden Blütenblätter nicht selten einen Platz.

Verwendung als Heilpflanze

Wichtige Inhaltsstoffe: Alkaloide, darunter das Hauptalkaloid Rhoeadin.
Phytotherapie: Nicht mehr verwendet (allenfalls Blütenblätter als Schönung in Teemischungen).
Volksmedizin: Tee aus den Blüten gegen Schmerzen und Schlafstörungen. Sirup aus den Blüten gegen Husten, insbesondere Krampfhusten mit Unruhe bei Kindern.
Homöopathie: Wenig gebräuchlich.

Gänseblümchen

Bellis perennis

MARIENBLÜMCHEN

Es blüht ein schönes Blümelein,
Das wächst auf grünen Auen,
Von innen und von außen fein,
Gar lieblich anzuschauen,
Bald bunt, bald rot und bald schneeweiß
Ist es des Lenzes frühster Preis,
Des Herbstes letzte Freude.

Die kleinen Kinder, die es seh'n,
Die klatschen in die Hände
Und schmeicheln: 'Gänseblümchen schön!
O Tausendschön!' ohn' Ende.
Sie winden es in jeden Kranz,
Sie treten drauf bei jedem Tanz -
Das süße Tausendschönchen....

ERNST MORITZ ARNDT (1769–1860)

Das Gänseblümchen war in der nordischen Mythologie der Göttin Freyja geweiht. In christlicher Zeit wurde die liebliche Blume der Muttergottes zugeordnet. Die Legende erzählt, die Blumen seien da aufgegangen, wo die Tränen Mariens auf der Flucht nach Ägypten auf die Erde gefallen sind. Die rötliche Färbung der Strahlenblüten-Unterseite wird in einer anderen Legende erklärt: Die Gottesmutter hatte einmal zu Jesu Geburtstag im Winter künstliche Blumen gebastelt, und eine Blume mit weißen Strahlen und goldener Scheibe war besonders schön geraten. Maria hatte sich bei der Arbeit jedoch in den Finger gestochen und von ihrem Blut liefen die weißen Blüten rot an. Dem Christkind gefiel die Blume so gut, dass es ihr Leben gab, und seither blüht sie zur Freude der Kinder auch zur Winterszeit.

Der französische König Ludwig IX. (1214–1270), der später heilig gesprochen wurde, nahm das Gänseblümchen (oder die Margerite) zusammen mit der Lilie in sein Wappen auf.

Der Name »Gänseblümchen«, der seit dem 16. Jahrhundert bezeugt ist, rührt wohl von der weißen Farbe her, die mit den weißen Gänsen in Verbindung gebracht wird. Der Name »Maßliebchen« wird unterschiedlich gedeutet: entstanden aus dem mittelniederländischen »matelieve«, das auf die Essbarkeit deuten soll oder aus dem keltischen »mas« (Feld) oder mit »messen« (siehe unten) zusammenhängend.

Merkwürdig sind Verordnungen des 18. Jahrhunderts, in denen den Bauern vorgeschrieben wurde, das Gänseblümchen als »böse« Pflanze auszurotten. Ein Grund dafür könnte sein, dass die Pflanze auch als Abtreibungsmittel galt. Die Ausrottung ist jedenfalls glücklicherweise nicht gelungen.

In der christlichen Malerei kommt das Gänseblümchen als Marienblume häufig vor, etwa auf dem Bild »Anbetung des Kindes« von Johannes Koerbecke, auf dem Genter Altar der Brüder van Eyck oder Albrecht Altdorfers »Susanna im Bade«. Es

Botanischer Steckbrief

Volksnamen: Marienblume, Maßliebchen, Osterblume, Tausendschön, Zeitlose.
Familie: Korbblütler (Asteraceae).
Merkmale: Durch die Ausläufer des Wurzelstocks entsteht oftmals eine rasenartige Ansiedlung der Pflanze. Die grundständige Rosette aus spatelförmigen, am Rand etwas gekerbten Blättern umgibt den 5–15 cm hohen Blütenstängel. Dieser trägt ein Blütenköpfchen mit äußeren weißen, unterseits oft rötlichen Strahlen- und inneren gelben Röhrenblüten. Das Köpfchen wird von zwei Reihen grüner Hüllblätter umschlossen. Nachts und bei feuchter Witterung neigen sich Hüllblätter und Strahlenblüten dachartig schützend über den Röhrenblüten zusammen. Blütezeit: März–November (bei milder Witterung auch während der Wintermonate).
Lebensdauer: Ausdauernd (Wurzelstock).
Vorkommen: Fettwiesen, Rasen; bevorzugt nährstoffreiche Böden. Als gefüllte Zuchtform in Gärten.
Verbreitung: Europa.

symbolisiert Unvergänglichkeit und ewiges Leben, aber auch Tränen.

»Er liebt mich…«

In Gedichten wird das Gänseblümchen oder Maßliebchen mit jungen Mädchen und Kindern in Verbindung gebracht, wie etwa auch in Ernst Moritz Arndts Gedicht. Gretchen pflückt in Goethes »Faust« (1. Teil) eine Sternblume (Gänseblümchen oder Margerite), zupft dann die Blüten aus und spricht dabei: »Er liebt mich – liebt mich nicht – er liebt mich…« Dieses »Messen« als tändelndes Fragespiel wird von Kindern und Verliebten vor allem im deutschen Sprachraum seit vielen Jahrhunderten geübt. Im Mittelalter nahm man insbesondere Getreide- oder Grashalme mit ihren Knoten, um Antworten auf diese Frage zu erhalten. Walther von der Vogelweide (um 1170–um1230) bekennt selbstironisch in einem Gedicht, dass er das Halmorakel befragt hat, ob seine Liebe erwidert wird (siehe S. 38).

Auch andere Fragen, solche, die in ganz jungen Jahren wichtiger sind als die nach der Liebe, versuchten die Kinder mit dem Gänseblümchen-Orakel zu beantworten, etwa, wie die Eltern reagieren werden, wenn man zu spät nach Hause kommt: »Schelte – Schläge – gute Worte«.

Zur Liebesorakel-Blume passt, dass man sie zu einem Schönheitsmittel verarbeitete. So soll nach einem alten Sinti-Rezept Gänseblümchen-Wasser dem Gesicht und der Nase die Röte nehmen.

Auch bei Ludwig Richter (1803–1884) wird das Blumenorakel befragt.

Das Maßliebchen wurde früher auch als Heilpflanze gerühmt. Holzschnitt aus dem Kräuterbuch des Adamus Lonicerus (Ausgabe 1679).

Verwendung als Heilpflanze

Wichtige Inhaltsstoffe: Bitterstoffe, Gerbstoffe, ätherisches Öl.
Phytotherapie: Keine Verwendung.
Volksmedizin: Tee aus dem blühenden Kraut bei Erkältungskrankheiten, Gärungszuständen im Magen-Darm-Trakt, Nieren- und Blasenleiden. Presssaft im Frühjahr zur »Blutreinigung«. Besondere Heilkraft sollen die um Johanni (24. Juni) gepflückten Gänseblümchen haben.
Homöopathie: »Bellis perennis« aus der frischen blühenden Pflanze: als Urtinktur äußerlich gegen Akne, Muttermale, Quetschungen, Prellungen, Ekzeme; in homöopathisch aufbereiteten Verdünnungen innerlich bei Rheuma und Magen-Darm-Entzündungen.
Küche: Blätter und Blütenköpfe in Salaten; Blütenknospen als Kapernersatz.

Kraft der ersten 3 Gänseblümchen

In vielen Gegenden nicht nur des deutschen Sprachraums, sondern auch etwa in Frankreich und Dänemark, hieß es, dass man die ersten 3 Gänseblümchen, die man im Frühjahr findet, verschlucken müsse, um das ganze Jahr vor Fieber, auch vor Triefaugen und Zahnschmerzen geschützt zu sein. In der Gegend des mittelfränkischen Hesselbergs hieß es, man würde dann den ganzen Sommer keinen Durst leiden und »fremdes« Wasser schade einem nicht.

Auch sonst traute man dem Gänseblümchen einiges zu: Marzell berichtet von einer Witwe in Erbendorf (Landkreis Tirschenreuth), die aus den Wurzelstöcken des Gänselblümchens »Büscherl« anfertigte und verkaufte. Sie sollten gegen »wässerige Augen« helfen. Das Büscherl musste der Kranke vor Sonnenaufgang umhängen und dabei 3 Vaterunser beten. Bei einer Erkrankung des linken Auges musste es auf der rechten Seite am Rücken aufliegen und umgekehrt.

Am Johannistage (24. Juni) zwischen 12 und 13 Uhr gepflückte und anschließend getrocknete Gänseblümchen hatten in der Gegend von Cham noch andere Zauberkräfte: Ging man zu einem wichtigen Geschäft, so tat man gut daran, sie in Papier gelegt bei sich zu tragen, denn dann würde alles nach Wunsch gelingen.

Das Gänseblümchen symbolisiert Verachtung irdischer Güter, Unvergänglichkeit und ewiges Leben. »Himmelswiese« (um 1520) im Chor der Johanneskirche zu Saalfeld (Thüringen).

Gewöhnlicher Löwenzahn

Taraxacum officinale

*Leise segelt das Löwenzahnlicht
über dein weißes Wiesengesicht,
segelt wie eine Wimper blaß
in das zottig wogende Gras.*

*Monde um Monde wehten ins Jahr,
wehten wie Schnee auf Wange und Haar.
Zeitlose Stunde, die mich verließ,
da sich der Löwenzahn weiß zerblies.*

PETER HUCHEL (1903–1981): AUS DEM GEDICHT »LÖWENZAHN«

Die antiken Schriftsteller unterschieden den Löwenzahn nicht von anderen verwandten Korbblütlern. Hildegard von Bingen und auch Konrad von Megenberg erwähnen ihn merkwürdigerweise nicht. Die Kräuterbücher des 16. Jahrhunderts nennen die Pflanze unter den Namen Pfaffenröhrlein, Sonnenwirbel, Mönchskopf und Löwenzahn. Überhaupt hat gerade Löwenzahn – der Name erklärt sich aus der starken Zähnung der Blätter – so viele Volksnamen wie wohl kaum eine andere Pflanze. Schilcher schreibt, es gäbe etwa 500 verschiedene Bezeichnungen im deutschen Sprachgebiet. Wegen der starken harntreibenden Wirkung war der Name »Bettseicher« (-pisser, -brunzer; französisch »pisse-au-lit«) sehr verbreitet.

In der christlichen Malerei ist der Löwenzahn wegen der sonnenartigen Blütenköpfe ein Symbol für Christus und Maria, zudem für den Opfertod Christi und den Tod der Märtyrer.

Kinderorakel und Kinderspiel

Den Fruchtstand der Pflanze benutzten – und benutzen noch heute? – die Kinder für allerlei Orakel. Wenn man alle Früchte auf einmal fortblasen kann, ist man ein Glückskind, dem noch viel Angenehmes bevorsteht, oder es gibt zu Hause eine gute Suppe (soll es in Hersbruck geheißen haben) oder man ist ein Engel. Bleiben noch einige Früchte stehen, so ist man ein Teufel. So viele Früchte, wie man wegblasen kann, so viele Jahre lebt man noch. Ist nach dem Ausblasen der Fruchtboden weiß, so ist einem nach dem Tod der Himmel sicher, ist er schwarz, kommt man in die Hölle, hat er kleine dunkle Flecken, so steht das Fegfeuer bevor. Die Namen »Pfaffenröhrlein« und »Mönchskopf« leiten sich vom Kinderspiel mit dem Fruchtstand ab, denn der nach dem Abblasen kahle Blütenboden erinnerte an die tonsurierten Köpfe von Mönchen.

Die Kinder spielten auch mit anderen Teilen der Pflanze. Sie streuten anderen Kindern die gelben Blüten über den Kopf und riefen dabei: »Nun bekommst du Läuse!« Aus Blütenköpf-

Botanischer Steckbrief

Volksnamen: Butterblume, Kuhblume, Milchblume, Pfaffenröhrlein, Pusteblume, Schmalzblume.
Familie: Korbblütler (Asteraceae).
Merkmale: Aus einer Rosette lanzettlicher, am Rand gezähnter Blätter entspringt der 10–30 cm hohe, unbeblätterte, hohle Stängel. An der Spitze trägt er ein einzelnes, 3–5 cm breites Blütenkörbchen. Es enthält nur gelbe Zungenblüten, seine äußeren Hüllblätter sind zurückgeschlagen. Blütezeit: März–November (Hauptblütezeit im April). Die Früchte haben einen Stiel, dessen Ende als Flugorgan eine Haarkrone (Pappus) trägt. Die Pflanze führt weißen Milchsaft.
Lebensdauer: Ausdauernd (Pfahlwurzel).
Vorkommen: Fettwiesen, Wegränder, Weiden.
Verbreitung: Europa, Nordafrika, Asien; in Nordamerika eingebürgert.
Wissenswertes: Die Früchte bilden sich ohne vorhergehende Befruchtung (Parthenogenese).

chen mit Stängeln wurden »Brillen« angefertigt, aus den sich in Wasser aufringelnden, längs geteilten Stängeln Ketten. Die hohlen Stängel dienten auch als Pfeifen, Blasrohre und Saughalme. Die Bedeutung des Löwenzahns für Kinder spricht noch aus einem einige Jahrzehnte alten Poesiealbum-Eintrag:

Die goldne Pracht hat ausgeblüht,
Die kleinen Sonnen sind verglüht.
In silbernen Laternchen glimmt
Ihr Licht, bevor es Abschied nimmt,
Bevor der Wind es rings verweht
Und neue goldne Sonnen säht.

Allerdings durfte man Löwenzahn nicht mit nach Hause nehmen, denn dann, so der Kinderglaube, würde man ins Bett nässen.

Gelbes heilt Gelbsucht

In der sympathetischen Vorstellung war der Löwenzahn wie auch andere gelb blühende Pflanzen ein Mittel gegen die Gelbsucht.

Die im Tierkreiszeichen der Jungfrau bei abnehmendem Mond vor Sonnenaufgang gegrabene und in Neunzahl um den Hals gehängte Wurzel vertreibt Flecken in den Augen und heilt nässende Augen. Die Blätter dagegen, so hieß es in der Ge-

Der Wind löst die einsamigen Schließfrüchte des Löwenzahns mit ihrem Flugorgan ab und kann sie weithin tragen. Der weiße Blütenboden bedeutet ein günstiges Orakel.

gend von Wolfratshausen (Oberbayern), sollte man bei Zahnweh umhängen und sie tragen bis sie ganz vertrocknet sind.

Warzen bestrich man in der Gegend von Frontenhausen (Niederbayern) am dritten Tag im abnehmenden Mond mit Löwenzahn-Milchsaft: So wie der Mond abnimmt, würden auch die Warzen schrumpfen.

Der weiße Milchsaft des Löwenzahns sollte Liebende, die sich mit ihm bestrichen, in den Augen des Partners schön und begehrenswert machen. Hieronymus Bock berichtet: »Etliche bilden ihnen ein, wann man mit dem Safft ermelten Krautes bestreiche, dass man bey grossen Herrn und Fürsten angenehm dadurch werde und auch erhalten könne, was man begehre. Allein seyn solches Fabeln.«

Bock erwähnt auch, dass Frauen aus Kraut und Wurzel ein Wasser brannten und damit das Gesicht wuschen, um Rötungen, Sommersprossen und Unreinheiten zu bekämpfen.

Das Ausblasen der Löwenzahnfrüchte war zusammen mit der Befragung des Orakels ein beliebtes Kinderspiel.

Verwendung als Heilpflanze

Wichtige Inhaltsstoffe: Bitterstoffe, Inulin, Vitamin C und andere Vitamine, Mineralstoffe, Terpene, Steroide.
Phytotherapie: Presssaft aus der Pflanze, alkoholischer Auszug, Tee aus Kraut mit Wurzel zur Anregung des Gallenflusses, zur Anregung von Magen und Darm und damit Besserung von Beschwerden wie Aufstoßen, Blähungen, Völlegefühl, Appetitlosigkeit und zur Anregung der Harnausscheidung.
Volksmedizin: Verwendung ähnlich wie in der Phytotherapie.
Homöopathie: »Taraxacum« aus der gesamten frischen blühenden Pflanze bei Störungen der Gallenblasenfunktion, Leberentzündungen, Reizblase, Nierenreizung.
Küche: Löwenzahnblätter als Zugabe in Wildkräuter- und Kartoffelsalaten. Löwenzahnblütenknospen als »falsche Kapern«.

Die Löwenzahnwurzel lockert verdichteten Boden und bringt Nährstoffe aus tieferen Schichten nach oben. Aus der Wurzel wurde früher Kaffee-Ersatz gewonnen.

Herbstzeitlose

Colchicum autumnale

Seid ruhig, meine Freunde!
Wir sind wie die Herbstzeitlose,
welche erst nach dem Winter Samen trägt.

GEORG BÜCHNER (1813–1837): DANTONS TOD

Die von den antiken Schriftstellern beschriebenen *Colchicum*-Arten bezeichnen nicht unsere Herbstzeitlose, sondern Verwandte innerhalb der Gattung. Dioskurides nennt das von ihm beschriebene »kolchikon« auch »ephemeron«. Der Sage nach soll das Giftkraut entstanden sein, als Medea den Zaubertrank braute, um Äson, den Vater ihres Gemahls Jason, zu verjüngen. Einige Tropfen dieses Gebräus fielen zur Erde und daraus entstand das Ephemeron.

Hildegard von Bingen und Albertus Magnus empfahlen den Gebrauch von »hermodactylus« gegen Podagra (Gicht). Hieronymus Bock dagegen warnt vor dem Gebrauch der »wysenzeitlosen«: »Wiewol dise wurtzel und blumen etwas nütz seind / so ist doch dagegen mehr schadens zu besorgen – wa man dise wurtzel in leib brauche wolt. Hie seien alle gewarnet / so pillulas componieren für das Podagra / das sie gemelter wurtzel nit mehr nehmen / wie bißher aus onverstand geschehen ist.«

Der Name »Zeitlose« wurde zunächst für Frühlingsblumen wie den Krokus verwendet, im 16. Jahrhundert dann auf die Herbstzeitlose übertragen. Die Verdeutlichung durch »Herbst-« stammt erst aus dem 18. Jahrhundert. Im Mittelalter nannte man die Pflanze auch »Filius ante patrem« (»Sohn vor dem Vater«) wegen der im Frühling – und damit scheinbar vor der Blüte im Herbst – erscheinenden Früchte. Aus Blüten und Knollen wurden früher Mittel gegen Läuse hergestellt.

VERKÜNDERIN DES WINTERS

Erscheinen die Herbstzeitlosen schon früh im Jahr (in der ersten Augusthälfte), so galt dies mancher-

Nach der Blüte im Herbst wachsen im Frühjahr Laubblätter und Fruchtknoten der Herbstzeitlose aus der Erde heraus. Pflanzenatlas von Moritz Fünfstück (um 1900).

Botanischer Steckbrief

Volksnamen: Herbstblume, Michaeliblume, Nackerte Jungfer, Spinnblume, Teufelsbrot, Winterblume.
Familie: Liliengewächse (Liliaceae).
Merkmale: Die große hellviolette Blüte steht am oberen Ende der 5–20 cm über den Erdboden hinausragenden langen weißlichen Blütenröhre. An deren unterem Ende befindet sich, in der Erde, der Fruchtknoten. Blütezeit: August–Oktober. Die langen parallelnervigen Blätter, die an Tulpenblätter erinnern, erscheinen, ebenso wie die großen Kapselfrüchte, erst im Frühjahr der folgenden Jahres.
Lebensdauer: Ausdauernd (Knolle).
Vorkommen: Feuchte Wiesen, Auwälder. Im Gebirge bis 2000 m aufsteigend. Im nördlichen Mitteleuropa selten.
Verbreitung: Süd-, West- und Mitteleuropa.
Wissenswertes: Sehr stark giftig (besonders Knolle und Samen)!

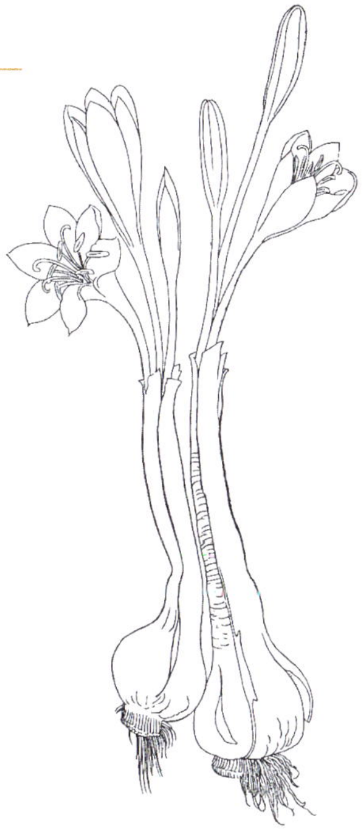

Der Holzschnitt im »New Kreütterbuch« des Leonhart Fuchs (1543) zeigt deutlich die Besonderheiten der blühenden Herbstzeitlose.

orts als Vorzeichen eines strengen Winters. Ein milder Winter steht bevor, wenn die Knolle sich nur 30–40 cm unter der Erdoberfläche befindet, ein harter, wenn sie 70–80 cm tief unten ist.

Der Herbstzeitlose, deren Blühen den Beginn des Herbstes anzeigt, traute man zu, Unannehmlichkeiten, wie sie winterliche Tätigkeiten nach sich ziehen, vorbeugen zu können. In Gegenden Thüringens zerrieben Frauen die ersten im Spätsommer gefundenen, auch »Spinnblumen« genannten Herbstzeitlosen zwischen den Händen, damit diese beim Spinnen nicht wund würden. Im Zürcher Oberland dagegen bestrichen sich die Frauen mit diesen ersten Herbstzeitlosen die Augenlider, um beim abendlichen Spinnen in der Winterszeit nicht müde zu werden.

Die Knolle der Herbstzeitlose sollte, als Amulett in der Hosentasche getragen oder – vor allem bei Kindern – um den Hals gehängt, einiges bewirken: in der Schweiz Kinderblattern und Rote Ruhr, im Bayerischen Schwaben Kopfweh fern halten (die am Theklatag, dem 23. September gegrabene »Theklazwiebel«), in der Oberpfalz sogar vor der Pest und jeder anderen ansteckenden Krankheit schützen.

Allerdings galt die Herbstzeitlose auch als giftiges Hexenkraut: In der Walpurgisnacht – so hieß es – gehen die Hexen auf die Wiesen, schneiden von den Blättern der Herbstzeitlosen die Spitzen ab und machen daraus Hexensalat, mit dem sie Menschen und Tiere vergiften. Dieser Vorstellung liegt die Beobachtung zugrunde, dass die im Frühjahr erscheinenden Blätter um diese Zeit manchmal an den Spitzen schon abgestorben sind.

Verwendung als Heilpflanze

Wichtige Inhaltsstoffe: Alkaloide (Hauptalkaloid Colchicin).
Phytotherapie: Getrocknete Samen und Knollen sowie Zubereitungen daraus beim akuten Gichtanfall.
Volksmedizin: Keine Verwendung.
Homöopathie: »Colchicum« aus der im Frühjahr gegrabenen Knolle bei Magen-Darm-Entzündungen, Gicht, Muskel- und Gelenkrheumatismus, Herz-Kreislauf-Störungen.
Achtung! Wegen der sehr starken Giftigkeit der Pflanze keine Selbstbehandlung.

Küchenzwiebel

Allium cepa

Die Menschheit organisiert sich gerade nach Art einer Zwiebel, und schiebt immer eine Hülse in die andere bis zur kleinsten, worin der Mensch selbst denn ganz winzig steckt.

ERNST AUGUST FRIEDRICH KLINGEMANN (1777–1831): DIE NACHTWACHEN DES BONAVENTURA

Die Küchenzwiebel stammt wahrscheinlich aus den Steppen Innerasiens. Bereits in vorgeschichtlicher Zeit wurde sie als Gewürz- und Heilpflanze nach Westen gebracht. Im alten Ägypten waren Zwiebeln ebenso wie Knoblauch allgemeine Volksnahrung. So sagten auch die Israeliten nach ihrem Auszug aus Ägypten und ihrer langen entbehrungsreichen Wanderung ins heilige Land: »Wir gedenken der Fische, die wir in Ägypten umsonst aßen, und der Kürbisse, der Melonen, des Lauchs, der Zwiebeln und des Knoblauchs.« (4. Mose, 11, 5) Herodot berichtet, dass beim Bau der großen Cheopspyramide 1600 Talente Silber für Rettich, Zwiebeln und Knoblauch als Nahrung für die Arbeiter ausgegeben wurden. Den ägyptischen Isis-Priestern war allerdings der Zwiebelgenuss verboten, weil – so sagen einige Autoren – Dyktis, ein Liebling der Isis, einst beim Griff nach einer Zwiebel in den Nil stürzte und ertrank. Andere führen das Verbot darauf zurück, dass die Zwiebel als Aphrodisiakum galt. Plinius erzählt, dass bei den Ägyptern die Zwiebelgewächse in so hohem Ansehen standen, dass man sie sogar beim Schwören anrief.

Die Küchenzwiebel war der Leto heilig, weil diese, als sie mit den Zwillingen Diana und Apollon schwanger war, ihre Appetitlosigkeit mit Zwiebeln kurierte. Homer beschreibt in der Ilias die Festtafel, die im Auftrag Nestors für die Gäste bereitet wird: In ihrer Mitte habe ein Korb mit »trunkeinladenden Zwiebeln« gestanden.

Die griechischen Kolonisten brachten die Zwiebel nach Italien. Einer Sage nach hatten sie den italischen Ureinwohnern geschworen, mit ihnen gemeinsam in Freundschaft das Land zu besitzen, und zwar so lange sie auf diese Erde träten und Köpfe auf den Schultern trügen. Zuvor jedoch hatten die Griechen Erde in ihre Schuhe geschüttet und Zwiebeln als Köpfe unter den Kleidern auf ihren Schultern getragen. Nach dem Schwur entledigten sie sich dieser Dinge, glaubten damit nicht mehr an ihn gebunden zu sein und besetzten das Land.

Die Römer brachten später den germanischen Völkern die Küchenzwiebel. Aus dem lateinischen »cepula« wurde »zwibolle« und schließlich Zwiebel. Im »Capitulare de villis« Karls des Großen wird sie als »cepas« erwähnt. Die Kräuterbücher der frühen Neuzeit sind voll des Lobes über die Küchenzwiebel. Mattioli etwa beschreibt sie als Aphrodisiakum, und Lonicerus empfiehlt sie für verschiedenste Leiden. Er sagt auch: »Arbeitende Leuth essen Morgens Zwibeln mit Saltz und Brodt für den bösen Lufft / wie Tyriac / Müssiggänger aber werden toll / schwermütig und schläfferig davon.«

Viele Volksrätsel befassen sich mit der Zwiebel, etwa:

Es steht im Acker,
Und hält sich wacker,
Hat viele Häute,
Beißt alle Leute.

Botanischer Steckbrief

Volksnamen: Zipolle, Zwiebellauch.
Familie: Liliengewächse (Liliaceae).
Merkmale: Der Stängel und die röhrigen Blätter sind in der Mitte blasig aufgetrieben. Die lang gestielten grünlichweißen Blüten stehen in einer Scheindolde, in der manchmal Brutzwiebeln gebildet werden. Blütezeit: Juni–August.
Lebensdauer: Ausdauernd (Zwiebel). In Kultur werden die Zwiebeln im selben Jahr oder im Jahr nach dem Setzen geerntet.
Vorkommen und Verbreitung: In vielen verschiedenen Sorten auf Äckern und in Gärten angebaut.

Wetterorakel

In verschiedenen Gegenden versuchte man in der Zeit der Raunächte, insbesondere in der Weihnachtsnacht oder der Neujahrsnacht, mit Hilfe einer Küchenzwiebel etwas über die Witterung des kommenden Jahres zu erfahren. Aus der Zwiebel wurden 12 Schalen geschnitten und jede Schale mit einem Monatsnamen bezeichnet. Alle 12 Zwiebelschalen wurden dann mit Salz bestreut und bis zum Morgen (in der Gegend von Wien bis nach der Neujahrsmesse) auf dem Tisch liegen gelassen. Aus der aus der Schale ausgetretenen Flüssigkeit schloss man auf die Niederschlagsmenge im betreffenden Monat.

Zwiebeln, so heißt es, soll man im Zorn setzen, damit sie schön scharf werden. Besonders dick und kräftig wurden die an Benedikt (21. März) gepflanzten Zwiebeln: »Benedikt macht Zwiebeln dick!« Der oder die

Zwiebeln sind seit langem zugleich Heilmittel und köstliches Gewürz. Kräuterbuch des Adamus Lonicerus (Ausgabe 1679).

Pflanzende soll den Blick gesenkt halten, weil die Zwiebeln sonst zu sehr ins Laub schießen. Das tun auch Zwiebeln, die bei zunehmendem Mond gesetzt werden.

Scharfes macht scharf

Bei den Ägyptern, Griechen, Römern und auch hierzulande galt die Küchenzwiebel als Aphrodisiakum. Mit »Zwibolle« wird im 16. Jahrhundert der paarige Männerhoden bezeichnet. Aigremont überliefert in seinem Buch »Erotik und Pflanzenwelt« frauenfeindliche Sprüche zur Zwiebel, etwa:

Es ist das Weib ein süßes Übel,
Ein leichtes und ein schweres Joch.
Es kommt mir vor wie eine Zwiebel,
Man weint dabei und ißt sie doch!

Oder: »Die Zwiebel ist ein Fräulein, das einen zum Weinen bringt, wenn man ihm das Röcklein auszieht«.

Verwendung als Heilpflanze

Wichtige Inhaltsstoffe: Sulfide (Alliin, Allicin, das Tränen auslösende Thiopropanalsulfoxid), Vitamine.
Phytotherapie: Zerkleinerte Zwiebeln, Presssaft und andere Zubereitungen bei Appetitlosigkeit und zur Vorbeugung altersbedingter Gefäßveränderungen.
Volksmedizin: Verschiedene Zubereitungen wie Presssaft, Sirup, Brei aus zerstoßenen Zwiebeln gegen Erkältung und Husten, Beschwerden im Magen-Darm-Trakt. Äußerlich rohe oder gekochte Zwiebeln oder Zwiebelsaft gegen Flechten, Haarausfall, Hühneraugen.
Homöopathie: »Allium cepa« aus der frischen Zwiebel bei Ohrenschmerzen, Fließschnupfen (durch Erkältung oder Allergien), Bronchitis, Asthma.
Küche: Universalgewürz, Gemüse.

Maiglöckchen

Convallaria majalis

Maiglöckchen läutet wieder,
Denn der Frühling ziehet ein,
Und der Vögel helle Lieder
Heißen ihn willkommen sein.

HEINRICH HOFFMANN VON FALLERSLEBEN (1798–1874)

Die alten griechischen und römischen Autoren erwähnen das Maiglöckchen nicht. Nach einer germanischen Sage soll die duftende Pflanze auf Geheiß des Lichtgotts Balder dem Grab eines im Kampf gegen die Römer gefallenen jungen Helden entsprossen sein – zum Trost seiner unglücklichen Braut.

Hildegard von Bingen empfiehlt das Maiglöckchen gegen Hautkrankheiten und Epilepsie. In den Kräuterbüchern des 16. Jahrhunderts wird die Pflanze als »lilium convallium« (»Lilie der Täler«) bezeichnet. Davon leiten sich volkstümliche Namen wie »Fillumvallum« ab. Im Englischen heißt das Maiglöckchen noch heute poetisch »lilly-of-the-valley«. Otto Brunfels gibt in seinem Kräuterbuch eine Reihe von Verwendungsmöglichkeiten an, insbesondere als Gegengift.

In der christlichen Malerei findet man das Maiglöckchen als Attribut Christi auf Krippendarstellungen und auf Bildern von Maria mit dem Kinde.

Freude über Maiglöckchen – aber bitte nicht im April

Überall freute man sich über die ersten duftenden Maiglöckchenblüten. Der 1. Mai war in Paris Maiglöckchentag (»la journée du muguet«). An diesem Tag trug man Maiglöckchen, um das ganze Jahr Glück zu haben. Noch gegen Ende der 50er-Jahre des 20. Jahrhunderts sollen alle Schaufenster der Stadt mit Maiglöckchen geschmückt gewesen sein. Auch auf der schwäbischen Alb war das Maiglöckchen als Glücksbringer geschätzt. Man holte es dort am Himmelfahrtsmorgen vor Sonnenaufgang. Das Maiglöckchen war so recht ein Bote des Lichts und der Wärme.

Maiglöckchenblüten sollte man aber nicht im April finden, jedenfalls nicht vor Georgi (24. April), denn dies war ein schlechtes Vorzeichen. Hatten diese frühzeitig erscheinenden Maiglöckchenblüten zudem noch innen rote Streifen, so konnte man sich auf nichts Gutes gefasst machen. In Unterfranken deutete man diese Erscheinung, dass die bevorstehende Ernte viel Arbeit machen, jedoch wenig Nutzen bringen würde. Sogar der 1. Weltkrieg, der im Spätsommer 1914 ausbrach, soll sich im April zuvor in Franken mit größeren Mengen rot-weiß gestreifter Maiglöckchenblüten angekündigt haben.

Botanischer Steckbrief

Volksnamen: Fillumfallum, Hillgenkummveilchen, Maiblume.
Familie: Liliengewächse (Liliaceae).
Merkmale: Den 15–25cm hohen Stängel umschließen 2 große grundständige, parallelnervige, länglich-eiförmige Blätter. Am Stängelende steht die Traube mit den kurz gestielten, weißen, stark und angenehm duftenden Blüten. Blütezeit: Mai–Juni. Die Früchte sind auffallende scharlachrote Beeren, die von manchen Vögeln geschätzt werden.
Lebensdauer: Ausdauernd (Wurzelstock).
Vorkommen: Laubwälder, Gebüsche.
Verbreitung: Europa, Nordasien, Nordamerika.
Wissenswertes: Sehr stark giftig (besonders Blüten und Früchte)!

Wem dagegen in mondhellen Mainächten eine mit Maiglöckchenblüten geschmückte wunderschöne weiße Frau erscheint, der darf auf ein freudiges Ereignis hoffen.

bringt Schönheit und Gesundheit

Maiglöckchen galten vielfach als Schönheitsmittel, insbesondere, wenn sie vor Sonnenaufgang gepflückt waren. Mit ihnen rieben Frauen ihr Gesicht ein, um den in der warmen Jahreszeit vermehrt sprießenden Sommersprossen vorzubeugen. So dichtete auch Ludwig Uhland:

Mit dem Tau der Maienglocken
Wäscht die Jungfrau ihr Gesicht,
Badet sie die goldnen Locken.

Da die Maiglöckchenblüten wie Tropfen niederhängen, galten sie in der Volksheilkunde lange Zeit als (nicht ungefährliches) Mittel gegen Schlaganfall. Die vor Sonnenaufgang gesammelten Blüten, an denen noch Tautropfen hängen sollten, wurden in Wein ausgekocht. Der Blütenduft galt als wirksam bei Kopfweh und Schwindel.

Die getrockneten und zerriebenen Maiglöckchenblüten verursachen starken Niesreiz. Sie waren Bestandteil des »Schneebergers«, eines berühmten Schnupftabaks. Im Volksglauben galten Schnupfen und Niesen als gesund und reinigend für das Gehirn.

Meyblumen. 23
Leibliche Wirckung.

Diß Kräutlein ist gezieret fein/
Mit schön wolriechend Blümelein/
Krefftiger Art/besser denn Goldt/
Ein Wasser davon bereiten solt/
B iiij Für

»Meyblumen« im »Paradeißgärtlein« des Conrad Rosbach (1588).

Verwendung als Heilpflanze

Wichtige Inhaltsstoffe: Glykoside wie Convallatoxin, Convallatoxol, Convallosid.
Phytotherapie: Fertigpräparate aus dem während der Blütezeit gesammelten Kraut sind wichtige Medikamente zur Behandlung verschiedener Herz- und Kreislaufbeschwerden.
Volksmedizin: Keine Verwendung.
Homöopathie: »Convallaria« aus dem frischen blühenden Kraut bei Herzschwäche und nervösen Herzbeschwerden.
Achtung! Wegen der sehr starken Giftigkeit der Pflanze keine Selbstbehandlung.

Aronstab

Arum maculatum

Der Aronstab ist weder lauwarm noch zu stark,
sondern er hat gleichmäßige und maßvolle Wärme,
wie die Sonne nach dem Morgenrot angenehme Wärme hält und auch hat,
wie der Tau im Sommer vor Tagesanbruch angenehm ist ...

HILDEGARD VON BINGEN (1098–1179): HEILKRAFT DER NATUR – »PHYSICA«

Plinius leitet den Namen »aron« (Natternwurz) aus dem Ägyptischen ab. Der Name Natternwurz komme daher, weil die Pflanze etwa zeitgleich mit den Schlangen im Frühjahr aus der Erde kommt und sich auch mit diesen im Herbst wieder zurückzieht. Im frühen Mittelalter brachte man den Namen der Pflanze mit dem dürren Stabe Aarons zusammen, der plötzlich zu grünen und zu blühen begann und Früchte trug. Im 4. Buch Mose 17, 23 heißt es: »Des Morgens aber, da Mose in die Hütte des Zeugnisses ging, fand er den Stecken Aarons des Hauses Levi grünen und die Blüte aufgegangen und Mandeln tragen.«

Der Name »Zehrwurz« soll daher kommen, dass der Pflanze Heilkraft gegen Schwindsucht (Lungentuberkulose) zugeschrieben wurde und auch, dass man den getrockneten und zermahlenen Wurzelstock mancherorts (z. B. Schlesien, Karpaten) dem Brotmehl zumischte. Hildegard von Bingen findet für die Giftpflanze viele lobende Worte und empfiehlt sie gegen verschiedene Krankheiten und auch als Mittel gegen Melancholie. Lonicer schreibt dem Aron Wirkung gegen Gifte und Pestilenz zu.

Zeigt die künftige Ernte an

Der Name »Zeigkraut« kommt daher, dass man in verschiedenen Gegenden in der Ausprägung der Blütenstandsteile des Aronstabes einen Hinweis auf die zu erwartende Ernte sah. War die nackte Kolbenspitze besonders kräftig entwickelt, so deutete dies in der Pfalz auf eine gute Getreideernte, während die darunter liegenden Haare die Ernteerträge beim Heu, die männlichen Blüten die beim Obst und die weiblichen Blüten beim Wein darstellten. In Thüringen deutete die Kolbenspitze auf Hafer und Gerste, die Haare zeigten den Roggen an, die männlichen Blüten den Weizen und die weiblichen Blüten die Erbsen. Andere Deutungen waren etwa: Die männlichen Blüten stehen für die Kornernte, die weiblichen für die Heuernte. In der Nürnberger Gegend zeigten die weiblichen Blüten die zu erwartende Kartoffelernte an.

»Pfaffenpint« als Liebesblume

Blüten- und Fruchtstand der Pflanze reizten zum Vergleich mit dem Penis, was auch die Namen wie »Pappenpint« und »Pfaffenpint«, die schon bei Hieronymus Bock und Leonhard Fuchs vorkommen, erklären. (Im Eng-

Botanischer Steckbrief

Volksnamen: Drachenwurz, Pfaffenbinde, Zeigkraut, Zehrwurz.
Familie: Aronstabgewächse (Araceae).
Merkmale: Dem knolligen Wurzelstock entsprießen im Frühjahr große, dunkelgrüne, pfeilförmige Blätter. Der kolbenförmige Blütenstand ist von einem weißlichen oder rötlichen Hüllblatt umgeben. Im unteren Teil des Blütenstands sitzen die weiblichen Blüten, darüber zwischen zwei Ringen von Haaren die männlichen Blüten. Die Blütenstandsspitze ist eine blütenlose violette Keule. Blütezeit: April–Juni. Der Fruchtstand mit grellroten Beeren erscheint im Sommer.
Lebensdauer: Ausdauernd (Wurzelstock).
Vorkommen: Laubwälder, Gebüsche.
Verbreitung: Süd- und Mitteleuropa zerstreut; im Norden selten oder fehlend. Nordamerika.
Wissenswertes: Der Aronstab ist eine Kesselfallenpflanze. Fliegen und Mücken werden vom aasartigen Geruch des Kolbens angelockt. Die über den männlichen Blüten stehenden Haare sind nach unten gerichtet, sodass die Insekten in den Blütenkolben hineinkriechen, ihn aber nicht mehr verlassen können. Erst wenn die Bestäubung der Narben erfolgt ist, verdorren die Haare am Kolbeneingang und die Insekten erlangen ihre Freiheit wieder. Sehr stark giftig!

lischen wird mit »cuckoopint« an das Geschlechtsorgan eines Kuckucks erinnert, im Französischen mit »vit de chien« an das eines Hundes.)

In früheren Zeiten war in der Gegend um Frankfurt am Main das »Aronsuchen« am Himmelfahrtsmorgen sehr beliebt. Später wurde es sogar zu einem Volksfest, das am Dienstag nach Pfingsten stattfand. Die Pflanze war ein Liebessymbol und für Liebeszauber begehrt. Mancherorts legten sich die Mädchen ein Stück des Aronstabes in die Schuhe, wenn sie zum Tanz gingen. Sie sprachen dabei: »Zehrwurzelkraut, ich leg dich in meine Schuh, ihr Junggesellen lauft mir alle zu.«

In der Schweiz hieß die Pflanze in der Gegend von Waldbrühl »Kiltblume«, wobei »Kilt« die Abendkühle bedeutet, in der sich die Liebenden treffen und der Mann der Geliebten die Kiltblume überreicht.

Beliebt war der Aronstab auch als Schönheitsmittel. Der rote Saft der Beeren diente als Schminke und als Antifaltenmittel. Mattioli berichtete, dass die Frauen den Saft der Wurzel trockneten, ihn bei Bedarf in Weißwurz-(Salomonssiegel-)Wasser auflösten und damit das Gesicht bestrichen, um die Haut glatt und weich zu machen.

Beschützt die Kinder vor dem Alb

Möglicherweise vom Hüllblatt, das den Blütenboden umgibt wie eine Windel das kleine Kind, leitete man die Kraft der Pflanze ab, Kinder zu beschützen. Offenbar unbesorgt wegen des Gifts legte man Aronstab in die Kinderbetten, um den Alb, Druden und Hexen abzuhalten. Unter der Hausschwelle eingegraben schützte Aronstab das Haus vor bösen Dämonen und allem Übel.

In der Pfalz wurde am Himmelfahrtsmorgen der Aronstab ausgegraben und zu einem wohl nicht ganz ungefährlichen Schnaps angesetzt, der vielerlei Leiden heilen sollte. »Aron, aller Kräuter Kron!« nannte man dort die Pflanze.

Verwendung als Heilpflanze

Wichtige Inhaltsstoffe: Aroin, Blausäureglykoside, geringe Mengen an Nicotin, Aminen, Oxalaten.
Phytotherapie: Keine Verwendung.
Volksmedizin: Nicht mehr verwendet. Früher die pulverisierte Wurzel zur Magestärkung.
Homöopathie: »Arum maculatum« aus dem Wurzelstock bei Rachen- und Kehlkopfentzündungen, Schnupfen.
Achtung! Wegen der sehr starken Giftigkeit der Pflanze keine Selbstbehandlung.

Fliegenpilz

Amanita muscaria

Ein Männlein steht im Walde
Auf einem Bein.
Es hat auf seinem Kopfe
Ein Käpplein klein.
Sagt, wer mag das Männlein sein,
Das da steht im Wald allein,
Mit dem purpurroten Käppelein?

Aus einem Volkslied

Der Name »Fliegenpilz« kann in unterschiedlicher Weise gedeutet werden. Am verbreitetsten ist die Erklärung, dass man mit dem Pilz Fliegen bekämpfte. Schon Albertus Magnus war diese Verwendung bekannt, und Konrad von Megenberg schreibt in seinem »Buch der Natur«: »wenn man den zuo milch mischt, sô toett er die mukken, dar umb haizent sie mukkenswammen und ze latein muscineci.« Es war tatsächlich über die Jahrhunderte auch hier zu Lande üblich, den Pilz – mit Zucker bestreut oder nachdem man ihn zunächst in Milch eingelegt oder in einer Zuckerlösung gekocht hatte – in Räumen auszulegen. Auch ein wässriger Aufguss, den man aufstellte, sollte Fliegen anlocken und töten.

Der Name könnte auch mit dem Gefühl des Fliegens zu tun haben, das man möglicherweise nach Einnahme des Pilzes entwickelt. Der Fliegenpilz wurde schon in der Antike als Rauschmittel verwendet. So sollen bei dionysischen Festen auch Fliegenpilze verzehrt worden sein. Den Namen »Rabenbrot« hatte der Fliegenpilz bereits bei den alten Ägyptern.

Ob und wie der Fliegenpilz in Nord- und Mitteleuropa als bewusstseinsveränderndes Mittel verwendet wurde, ist weitgehend Spekulationen überlassen. So gibt es Vermutungen, die Wolfskrieger (Ulfilas) und Bärenkrieger (Berserker) der Germanen, die sich in Tierfelle hüllten und als Kämpfer in Tiere verwandelt fühlten, hätten ihre ekstatischen Zustände mit Schmerzunempfindlichkeit und Kampfesrausch auch unter Zuhilfenahme von Fliegenpilzen erreicht. Der Fliegenpilz soll auch Wodan/Odin, dem germanischen Gott der Ekstase und der Verwandlung, zugeordnet gewesen sein. Einer Sage nach sei er dort entstanden, wo Wodans achtbeinigem Pferd Sleipnir der Schaum vom Maul zur Erde tropfte. Auch den Namen »Rabenbrot« bringt man manchmal mit Wodan und dessen zwei Raben Huginn und Muninn in Verbindung.

Schließlich ist auch noch an den Teufel und dessen alte Verbindung zu den Fliegen zu denken. So heißt der Teufel manchmal »Herr der Fliegen«. Pflanzen oder Pilze mit berauschenden Eigenschaften wurden nicht selten in christlicher Zeit bösen Geistern, Hexen (Name »Hexenei«) und dem Teufel zugeordnet.

Wo der Teufel ist, sind auch meist die (heidnischen) Naturgeister nicht weit. So findet man den Fliegenpilz auf vielen, sogar neueren, Illustratio-

Mykologischer Steckbrief

Volksnamen: Hexenei, Rabenbrot.
Familie: Freiblättler (Amanitaceae).
Merkmale: Auf dem roten Hut liegen als Flecken Reste der weißen Hülle, die den noch unentwickelten Fruchtkörper ganz umhüllt und bei dessen Wachstum zerreißt. Der 6–25 cm hohe weiße Stiel ist unten knollig verdickt und hat oben einen Ring. Die Blätter (Lamellen) der Hutunterseite sind weiß. Pilzfruchtkörper findet man von Juni bis in den Herbst.
Vorkommen: Nadel- und Birkengehölze.
Verbreitung: Europa, Nordamerika, Nordasien.
Wissenswertes: Stark giftig!
Pilze wurden früher den Pflanzen zugeordnet. Heute unterscheidet man neben dem Tierreich und dem Pflanzenreich ein eigenes Pilzreich. Die in der Abteilung der Echten Pilze zusammengefassten Vertreter haben als Vegetationskörper meist ein aus Zellfäden (Hyphen) aufgebautes, im Boden wachsendes Myzel und bilden Fruchtkörper. An der Hutunterseite der Blätterpilze, zu denen auch der Fliegenpilz gehört, befinden sich Lamellen, die von der die Sporen hervorbringenden Fruchtschicht bedeckt sind. Aus den Sporen entwickelt sich ein neues Myzel.

nen zusammen mit Zwergen und Kröten dargestellt. Bisweilen wird auch das »Männlein auf einem Bein« mit Rumpelstilzchen, einem »verrückten« Zwerg im Märchen der Brüder Grimm, in Verbindung gebracht. Rumpelstilzchen tanzt auf einem Bein, es ruckt und zuckt und rast vor Wut – Symptome, die auch für eine Pilzvergiftung beschrieben werden.

Paracelsus nennt den Fliegenpilz als Vorbeugungsmittel gegen Lungenschwindsucht und Diabetes sowie als Antiwurmmittel. Im 17. und 18. Jahrhundert gab es Ärzte, die den Fliegenpilz gegen Epilepsie, Verschleimung, Kopfschmerzen und Schlaganfall empfahlen. Sogar als Heilmittel gegen Krebs war er mancherorts, etwa im Rheinland, gebräuchlich.

Schafft Halluzinationen und macht hellsichtig

Bekannt und belegt ist der Konsum des Fliegenpilzes für Sibirien. Bereits 1658 berichtete der Pole Stepan Krascheninnikow über seine Beobachtungen bei Menschen auf der Halbinsel Kamtschatka, die unter dem Einfluss des Pilzkonsums standen: Manche von ihnen wurden fröhlich und tanzten herum, andere heulten, weil sie fürchterliche Visionen hatten. Die Sibirer verzehren den Pilz auch, um körperliche Anstrengungen besser bewältigen zu können. In Sibirien kennt man verschiedene Möglichkeiten, den Fliegenpilz einzunehmen: frisch oder getrocknet, roh oder gekocht, als Aufguss, pur oder mit Zusätzen. In manchen sibirischen Gesellschaften durften nur die Schamanen den Pilz rituell benutzen. Er ermöglichte ihnen, Kontakt mit Geistern und Verstorbenen aufzunehmen, in unsichtbare Welten zu gelangen, die Zukunft und die Vergangenheit zu sehen und zu erfahren, wo sich Gestohlenes oder Verlorenes befindet. Ähnlich wie im Westen der Alkohol soll der Fliegenpilz auch bei großen gesellschaftlichen Ereignissen als Genussdroge verwendet worden sein.

In China und Indien waren die psychoaktiven Eigenschaften des Fliegenpilzes ebenfalls bekannt. Es gibt sogar Vermutungen, dass Soma, die nicht mehr identifizerbare halluzinogene Pflanze der vor- und frühgeschichtlichen Inder, der Fliegenpilz gewesen sein könnte. Die Indianer Nord- und Mittelamerikas verwenden den Fliegenpilz als sakrale Substanz, deren Genuss mit bestimmten Zeremonien verbunden ist und auch zum Erkennen von Krankheiten dient.

Der Fliegenpilz-Fruchtkörper im Jugendstadium: »Hexenei«. Pflanzenatlas von Moritz Fünfstück um 1900).

Fliegenpilz-Kinder als Glückssymbole auf einer alten Weihnachtskarte.

Verwendung als Heilpflanze

Wichtige Inhaltsstoffe: Verschiedene Giftstoffe, darunter Muscarin. Hauptgiftstoff ist die Ibotensäure.
Phytotherapie: Keine Verwendung.
Volksmedizin: Früher gegen Epilepsie, Nachtschweiße bei Tuberkulose, Geschwüre.
Homöopathie: »Agaricus« aus dem frischen Fruchtkörper bei Zittern der Glieder, Krämpfen, Trübsichtigkeit, Ausschlägen.
Achtung! Wegen der starken Giftigkeit des Pilzes keine Selbstbehandlung.

Auch wenn es keine Belege über die Verwendung des Fliegenpilzes als Rauschdroge in Europa gibt, erscheint es höchst unwahrscheinlich, dass sie unbekannt war. Marzell und etliche andere Volksbotaniker erwähnen den Pilz überhaupt nicht. Als sexuelles Anregungsmittel sollen noch bis in die jüngere Vergangenheit manche Frauen im Allgäu ihren Männern ein wenig getrockneten Fliegenpilz ins Essen getan haben.

Witzig beschreibt Lewis Caroll in seinem Kinderbuch »Alice im Wunderland« die halluzinatorische Wirkung eines Pilzes: Alice wird, je nachdem, von welcher Seite des Pilzes sie ein Stück abbricht und isst, größer oder kleiner. Da das Gefühl, die Umgebung vergrößert (Makroskopie) oder verkleinert (Mikroskopie) zu sehen, auch als Effekt der Fliegenpilzeinnahme beschrieben worden ist, könnte der Autor (hinter dessen Pseudonym sich der Mathematikprofessor Charles Lutwidge Dodgson verbirgt) durchaus den Fliegenpilz gemeint und möglicherweise auch eigene Erfahrungen mit ihm gemacht haben.

Glücksbringer

In merkwürdigem Gegensatz zur Angst vor der Giftigkeit des Fliegenpilzes, die im mitteleuropäischen kollektiven Bewusstsein übertrieben betont ist, steht die noch immer gern geübte Verwendung des attraktiven Pilzes als Glücksbringer. Zusammen mit Schweinen, vierblättrigem Klee, Hufeisen und Kaminkehrern findet sich der Fliegenpilz auf Neujahrskarten und – aus Schokolade, Marzipan oder Plastik – in Neujahrsarrangements der Süßwarenindustrie. Kinderbuchillustrationen zeigen Elfen und Zwerge oder verschiedene Tiere unter dem Schutz seines Hutes, und als Gipsfigur steht er neben Gartenzwergen, -rehen und -hasen im Vorgarten.

Vielleicht dient das Verschweigen des Pilzes als halluzinatorische Droge, die Betonung seiner angeblich so starken Giftigkeit und das Verniedlichen dem gleichen Zweck, nämlich eine in alten Zeiten auch hierzulande verwendete Rauschdroge zu eliminieren.

Blauer Eisenhut

Aconitum napellus

Als der Höllenhund das Tageslicht erblickte, entsetzte er sich und fing an den Geifer von sich zu speien, davon wuchs der giftige Eisenhut aus dem Boden hervor.

Gustav Schwab (1792–1850): Die schönsten Sagen des klassischen Altertums

Die antiken Schriftsteller erwähnen ein Kraut »akoniton«. Ovid erzählt, dass die auch von Medea verwendete Zauberpflanze aus dem Geifer des dreiköpfigen Höllenhundes Kerberos entstanden sei, als ihn Herakles auf Befehl des Königs Eurystheus aus der Unterwelt emporgeschleppt hatte. Wie bei manchen anderen Pflanzen ist es auch beim Eisenhut unsicher, ob die von den antiken Autoren beschriebene Pflanze mit der mitteleuropäischen gleichgesetzt werden kann. Theophrast behauptet, dass das akoniton so zubereitet werden könne, dass der Tod des Vergifteten erst nach Monaten oder gar Jahren eintritt. Tatsächlich sollen etliche Giftmorde in der europäischen Geschichte auf das Konto des Eisenhuts gehen, beispielsweise die Ermordung des römischen Kaisers Claudius (54 n. Chr.) und die des Papstes Hadrian VI. (1523).

Der italienische Arzt Pietro Mattioli berichtet in seinem Kräuterbuch sehr genau und anschaulich von einem grausamen Experiment, dessen Zeuge er 1561 in Prag war. Erzherzog Ferdinand, der ein Pulver besaß, das gegen allerlei Gift wirken sollte, wollte dessen Wirkung als Gegengift auch für den Eisenhut ausprobieren. Ein wegen Diebstahls zum Tode verurteilter junger Mann stellte sich freiwillig zur Verfügung, da ihm im Falle seines Überlebens die Aufhebung des Todesurteils zugesagt war. Es ging für ihn aber schlecht aus, denn obwohl ihm nach Auftreten der Eisenhut-Vergiftungssymptome das als Gegenmittel gedachte Pulver verabreicht wurde, starb der Mann qualvoll unter Krämpfen, Erbrechen, Kälte- und Hitzeschaudern.

Herkules im Kampf mit Cerberus. Kupferstich von Hans Sebald Beham (1500–1550).

BOTANISCHER STECKBRIEF

Volksnamen: Echter Sturmhut, Blaumützen, Eliaswagen, Fuchswurz, Giftkraut, Tauberl am Schlag, Teufelswurz, Venuswägelchen.
Familie: Hahnenfußgewächse (Ranunculaceae).
Merkmale: Die Wurzel ist knollig verdickt. Bis 1 m hoch wird der sich meist im oberen Bereich verzweigende Stängel. Die lang gestielten Blätter sind 5–7-teilig mit linealen Zipfeln. In dichter Traube stehen die dunkelblauen Blüten. Das oberste Kronblatt ist helmförmig gewölbt und überdacht zwei Honigblätter. Blütezeit: Juni–August. Die Früchte enthalten glänzende schwarze Samen.
Lebensdauer: Ausdauernd.
Vorkommen: Gebirgswälder, Bachufer, feuchte Weiden, Lägerfluren (bis 3000 m aufsteigend); selten. Auch Gartenpflanze.
Verbreitung: Europa.
Wissenswertes: Sehr stark giftig (besonders Wurzel und Samen)! Der Blaue Eisenhut ist eine der giftigsten Pflanzenarten Mitteleuropas. Besonders geschützt.

VERWANDLUNG IN TIERGESTALT MIT EISENHUT

Wassereppich, Eisenhut, Pappelknospen und Ruß werden zusammen mit Öl zu einer Salbe angerührt, so heißt es in einem einfacheren der vielen Hexensalbenrezepte, die in Prozessakten und insbesondere von Gelehrten der frühen Neuzeit notiert wurden. Nicht immer, aber häufig findet sich unter den narkotisierenden Salbenbestandteilen auch Eisenhut. Verschiedene Autoren vermuten, dass insbesondere der Eisenhut für die Vorstellung der Tierverwandlung verantwortlich war. Seine Inhaltsstoffe können die Nervenendigungen in der Haut reizen und so die Empfindung, dass ein Fell oder ein Federkleid wüchse, entstehen lassen.

Hexen in Tiergestalt. Faksimile eines Holzschnitts in Ulrich Molitors »Traktatus von den bösen weiben die man nennet die Hexen« (Augsburg 1508).

Möglicherweise hängt der vor allem im Rheinland mancherorts verwendete Volksname »Venuswägelchen« mit einer Verwendung der Pflanze im Liebeszauber zusammen. In China werden jedenfalls andere, harmlosere *Aconitum*-Arten zu Aphrodisiaka und Verjüngungsmitteln verarbeitet.

Das Wägelchen oder die »Schöße« (vom französischen Wort »chaise« für Wagen) des Kinderspiels kommt daher: Entfernt man die Blütenhülle, dann können die beiden nun sichtbaren Honigblätter als Zugtiere gelten, und im Wagen sitzt Venus (Stempel), umgeben von Gefolge (Staubbeutel).

Der Eisenhut wird – nicht zu Unrecht – sehr gefürchtet. So hieß es auch mancherorts, dass einem allein vom Riechen an der Pflanze die Nase anschwelle.

VERWENDUNG ALS HEILPFLANZE

Wichtige Inhaltsstoffe: Alkaloide (Hauptalkaloid Aconitin).
Phytotherapie: Zubereitungen aus der Wurzelknolle bei Schmerzzuständen, insbesondere Neuralgien.
Volksmedizin: Keine Verwendung.
Homöopathie: »Aconitum« aus der frischen blühenden Pflanze ist ein wichtiges Mittel der Homöopathie, das unter anderem bei Fieber, Nervenschmerzen (insbesondere Trigeminus- und Ischiasschmerzen) und Erkältungskrankheiten eingesetzt wird.
Achtung! Wegen der sehr starken Giftigkeit der Pflanze keine Selbstbehandlung.

Schwarze Nieswurz

Helleborus niger

Die Christblume

Tochter des Waldes, du Lilienverwandte,
So lang' von mir gesuchte, unbekannte,
In fremdem Kirchhof, öd' und winterlich,
Zum erstenmal, o schöne, find' ich dich!

...

Dich würden, mahnend an das heil'ge Leiden,
Fünf Purpurtropfen schön und einzig kleiden;
Doch kindlich zierst du, um die Weihnachtszeit,
Lichtgrün mit einem Hauch dein weißes Kleid.

Eduard Mörike (1804–1875)

Die Schwarze Nieswurz wurde bereits im Altertum hoch geschätzt. Möglicherweise war sie sogar die geheimnisvolle Zauberpflanze Moly. Dioskurides schreibt über das gefährliche Graben der Schwarzen Nieswurz: Man musste darauf achten, dass kein Adler bei dem Geschäft zusah, denn er würde den Tod bringen. Auch musste man rasch graben und dabei Knoblauch essen und Wein trinken, wenn man keinen Schaden nehmen wollte.

Plinius berichtet, dass die gallischen Kelten mit dem Saft ihre Jagdspeere und -pfeile bestrichen, da sie glaubten, das Fleisch des erlegten Tieres würde dadurch zarter werden. Um sich nicht selbst zu gefährden, schnitten sie aber die tödliche Wunde großzügig aus.

Sagen und Legenden ranken sich um die Pflanze, die in Mitteleuropa so wunderbar zur Winterszeit blüht. Eine Sage des 19. Jahrhunderts lässt die Blume ein von der germanischen Göttin Freyja aus Mitleid verzaubertes liebreizendes Mädchen sein, das von seiner bösen Tante zur Winterszeit in Nacht und Kälte hinausgejagt worden war und einsam und verzweifelt im Wald herumirrte. Im Dezember 1914 sollen die Soldaten einer in Frankreich in der Nähe des Dorfes Bucnoy liegenden deutschen Kompanie am Rande eines Granatlochs eine Christrose entdeckt und sie gepflegt haben, bis sie am 23. Dezember schließlich erblühte. Diese Blume ließen die Soldaten am Weihnachtsabend Kaiser Wilhelm II. in Berlin überreichen.

Seit dem 12. Jahrhundert ist die Schwarze Nieswurz in Europa als Gartenpflanze nachgewiesen, wohl nicht nur als Zierpflanze. Hildegard von Bingen etwa empfahl sie gegen Gicht, Fieber, Ausschlag und Gelbsucht. Der Wurzelstock der Schwarzen Nieswurz wurde – so berichtet Aigremont – auch zur Förderung der Menstruation und zu Abtreibungen verwendet.

BOTANISCHER STECKBRIEF

Volksnamen: Christrose, Schelmrose, Schneekaderl, Schneerose.
Familie: Hahnenfußgewächse (Ranunculaceae).
Merkmale: Dem stark verästelten schwarzbraunen Wurzelstock entspringt ein 20–30 cm hoher blattloser Stängel, der von 1–3 ganzrandigen Hochblättern besetzt ist. Die handförmig gefiederten, 7–9-teiligen Laubblätter sind lang gestielt. Ihre ledrige Beschaffenheit lässt einige von ihnen den Winter überdauern. In den Blüten umgeben große weiße Kelchblätter die zu Honigblättern umgewandelten kleinen gelben Blütenblätter. Blütezeit: Dezember–April.
Lebensdauer: Ausdauernd (Wurzelstock).
Vorkommen: Laub- und Mischwälder der Alpen. In Deutschland nur in den Berchtesgadener Alpen.
Verbreitung: Alpen, Südeuropa. Als Zierpflanze in Gärten.
Wissenswertes: Stark giftig!

DIE WEISSE NIESWURZ

Nicht näher mit der Schwarzen Nieswurz verwandt ist die zur Familie der Liliengewächse (Liliaceae) zählende Weiße Nieswurz, heute meist Weißer Germer *(Veratrum album)* genannt. Dem dicken Wurzelstock entspringt der 50–150 cm hohe Stängel. An ihm sind die breit-eiförmigen, parallelnervigen, vielfach gefältelten Blätter wechselständig angeordnet. Die kleinen weißlichgrünen Blüten stehen in einer Rispe. Blütezeit: Juni–September. Der Germer kommt auf feuchten Wiesen und Lägerfluren in den Alpen (bis 2000 m Höhe) und anderen Gebirgen vor, selten auch in den Mittelgebirgen. Die Pflanze enthält verschiedene Alkaloide und wird in der Volksmedizin äußerlich als Salbe bei Hautkrankheiten und schlecht heilenden Wunden verwendet. In der Homöopathie dient »Veratrum album« aus dem getrockneten Wurzelstock zur Behandlung von Depressionen, Infektionskrankheiten mit Kreislaufschwäche, Herzschwäche, Keuchhusten.

Der Weiße Germer wurde auch als »Weiße Nieswurz« bezeichnet. Pflanzenatlas von Moritz Fünfstück (um 1900).

Achtung! Wegen der starken Giftigkeit der Pflanze keine Selbstbehandlung.

Der pulverisierte Wurzelstock sowohl der Schwarzen als auch der Weißen Nieswurz war wegen seiner zum Niesen reizenden Wirkung auf die Nasenschleimhäute wichtiger Bestandteil des »Scheeberger Schnupftabaks«.

ERNÜCHTERUNGS- UND RAUSCHMITTEL

In der Antike wurde ein Wurzelabsud der Schwarzen Nieswurz in Wein gegen Geisteskrankheiten eingesetzt. Der Sage nach soll Herakles durch die Nieswurz von einem Wahnsinnsanfall geheilt worden sein. Im alten Rom sagte man von einem geistig nicht ganz normalen Menschen »Helleborus opus habet!« (»Er braucht Nieswurz«). Offenbar sollte die Wurzel auch gegen den bei Depressionen bisweilen auftretenden Verarmungswahn helfen, denn Horaz sagt in seinen Satiren, dass sie auch den Wahnsinn heile, der sich in Geiz äußert. Der Seher Melampus soll den vom Gott Dionysos besessenen Frauen Nieswurz in Ziegenmilch gegeben haben, um sie wieder zu ernüchtern und ihre Raserei zu vertreiben.

In der frühen Neuzeit war die Schwarze Nieswurz wegen ihrer narkotisierenden und berauschenden

Wirkung in manchen Hexensalben-Rezepten enthalten.

Auch die Weiße Nieswurz wurde als Narkotikum in Räucherungen und Hexensalben verwendet. Zu Beginn des 20 Jahrhunderts waren in okkultistischen Zirkeln Gemische aus Fliegenpilz und Weißem Germer als Rauschmittel und bewusstseinserweiternde Mittel in Mode. In ähnlicher Weise wurde der Weiße Germer auch in der sibirischen und chinesischen Magie verwendet.

Seit der Antike setzte man den Germer auch als gefährliches Brechmittel sowie als Abtreibungsmittel ein. Hieronymus Bock beklagte, dass Landstreicher bedenkenlos die Weiße Nieswurz feilböten, ohne sich um die Folgen bei den Konsumenten zu kümmern. Seiner starken Giftwirkung verdankt der Germer auch seine Rolle als beliebtes Insektenvertilgungsmittel, das insbesondere auf den Almen hergestellt wurde (daher auch der Name Lauskraut).

Verhilft zu hohem Alter und wirkt gegen Pest

Paracelsus bereitete aus den getrockneten Blättern der Nieswurz ein »Elixier zum langen Leben«, das sich seiner Zeit eines großen Rufs und weiter Verbreitung erfreute. Der Heiler verwendete sowohl die Schwarze als auch die Weiße Nieswurz. Er nannte die Weiße »jung« und empfahl sie für Personen unter 50 Jahren, die Schwarze bezeichnete er als »alt« und meinte, sie sei für Menschen über 50 geeignet. Mancherorts hieß es auch, dass es genüge, die Schwarze Nieswurz stets bei sich zu tragen, um ein hohes Alter zu erreichen. Die getrockneten und zerriebenen Blätter mit Zucker vermischt eingenommen, galten als ein Mittel zur Erhaltung der Jugendlichkeit.

Dioskurides schrieb über die Schwarze Nieswurz, dass die Menschen sie für reinigend hielten und deshalb in die Wohnungen streuten. Später glaubte man, die Pflanze könne böse Geister bannen und gegen die Pest helfen. Dazu wurden die Pestbeulen des Kranken aufgestochen und in die Wunde die Wurzel der Schwarzen Nieswurz gesteckt.

Die Schwarze Nieswurz hieß früher auch »Schelmenwurzel«. Gegen den »Viehschelm« (Viehseuchen wie Milzbrand oder Rauschbrand) nahm man mit ihr nicht nur in Mitteleuropa, sondern auch etwa in Italien magische Handlungen vor.

Bestattung von Pestleichen im Jahre 1679 in Wien. Nach einem zeitgenössischen Kupferstich.

Verwendung als Heilpflanze

Wichtige Inhaltsstoffe: Herzwirksame Glykoside in Wurzelstock und Blättern.
Phytotherapie: Zubereitungen aus dem Wurzelstock als Herzmittel werden heute nicht mehr verwendet.
Volksmedizin: Nicht mehr verwendet.
Homöopathie: »Helleborus niger« aus dem getrockneten Wurzelstock zur Behandlung psychischer Störungen verschiedener Art, Nierenentzündungen, Entzündungen der Atemwege.
Achtung! Wegen der sehr starken Giftigkeit der Pflanze keine Selbstbehandlung

Schlafmohn

Papaver somniferum

Der Mohn

Wie dort gewiegt von Westen
Des Mohnes Blüte glänzt,
Die Blume, die am besten
Des Traumgotts Schläfe kränzt!
Bald purpurhell, als spiele
Der Abendröte Schein,
Bald weiß und bleich, als fiele
Des Mondes Schimmer ein.

Zur Warnung hör ich sagen,
Daß der im Mohne schlief,
Hinunter ward getragen
In Träume schwer und tief;
Dem Wachen selbst geblieben
Sei irren Wahnes Spur:
Die Nahen und die Lieben
Hält er für Schemen nur.

Ludwig Uhland (1787–1862)

In den jungsteinzeitlichen Pfahlbauten von Lagozza fand man Mohnsamen. Auch in der Jungsteinzeit und in der Bronzezeit Mitteleuropas verwendeten die Menschen offenbar Mohn (Pfahlbauten von Robenhausen und Bourget). Dieser Pfahlbautenmohn war aber mit dem Schlafmohn nicht völlig identisch, sondern es handelt sich um eine Vorform. Man vermutet, dass der Schlafmohn vom Borstenmohn (*Papaver setigerum*), einer im Mittelmeergebiet wild wachsenden Art abstammt.

Bei den Griechen und Römern der Antike war der Schlafmohn wohl bekannt: Homer, Theophrast, Dioskurides und Plinius beschreiben ihn und seine narkotisierenden Eigenschaften. Hildegard von Bingen gesteht lediglich den Körnern Schlaf fördernde, Juckreiz lindernde und Läuse vertreibende Eigenschaften zu.

Stillt Schmerzen, öffnet Pforten zu einer anderen Welt

In der griechischen Mythologie stand der Schlafmohn mit den Göttinnen Demeter und Hekate in Zusammenhang, die beide Bezug zur Unterwelt haben:

Hier gefällt es mir wohl, im Kranz
meiner leichten Gedichtchen
Nun des Feldmohns Erwähnung zu
tun, den die Mutter Latona
Trauernd wegen des Raubs ihrer
Tochter genossen, so sagt man,
Daß ersehntes Vergessen die Brust
ihr vom Kummer befreie.

Der Abt Walahfrid Strabo von der Reichenau spielt in seinem Gedicht auf die griechische Mythologie an, nach der Persephone vom Unterweltsgott Hades geraubt und in die Unterwelt entführt wurde. Ihre Mutter Demeter, die Göttin der Erdfruchtbarkeit, sucht verzweifelt die Tochter. Sie findet den Aufenthaltsort heraus, aber Hades will nicht auf Persephone verzichten. Auf inständiges Bitten Demeters bestimmt Zeus, dass Persephone zwei Drittel des Jahres bei

Botanischer Steckbrief

Volksnamen: Gartenmohn, Magen, Echter Mohn, Ölmagen.
Familie: Mohngewächse (Papaveraceae).
Merkmale: Der bis 1 m hohe Stängel trägt stängelumfassende, länglicheiförmige, am Rand ungleich gezähnte blaugrüne Blätter. Die weiße, rosa oder violette Blütenkrone ist am Grunde dunkel gefleckt. Sie wird von 2 frühzeitig abfallenden Kelchblättern umfasst. Blütezeit: Juni–August. Die Frucht ist eine 4-kammerige Kapsel, durch deren Poren die Samen ausgestreut werden. Die gesamte Pflanze führt weißen Milchsaft.
Lebensdauer: Einjährig.
Vorkommen: Als Nahrungs-, Öl-, Zier- und Heilpflanze kultiviert; stellenweise verwildert.
Verbreitung: Zentralasien, Kleinasien, Mittelmeergebiet.
Wissenswertes: Stark giftig (insbesondere der Milchsaft)!

ihrer Mutter verbringen und die übrige Zeit, den Winter, bei ihrem Gatten in der Unterwelt weilen soll. In der Zeit der Verzweiflung soll Demeter Mohn zu sich genommen haben, um zeitweise Schlaf und Vergessen zu gewinnen.

Im Garten der Hekate, einer großen Zauberin und mächtigen Totengöttin, die von Hunden begleitet wird und bisweilen auch mit Hundekopf dargestellt ist, wächst ebenfalls Schlafmohn.

Vergil beschreibt im 6. Buch seiner »Aeneis« die Unterweltsfahrt des Aeneas. Dieser wird von einer Hekate-Priesterin begleitet, die dem die Eindringlinge bedrohenden Höllenhund Kerberos ein Häppchen aus Honig und Mohn vorwirft. Kerberos verschlingt gierig den Köder und entschlummert sanft.

Hypnos, dem Gott des Schlafs, wurden Rauchopfer mit Mohnsamen und Opium dargeboten.

Jahrtausendelang war Opium ein hoch geschätztes, jedoch auch nicht ungefährliches Schmerzmittel, Rauschmittel und Aphrodisiakum. So konnte es nicht ausbleiben, dass Mohn zur Hexenpflanze wurde. Das strenge Opiumverbot stammt aber erst aus der Zeit, als synthetische Opiate hergestellt werden konnten. Mohn beziehungsweise Opium war auch ein Bestandteil von so genannten Hexensalben. Der Theriak, ein von Apothekern und Ärzten der Antike und frühen Neuzeit hergestelltes, angeblich als Gegengift und lebensverlängernd sowie gegen alle möglichen Krankheiten wirkendes Wundermittel, enthielt neben Schlangenfleisch und unterschiedlichen Sustanzen vor allem Opium.

Früher war es mancherorts üblich, den Absud unreifer Mohnkapseln dem Trank von Kleinkindern beizumischen, damit diese während der Feldarbeit der Eltern ruhig schliefen.

Weil sie vom Granatapfel gegessen hatte, musste Proserpina (Persephone) bei Hades in der Unterwelt bleiben. Ihre Mutter Demeter fand durch Schlafmohn kurzzeitig Vergessen ihres Schmerzes über den Verlust der Tochter. Ölgemälde von Dante Gabriel Rossetti 1828–1882.

In der Mitte des 19. Jahrhunderts versuchte China vergeblich die Einfuhr von Opium aus Europa zu verhindern.

Diese Unsitte soll sich nachteilig auf die kindliche Entwicklung ausgewirkt haben.

Anders als im christlichen Abendland wurde Opium in außereuropäischen Kulturen rituell verwendet – wofür Christian Rätsch eine Reihe von Beispielen anführt –, etwa in Indien, wo es als Aphrodisiakum in hohem Ansehen stand und zusammen mit Hanf dem Gott Shiva geweiht wurde.

Fruchtbarkeit spendende Mohnsamen

Der Genuss der ungiftigen Mohnsamen galt mancherorts als Glück und Fruchtbarkeit spendend. In verschiedenen Gegenden, insbesondere im östlichen Mitteleuropa (Berlin, Schlesien, österreichisches Waldviertel), wurden Mohngerichte wie Mohnkuchen, Mohnklöße, Mohnpielen auch als Kultspeise etwa an Sylvester gegessen. In Posen kamen am Weihnachtsabend Mohnklöße und Gänse- oder Schweinebraten auf den Tisch. Beliebt sind noch heute fast überall Mohnsemmeln und Mohnkuchen.

Wenn man nach der Trauung Brautpaare mit Mohnsamen bestreute, so sollte das der Ehe Glück und Kindersegen bescheren.

Allerdings – so berichtet Aigremont – gab es auch den Glauben, dass in die Schuhe geschüttete Mohnsamen die Braut unfruchtbar machen würden.

Verwendung als Heilpflanze

Wichtige Inhaltsstoffe: Opiumalkaloide (in der gesamten Pflanze, insbesondere in der Kapsel). Hauptalkaloid ist Morphin (früher Morphium genannt), außerdem Codein, Thebain, Papaverin, Narcotin.
Produkte: Opium ist der getrocknete Saft unreifer Mohnkapseln. Heroin ist ein halbsynthetisch aus Opium hergestellter, acetylisierter Abkömmling des Morphins. Für 1 kg Opium werden 20 000 Kapseln benötigt.
Phytotherapie: Die Verwendung von Opium und Morphin unterliegt dem Betäubungsmittelgesetz und ist dem Arzt für schwere Schmerzzustände vorbehalten.
Volksmedizin: Keine Verwendung.
Homöopathie: »Opium« bei verschiedenen Altersbeschwerden, Reizzuständen des Zentralnervensystems, Neigung zu Krämpfen.
Nahrungsmittelproduktion: Die ungiftigen Samen enthalten 40–55 % fettes Öl. Sie werden als Streumaterial auf Gebäck sowie als Bestandteil verschiedener Speisen verwendet. Das aus den Samen gepresste Öl hat einen besonders hohen Anteil an Linolsäure.
Achtung! Opium kann zu schwerer Sucht und gefährlicher Vergiftung führen. Auch die Verordnung durch den Arzt unterliegt dem Betäubungsmittelgesetz, gemäß dem auch der gewerbliche und private Anbau von Schlafmohn behördlich genehmigt sein muss.

Gartenpetersilie

Petroselinum crispum

Petersilie, das edle grüne Kraut!
Was hab' ich meinem Schätzlein so vieles vertraut;
Vieles Vertrauen tut selten gut,
So wünsch' ich meinem Schätzelein alles Guts.

DES KNABEN WUNDERHORN (1806/08): AUS DEM LIED »PETERSILIE«

Die antiken Schriftsteller könnten mit dem Kraut »selinon« die Petersilie, möglicherweise aber auch den Sellerie oder ein anderes Doldengewächs gemeint haben. Zweifellos ist jedoch mit dem »petroselinum« des »Capitulare de villis«, des St. Galler Klosterplans, der Hildegard von Bingen und des Albertus Magnus unser Küchenkraut gemeint. Wahrscheinlich haben bereits die Römer die Petersilie über die Alpen gebracht. Albertus Magnus empfiehlt sie zur Förderung der Harnausscheidung und Verdauung sowie bei Blasensteinen. Lonicerus lobt die vielseitige Verwendung: »Peterlin ist in allen Häusern / Küchen und Apotecken wol bekannt / zur Speiß / Reichen und Armen nicht zu verachten / wird in Gärten gepflantzt.« Auch Hieronymus Bock nennt die Petersilie »reichen und armen das fürnemst Kuchenkraut«.

Beim Aussäen der Petersilie soll die Hausfrau lachen, so heißt es in manchen Gegenden Badens, während in Unterfranken vielfach möglichst im Zorn gesät werden sollte, damit die Petersilie gut gedeiht.

Fördert die Liebeskraft, verhindert die Folgen

Petersilie galt – möglicherweise wegen ihrer anregenden Wirkung auf die Harn- und Geschlechtsorgane – als aphrodisische Pflanze. Sie wurde auch als Verhütungsmittel verwendet – eine Tatsache, auf die manche Kinderlieder anspielen:

Petersilien, Suppenkraut,
Wächst in unserem Garten.
Jungfer Ännchen ist die Braut,
Kann nicht länger warten.

Damit soll – so sagen Volkskundler – verschlüsselt zum Ausdruck gebracht werden, dass Mädchen in den Tagen der Menstruation als empfängnisverhütend geltende Kräutertees tranken. Grundlage waren Pflanzen, die im Hausgarten wuchsen und einen hohen Gehalt an ätherischen Ölen haben: Neben Petersilie werden auch Rosmarin, Thymian, Myrte, Quendel, Lavendel in ähnlichen Liedern genannt. Der Tee wurde getrunken, damit der nach dem Ende der Blutung wieder aufgenommene Geschlechtsverkehr folgenlos bleiben würde.

Petersilie wurde auch als gefährliches Abtreibungsmittel verwendet, das manchmal sogar den betroffenen Frauen den Tod brachte. Im Volksspruch ist die aphrodisierende und die abtreibende Wirkung der Petersilie

Botanischer Steckbrief

Volksnamen: Bittersilche, Grönte, Kräutel, Peterle, Peterling, Silk.
Familie: Doldengewächse (Apiaceae).
Merkmale: Die dunkelgrünen Blätter sind doppelt bis dreifach gefiedert. Manche Sorten haben stark gekräuselte Blätter, die eine Verwechslung mit der giftigen Hundspetersilie (*Aethusa cynapium*) eher ausschließen. Erst im 2. Jahr entwickeln sich an einem runden und meist stark verästelten Stängel die kleinen grünlichgelben Blüten, die in Döldchen und lang gestielten Dolden stehen. Blütezeit: Juni–Juli. Die Früchte sind gekrümmt und geriffelt. Die gesamte Pflanze riecht würzig.
Lebensdauer: Zweijährig.
Vorkommen und Verbreitung: In vielen Sorten kultiviert und manchmal verwildert.
Wissenswertes: Die Wurzelpetersilie (*P.c.* ssp. *tuberosum*) wird wegen der essbaren fleischigen Wurzel angebaut.

knapp zusammengefasst: »Petersilie hilft dem Mann aufs Pferd, den Frauen unter die Erd.« Eine Anspielung auf die potenzfördernde und abortive Wirkung der Petersilie findet sich auch im alten Namen »Petersiliengassen« für Straßen, in denen sich Bordelle (früher Frauenhäuser genannt) befanden.

Wenn ein Mädchen keinen Tänzer fand, hieß es: »Sie hält Petersilie feil«, und wenn sie einen gefunden hatte: »Sie ist ihre Petersilie los«. In der Gegend von Limburg soll »unkeuschen« Mädchen ein Petersilienstrauß an die Tür gehängt worden sein.

Teufelspflanze, Unglückspflanze

Petersilie ist keine Rauschdroge, aber als aphorodisierend geltende Pflanze war sie auch Bestandteil mancher Hexensalbenrezepte. Die Pflanze wird in Zusammenhang mit dem Teufel gebracht. So nannte sich in Hexenprozessen der Teufel in Frankreich auch »Maître Persil«, in Deutschland »Peterling«. Der Teufel war es ja, so die Hexenjäger, der die Frauen zu sexuellen Ausschweifungen verführte und sich auch mit ihnen vereinigte. Der Teufel war es auch, der den Hexen das Wissen über verhütende und abtreibende Pflanzen einflüsterte.

Es gab auch einen bösen Zauber mit Petersilie: Wenn man eine aus der Erde gezogene Pflanze wieder einpflanzt und bei diesem Tun an eine bestimmte Person denkt, so wird diese krank und stirbt. Anton v. Perger schreibt dazu: »Auf diese Weise hat

Für eine »betrügerische Teufelsbeschwörung« hat sich ein Mann mit Hasenmaske, Fell und langem Schwanz kostümiert. Holzschnitt (16. Jahrhundert).

schon mancher Mann seine Frau und gar manche Frau ihren Mann heimlich unter die Erde gebracht.« Umgekehrt hieß es auch, man dürfe niemals Petersilie verpflanzen, da man sonst selbst oder jemand, der einem nahesteht, sterben müsse: »Wer Petersilie verpflanzt, pflanzt seinen besten Freund unter die Erde.«

Verwendung als Heilpflanze

Wichtige Inhaltsstoffe: Ätherisches Öl (giftiges Apiol insbesondere in den Früchten), Flavonoide.
Phytotherapie: Tee aus Kraut und Wurzel zur Durchspülung bei Nierengrieß und sonstigen Erkrankungen der Harnwege.
Volksmedizin: Tee aus Kraut und Wurzel zur Anregung der Verdauung und Förderung der Harnausscheidung bei Verdauungs- und Blasenbeschwerden.
Homöopathie: »Petroselinum« aus der ganzen frischen, blühenden Pflanze bei Leberleiden, Harnröhrenentzündung, Reizblase.
Küche: Petersilienblätter sind ein Universalgewürz, die Wurzel würzt vor allem Suppen und Fleischgerichte.
Achtung! Die Früchte werden heute nicht mehr verwendet, da sie die Nieren reizen und verschiedene Vergiftungserscheinungen hervorrufen können. Früher dienten sie wegen ihrer anregenden Wirkung auf die Uterusmuskulatur im Volk als gefährliches Abtreibungsmittel, das manche Todesfälle verursacht hat.

Petersilienorakel und Geisterabwehr

Wenn gesäte Petersilie nicht aufgeht, bedeutet das mancherorts für den Säenden den Tod im selben Jahr – ein Orakel, dessen Unzuverlässigkeit glücklicherweise die meisten Gartler selbst erleben können. Petersilie hat nämlich eine sehr lange Keimzeit, und deshalb sagte man auch, sie müsse die Erlaubnis dazu beim Papst (Petrus) holen und sei erst nach 7 Wochen wieder aus Rom zurück. Petersilie geht manchmal auch nur teilweise oder gar nicht auf. Deshalb hieß es in England, der Teufel würde sich von gesäter Petersilie den Zehnten nehmen.

Wenn Brautleute ihre Namen mit Petersilie säen und diese wächst gut und kräftig, dann wird auch die Ehe glücklich.

Als Duftpflanze ist Petersilie wie etwa Kümmel, Dill und Fenchel den Geistern unangenehm. In einer schlesischen Sage heißt es, die Fenixmännchen hätten früher oft an Tafeln mitgegessen. Ihre roten Kappen verwendeten sie dabei als Tarnkappen, sodass diese zwergenartigen Dämonen unsichtbar blieben und ungesehen und ungestraft alles wegessen konnten. Als nun aber die Leute ihre Speisen kräftig mit Petersilie würzten, konnten sie damit die Fenixmännchen vertreiben. Könnte diese Sage ein Hinweis auf eine vielleicht vordeutsche Bevölkerung sein, die die Petersilie nicht verwendete (vgl. Kümmel)?

In Galizien trug die Braut Petersilie und Brot unter dem Arm, um die bösen und neidischen Geister fern zu halten. In Mähren gab man aus demselben Grund den Kühen um die Zeit der Sommersonnenwende Petersilie ins Futter. Auch in den am Fest Mariä Himmelfahrt geweihten Kräuterbuschen kam mancherorts – etwa in der Eifel – Petersilie.

»Peterlin« im Kräuterbuch des Adamus Lonicerus (Ausgabe 1679).

Tollkirsche

Atropa bella-donna

ICH HÖR den tosbach rauschen,
die tollkirsch reift am hang.
als alphirt will ich lauschen
der wilden vögel sang.

H. C. ARTMANN (1921–2000): AUS MEINER BOTANISIERTROMMEL

Theophrast ist der einzige unter den antiken Schriftstellern, der eine Pflanze erwähnt, bei der es sich mit einiger Wahrscheinlichkeit um die Tollkirsche handeln könnte. Hildegard von Bingen schreibt, dass der Ort, wo die Tollkirsche wächst, den Einflüsterungen des Teufels ausgesetzt sei. Sie warnt vor der Giftigkeit der Pflanze und will den Saft nur tropfenweise einer Salbe gegen Hautgeschwüre zugeben.

In den Kräuterbüchern des 16. Jahrhunderts wird auf die Gefahr, die von der Pflanze ausgeht, aber auch auf ihre Heilkraft verwiesen. So preist Hieronymus Bock die Tollkirsche als heilsam für Schweine, warnt jedoch vor dem Genuss für Menschen: »... / so würt es dir bekommen wie dem Mann von Erbach bei Hohenburg Anno 1541. Gieng der selb man im Wald / unnd als er ungefähr diß gewächß mit seinen lustigen Beeren ersahe / aß er derselben ein gute schüssel voll / ward aber darnach am andern tag so Doll unnd ungeschickt / das man jhnen wolt gehn Widersdorff haben gefürt / etc. ich beschied auff der Leut anbringen / man solt jhm des sterckſten Weins zudrincken geben / also geschach das er entschlieff / unnd ward widerumb gesundt / und lebet noch zu diser zeit.« Mattioli dagegen berichtet von einem tödlichen Vergiftungsfall.

Sogar eine Kriegslist soll mit Tollkirsche gelungen sein: Die Dänen belagerten unter der Führung ihres Königs Sven um die Mitte des 11. Jahrhunderts die schottische Stadt Perth, in die sich König Duncan zusammen mit seinen Getreuen zurückgezogen hatte. Duncan – so heißt es – schickte aus der Stadt heraus den Belagerern Brot und Wein. Die Dänen waren offenbar hungrig und durstig, denn sie ließen alle Vorsicht außer Acht und aßen und tranken. Die Lebensmittel waren aber mit Tollkirschensaft vergiftet. Viele Dänen starben, andere schliefen ein oder irrten verwirrt umher, und die Schotten konnten sie nun leicht überwältigen. Nur König Sven und einige Getreue, die nichts von der Gabe zu sich genommen hatten, konnten auf einem Schiff entkommen.

In der Kriminalgeschichte gibt es bis in die jüngere Vergangenheit immer wieder Morde, die mit Hilfe von Tollkirschen begangen wurden. Am Niederrhein hieß die Pflanze auch Walkerbaum – angeblich, weil Menschen, die von den Beeren essen, den Walküren anheim fallen. Tollkirsche wurde wie viele andere giftige Pflanzen auch als Abtreibungsmittel benutzt.

Botanischer Steckbrief

Volksnamen: Hexenkraut, Schlafkraut, Schlangenbeere, Tollbeere, Wolfsaugen, Wolfsbeere.
Familie: Nachtschattengewächse (Solanaceae).
Merkmale: Der 50–150 cm hohe Stängel verzweigt sich meist ab der Mitte in 3 Äste. Die gestielten, eiförmigen, ganzrandigen Blätter stehen im oberen Stängelbereich paarweise; ein Blatt ist wesentlich größer als das andere. Einzeln in den Blattachseln entspringen die braunvioletten glockigen Blüten. Blütezeit: Juni–August. Die schwarzen, kirschgroßen, glänzenden Früchte sind Beeren mit vielen Samen.
Lebensdauer: Ausdauernd (Wurzelstock).
Vorkommen: Waldränder, Laubwälder. Bevorzugt kalkhaltigen Boden.
Verbreitung: Europa, Asien, Nordafrika.
Wissenswertes: Sehr stark giftig!

Mit ihren schwarzen, glänzenden Früchten lockt die Tollkirsche Vögel an. Für den Menschen sind die Beeren dagegen sehr giftig.

Erotisierend und verschönernd für Frauen

Erotisierend auf Frauen – stärker als auf Männer – soll der Genuss von Tollkirschen oder verdünntem Tollkirschensaft wirken. Möglicherweise wurde die Tollkirsche bereits im antiken Griechenland als Aphrodisiakum benutzt. Diese Bedeutung hatte sie auch noch in späterer Zeit insbesondere in Ost- und Südosteuropa. So brauten die Rumänen der Bukowina einen Trank aus Tollkirschen, der die Liebe einer bestimmten Person erwecken sollte. Begehrenswert konnte sich dort ein Mädchen mit Hilfe des folgenden Rezepts machen: Zusammen mit der Mutter und in Sonntagskleidern zu einer Tollkirschenstaude gehen. Die Wurzel ausgraben und Brot, Salz und Branntwein anstelle der Wurzel zurücklassen. Auf dem Heimweg die Wurzel auf dem Kopf tragen, ja nicht streiten und bei der Frage, was das da auf dem Kopf denn sei, nichts verraten.

Wegen ihrer angeblich günstigen Wirkung auf Schweine heißt die Tollkirsche im Kräuterbuch des Hieronymus Bock »Sewkraut«.

Die Tollkirsche war wegen ihrer euphorisierenden und narkotisierenden Wirkung wahrscheinlich auch Bestandteil der Hexensalbe. So geht aus Inquisitionsakten hervor, dass Maria Renate Singer von Messa vorgeworfen wurde, sich bei ihren Zaubereien dieser Pflanze bedient zu haben. Die Angeklagte war Subpriorin des Prämonstratenserinnenklosters Unterzell (Unterfranken) und wurde am 21. Juni 1749 wegen Zauberei enthauptet.

»Belladonna«, der zweite Teil des wissenschaftlichen Artnamens, be-

VERWENDUNG ALS HEILPFLANZE

Wichtige Inhaltsstoffe: Alkaloide, insbesondere L-Hyoscyamin, Atropin, Scopolamin.
Phytotherapie: Zubereitungen aus der Wurzel oder den Blättern und daraus hergestellte Fertigpräparate gegen Krampfzustände des Magen-Darm-Trakts und der Gallenwege.
Volksmedizin: Wegen der sehr starken Giftigkeit der Pflanzen heute nicht mehr üblich.
Homöopathie: »Belladonna« aus der frischen Pflanze samt Wurzelstock ist ein wichtiges Mittel der Homöopathie, das insbesondere bei Entzündungen und fieberhaften Zuständen angewendet wird.
Achtung! Wegen der sehr starken Giftigkeit der Pflanze keine Selbstbehandlung

deutet »Schöne Frau«. Man hielt die Pflanze als von einem schönen weiblichen Dämon bewohnt, der den Menschen glücklich machen, ihm aber auch Krankheit, Wahnsinn und sogar den Tod bringen kann. Bei den Rumänen der Bukowina wurde die Tollkirsche offenbar als Sitz eines weiblichen Hausgeistes betrachtet. Es hieß, man dürfe niemals eine im Hausgarten wachsende Tollkirsche ausgraben, denn dann würden weibliche Angehörige des Haushalts sterben.

In früheren Jahrhunderten haben sich manche Frauen mit Wasser verdünnten Tollkirschensaft in die Augen geträufelt, um die Pupillen weit werden zu lassen und den Augen Glanz und Feuer zu verleihen: bella donna! Auch bleiche Wangen haben die Frauen etwa in der Slowakei mit Tollkirschensaft gefärbt, aus dem auch Hautpflegewässer hergestellt wurden.

Auch beim Kartenspiel sollte die Wurzel der Tollkirsche, als Amulett auf dem Leib getragen, Glück bringen. Motiv auf einer alten Spielkarte.

NACH VORSCHRIFT GEGRABENE ZAUBERWURZELN

In Ungarn hieß es, man würde beim Kartenspiel stets nur gewinnen, wenn man die Wurzel der Tollkirsche am nackten Leib bei sich trägt. Diese Wurzel muss man in der Nacht vor dem Tag des hl. Georg (23. April) graben. Will man bei dieser Tätigkeit nicht vom Teufel getötet werden, tut man gut daran, an die Stelle der entfernten Wurzel ein Brotstück zu legen, in das man Salz und Gewürze geknetet hat.

Mit Hilfe der Tollkirsche kann man - so hieß es in Böhmen - die Pferde fett und munter machen: Die Wurzel muss in der Neujahrsnacht gegraben werden. Auch in diesem Fall lauert der Teufel, und deshalb muss man vor dem Graben einen Kreis um sich ziehen, da diesen der Böse nicht überschreiten kann. Ehe man den Kreis mitsamt der Wurzel verlässt, muss man unbedingt dem Teufel ein schwarzes Huhn hinwerfen. Der Gottseibeiuns packt es und glaubt zunächst, die Seele des Wurzelgräbers in Händen zu halten. Dieser muss nun so schnell wie möglich entfliehen und sich nicht umschauen, damit ihn der über die Täuschung höchst erboste Teufel nicht doch noch erwischt.

Schwarzes Bilsenkraut

Hyoscyamus niger

Ich will nicht nutzlos sein im Kreis der Dinge.
Kann ich nicht wirken in der Zeit, die neu,
So will ich segnen – euch, das Volk und mich.
Darum ans Werk! Bringt dunkles Harz
Und Bilsenkraut, Stechapfelsame,
Und werft es in die Glut! Wir wollens schlürfen,
Mit Rauch umnebeln unsern matten Sinn,
Daß er im Schlafe wacht und schläft im Wachen.

FRANZ GRILLPARZER (1791–1872): LIBUSSA

Dioskurides gibt als Name für das Bilsenkraut »belinuntia« an. Dem Wort liegt die indoeuropäische Wurzel »bal« (töten) zugrunde, womit auf die starke Giftwirkung der Pflanze hingewiesen wird. »Bal« steckt auch im Namen des keltischen Sonnengottes Beal (latinisiert Belenus), der dem griechisch-römischen Apollo entspricht und wie dieser nicht nur ein lebensspendender, sondern auch ein todbringender Gott ist. Antike Namen für das Bilsenkraut waren auch »apollinaris« (Kraut des Apollo) und »pythonion« (Kraut der Pythia). Die Pythia war die Priesterin Apolls in Delphi. Sie soll ihre Weissagungen, das berühmte Delphische Orakel der Antike, auch unter dem Einfluss von Bilsenkraut gemacht haben. Der wissenschaftliche Name *hyoscyamus* bedeutet »Schweinebohne«. Er bezeichnet die Form der Frucht und ist entweder wegwerfend-verächtlich zu verstehen oder als Hinweis auf eine angebliche besonders starke Giftwirkung auf Schweine. Die schwarze Farbe der Samen hat den Artnamen *niger* veranlasst.

Das Bilsenkraut ist eines der ältesten Narkose- und Schmerzmittel. Im Altertum wurde es schon bei Babyloniern, Persern, Ägyptern, Griechen, Kelten, Römern als Heilpflanze und zu magischen Zwecken verwendet. Die hippokratischen Schriften (5. Jahrhundert vor Christus) nennen es als eine Giftpflanze. Dioskurides schreibt, dass es Wahnsinn und Lethargie verursache und dass ein Umschlag aus den frischen Blättern schmerzstillend wirke. Die Autoren des Mittelalters wussten um die besonders starke Giftigkeit der Bilsenkrautsamen. So schreibt Konrad von Megenberg (14. Jahrhundert): »Den samen soll man keim menschen zu essen geben, wann er tödt und bringt den siechtumb der vergessenheit, das ein mensch nur wil schlafen und vergißt vil dings.« Hildegard von Bingen warnt: »Und wenn jemand es, oder das aus seinen Körnern bereitete Öl äße, würde es ein todbringendes Gift in ihm bereiten.«

Wichtiger Bestandteil der Hexensalbe und des Bieres

Trotz oder wegen seiner hochgiftigen und -wirksamen Inhaltsstoffestoffe war das Bilsenkraut ein besonders wichtiger Bestandteil vieler Hexensalben und Hexentränke.

Botanischer Steckbrief

Volksnamen: Hühnertod, Saubohne, Zigeunerkraut, Teufelsauge.
Familie: Nachtschattengewächse (Solanaceae).
Merkmale: Am 30–80 cm hohen Stängel sind die eiförmigen, buchtig gezähnten Blätter wechselständig angeordnet. Stängel und Blätter sind zottig behaart und klebrig. In den Blattachseln sitzen die gelben, violett geaderten Blüten. Blütezeit: Juni–Oktober. Die Frucht ist eine Deckelkapsel mit zahlreichen Samen, von denen allerdings nur ein Bruchteil keimt. Die Pflanze strömt einen starken, etwas unangenehmen Geruch aus.
Lebensdauer: Ein- oder zweijährig.
Vorkommen: Wegränder, Brachflächen, Mauern, Gebüsche; selten. Bilsenkraut braucht stickstoff- und basenreiche Böden.
Verbreitung: Nord- und Westasien, Nordamerika, Australien, Mitteleuropa. Heimat: Mittelmeergebiet.
Wissenswertes: Sehr stark giftig (besonders Wurzel und Samen)!

Die berauschende Wirkung des Bilsenkrauts nutzten früher auch Brauer, um die Wirkung ihres Bieres zu verstärken. Dieses Bilsenbier war sehr beliebt, und Ortsnamen wie Pilsen oder Pilsensee zeugen möglicherweise von einem früheren zweckgebundenen Anbau der Pflanze. In der frühen Neuzeit wurde Bilsenbier verboten, sicher auch wegen schädlicher Auswirkungen. Eine Polizeiordnung, die 1507 in Eichstätt erlassen wurde, drohte Geldstrafen für die Beimischung von Bilsenkrautsamen (und anderer berauschender Zusätze) zum Bier an. Das bayerische Reinheitsgebot Herzog Wilhelms IV. von 1516 ließ für Bier nur noch Gerste, Hopfen und Wasser zu.

In manchen Klosterbrauereien wurde bereits im Mittelalter als Bierwürze nur Hopfen verwendet (hier eine Darstellung aus dem Jahr 1596).

Verleiht Macht über andere Menschen, Tiere und das Wetter

In Pommern fand 1538 ein Hexenprozess statt, in dessen Verlauf die als Hexe angeklagte Frau bekannte, dass sie einen Mann durch Zauber dazu gebracht hatte, ihr nachzulaufen. Zu diesem Zweck habe sie ihm Erde vom Grab des ertrunkenen Scharfrichtersohnes, Knochen von einem Totenschädel, Salz, einige ihrer eigenen Genitalhaare und Bilsenkrautsamen heimlich in die Schuhe gelegt. Nach Goslaer Prozessakten soll, ebenfalls im 16. Jahrhundert, eine »Hexe« Bilsenkrautsamen zwischen zwei Liebende, in der Absicht diese zu trennen, gestreut und dazu gesprochen haben: »Hir seie ik wilde saat, dartu gaff de duvel den rat, dat alse lange se sik hassen und miden, wente da man dusse saat magk snieden.« (Hier säe ich wilde Saat, dazu gab der Teufel den Rat, dass sie so lange sich hassen und meiden, bis man diese Saat tut schneiden.) Dieselbe Hexe soll auch Aufträge erledigt haben, indem sie, wieder mit einem Zauberspruch, Bilsenkrautsamen vor Läden ausstreute und damit Leute bannte. Diese waren dann ganz wild darauf, zu überteuerten Preisen minderwertige Waren zu kaufen.

In Litauen gab es den Glauben, dass man sich jemanden zu Willen machen kann, indem man Bilsenkraut kocht, beim Kochen an das denkt, was der Betreffende tun soll und ihm dann die Abkochung eingibt. Relativ harmlos war dagegen noch der Unfug, der in einer mittelalterlichen Handschrift geschildert wird: »Pillensam in der padstuben auf den

In Badestuben heimlich auf den Ofen gestreute Bilsenkrautsamen sollen in früheren Zeiten bisweilen für »Verwirrung« unter den Badegästen gesorgt haben.

Ofen gegossen macht dy läut an einander slahen mit dem padschefflein ...«. In lettischen Badstuben sollen einem Bericht zufolge noch bis ins 20. Jahrhundert ähnliche Scherze geübt worden sein: Man legte Bilsenkrautsamen auf den Ofen der Badstube, und konnte damit die Badenden dazu bringen, sich selbst wie besessen mit dem Besen zu peitschen. Ebenfalls mit Hilfe von Bilsenkrautsamen, die er auf den Ofen warf, soll 1859 ein Soldat in Russland einen Wirt veranlasst haben, ihm unbegrenzt Kredit für Schnaps zu gewähren.

In den Vogesen haben früher Jäger erzählt: Bilsenkrautsaft mit Fett und Blut der als Jagdbeute erwünschten Tierart gemischt und in der Erde vergraben bewirkt, dass nach einer Stunde das betreffende Wild von selbst herbeiläuft.

Einen Regenzauber schildert Burchard von Worms (965–1025): Mädchen ziehen eine ihrer Freundinnen nackt aus und suchen Bilsenkraut. Das entkleidete Mädchen muss die Pflanze mit dem kleinen Finger der rechten Hand ausreißen, dann wird sie ihm an die kleine Zehe gebunden. Die junge Frau wird zum nächsten Wasser geführt und besprengt, dann – sie muss dabei rückwärts gehen – wieder zurück geführt. Noch bis ins 19. Jahrhundert soll mancherorts bisweilen versucht worden sein, Regen mit Hilfe des Bilsenkrauts herbeizuzaubern. Höfler machte die durch die Einnahme von Bilsenkraut hervorgerufenen Gehörshalluzinationen (Rauschen im Ohr) für die Verbindung von Pflanze und Regen verantwortlich.

Verwendung als Heilpflanze

Wichtige Inhaltsstoffe: Alkaloide, insbesondere Hyoscyamin, Atropin, Scopolamin. Besonders hohe Konzentrationen finden sich in den Samen.
Phytotherapie: Tinktur aus den Blättern gegen Krampfzustände im Magen-Darm-Trakt, Unruhezustände und das Zittern alter Leute (Alterstremor).
Volksmedizin: Bilsenkrautöl gegen Schmerzzustände.
Homöopathie: »Hyoscyamus« aus der ganzen blühenden Pflanze gegen Schlafstörungen, Krämpfe, Erregungszustände, Reizhusten.
Achtung! Wegen der sehr starken Giftigkeit der Pflanze keine Selbstbehandlung.

Ein betäubend und schmerzstillend wirkendes Mittel

Bilsenkraut ist eines der ältesten Narkotika. Ein altbabylonisches Rezept nennt es als wirksam gegen Zahnschmerzen. Dioskurides empfahl, bei Zahnschmerzen den Mund mit Essig, in dem Bilsenkrautwurzel gekocht war, auszuspülen. Auch in unserer Volksmedizin hat sich die Verwendung der Pflanze gegen Zahnschmerzen noch lange gehalten. Als

Bilsenkraut war wichtigster Bestandteil der so genannten Hexensalben: verbreitete Mittel um Schmerzbetäubung, Rausch und Vergessen zu finden. Pflanzenatlas von Moritz Fünfstück (um 1900).

schmerzstillendes und betäubendes Mittel wurde Bilsenkraut im Mittelalter und der frühen Neuzeit bei Operationen und Hinrichtungen verabreicht. So fanden sich in alten Akten der Stadt Luzern Rechnungen über Tränke aus Bilsenkrautsamen, die den als Hexen zum Tod verurteilten Frauen vor der Verbrennung auf dem Scheiterhaufen verabreicht wurden. Heilkundige Zigeuner und andere fahrende Heiler, die in früheren Jahrhunderten durchs Land reisten, Zähne zogen und Staroperationen durchführten, setzten Zubereitungen aus der Pflanze als Narkosemittel ein.

Manche Fisch- und Hühnerdiebe sollen ihre Opfer mit Bilsenkraut betäubt haben, um dann um so leichter und sicherer Beute zu machen. So schreibt Hieronymus Bock: »Solches kan man an den Fischen im wasser warnemmen / wann die Fisch durch die Landtstreicher mit Bülsen und Kokilienkörner im Aaß betrogen werden / Also das sie daruon doll werden / springen auff und keren zuletzt das weiß obersich / das sie mit den Händen inn solcher dollheit gefangen werden. Die Hüner auff den balcken fallen heraber / wann sie den rauch von Bülsen gewar werden. Solche künstlein treiben die Zigeiner und jhre gesellschafft.«

Tödliches Gift

Die Kelten in Gallien sollen ihre Pfeile und Wurfspieße mit Bilsenkrautsaft bestrichen haben, um die Verwundungen noch wirksamer zu machen. In einzelnen Teilen Litauens hieß die Pflanze »Altsitzerkraut«, weil angeblich mit ihrem Gift nicht selten Altsitzer, also Leute im Altsitz (Austrag), von den Nachkommen ermordert wurden. Ein berühmter literarischer Bilsenkrautmord geschieht in Shakespeares »Hamlet«. König Claudius hat mit Bilsenkrautsaft Hamlets Vater ermordet, dessen Geist sich dem Sohn offenbart:

> *Kurz laß mich sein. – Da ich im Garten schlief,*
> *Wie immer meine Sitte nachmittags,*
> *Beschlich dein Oheim meine sichre Stunde,*
> *Mit Saft verfluchten Bilsenkrauts im Fläschchen,*
> *Und träufelt' in den Eingang meines Ohrs*
> *Das schwärende Getränk; ...*

Allerdings bezweifeln Pharmakologen, dass ins Ohr geträufelter Bilsenkrautsaft tödlich wirken kann.

Hilfreich durch Beschwörung

Der spätantike Arzt Tralles am Pontus (6. Jh.n.Chr.) hat eine Beschwörung des Bilsenkrauts gegen Gicht (Podagra) überliefert: Nur wenn der Mond im Zeichen des Wassermannes oder der Fische stand, durfte man das Bilsenkraut vor Sonnenuntergang ausgraben, dabei aber keinesfalls die Wurzel berühren. Man musste mit dem Zeigefinger und dem Ringfinger graben und dabei einen Spruch hersagen, in dem das Bilsenkraut persönlich angesprochen und als heiliges Kraut bezeichnet wurde. Am nächsten Tag war – wieder unter Hersprechen einer Formel – die Wurzel mit Hilfe eines Tierknochens zu graben. Die mit Salz bestreute Wurzel wurde dann geteilt. Die Wurzelspitze hing man dem oder der Kranken um, der übrige Teil blieb 360 Tage über dem Feuer hängen.

Bittersüßer Nachtschatten

Solanum dulcamara

So viel Blumen, die nur des Nachts duften! – Müssen denn alle Menschen in der Nacht schlafen? – können sie nicht auch wie der Nachtschatten und Viola matronalis am Tag schlafen und nachts ihren Duft aushauchen?

ACHIM VON ARNIM (1781–1831): DIE GRÜNDERODE

Im dritten Sarg des ägyptischen Königs Tut-ench-Amun (etwa 1347–1339 v.Chr.) wurden getrocknete Früchte des Bittersüßen Nachtschattens gefunden. Aus »strychnos halikakabos«, womit der Schwarze Nachtschatten gemeint gewesen sein könnte, sollen laut Plinius thessalische Zauberinnen einen Trank bereitet haben, der unzüchtige Begierde, Gestalten und Bilder erweckte. Hildegard von Bingen empfiehlt den Schwarzen Nachtschatten zur äußerlichen Anwendung bei Herzschwäche, Zahnschmerzen, angeschwollenen Füßen und Beschwerden in den Beinen.

Der Stängel des Bittersüßen Nachtschattens wurde in früheren Zeiten, als Süßigkeiten noch äußerst rar waren, mancherorts von Kindern als Süßholz geschätzt. Der süße Geschmack, der sich aus dem zunächst bitteren nach einiger Zeit des Kauens ergibt, rührt von dem im Stängel enthaltenen Glykosid Dulcamarin her. Wegen des ebenfalls enthaltenen giftigen Solanins ist der Genuss sicher nicht zu empfehlen.

NACHTSCHADEN – SCHÄDIGEND UND HILFREICH

Höfler bezeichnet den Nachtschatten (althochdeutsch »nahsato«, »nahtschado«, angelsächsisch »nightscada«) als ein echt germanisches Narkotikum. Er erklärt den westgermanischen Namen »Nachtschaden« damit, dass die Pflanze als wirksam gegen die Krankheit »Nachtschaden« galt, die später auch als »Pavor nocturnus« bezeichnet wurde. Sie verursacht Schmerzen, Unruhe, Beklemmung und bedrückende Träume während der Nacht und man hielt sie als von einem nächtlichen Dämon verursacht. Höfler erklärt weiter, dass die Menschen die positive Wirkung gegen die Krankheit einem die Pflanze bewohnenden, noch zauberkräftigerem elbischen Dämon zugeschrieben haben.

Der Schwarze Nachtschatten wird in manchen Hexensalben-Rezepten als Bestandteil aufgeführt. Pflanzenatlas von Moritz Fünfstück (um 1900).

BOTANISCHER STECKBRIEF

Volksnamen: Alpranken, Bittersüß, Jelängerjelieber, Wolfsbeere.
Familie: Nachtschattengewächse (Solanaceae).
Merkmale: Der unten verholzte, verästelte Stängel klettert bis 2 m im Gebüsch empor. Die eiförmigen Blätter sind wechselständig angeordnet. In den dunkelvioletten Blüten, die in Rispen stehen, neigen sich die gelben Staubblätter kegelartig zusammen. Blütezeit: Juni–August. Die Früchte sind leuchtend rote Beeren.
Lebensdauer: Ausdauernd (Halbstrauch).
Vorkommen: Ufergebüsch, Auwälder.
Verbreitung: Europa, Asien, Nordafrika.
Wissenswertes: Stark giftig! Ähnlich in Aussehen und Mythologie ist der Schwarze Nachtschatten *Solanum nigrum*. Volksnamen: Giftkraut, Hundsbeere, Saukraut, Teufelskirsche). Sein scharfkantiger, stark verästelter Stängel wird bis 1 m hoch und trägt ei- oder rautenförmige Blätter. Im Gegensatz zum Bittersüßen N. sind seine Blüten weiß (Blütezeit: Juni–Oktober), die Früchte schwarz. Die Pflanze verströmt einen unangenehmen Geruch. Vorkommen: Äcker, Brachflächen, Gärten.

VERWENDUNG ALS HEILPFLANZE

Wichtige Inhaltsstoffe: Alkaloide und Saponine. Schwarzer Nachtschatten: Solanin (ein Alkaloidgemisch aus 6 Komponenten).
Phytotherapie: Stängelspitzen als harntreibender Tee bei Rheuma und Gicht (nur Bittersüßer N.).
Volksmedizin: Früher die im Frühjahr gesammelten Stängel zur Behandlung von Gicht, Hautausschlägen, Asthma, Keuchhusten. Schwarzer N.: Früher vor allem der Saft der frischen Pflanze als Schmerzmittel bei Rheuma und Gicht .
Homöopathie: »Dulcamara« aus den vor der Blütezeit gesammelten jungen Trieben bei Hautleiden, Rheumatismus, Blasenkatarrh. Schwarzer N.: »Solanum nigrum« aus der frischen Pflanze bei Nervosität, Kopfschmerzen, Epilepsie.
Achtung! Wegen der sehr starken Giftigkeit beider Arten keine Selbstbehandlung.

Mary Cicely Barker (1895–1973) beseelt den Bittersüßen Nachtschatten mit einem gauklerartigen Geist.

Sowohl der Pflanzendämon als auch der Krankheitsdämon mögen die Bezeichnung »Alfranke« (Ostpreußen), »Alpkraut« (Schlesien) und »Alpranke« (Schwaben) für den Bittersüßen Nachtschatten angeregt haben. Man legte die Pflanze den Kindern in die Wiege und hängte sie ihnen um den Hals, um sie vor dem nächtlichen Schadensgeist und vor Verzauberung zu schützen. Bittersüß hängte man dem Vieh gegen Engbrüstigkeit und Keuchen um den Hals. So zeigen Schwarzer und Bittersüßer Nachtschatten wie alle »Hexenkräuter« ein doppeltes Gesicht: gefährlich wegen des Gifts, das, wenn es mit Intuition und Wissen eingesetzt wird, wohl tun und helfen kann.

Der Schwarze Nachtschatten ist die eigentliche Hexenpflanze, denn er wurde auch in die so genannten Hexensalben gemischt.

Stechapfel

Datura stramonium

Stechöpffel seynd sehr kalt /
Man nimmt sie nicht in Leib /
Wer nicht gerne sterben will /
Von diesen Öpffeln bleib.

Johann Joachim Becher (1635–1682): Medizinischer Parnass

Der Stechapfel ist keine heimische Pflanze, jedoch längst eingebürgert. Unsicher ist, woher und wann er nach Mitteleuropa gekommen ist. Immer wieder wurde in der Literatur behauptet, den Stechapfel hätten die im Mittelalter aus Indien nach Europa eingewanderten Zigeuner mitgebracht. Heute herrscht die Auffassung vor, dass die Pflanze aus Mexiko stammt.

Insbesondere in Osteuropa setzte man den Stechapfel medizinisch ein, etwa räucherte man mit ihm gegen Zahnschmerzen oder verwendete die frischen Blätter bei Verbrennungen.

Es kam immer wieder zu Vergiftungen. So aßen etwa in Nordamerika im Jahre 1676 Soldaten eine mit Stechapfelblättern gewürzte Suppe. Sie sollen sich tagelang wie schwachsinnig benommen und, nachdem sie wieder zu sich gekommen waren, keine Erinnerung an ihren Zustand gehabt haben. In Indien, China sowie bei den Indianern sind Stechapfelarten für kultische, medizinische und aphrodisische Zwecke in Gebrauch.

Das Opfer betäuben

Ähnlich wie Bilsenkraut wurde in Mitteleuropa und auch in China Stechapfelkraut dem Bier zugesetzt – um die berauschende Wirkung zu verstärken. Im 18. Jahrhundert schrieb Murray in seinem »Arzneivorrat«, dass türkische Männer bisweilen von ihren Ehefrauen mit Stechapfelsamen betäubt würden, wenn diese sich mit anderen Männern vergnügen wollten. Insbesondere aber sollen sich Männer dieses Mittels bedient haben, um Frauen liebestoll und gefügig zu machen. Marzell erwähnt die Geschichte einer Kupplerin in Hamburg, die eine tugendhafte Frau mit Stechapfel betäubt habe, sodass diese in ihrem bewusst- und hilflosen Zustand von einem liederlichen Kerl missbraucht werden konnte. Der Volksbotaniker erzählt auch von Räubern, die 1775 in Montpellier gefangen genommen wurden. Sie hatten Reisenden zunächst Wein mit einem Stechapfelauszug gereicht und die Betäubten, von denen einige sogar starben, ausgeplündert. Er erwähnt einen anderen Fall aus Polen: Eine Frau hatte eine Familie um ein Nachtquartier gebeten und verabreichte ihren Gastgebern als Geschenk eine mitgebrachte Speise, in der sich Stechapfelblätter befanden. Nachdem sie so die Familienmitglieder außer Gefecht gesetzt hatte, plünderte die Frau das Haus und verschwand, wurde allerdings am nächsten Tag aufgegriffen.

Wegen seiner berauschenden, halluzinatorischen und auch Flugerlebnisse vermittelnden Wirkung war der Stechapfel auch Bestandteil der »Hexensalben«.

Heil- und Orakelpflanze der Zigeuner

Insbesondere die Stechapfelsamen galten bei den Zigeunern als hilfreich und die heil- und zauberkundi-

Botanischer Steckbrief

Volksnamen: Asthmakraut, Donnerkugel, Igelskolben, Rauchapfelkraut, Teufelsapfel, Tollkörner, Zigeunerapfel.
Familie: Nachtschattengewächse (Solanaceae).
Merkmale: Der kahle und im oberen Teil verzweigte Stängel wächst bis zu 1 m hoch. Die gestielten eiförmigen Blätter sind am Rand unregelmäßig gezähnt. In den oberen Blattachseln stehen die großen weißen Blüten. Blütezeit: Juni–Oktober. Die Frucht ist eine große, eiförmige, stachelige Kapsel mit vielen kleinen braunen Samen.
Lebensdauer: Einjährig.
Vorkommen: Wegränder, Brachflächen; selten. Stickstoffanzeiger.
Verbreitung: Europa, Asien, Afrika, Nordamerika.
Wissenswertes: Die Blüten öffenen sich erst am Abend. Sie sind in der Dämmerung gut sichtbar und verströmen einen starken Duft, wodurch langrüsselige Nachtfalter angelockt werden.
Sehr stark giftig (besonders Wurzel und Samen)! »Engelstrompete« heißen einige derzeit beliebte, ebenfalls stark giftige Kübelpflanzen der Gattungen *Datura* und *Brugmansia*.

So genanntes »Fahrendes Volk«, das umherzog und seine Künste zeigte, soll den Stechapfel verwendet und verbreitet haben. Bilderhandschrift (15. Jahrhundert).

gen Frauen der Sinti sollen diese Samen in einem Beutel stets bei sich getragen haben. Sie schrieben ihnen Heil- und Zauberkräfte zu. Jemand, der an chronischem Kopfweh litt, sollte zur Mittagszeit auf einen Berg gehen und sich auf dem Gipfel niedersetzen. Dann sollte der oder die Geplagte Stechapfelsamen hinter sich werfen und anschließend so viel Speise zu sich nehmen wie nur irgend möglich.

Auch als Orakel verwandte man den Stechapfel in Sinti-Kreisen. Keimt der Stechapfelsamen früh im Jahr, so wird der Sommer trocken. Wollte man wissen, wie der Winter wird, so brauchte man nur in der Andreasnacht (30. November) Stechapfelsamen im Freien liegen lassen und sie am nächsten Morgen ins Feuer werfen: Wenn sie mit lautem Krachen verbrennen, steht ein trockener und kalter Winter bevor.

Besonders interessant ist die Methode, mit der nordungarische Zigeuner Entscheidungshilfe bei schwierigen Unternehmungen gesucht haben sollen: In noch warmen Rinderkot steckt man 9 Stechapfelkörner. Am anderen Morgen holt man die Körner wieder aus dem Kot heraus. Haften an der Mehrzahl der Körner Kotteile, so kann man das Unternehmen wagen. Bleibt die Mehrzahl der Körner sauber, ist es besser man verzichtet darauf. Ist am anderen Morgen jedoch der Rinderkot verschwunden, wäre die Unternehmung mit größter Gefahr verbunden und unbedingt zu unterlassen.

Verwendung als Heilpflanze

Wichtige Inhaltsstoffe: L-Hyoscyamin, Atropin, L-Scopolamin.
Phytotherapie: Zubereitungen aus Blättern und Samen sowie verschiedene Fertigpräparate gegen Zittern alter Leute.
Volksmedizin: Früher wurden verschiedene Zubereitungen gegen Asthma und Keuchhusten eingesetzt.
Homöopathie: »Stramonium« aus der frischen, zu Blühbeginn gesammelten Pflanze bei starken Erregungszuständen, nächtlichen Angstzuständen. Krämpfen, Migräne.
Achtung! Wegen der starken Giftigkeit der Pflanze keine Selbstbehandlung.

AIGREMONT (d. i. Sigmar v. Schultze-Gallera) (ca. 1909): Volkserotik und Pflanzenwelt. Band 1 und 2. Darmstadt: J. G. Bläschke.

ANDERSEN, HANS CHRISTIAN (1986): Märchen. Stuttgart: Philipp Reclam jun.

BAUER, WOLFGANG (Hrsg.) (2000): Der Fliegenpilz. Aarau: AT.

BEUCHERT, MARIANNE (2. Aufl. 1996): Symbolik der Pflanzen. Frankfurt am Main: Insel.

HILDEGARD VON BINGEN (1993): Heilkraft der Natur - »Physica«. Rezepte und Ratschläge für ein gesundes Leben. Freiburg, Basel, Wien: Herder.

BOCK, HIERONYMUS (1577): Kreutterbuch. München: Reprint Konrad Kölbl 1964.

DIE EDDA (1981): Götterdichtung, Spruchweisheit und Heldengesänge der Germanen in der Übertragung von Felix Genzmer. Düsseldorf, Köln: Diederichs.

DIOSCORIDES, PEDANIUS (1610): Kräuterbuch. Grünwald b. München: Reprint Konrad Kölbl 1964.

FRIEDL, PAUL (1976): 461 Haus- und Sympathiemittel. Vom Überlugen, Ansprechen, Gesundbeten und Anwünschen. Rosenheim: Rosenheimer.

FUCHS, LEONHART (1543): New Kreütterbuch. Grünwald bei München: Reprint Konrad Kölbl 1975.

GESSMANN, G. W (1922): Die Pflanze im Zauberglauben und in der okkulten Heilkunst. Den Haag: Reprint Couvreur o. J.

HANSEL, JÜRGEN (1998): Ephedra und die Zauberpflanzen. Greifenberg: Hahnemann-Institut für Homöopathische Dokumentation.

HÖFLER, MAX (1893): Volksmedizin und Aberglaube in Oberbayerns Gegenwart und Vergangenheit. München: Galler.

HÖFLER, MAX (1908): Volksmedizinische Botanik der Germanen. Wien: Ludwig.

HOVORKA, OSKAR V. UND ARTHUR KRONFELD (1908): Vergleichende Volksmedizin. Eine Darstellung volksmedizinischer Sitten und Gebräuche, Anschauungen und Heilfaktoren, des Aberglaubens und der Zaubermedizin. 1. Band. Stuttgart: Strecker und Schröder.

JANTZEN, FRIEDRICH (1980): Amors Pflanzenkunde. Pflanzen im Liebesbrauchtum. Stuttgart: Franckh'sche Verlagshandlung.

KERÉNYI, KARL (2. Aufl. 1968): Die Mythologie der Griechen. Band I und II. München: Deutscher Taschenbuch Verlag.

KOLTA, KAMAL SABRI UND DORIS SCHWARZMANN-SCHAFHAUSER (2000): Die Heilkunde im alten Ägypten: Magie und Ratio in der Krankheitsvorstellung und therapeutischen Praxis. Stuttgart: Steiner.

KRÄUTERMANN, VALENTINUS (d. i. Christoph de Hellwig) (1725): Der Curieuse und vernünfftige Zauber-Artzt. Lindau: Reprint Antique-Verlag 1979.

KRISS, RUDOLF (2. Aufl. 1980): Sitte und Brauch im Berchtesgadener Land. Berchtesgaden: Berchtesgadener Anzeiger.

KRONFELD, ERNST M. (1919): Sagenpflanzen und Pflanzensagen. Leipzig: Deutsche Naturwissenschaftliche Gesellschaft.

KRONFELD, ERNST M. (1898): Donnerwurz und Mäuseaugen. Zauberpflanzen und Amulette in der Volksmedizin. Berlin: Reprint (2. Aufl.) Zerling 1981.

LONICER, ADAM (1783): Vollständiges Kräuter-Buch oder Das Buch über alle drey Reiche der Natur. Augsburg: Joseph-Wolffische Buchhandlung.

LIPFERT, KLEMENTINE (4. Aufl.1964): Symbol-Fibel. Eine Hilfe zum Betrachten und Deuten mittelalterlicher Bildwerke. Kassel: Johannes Stauda-Verlag.

MARZELL, HEINRICH (1909): Über Zauberpflanzen in alter und neuer Zeit. Jena: Fischer.

MARZELL, HEINRICH (1925): Die Pflanzen im deutschen Volksleben. Jena: Diederichs.

MARZELL, HEINRICH (1930): Unsere Heilpflanzen, ihre Geschichte und ihre Stellung in der Volkskunde. München: J. F. Lehmanns Verlag.

MARZELL, HEINRICH (3. Aufl. 1935): Neues illustriertes Kräuterbuch. Reutlingen: Enßlin & Laiblin.

MARZELL, HEINRICH (1964): Zauberpflanzen, Hexentränke. Brauchtum und Aberglaube. Stuttgart: Franckh'sche Verlagshandl.

MARZELL, HEINRICH (1926): Bayerische Volksbotanik. München: Reprint Werner Fritsch 1968.

MÜLLER-EBELING, CLAUDIA UND CHRISTIAN RÄTSCH (1986): Isoldens Liebestrank.: Aphrodisiaka in Geschichte und Gegenwart. München: Kindler.

MÜLLER-EBELING, CLAUDIA, CHRISTIAN RÄTSCH UND WOLF-DIETER STORL (1998): Hexenmedizin. Die Wiederentdeckung einer verbotenen Heilkunst - schamanische Traditionen in Europa. Aarau: AT.

NIESSEN, JOSEPH (1937): Rheinische Volksbotanik. 2. Band: Die Pflanzen im Volksglauben und Volksbrauch. Berlin: Ferdinand Dümmler.

PAHLOW, MANNFRIED (Neuauflage 1993): Das große Buch der Heilpflanzen. München: GU.

PERGER, ANTON VON (1864): Deutsche Pflanzensagen. Stuttgart und Oehringen: August Schaber.

PETZOLDT, LEANDER (1990): Kleines Lexikon der Dämonen und Elementargeister. München: C. H. Beck.

RÄTSCH, CHRISTIAN (1988): Lexikon der Zauberpflanzen - aus ethnologischer Sicht. Graz: Akademische Druck- und Verlagsanstalt.

RELING, HERMANN UND PAUL BROHMER (6. Aufl.1922): Unsere Pflanzen. In Sage, Geschichte und Dichtung. Dresden: L. Ehlermann.

ROTH, LUTZ, MAX DAUNDERER UND KURT KORMANN (4. Aufl. 1994): Giftpflanzen – Pflanzengifte. Hamburg: Nikol Verlagsgesellschaft.

SCHILCHER, HEINZ (1996): Kleines Heilkräuter-Lexikon. Weil der Stadt: Walter Hädecke.

SCHÖPF, HANS (1986): Zauberkräuter. Graz: Akademische Druck- und Verlagsanstalt.

SCHÖPPNER, ALEXANDER (1874): Sagenbuch der bayerischen Lande. Neue Volksausgabe in 3 Bänden. München: M. Rieger'sche Universitätsbuchhandlung.

SÖHNS, FRANZ (4. Aufl. 1907): Unsere Pflanzen. Ihre Namenserklärung und ihre Stellung in der Mythologie und im Volksaberglauben. Leipzig: B. G. Teubner.

STERNE, CARUS (1884): Sommerblumen. Eine Schilderung der heimischen Blumenwelt. Prag, Leipzig: Tempsky, Freytag.

STOFFLER, HANS-DIETER (1989): Der Hortulus des Walahfrid Strabo. Sigmaringen: Jan Thorbecke.

STORL, WOLF-DIETER (1986): Vom rechten Umgang mit heilenden Pflanzen. Das vergessene Wissen der weisen Frauen und Wurzelkundigen. Freiburg i. Br.: Bauer.

STRANTZ, MINNA VON (1875): Die Blumen in Sage und Geschichte. Berlin: Th. Chr. Fr. Enslin.

WEISS, RUDOLF FRITZ UND VOLKER FINTELMANN (9. Aufl. 1999): Lehrbuch der Phytotherapie. Stuttgart: Hippokrates.

WILLFORT, RICHARD (Neuaufl. 1979): Gesundheit durch Heilkräuter. Linz: Trauner.

WISSELINCK, ERIKA (1986): Hexen. Warum wir so wenig von ihrer Geschichte erfahren und was davon auch noch falsch ist. München: Frauenoffensive.

WÖRTERBUCH DER DEUTSCHEN VOLKSKUNDE (3. Aufl. 1981): Begründet von Oswald A. Erich und Richard Beitl. Neu bearbeitet von Richard Beitl unter Mitarbeit von Klaus Beitl. Stuttgart: Alfred Kröner.

Aargau 119
Aaron 188
Abführmittel 94
Abtreibung(smittel) 43, 47, 86, 105, 140, 162f., 176, 195, 197, 201f., 204
Abwehrzauber 37
Achilles 127
Aconitin 42f.
Adler 195
Aelianus 87
Aeneas 199
Afelkraut 111
Ägypten, Ägypter, ägyptisch 84, 172, 174, 184f., 211
Ähnlichkeit 37, 104
Ähnlichkeitsregel 63
Ährenbüschel 134
Ährenkleidmadonna 135
Aigremont 185, 195, 200
Aison 34
Aktaeon 51
Alant 19, 164f.
Alb 37, 150, 164, 189
Albanien 172
Albertus Magnus 11, 17, 105, 120, 127, 151, 182, 190, 201
Albruna 72
Albtraum 37
Alchemist 17, 34, 54, 56, 75, 111f.
Alice im Wunderland 192
Alkaloide 34, 42
Allermannsharnisch 25, 28, 34, 72f., 168f.
Allheilmittel 57
Alraun 9, 18, 28, 29, 64, 72f., 75, 168
Alraunmännchen 75
Altaussee 110
Altbayern 91, 121
Altertum 10
Altsitzerkraut 210
Altsteinzeit 8
Amulett 18, 20, 23, 25, 34, 36, 54f., 83, 95, 100, 109, 116, 147, 169, 183
Analogie 36
Analogiezauber 8, 24
Anaphrodisiakum 36, 84, 86, 89
Anaxilaos 90
Andersen, Hans Christian 61, 112
Andorn 28
Andreasnacht 214
Angelsächsisch 164
Angelsächsisches Kräuterbuch 128
Angezauberte Liebe 36, 126, 153
Anrede 32
Ansbach 71, 145
Antike Schrift(steller) 68, 87, 94, 105, 116, 179, 182, 193, 201, 204
Anti-Liebeszauber 126
Antlassrose 149
Aphrodisiakum, aphrodisierend, 28, 30, 36, 44, 75 97, 102, 184f., 199-202, 205
Aphrodite 33, 74
Apiol 43
Apollo 149, 207
Apolloniakörner 150
Apotropäisch(e Pflanze) 37, 137, 147, 172
Apuleius 43
Arachne 13
Arndt, Ernst Moritz 176
Arnika 23, 166f.
Arnim, Achim von 166, 211
Aroma, aromatisch(er Duft) 92, 128, 144, 161
Aronstab 188f.
Artemis 13, 18, 33, 51, 130
Artmann, H. C. 47, 204
Äson 182
Aspasia 16
Ätherisches Öl 30
Atropin 42
Auerberg 43
Auge 78, 88, 110, 178, 180, 206
Augenkraut 88
Augenleiden 88
Ausgrabung, Ausgrabungsvorschrift 32
Aussaat 65, 135, 143
Aussaatbrauch 24
Aussaatzauber 24
Autor 186
Avicenna 105, 124

Babylonisch 209
Bad Dürkheim 162
Bad Steben 159
Baden 69, 201
Badestube 209
Balder 8, 97, 146, 186
Baldrian, Echter 97ff., 117
Bamberg 31
Bär 170
Bärlapp, -gürtel, -kranz 23, 41, 138f., 140
Bärlauch 32, 34, 168, 170f.
Basel 173
Bauernregel 39
Baumbach, Rudolf 82
Bayerischer Wald 39
Bayern 81, 128, 135
Bayreuth 120
Becher, Johann Joachim 213
Behexung, behext 55, 78, 145, 164
Beifuß, Gewöhnlicher 19, 23, 24, 36, 130ff.
Beifußkohlen 32, 130
Beifußkranz, -gürtel 132
Belenus 207
Benedikt, hl. 185
Benediktenkraut 88
Benediktiner 86, 127, 149
Berauschend 196, 213
Berchtesgaden 23f., 134
Berg 148
Bergknappe 169
Bergwerk 169
Berserker 190
Berta, siehe Frau Bercht
Berufkraut, Echtes 38
Berufsorakel 175
Beschreibkraut 38
Beschwörung 57, 67, 81, 87f., 124, 137, 210
Beschwörungsbuch 19
Bettseicher 179
Bettstrohkraut 24, 38, 145, 155
Bibel 74
Biber 116
Bibernell 15, 98
Bibernelle, Kleine 116ff.
Biene 98
Bier, Bierwürze 114, 127, 156, 208, 213
Bilmesschneider, -schnitter s. Bilwis
Bilsenbier 208
Bilsenkraut, Schwarzes 32, 35, 41, 44, 75, 207ff.
Bilwis 33, 38, 92, 134, 166
Bischofsgrün 167
Biss 93, 105, 125
Bitterstoff 30
Blankenhorn (Ruine) 69
Blaue Blume 27, 29
Blitz 23, 48, 94, 114, 120, 141, 153, 157, 167, 175
Blocksberg 42, 45
Blumenorakel 177
Blumensprache 31
Blut 120, 124, 153, 175
Blut Christi 151
Blutstillend 124
Blutwurz 83, 124
Bock, -fuß 43, 88, 90, 118, 131
Bock, Hieronymus 11, 12, 77, 86, 90, 93f., 102, 105, 108, 110, 128, 130, 138, 141, 143, 147, 154, 159, 164, 172, 181, 188, 197, 201, 204, 210
Bocksdorn, Gemeiner 41
Böhmen 91, 95, 131, 166, 206
Böhmerwald 117, 139, 172
Bologna 98
Borstenmohn 198
Böser Blick 38, 172
Böser Geist 38
Bosnien 165
Braunschweig, Hieronymus 125, 126, 168
Braut 61f., 87, 91, 112, 145, 152, 173, 186, 203
Brautbett 87
Bräutigam 39, 62, 70, 145
Brautleute, -paar 24, 61, 99, 200, 203
Brautschuhe 87
Breitwegerich 124ff.
Brennnessel 112ff.
Brennnesselmann 113
Brentano, Clemens von 116
Bretagne 70
Brocken 22, 43, 97
Bronzezeit 198
Brot 144
Brunfels, Otto 12, 79, 97, 121, 130f., 152, 156, 162, 186
Brunnenkresse 45
Brüste 90
Buch der Versammlung 111
Büchner, Georg 36, 182
Bukowina 71, 93, 205f.
Bull(en)kraut 55
Bullerjan 97
Burchard von Worms 14, 33, 209

Capitulare de villis 11, 64, 86, 91, 102, 105, 141, 143, 172, 184, 201
Caroll, Lewis 192
Carrichter, Bartholomaeus 85
Cato, Marcus Porcius 10
Cerberus, siehe Kerberos
Ceres 134
Cernunnos 41
Cham 178
China, chinesisch 149, 191, 194, 197, 213
Chiron 15, 119, 127
Cholera 117
Christblume 195
Christentum, Christianisierung 14, 16, 22, 43, 58, 64
Christi Himmelfahrt 118
Christkind 176
Christnacht 32, 39, 48, 50, 63
Christoffeln 51
Christophorus, hl. 51f.
Christophskraut 41, 51f.
Christus 51, 158, 179, 186
Cicero 62
Codein 42
Columella, Junius Moderatus 10, 94
Coniin 42
Corpus hippocraticum siehe Hippokrates
Cube, Johann von 11

Dachau 83
Dämon 14, 38, 43, 87, 95, 98, 113, 116, 133, 144f., 169, 189, 206, 211f.
Dänemark, Dänen 97, 178, 204
DellaPorta, Giambattista 37, 45
Demeter 33, 133, 198f.
Depression 151, 196
Des Knaben Wunderhorn 201
Diana 13, 33, 43
Dill 24, 99, 145, 159
Dillingen 63
Dioskurides 10, 76, 86, 89, 90f., 93, 97, 110, 112, 119f., 121, 130, 151, 154, 161, 164, 172, 174, 182, 195, 197f., 207, 209
Donar 33, 41, 61, 141, 157
Donner 141
Donnerstag 33, 61, 141
Dorant 28f., 159
Dost 23, 28, 97, 99, 159f.
Dreifaltigkeit 58
Dreikönig 61
Dreizahl 19
Drogenmissbrauch 45
Droste-Hülshoff, Annette von 105
Drude 37, 71, 81, 138, 189
Drudenfuß, -kraut 138
Druide 58, 68, 100, 138, 147
Dudaim 74

Duft, duftend 38, 92, 102, 107, 123, 141, 159, 187, 203
Duncan 204

Eber 77
Eberraute 32
Eberwurz, Große 76ff.
Edda 11, 28, 146, 170
Ehe 59, 61, 91, 200, 203
Ehemann 60, 67
Ehrenpreis 22, 117
Eiche 20
Eichstätt 208
Eifel 63, 203
Einbeere 25, 41
Eisen, eisern 32, 81, 100, 126, 138, 142
Eisenhut, Blauer 14, 41, 44f., 193f.
Eisenkraut 18, 23, 32, 34, 44, 100f.
Elben siehe Elfen
Elfen 33, 37, 84, 99, 172, 192
Elixier zum langen Leben 197
Elsass 77, 88, 93
Empfängisverhütungsmittel 140, 162
Empfängnisschwierigkeiten 55
Engel 56, 76, 77, 112, 134
England, englisch 71, 105, 126, 148, 162f., 203
Entbindung (siehe Geburt)
Ente 140
Enzian 28, 117
Ephemeron 28f., 182
Epilepsie 130
Erbendorf 178
Erbse 20, 61ff., 188
Erbsenbär 61
Erbsenstroh 63
Erdgeist 113
Erdgöttin 133
Ering am Inn 56
Ernte 39, 65, 70, 101, 135, 159, 186, 188
Erntebrauch, -zauber 24
Erotisierend 205
Erzgebirge 91, 92, 98, 114, 145
Essenbach 126
Estland 93, 122
Ethnobotanik(er) 10, 13
Euphorisierend 28, 45, 205
Ewers, Hanns Heinz 74

Fackel 121
Fahrendes Volk 17, 214
Falkenau 120
Fallende Sucht 101, 150
Farn siehe Wurmfarn
Farnsamen, -sammler 32, 34, 48f., 50
Faust, Dr. 73
Fee 162
Fenixmännchen 203
Fichtelgebirge 83, 167
Fieber 63, 71, 84, 103f., 114, 124f., 130, 135, 178
Fillumvallum 186
Flachs, -ernte, -säen 64ff., 136
Flavonoide 30
Fliege 190
Fliegenpilz 28, 42, 190ff., 197
Flug, -erlebnisse, -halluzinationen 43f., 90, 213
Flugsalbe, siehe Hexensalbe
Fontane, Theodor 127, 138, 141, 156, 168
Forellenfang 98
Franche-Comté 126
Franken 63, 91, 116, 166, 186
Frankfurt am Main 189
Frankreich 70, 71, 121, 147f., 160, 163, 178, 195
Frau Bercht (Berchta, Berta) 40, 33, 64
Frau Holle 33, 34, 40, 64, 66
Frauendreißiger 122
Frauenkrankheiten 78
Frauenkraut, -pflanze 130, 162
Frauenmantel, Gewöhnlicher 34, 56f.
Frauenmittel 130
Freikugel 34, 48
Freitag 33, 99
Freyja 14, 33, 43, 53, 56, 64, 154, 162, 166, 176, 195
Freyr 76
Frickatau 53
Frigg siehe Frija
Friggagras 109
Frija (Frigg) 8, 14, 33, 53, 68, 109, 146, 154, 166
Fronleichnam 137, 149, 161
Frontenhausen 181
Fruchtbarkeit 36, 61, 103, 133, 200
Fruchtbarkeitsdämon 108
Fruchtbarkeitsmittel 74
Frühlingsblumen 22
Frühlingssymbol 68
Fuchs, Leonhart 12, 89, 188
Fugger 64
Fuß 130
Fußkrankheit 125f.

Galgenmännlein 75
Galizien 140, 203
Gans 49, 91, 140, 157, 176
Gänseblümchen 39, 176ff.
Gartenpetersilie 39, 45, 201ff.
Gaudy, Franz von 84
Geburt, Gebären 14, 24, 55, 109, 130, 132, 145, 154, 162
Gegengift 86, 135, 199
Gegenmittel 28, 37, 87f., 137
Geheimmittel 142
Geist 22, 92, 122, 129, 169, 171ff., 197, 203, 206, 212
Gelbsucht 110, 173, 180
Geld 32, 34, 74, 80, 95, 98, 109, 120, 131
Georg, hl. 101, 186, 206
Gerbstoffe 30
Gericht 139f.
Germanen, germanisch 10, 64, 68, 109, 124, 127, 147, 154, 156, 170, 172
Germer, Weißer 196f.
Gerok, Karl 161
Gerste 70
Gestalt 133
Getreideanbau 133
Gewitter 22, 38, 104, 114, 120, 122, 141, 157, 167
Gewitterbrauen 101
Gicht 96, 121, 150, 182, 210
Gideonswurz 53
Gift 41, 54, 86, 87, 105, 125, 130, 147, 170, 182, 188, 204, 207, 210
Giftig 28, 93
Giftmord 193
Giftpflanze 30, 41, 188
Glück bringen, Glücksbringer 62, 95, 192
Glück im Spiel 48, 59
Glückshändchen 109
Glücksklee 59
Glückspflanzen 34f.
Goethe, Johann Wolfgang von 34, 72, 177
Gold 17, 32, 34, 56, 69, 88, 100, 113, 122
Goldherstellung, -macher 16, 34
Goldtinktur, -wasser 54f.
Goldwurz 32, 34
Goslar 208
Gott 13, 18, 37
Götterpflanze 33
Gottfried von Straßburg 35f.
Göttin 13, 33
Grab, -blumen 25, 106, 129
Griechen(land), griechisch 10, 61, 64, 124, 143, 149, 172, 184f., 186, 198, 205
Grillparzer, Franz 207
Grimm, Brüder 7, 12, 112
Grimm, Jakob 82
Grimmelshausen, Hans Jacob Christoph von 73, 120
Grünberg 172
Gründonnerstag 63, 66
Gründonnerstagsgemüse, -kräuter 20, 115, 128, 157
Gudrunsage 28
Gullinbursti 77
Gundermann 39, 92, 156ff.
Gundkräuter 156
Gürtel(kraut) 140

Habicht 16, 94
Habichtskraut 16
Hades 198
Hagazussa 14, 43
Hagelschlag 38
Halberstadt 153
Halluzination, halluzinatorisch 191f., 213
Hals, -schmerzen 71, 93
Hamburg 213
Hamlet 210
Hanf 45
Hartheu 151
Harz 134, 169
Haschisch 28
Hase 7, 15
Hattusili II. 10
Hausgeist 143f.
Hausnatter 67
Haustier 91
Hauswurz, Echte 33, 39, 44, 141f.
Hayn 170
Hebamme 16, 41
Hebel, Johann Peter 97
Heckenkirsche, Rote 41
Heiler(in) 16f., 40, 57
Heiliger Abend 165
Heilpflanze 10f., 23, 30f., 36, 102
Heilpflanzenkunde 11
Heilspruch 8
Heine, Heinrich 32
Heinrich, Guter 92
Heinzelmännchen 61, 136, 143
Heirat 109
Heiratsblume 109
Hekate 13f., 18, 43, 198, 199
Helena 28, 164
Helios 14
Helleborin 42
Hellseherisch, hellsichtig, Hellsichtigkeit 39, 61, 91, 97f., 192
Hellwig, Christoph von 12
Henne siehe Huhn
Herakles 84, 193, 196
Herbalastrologie 33
Herbaria 40
Herbstzeitlose 32, 182f.
Herkules, siehe Herakles
Hermes 14, 28, 146, 164
Hersbruck 179
Hesselberg 70, 178
Hessen 29
Hexe 13f., 17, 22, 37f., 40, 43ff., 52, 59, 90, 92, 97f., 99, 101, 135, 138f., 141, 153, 158f., 160, 164, 167, 170f., 189, 194
Hexenei 191
Hexenfurcht 37
Hexenhammer 40
Hexenkraut 183
Hexenmehl 138
Hexenpflanzen 30, 40
Hexenprozess 40, 75, 88, 202, 208
Hexenring 41
Hexensabbat 42f., 45
Hexensalbe 43, 44f., 75, 90, 101, 197, 199, 202, 205, 207, 212f.
Hexentanzplatz 43
Hexentrank 75, 90, 207
Hexenverbrennung 44
Hexenverfolgung 40, 160
Hexerei 48, 147
Heym, Georg 107
Hieb, -verletzung 153, 168
Hiebfest 48, 67, 74, 80, 168
Hildegard von Bingen 10f., 33, 47, 68, 72, 74, 79, 86, 91, 93f-, 97, 102, 105, 112, 116, 121, 126f., 141,

143, 150f., 156, 159, 161, 164, 166, 170, 172, 182, 186, 188, 195, 198, 201, 204, 207, 211
Himmelbrand 121f-
Himmelfahrt 186, 189
Himmelsgarten, -wiese 31, 81, 178
Hindläufte 79
Hippokrates, hippokratische Schriften 10, 207
Hirsch 79, 80
Hochzeit 24, 61, 169
Hoden 89, 90, 107f.
Hödur 146
Hoffmann von Fallersleben, Heinrich 186
Höfler, Max 10, 21, 124, 156, 168, 169, 209
Hohes Lied 31
Holunder 23
Holzfräulein, -weiblein 15, 64, 66, 118, 143
Holzleute 143
Holzmännlein 143f.
Homer 184, 198
Homöopathie 37, 42
Hopfen 127
Hörselberg 43
Hortulus 11, 86
Huchel, Peter 179
Huhn 78, 87, 140, 162, 206
Hühneraugenwurz 83
Hund 75, 131
Hunger 25
Husten 135
Hyoscyamin 42
Hypnos 199

Ibotensäure 42
Immergrün 31
Immergrüne Pflanze 25, 31
Impotenz 40
Inder, Indien 27, 191, 200, 213
Indianer 32, 124, 191, 213
Inquisitionsakten 205
Insektenvertilgungsmittel 197
Institoris, Heinrich 40
Irrwurz 28, 47
Isenkraut 100
Isis 13, 18, 184
Israeliten 184, 172
Italien 172

Jagdbeute 209
Jageteufel 152
Jahreswende 39
Jakobi 80
Jason 14, 15, 34f., 182
Jean Paul 53
Jesus 14, 107, 128, 155, 159, 162, 176
Johanni 21, 23, 92, 109, 126, 139, 140, 151, 153, 158, 166
Johannisblume 166
Johannisfeuer 66, 131
Johannisgürtel 23
Johannishändchen 23, 109
Johanniskraut 23f., 32, 38f., 48f-, 100, 109, 120, 126, 130, 135, 140f., 151, 153
Johanniskraut, Echtes 41, 151ff.
Johannistag 38, 43, 92, 132, 166, 178
Josef, hl. 128
Josephus Flavius 74f.
Jugendstil 31
Julfest 148
Jungfrau von Orleans 73
Jungfrau, Jungfräulichkeit 79, 87, 131, 149
Jungsteinzeit 9, 143, 198
Jupiter 33, 141

Kamille 23
Karfreitag 62f., 93, 100, 131, 135, 150
Karl der Große 11, 64, 76f., 141, 143, 184
Karl V. 76
Kärnten 83, 98
Kartenspiel 206
Karwoche 70
Katarrh 122
Katze 87, 97
Keller, Gottfried 143
Kelten 10, 58, 64, 68, 100, 147, 195, 210
Kentaur 15, 119, 127
Kerberos 193, 199
Kerner, Justinus 64
Keulenbärlapp 138ff.
Keuschheit(sgelübde) 84, 90, 108
Kiesewetter, Karl 45
Kiltblume 189
Kind 38, 63, 84, 87f., 101, 112, 118, 129, 131, 134, 137, 139, 145, 148, 150, 165, 174, 177, 179f., 183, 189, 199, 211f.
Kinderspiel 181, 194
Kirke 13, 28, 43, 74, 164
Klapperrose 174
Klatschmohn 174f.
Klee 23
Klette 23
Klingemann, Ernst August Friedrich 13, 184
Klostermedizin 11
Knabenkraut, Geflecktes 34, 107ff.
Knabenkraut, Kleines 107ff.
Kneipp, Sebastian 86
Knoblauch 117, 172f.
Kohlen 126, 130
Kolchikon 28
Kolchis 13
Königskerze, Großblütige 38f., 50, 121ff.
Konrad von Megenberg 11, 110, 120, 151, 159, 172, 190, 207
Konrad von Würzburg 31, 86, 149
Konzil von Ferrara 23, 48
Kopfweh 85, 101, 126, 214
Kopisch, August 133
Korn 133
Korndämon, -geist 33, 92, 133, 166
Krampf 85, 87, 139
Krankheit 18f., 20f., 23, 37, 40, 54, 66, 74, 78, 86, 97f., 103, 105, 113, 122, 127f., 141, 147, 153, 155, 158f., 164, 199
Kranz 137f.
Kräuterbuch 11f., 18, 47, 53, 68, 82, 93, 102, 110, 119, 127, 130, 138, 179, 184, 186, 204
Kräuterbund, -busch 23, 93, 120, 121, 132, 137, 152, 154f., 165f., 175, 203
Kräuterfrau 40
Kräutermann 44
Kräutermann, Valentinus 9, 12, 75, 101
Kräutersegen, -weihe 19, 23, 152
Kreuzkümmel 143
Krieg 25, 168f.
Kriß, Rudolf 21, 23f.
Kröte 96, 125, 162, 191
Küchenschelle 39
Küchenzwiebel 184f.
Kudlkraut 161
Kugelfest 67, 74
Kuh 55, 78, 92, 96, 99, 103, 106, 109, 120, 141, 145, 156, 162, 203
Kultspeise 20, 104, 115, 128, 157
Kulturpflanze 9, 39
Kümmel, Echter 24, 37, 39, 127, 143ff.
Kunigundenkraut 35

Labkraut, Echtes 24, 34, 38, 154f.
Lamien 42
Landfahrer 94
Landsknecht 25, 35
Langes Leben 155
Lauchart 28
Lauchöl 30
Lausitz 120
Lauskraut 197
Lebenselixier 54
Lebensrute 36, 103
Lechrain 78, 118
Lein, Echter 64ff.
Leinkraut, Gemeines 38, 59, 128
Leinsäen 67
Lenau, Nikolaus 68
Leto 184
Lichtmess 65
Liebe 60, 86f., 94, 106, 109
Liebesmittel 74
Liebesorakel 24, 39, 67, 114, 128f., 153, 169, 174, 177
Liebessymbol 189
Liebestrank 13, 36, 45, 74, 91, 105
Liebeszauber 84, 114, 126, 189, 194
Liebeszauber-Pflanze 35f.,
Liebstöckel 36, 91ff.
Liguster 41
Linné, Carl von 76
Litauen 208, 210
Loki 41, 146
Lonicer(us), Adam(us) 12, 53, 61, 72, 85, 89, 94, 96, 105, 110, 119, 133, 159, 184, 188, 201
Löns, Hermann 24, 31, 79
Löwenmaul, Großes 28f.
Löwenzahn, Gewöhnlicher 179ff.
Ludwig IX. 176
Lüneburger Heide 139
Lungenenzian 28
Luststeigernd 109
Luzifer 15, 56

Magdeburg 114
Maggikraut 91
Magische Handlung 8, 65, 135, 197
Magische Zahlen 19f.
Magisches Weltbild 8, 36, 40
Mähren 203
Maiglöckchen 186f.
Malleus maleficarum siehe Hexenhammer
Mandragora 13, 20, 25, 28, 34, 72ff., 95
Mar 147
Marcellus Empiricus 90, 121
Margerite 23, 39
Maria 13f., 31, 34, 56, 68, 133, 149, 155, 162, 179, 186
Maria Ettenberg 52
Mariä Himmelfahrt 21, 23, 81, 93, 100, 120f., 132, 137, 152, 155, 159, 165, 166, 169, 175, 203
Maria im Ährenkleid 133
Marienblume 121, 176
Mariendichtung 31
Marienhand 109
Marienpflanze 155, 166
Mariensymbol 102, 149
Marienträne 53
Mark Brandenburg 118
Markustag 135
Marzell, Heinrich 13, 29, 32, 38, 76f., 86, 93, 102, 118, 120, 121, 126, 129, 137f., 155, 160, 164, 166, 173, 178, 213
Märzveilchen siehe Veilchen
Maßliebchen 176
Mattioli, Pietro A. 12, 57, 87, 184, 193, 204
Mauerraute 29, 136
Maus 38, 122
Maximilian I. von Bayern 48, 73
Mecklenburg 99, 106, 110, 134
Medea 14, 28, 34f., 43, 182
Melancholie 188
Menstruation(sblutung) 83, 120, 130, 140, 153, 195, 201
Merseburger Zaubersprüche 8, 14
Meyer, Conrad Ferdinand 37
Milch 37, 92, 99, 106, 109, 156
Milchgerinnung 154
Milchgeschirr 92
Milzbrand 118, 197
Milzfarn 136
Minnelieder 58
Miraculix 147

Mistel 32, 41, 146ff.
Mittelalter 11
Mittlere Steinzeit 8
Mittwoch 66
Mohn 44
Moly 14, 28, 29, 74, 164, 195
Monatsblutung siehe Menstruationsblutung
Mönchskopf 179
Mond, abnehmender 24, 32, 63, 83, 110, 115, 150, 180, 181
Mond, zunehmender 32f., 185
Mondraute 136
Mondstand 24
Montafon 168
Montpellier 213
Moosfräulein, -weiblein 15, 24, 33, 136
Moosleute 136
Mord 204
Mörike, Eduard 195
Morphin 42
Motte-Fouqué, Friedrich de la 74
Müdigkeit 125
München 117
Muscarin 42
Muttergottes 176
Muttergottheit 33f.
Muttergöttin 74, 64, 154, 162, 166
Mutterkraut 13
Mythologie, germanische 162, 164
Mythologie, griechische 146, 198
Mythologie, nordgermanische (nordische) 56, 146, 176

Nachlaufkraut 36, 60, 94, 118
Nachtdämon 145
Nachtschatten, Schwarzer und Bittersüßer 41, 44, 75, 211f.
Nachtschattengewächse 41, 44f.
Nacktheit 32, 66
Nahrungspflanze 8
Narkose, Narkosemittel 74, 197, 207, 209, 210f.
Narkotisieren 30, 45, 75, 194, 196, 205
Nasenbluten 128f.
Natternkopf 38
Naturdämon, -geist 23, 33, 37, 118, 136, 149, 160, 168, 190
Nepenthes 28f.
Nessel siehe Brennnessel
Nesselstoff 112
Nestelknüpfen 38
Neujahr 59f., 103, 148, 185, 192, 206
Neumarkt–Sankt Veit 110
Neumond 24, 32, 68
Neunerlei Kräuter, Neunerleikraut 114, 164
Neunkräutersegen 14, 19, 125, 130
Neustadt a.d. Aisch 145
Nider, Johann 44
Niederalteich 66
Niederbayern 38, 122, 137, 166
Niederrhein 64, 153, 204
Nieswurz, Schwarze Nieswurz 28, 45, 195ff.
Nieswurz, Weiße siehe Germer, Weißer
Nixe 84
Nöck 84
Nordamerika 213
Nornen 40
Nosferatu 173
Nothemd 67
Notzeit 25
Novalis (D.i. Friedrich v. Hardenberg) 27, 29
Nürnberg 35, 67, 155, 188
Nymphe 84

Oberbayern 88, 137
Oberfranken 66, 166
Oberösterreich 68, 153
Oberpfalz 38, 93, 66, 125, 183
Odin 8, 14, 16, 53, 146, 190
Odinskopf 164
Odyssee 28
Odysseus 13, 28, 164
Opfer 135, 147
Opium 35, 42, 45, 99, 128, 199f.
Orakel 38f., 70, 177, 179, 203, 214
Orakelpflanze 38f.
Orakeltermin 21
Orchis 107
Ostern 103
Österreich 71, 128, 161
Ostpreußen, ostpreußisch 120, 122, 212
Ovid 193

Paieon 149
Palladius 10
Pallas Athene 149
Palmbusch 148
Pamproux 86
Pan 41
Panazee 17
Pappelsalbe 44
Papst 203
Paracelsus 11, 17, 37, 44, 48, 50, 72, 77, 79, 151, 168, 191, 197
Paris 86, 186
Passeiertal 59
Patrick, hl. 58
Paullini, Christian F. 102
Pavor nocturnus 211
Pcuvush-Leute 113
Peißenberg 43
Pelias 35
Perger, Anton von 113, 154, 202
Persephone 13, 33, 124, 146, 198, 199
Perth 204
Pest 15, 25, 52, 76, 98, 101, 116-118, 120, 128, 183, 188, 197
Pestilenzkraut, Pestkraut 25, 128
Peter und Paul, hl. 79
Petersilie siehe Gartenpetersilie
Petersiliengassen 202
Petrus, hl. 68
Peuckert, Will-Erich 45
Pfaffenpint 188
Pfaffenröhrlein 179
Pfalz 188f.
Pferd 77, 81, 99, 101, 134f., 147, 206
Pfingsten 103
Pfingstrose 149f.
Pflanzen der Sympathiemedizin 36f.
Pflanzenauferstehung 112
Pflanzenbeschwörung 18f.
Pflanzengeist 22, 32f.
Pflanzenheilkunde 12
Pflanzenmagie siehe Pflanzenzauberei
Pflanzenseele 33
Pflanzensymbolik 30, 31
Pflanzenzauber(ei) 10, 12, 21, 24
Philtren 45
Physica 11
Pimpinellenkönig 118
Platon 89
Pleisdorf (Landkreis Neustadt an der Waldnaab) 118
Plinius, Caius Secundus 10, 16, 18, 32, 37, 64, 82, 84, 87, 91, 94, 100, 102, 110, 112, 119, 120f., 127, 130, 138, 143, 146f., 149, 151, 161, 164, 188, 195, 198, 211
Poleich 161f.
Polen 213
Polysaccharid 30
Pommern 102, 147, 208
Posen 200
Potenz 90
Potenzfördernd, -steigernd, 109, 202
Preußen 109
Proserpina siehe Persephone
Protoveratrin A und B 42
Pseudoalkaloide 42
Pseudo-Apuleius 18
Psychoaktiv 28, 30, 191
Pythia 207

Quendel 34, 38, 61, 123, 161ff.

Raabe, Wilhelm 146
Rabenbrot 190
Rainfarn 38
Ramschel(fest) 170f.
Ramses II. 10
Rätsch, Christian 44, 200
Rau(ch)nacht 21, 61, 185
Räuber 213
Räuchern, Räucherung, 21, 93, 132, 160, 197
Räucherpflanze 132
Rauschdroge, -gift 28, 192
Rauschmittel 190, 196f., 199
Raute 24, 86ff.
Rechtsstreit 139
Regel 32
Regelblutung siehe Menstruation
Regenzauber 209
Reinheitsgebot 208
Rheinland 94, 163
Rhön 69
Riesen 41
Rind 55, 126
Rinderpest 118
Ringelblume 23, 105f.
Roggen 23, 133ff., 188
Roggenbrei 133
Roggenmuhme, -mutter 133f.
Roggentau 135
Roggenwolf 133
Roma 17
Romantik 29, 31
Römer, römisch 10, 58, 61, 64, 100, 102, 124, 141, 143, 149, 170, 184, 185f., 198, 201
Römische Schriftsteller 89, 164
Rosbach, Conrad 121, 130, 136, 172
Rosmarin 24
Rosoglio 54f.
Rotlauf 106, 110f.
Rotlaufgras 111
Rottal 142
Rottweil 60
Rückenschmerzen 78, 128
Rückert, Friedrich 47, 112, 119, 124
Rudolf II. 67, 73
Rumänien 172
Rumpelstilzchen 191
Russland 140, 166

Saalfeld 31, 178
Saarland 152
Sachsen 98, 158f.
Sächsische Schweiz 166
Saint-Lubin 86
Salbei, Echter 23, 39, 102ff.
Salep-Knabenkraut 108
Salomonssiegel siehe auch Weißwurz, Wohlriechende 15, 28, 82f.
Salz 87f., 109, 114, 143, 145, 156, 185, 205f., 208, 210
Salzburger Land 161
Saponine 30, 42
Satan 41
Satansfinger 109
Satyrion 108
Satyrn 41, 108f.
Schabab-Kräuter 31
Schadenzauberin 40, 42
Schaf 120, 127
Schaffhausen 72
Schafgarbe 23, 127ff.
Schamane 8, 14, 16, 191
Scharfrichter 98
Schatz 48, 51, 69, 74, 82, 101, 148
Schatzgraben 51
Schelmenwurzel 197
Schicksal 70, 101, 111
Schicksalsfrau 40
Schicksalsorakel 39
Schierling, Gefleckter 44f., 89f.
Schierlingsbecher 89
Schießen siehe Schuss
Schiller, Friedrich von 65
Schlachtfelder 175
Schlafmohn 13, 33, 42, 44, 75, 198ff.

Schlaganfall 187
Schlange 96, 101, 104, 125, 161, 172, 188, 199
Schlangenbiss 93, 172
Schlesien, schlesisch 20, 93, 98, 136, 192, 203, 212
Schloss 34, 79, 82, 148
Schloss Tirol 117
Schlüssel 68, 69
Schlüsselblume, Duftende und Hohe 34, 39, 68ff.
Schmerzmittel 199, 207
Schnupftabak 187, 196
Schöllkraut 16, 34, 41, 110f.
Schönheitsmittel 114, 177, 187, 189
Schotten 204
Schrobenhausen 38
Schröder, Johann 152
Schubart, Johann Christian 58
Schuhe 62
Schuss 53, 66
Schussfest 168
Schussverletzung 168
Schützende und Zauber abwehrende Pflanzen 37f.,
Schutzgeist 156
Schutzkraut 169
Schutzmantelmadonna 56
Schwab, Gustav 193
Schwaben 69, 83, 183, 212
Schwäbische Alb 186
Schwalbe 15, 110
Schwarz, Berthold 73
Schwarzkümmel 143
Schweden 99, 160, 172
Schwein 77, 106, 204, 207
Schweiz 93, 141, 183, 189
Schwermut 74, 159
Schwertlilie 28, 45
Schwindel 85
Scopolamin 42
Seejungfrau 84
Seele 33
Seelengeist 80, 156
Seelentier 170
Seerose, Weiße 84f.
Seherin 16
Seidl, Johann Gabriel 89
Selurn 168
Seuche 76
Shakespeare, William 90, 210
Sibirien, sibirisch 191, 197
Sichel 147
Siebenbürgen 70, 113
Siebenjahrgarn 66
Siegwurz, Sumpf- 25, 28, 72, 168
Signaturlehr 11, 37, 106, 110, 168
Silber 34, 100
Silberdistel 76
Silcher, Philipp Friedrich 102
Simmental 158
Sinau 56f.
Sinti 17, 21, 109, 177, 214
Skandinavien 147
Slawische Länder 160
Slawonien 91, 173
Sleipnir 190
Slowakei 139f., 206
Sokrates 89
Solanin 42
Soldaten 25, 168, 175, 195, 209, 213
Söldner 34
Soma 27f., 191
Sommersonnenwende 23, 33, 130, 203
Sonnentau 29, 53ff., 136
Sonnenwirbel 79, 105
Sonnwendbüschel 20
Spatz 134
Specht 15, 82, 149
Spiel 109, 174, 179, 206
Spinnblume 183
Spinne 65, 25, 164
Spinnstube 65
Spitzwegerich 125
Sporen 138
Spreewald 49, 66
Sprenger, Jacob 40
Springkraut 28
Springwurz(el) 15, 28f., 34, 82f.
St. Gallen 118, 139
Stechapfel 41, 213f.
Steiermark 165
Stein der Weisen 17, 56
Stendel 107
Steppenraute 28
Sternbild 24
Sterzing 97, 135
Stich, -verletzung 66, 125, 153, 168
Stichfest 48, 67, 74, 80, 168
Stifter, Adalbert 117
Storm, Theodor 85
Streifenfarn, Brauner 29
Streit 139, 155
Striga 42
Süddeutschland 153, 161
Südrussland 95
Südslawen 105
Südtirol 161
Suffolk 71
Sulfide 30
Sumpfschafgarbe 28, 38
Süßholz 211
Sven 204
Symbol, Symbolik 31, 174
Symbolpflanze 30f., 58
Sympathetisch 37, 39, 180
Sympathie, -glaube 8f., 20, 36f., 104
Sympathiemedizin, sympathetische Medizin 12, 36, 63, 110
Synode von Liftinae 23, 154

Tabernaemontanus, Jakob Theodor 12, 77, 87, 108
Tabu 25, 71
Tacitus 16, 72, 64
Talismane 18
Tannenbärlapp 138
Tanz 62, 94, 132, 139, 189
Tarnkappe 48
Tau 55, 100, 135
Taube 16, 59, 87
Tausendgüldenkraut, Echtes 15, 119f.
Tautröpfchen 54, 56
Tegernsee 84
Tertullian 15
Teufel 15, 38, 40f., 43, 50, 50, 67, 88, 98f., 127, 137, 152f., 159f., 190, 202, 206
Teufelsabbiss 15, 41
Teufelsbuhlschaft 40
Teufelshand 109
Teufelspflanze 40, 202
Theklazwiebel 32, 183
Theophrast 10, 74, 141, 161, 193, 198, 204
Theophrastus Bombastus von Hohenheim siehe Paracelsus
Theriak 35, 161, 172, 199
Thessalien 15, 108
Thomasnacht, -tag 39, 67
Thor 41, 61
Thüringen 144, 153, 163, 166, 170, 183, 188
Thurneysser Leonhard 12, 17, 32, 75, 100, 116
Thymian 161
Tier 105, 130, 133
Tiergestalt 15, 43, 194
Tiergestaltiger Geist 15
Tierverwandlung 43, 44, 194
Tirol 14, 137, 153, 158, 162, 183
Tod 24f., 52, 142
Tollkirsche 41, 44, 204ff.
Tollwut, tollwütig 120, 135
Tormentill 28
Totenfinger 109
Totengeist 61, 124
Totenkraut 88
Totenseele 113
Totenwiese 31
Tragus (d. i. Hieronymus Bock) 12
Trakl, Georg 86, 174
Tralles am Pontus 210
Traum 39, 85, 101, 126, 129, 150
Treibaus 79f.
Triglaw 148
Tristan und Isolde 36
Trojan, Johannes 56
Türkenbundlilie 33, 34, 92
Tuttlingen 71

Übertragen 20, 113
Uhland, Ludwig 187, 198
Ukraine 140
Ulfilas 190
Ulrichstag 38
Unfruchtbarkeit 40, 130
Ungarn 206
Unglückspflanze 163, 202
Unser Lieben Frauen Bettstroh 38, 154, 162
Unsichtbar 34, 59, 62, 74, 80
Unterfranken 93, 160, 186, 201, 205
Unterwelt 124, 146, 198, 199
Unverwundbarkeit 34f.
Unwetter 38, 40, 101

Vampir 172f.
Veden 27f.
Vegetationsdämon, -geist 24 33, 37, 134
Veilchen 22, 39
Venus 33, 100, 162, 194
Venushaar 29
Vergiftung 42, 45
Vergil 43, 199
Verhexung, verhext 37f., 53, 78, 87, 92, 96, 99, 156, 171
Verhütung, Verhütungsmittel 47, 163, 201f.
Verjüngen, Verjüngungskunst 34f., 135, 182
Verwandlung in Tiergestalt 45
Verzauberung 20, 87, 101, 164, 212
Vieh 37, 71, 92, 153, 171
Viehseuche 18, 83, 118, 178, 197
Viehstall 83, 141
Viererklee 58f., 60
Villanovanus, Arnoldus 54
Vilstal 142
Vintler, Hans von 79, 137
Vögel 15, 24, 63, 79, 108, 114, 116- 118
Vogesen 209
Volksbotaniker 9, 13
Volksheilkunde 106
Volkskunde 9
Vollmond 32, 81
Vorhersagen 122f.

Wacholderbeere 117
Wachs, -kerzen 88, 103, 110, 126
Wahrsagen, Wahrsagerin 39, 98, 100
Waidhaus 38
Walachei 120, 139
Walahfrid, Strabo 11, 86, 91, 102, 127, 198
Waldfräulein 15, 29, 33, 143f.
Waldhyazinthe 28
Waldweiblein siehe Waldfräulein
Walkerbaum 204
Walküre 43, 204
Wallfahrt 123
Walpurga 22
Walpurgisnacht, -tag 22, 32, 48, 71, 97, 156, 158, 170, 183
Walther von der Vogelweide 38f., 58, 177
Wandersleben 161
Warze 62f., 110, 181
Wassergeist 84f.
Wasserschierling 45
Weber, Friedrich Wilhelm 40
Wegerich 19, 124ff.
Wegwarte 28, 32, 34, 79ff.
Weichselzopf 81
Weihbuschen 81
Weihnachten 61, 62, 69, 103
Weihnachtsnacht 148, 185
Weihnachtszeit 39
Wein 87, 138
Weinkraut 138
Weinzierl, Hubert 151
Weise Frau 16, 40
Weißenburg 141
Weißenregen 47

Weißwurz, Quirlblättrige 82
Weißwurz, Vielblütige 82
Weißwurz, Wohlriechende 82f.
Werkzeug 32
Wernigerode 153
Westpreußen 71
Wetter 35, 40
Wetterorakel 185
Wetterpflanze 77
Wettzell 47
Widertat 136
Widerton siehe Widertonmoos
Widertonmoos, Gewöhnliches 28f., 88, 136f.
Wiedehopf 82, 98
Wien 117, 185
Wiesel 87
Wiesenklee 39, 58ff.
Wiesenraute, Gelbe 136
Wiesensalbei 38
Wilder Jäger 41, 136f.
Wildes Heer, Wilde Jagd 43, 50
Wildpflanzen 9
Wilhelm II. 195
Wintersonnenwende 148
Witterung 39
Wochenstube, Wöchnerin 101, 152, 155
Wodan 8, 14, 16, 19, 66, 134, 190
Wohlgemut 159
Wolf 43, 134, 166
Wolfgang, hl. 41
Wolfratshausen 181
Wolfsgerste 136
Wolfsmilch 45
Wolfsmilch, Kreuzblättrige 28
Wolfsmilcharten 41f.
Wollin (Pommern) 114
Wunde 124, 153, 158
Wunderblume 29f.
Wundermittel 199
Wundheilungskraft 124
Wundkraut 120, 127f.
Wünschelrute 114, 148
Wurmfarn, Gewöhnlicher 28, 47ff.
Würmlein 131f.
Wurmmittel 47, 169, 191
Wurzbüschel 19, 23
Wurzelgraben 74
Zahl 7, 20
Zahn 158
Zahnschmerz, -weh 55, 178, 181, 209, 213
Zauber abwehrende Pflanze 37
Zauberbuch 11f., 77, 156
Zauberer, Zauberin 13f., 16f.
Zauberglaube 8
Zauberhandlung 38
Zauberische Menschen 16
Zauberkräfte 14
Zaubermittel 8
Zaubern 8
Zaubersalbe 43
Zauberschrift 87
Zauberspruch 8, 103
Zaubertrank 13, 14, 43, 45, 90
Zaunrübe, Rote und Weiße 28, 41, 72, 94ff.
Zehrwurz 188
Zeigkraut 188
Zeus 33
Ziest, Aufrechter 38
Zigeuner 17, 94, 113, 213f.
Zimmerer, Emma M. 37, 100
Zukünftiges 38
Zürich 173, 183
Zusmarshausen 135
Zwerge 15, 33, 37, 61, 116, 118, 133, 135f., 143f., 168, 191f.
Zwiebel 184
Zwiebelorakel 39
Zwölf Nächte 61, 133

Für wertvolle Hinweise auf Werke der bildenden Kunst danke ich herzlich Frau Christine Schaumaier, München.

Für die Unterstützung bei der Beschaffung der historischen Abbildungen bedankt sich die Autorin bei: Staatliche Bibliothek Passau; Universitätsbibliothek Passau.

Die historischen Darstellungen im Text wurden folgenden Werken entnommen:

BARTELS, ADOLF (1900): Der Bauer in der deutschen Vergangenheit. Leipzig: Eugen Diederichs: Seite 9.

BEUTLER, ERNST (Hrsg.) (1910): John Flaxman's Zeichnungen zu Sagen des klassischen Altertums. Leipzig: Insel-Verlag: Seite 13.

BOCK, HIERONYMUS (1577): Kreutterbuch. München: Reprint Konrad Kölbl 1964: Seite 11, 50, 145 oben, 163 unten, 171, 174 unten, 205 unten.

BRONNER, F. J. (1908): Von deutscher Sitt' und Art. Volkssitten und Volksbräuche in Bayern und den angrenzenden Gebieten. München: Max Kellerer: Seite 167.

DEUTSCHE JUGEND (1873). Illustrierte Monatshefte. 1. Band. Leipzig: Alphons Dürr: Seite 33, 49 unten.

DEUTSCHE JUGEND (1873). Illustrierte Monatshefte. 2. Band. Leipzig: Alphons Dürr: Seite 70 oben, 181 oben.

FUCHS, LEONHART (1543): New Kreütterbuch. Reprint Grünwald bei München: Konrad Kölbl 1975: Seite 78, 132 oben, 183.

FÜNFSTÜCK, MORITZ (Hrsg.) (8. Aufl. ca. 1900): Das Pflanzenreich. Großer Pflanzenatlas für Schule und Haus. München: Heinrich Hugendubel: Seite 63 oben, 83 rechts, 103, 107 unten, 125, 135 oben, 139, 157 oben, 162, 182 unten, 191, 196, 210, 211 unten.

HENNE AM RHYN, OTTO (3. Aufl. 1903): Kulturgeschichte des Deutschen Volkes. 1. Band. Berlin: Historischer Verlag Baumgärtel: Seite 8, 12 unten, 35 oben, 37, 155, 158, 194, 214.

HOLLAND, HYAZINTH (1910): Ludwig Richter. München: Kommissionsverlag der Gesellschaft für christliche Kunst: Seite 157 unten.

HOVORKA, OSKAR V., UND ARTHUR KRONFELD (1908): Vergleichende Volksmedizin. Eine Darstellung volksmedizinischer Sitten und Gebräuche, Anschauungen und Heilfaktoren, des Aberglaubens und der Zaubermedizin. 1. Band. Stuttgart: Strecker & Schröder: Seite 18, 35 unten, 73 unten, 74, 200, 209.

KUHN, ALBERT (1909): Geschichte der Plastik. I. Halbband. Von der Plastik der Aegypter bis zur Plastik der gotischen Stilperiode. Einsiedeln u. a.: Benziger: Seite 119 unten.

KUHN, ALBERT (1909): Geschichte der Malerei. II. Halbband. Von der Malerei der deutschen Hochrenaissance bis zur Malerei der neuesten Zeit inkl. Einsiedeln u. a.: Benziger: Seite 193 unten.

LEXICON PLANTARUM. Handschrift 604 der Universitätsbibliothek München: Seite 75 unten, 96 rechts, 126, 132 unten, 153.

LONICERUS, ADAMUS (1679): Kreuterbuch. Reprint Grünwald b. München: Konrad Kölbl 1962: Seite 12 oben, 72 unten, 93, 96 links, 98, 118, 128, 178 oben, 185, 203.

LUDWIG RICHTER-GABE (3. Auflage 1903). Eine Auslese aus den Werken des Meisters, mit Text von Ferdinand Avenarius. Hrsg. vom Leipziger Lehrer-Verein. Leipzig: Alphons Dürr: Seite 55.

MEISTERWERKE DER HOLZSCHNEIDEKUNST AUS DEM GEBIETE DER ARCHITEKTUR, SKULPTUR UND MALEREI. 1. Band. 4. Auflage. Leipzig: J. J. Weber 1882: Seite 17, 39, 104, 109, 206

MEISTERWERKE DER HOLZSCHNEIDEKUNST AUS DEM GEBIETE DER ARCHITEKTUR, SKULPTUR UND MALEREI. 2. Band. Leipzig: J. J. Weber 1884: Seite 84 unten.

MEYER, HANS (2. Aufl.1903): Das Deutsche Volkstum. Leipzig u. Wien: Bibliographisches Institut: Seite 92, 131.

PRAETORIUS, JOHANNES (1669): Blockes-Berges Verrichtung. Faksimile Leipzig: Edition Leipzig 1968: Seite 43.

REDENBACHER, WILHELM (1880): Lesebuch der Weltgeschichte oder die Geschichte der Menschheit von ihrem Anfange bis auf die neueste Zeit. Calw & Stuttgart: Vereinsbuchhandlung: Seite 89 unten.

RICHTER, LUDWIG (1858): Für's Haus. Dresden: J. Heinrich Richter: Seite 22 unten, 65 unten, 66, 177, Vorsatz hinten.

ROSBACHIUS, CONRADUS (1588): Paradeißgärtlein. Reprint Hannover: Schäfer 1982: Seite 71, 114, 165, 187.

SEIFART, KARL (Hrsg.) (1882): Der Wunderborn. Stuttgart: Gebrüder Kröner: Seite 53 unten, 116, 137.

STADTGESCHICHTLICHE MUSEEN NÜRNBERG (Hrsg.) (1976): Die Welt des Hans Sachs. 400 Holzschnitte des 16. Jahrhunderts. Nürnberg: Hans Carl 1976: Seite 152, 160, 202, Vorsatz vorn.

STEINHAUSEN, GEORG (1904): Geschichte der Deutschen Kultur. Leipzig und Wien: Bibliographisches Institut: Seite 16, 25, 38, 44, 65 oben, 80 oben, 90, 94 unten, 99 oben, 101, 127 unten, 134, 140, 169, 197.

VÖLLER VON GELLHAUSEN, ULRICH (1616): Florilegium, Frankfurt am Main: Moses Weixner: Seite 106.

VON DER GESUNDEN LEBENSWEISE. Nach dem alten Hausbuch der Familie Cerruti. München, Wien, Zürich: BLV Verlagsgesellschaft 1985: Seite 87.

Die im Text zitierten (neueren) Gedicht- bzw. Textstellen entstammen folgenden Werken:

Seite 47 und Seite 204: ARTMANN, H. C. (1975): Aus meiner Botanisiertrommel. Balladen und Naturgedichte. Salzburg: Residenz Verlag: Seite 59 f. und Seite 25. © 1975, 2001 Residenz Verlag, Salzburg-Wien-Frankfurt/Main.

Seite 21 (Richard Billinger), Seite 179 (Peter Huchel): MARSCH, EDGAR (Hrsg.) (1980): Moderne deutsche Naturlyrik. Stuttgart: Philipp Reclam jun.: Seite 50 und 107 f.

Seite 151: WEINZIERL, HUBERT (1988): Naturalien-Kabinett. Passau: Passavia: Seite 34.

Bildnachweis

AKG: 2/3, 10, 14, 15, 31, 36, 40, 75o, 111, 135u, 150, 173, 199, 208
Ars Edition/I.Bohatta: 175
Bayer. Staatsbibliothek München: 77
Buch-Kunstverlag Ettal, Madonna mit der blühenden Erbse, Kölner Meister um 1425, Ottawa, Best.Nr. 6532: 63u
Droemer Knaur Verlag, München, © 1952: 85 (aus: »Marchen« von Hans Christian Andersen)
Eisenbeiss: 49, 56o, 76, 108, 130, 136, 193o
F. Heger/Marktschellenberg: 52
Hohenthaner/Pfarrer Czech: 56u
Kühn: 20
Laux: 201
Les Editions Albert René/Goscinny-Uderzo, © 2001: 147
Pforr: 61, 62, 83l, 97, 113, 138, 141, 143, 149u, 159, 164, 176, 213
Pott: 47, 48, 53o, 67, 68, 82, 84o, 94o, 102, 133, 151, 179, 180, 186, 205o
Privatbesitz: 6/7, 59, 60, 115, 142, 144, 192
Reinhard: 64, 73o, 79, 86, 95, 99m, 100, 112, 117, 121, 124, 127o, 166, 170, 181u, 182, 184, 198, 207
Ruckszio: 29, 58u
D. Scherf: 41, 69, 110, 123, 146, 156, 190
G. Scherf: 149o
U. Scherf: 122
Schrempp: 116o
Seidl: 22o, 149o, 58o, 80u, 145u, 148, 154, 161, 168, 195, 211o
Stadtbibliothek Braunschweig: 106
Stangl: 172
Streitberger: 26/27, 81o, 178u
The Estate of Cicely Mary Barker, © 1925, 1990. By permission of Frederick Warne: 129, 163, 212
Universitätsbibliothek München: 75u, 96r, 126, 132u, 153
Wagner: 72o
Willner: 1, 51, 54, 57, 89o, 91, 105, 107o, 119o, 174o, 188, 204

Vorsatz (vorn):
Christliche Geduld, Holzschnitt des 16. Jahrhunderts.
Nachsatz (hinten): Brautzug, Holzschnitt von Ludwig Richter
Foto S. 1: Hohe Schlüsselblume
Abb. S. 2/3: Die Märchendrude, Gemälde von P. Modersohn-Becker
Abb. S. 6/7: Elfenbild aus dem 19. Jahrhundert, Gemälde unbekannter Herkunft
Foto S. 26/27: »Himmelswiese« (um 1520) im Chor der Johanneskirche zu Saalfeld (Thüringen)

Bibliografische Information Der Deutschen Bibliothek
Die Deutsche Bibliothek verzeichnet diese Publikation in der Deutschen Nationalbibliografie; detaillierte bibliografische Daten sind im Internet über http://dnb.ddb.de abrufbar.

3., durchgesehene Auflage, Neuausgabe

BLV Buchverlag GmbH & Co. KG
80797 München

Umschlaggestaltung: Anja Masuch, Fürstenfeldbruck
Umschlagfoto: Arco Digital Images; C. M. Bahr (Vorderseite, Tollkirsche), Einklinker Vorderseite und Rücken: Faksimile eines Holzschnitts aus dem Jahr 1508 (Hexen);
Rückseite oben: Eckart Pott (Maiglöckchen);
unten: aus »Hausbuch der Cerruti« vom Ende des 14. Jahrhunderts (Rautengarten)

Lektorat: Dr. Friedrich Kögel
Herstellung: Hannelore Diehl

Satz: Studio Pachlhofer, Pinswang

Gedruckt auf chlorfrei gebleichtem Papier

Printed in Germany · ISBN 978-3-8354-0260-7

Eine kleine Auswahl aus unserem Programm

Michael Lohmann
Der BLV Tierführer für unterwegs
Details erkennen – sicher bestimmen: Säugetiere, Vögel, Reptilien, Amphibien, Insekten und andere in naturgetreuen Zeichnungen; Kennzeichen, Vorkommen, Lebensweise und interessante Fakten.
ISBN 978-3-8354-0054-2

Der Tier- und Pflanzenführer für unterwegs
Das kompakte Bestimmungsbuch mit 900 Tier- und Pflanzenarten und 1350 Farbfotos – ideal für unterwegs; mit bis zu 5 Fotos pro Art und Sonderteilen, die das Bestimmen zusätzlich erleichtern.
ISBN 978-3-8354-0019-1

Thomas Schauer/Claus Caspari
Der BLV Taschenführer Pflanzen
Besonders handlich – ideal für unterwegs: über 350 Pflanzen – Gräser, Bäume und Sträucher, detailgenaue Zeichnungen für zweifelsfreies Bestimmen, zuverlässiger Farbcode für schnellen Zugriff.
ISBN 978-3-8354-0139-6

Mario Ludwig/Harald Gebhardt
Die 55 gefährlichsten Tiere der Welt
Spannende Lektüre, auch für Jugendliche: die gefährlichsten Tiere der Welt im Porträt – von Löwe und Eisbär über Tigermoskito und Speikobra bis Piranha und Seewespe; Merkmale, Vorkommen, gefährliche Verwandte, Geschichte und Geschichten.
ISBN 978-3-8354-0095-5

Mario Ludwig/Friedrich Kögel
Die Erde – Rätsel, Fakten und Rekorde
Lesevergnügen rund um die Erde: Rekorde und Superlative, Fakten und Irrtümer, Staunenswertes und spannende Storys; mit heiteren Illustrationen von Jan Gulbransson.
ISBN 978-3-8354-0141-9

Stefan Kühn/Bernd Ullrich/Uwe Kühn
Deutschlands alte Bäume
Begegnungen mit faszinierenden Persönlichkeiten: 192 bedeutende, oft jahrhundertealte Bäume in ausdrucksstarken Fotos, die speziell für diesen Bildband entstanden; zu jedem Baum: Geschichte, Sagen, Mythen, Anfahrtswege; Übersichtskarte mit Standorten.
ISBN 978-3-8354-0183-9

Die zuverlässigen Berater

BLV Bücher bieten mehr:

- mehr Wissen
- mehr Erfahrung
- mehr Innovation
- mehr Praxisnutzen
- mehr Qualität

Denn 60 Jahre Ratgeberkompetenz sind nicht zu schlagen!

Dass Sie sich gut beraten fühlen – das ist unser Ziel. Falls Sie Fragen und/oder Anregungen haben, schreiben Sie uns bitte:

BLV Buchverlag GmbH & Co. KG
Lektorat · Lothstraße 19
80797 München
Postfach 40 02 20
80702 München
Telefon 089/120212-0 · Fax -121
E-mail: blv.verlag@blv.de

Unser Buchprogramm umfasst über 750 Titel zu den Themen **Garten · Natur · Heimtiere · Jagd · Angeln · Sport · Golf · Reiten · Alpinismus · Fitness · Gesundheit · Kochen.** Ausführliche Informationen erhalten Sie unter **www.blv.de**

blv

MEHR ERLESEN!